# ओशो

## सनातन सत्य

### भगवद्गीता का मनोविज्ञान

भाग-4

गीता दर्शन 'अध्याय 4' पर ओशो द्वारा दिए गए

1 से 9 प्रवचनों का संकलन

फ्यूजन बुक्स

प्रकाशक

**फ्यूजन बुक्स**

X-30, ओखला इंडस्ट्रियल एरिया, फेज-II

नई दिल्ली-110020

फोन: 011-41611861

फैक्स : 011-41611866

ई-मेल : sales@dpb.in

वेबसाइट : www.dpb.in

संस्करण : 2026



For more information : www.osho.com

A comprehensive multilingual website featuring Osho's meditations, books and tapes and an online tour of the meditation resort at Osho Commune International.



Sanatan Satya *(Bhagwadgita Ka Monovigyan)*

# अनुक्रम

पहला प्रवचन

# सत्य एक—जानने वाले अनेक

श्रीमद्भगवद्गीता अथ चतुर्थोऽध्यायः

श्री भगवानुवाच

**इमं विवस्वते योगं प्रोक्तवानहमव्ययम्।**
**विवस्वान्मनवे प्राह मनुरिक्ष्वाकवेऽब्रवीत्।। 1।।**

श्रीकृष्ण भगवान बोले, हे अर्जुन, मैंने इस अविनाशी योग को कल्प के आदि में सूर्य के प्रति कहा था और सूर्य ने अपने पुत्र मनु के प्रति कहा और मनु ने अपने पुत्र राजा इक्ष्वाकु के प्रति कहा।

सत्य न तो नया है, न पुराना। जो नया है, वह पुराना हो जाता है। जो पुराना है, वह कभी नया था। जो नये से पुराना होता है, वह जन्म से मृत्यु की ओर जाता है। सत्य का न कोई जन्म है, न कोई मृत्यु है। इसलिए सत्य न नया हो सकता है, न पुराना हो सकता है। सत्य सनातन है।

सनातन का अर्थ, सत्य समय के बाहर है, बियांड टाइम है। वस्तुतः समय के भीतर जो भी है, वह नया भी होगा और पुराना भी होगा। समय के भीतर जो है, वह पैदा भी होगा और मरेगा भी; जवान भी होगा और बूढ़ा भी होगा। कभी स्वस्थ भी होगा और कभी अस्वस्थ भी होगा। समय के भीतर जो है, वह परिवर्तनमय होगा; समय के बाहर जो है, वही अपरिवर्तित हो सकता है।

कृष्ण ने इस सूत्र में बहुत थोड़ी-सी बात में बहुत-सी बात कही है। एक तो उन्होंने यह कहा कि यह जो मैं तुझसे कहता हूं अर्जुन, वही मैंने सूर्य से भी कहा था, समय के प्रारंभ में, आदि में। इसमें दो-तीन बातें समझ लेनी जरूरी हैं।

समय के प्रारंभ का क्या अर्थ हो सकता है? सच तो यह है कि जहां भी प्रारंभ होगा, वहां समय पहले से ही मौजूद हो जाएगा। सब प्रारंभ समय के भीतर होते हैं, समय के बाहर कोई प्रारंभ नहीं हो सकता, क्योंकि सब अंत समय के भीतर होते हैं। कृष्ण जब कहते हैं, समय के प्रारंभ में, तो उसका अर्थ ही यही होता है, समय के बाहर। समय के भीतर अगर कोई प्रारंभ होगा, तो वह शाश्वत सत्य की घोषणा नहीं कर सकता है।

जब समय नहीं था, तब मैंने सूर्य को भी यही कहा है। इस बात को भी थोड़ा समझ लेना जरूरी है कि सूर्य को भी यही कहा है, इस मेटाफर का, इस प्रतीक का क्या अर्थ हो सकता है?

जो भी अध्यात्म की गहराइयों में उतरे हैं, उन सबका एक सुनिश्चित अनुभव है और वह यह कि अध्यात्म की आखिरी गहराई में प्रकाश ही शेष रह जाता है और सब खो जाता है। जब व्यक्ति अध्यात्म में शून्य होता है, अहंकार विलीन होता है, तो प्रकाश ही रह जाता है, और सब खो जाता है। व्यक्ति जब अध्यात्म की गहराई में उतरता है, तो वह वहीं पहुंच जाता है, जब समय के पहले सब कुछ था। गहरे अनुभव, प्रथम और अंतिम, समान होते हैं।

यही मैंने सूर्य को कहा था, कृष्ण जब यह कहते हैं, तो वे यह कहते हैं, यही मैंने प्रकाश की पहली घटना को कहा था।

इस जगत के प्रारंभ की पहली घटना प्रकाश है और इस जगत के अंत की अंतिम घटना भी प्रकाश है। व्यक्ति के आध्यात्मिक जन्म का भी प्रारंभ प्रकाश है और आध्यात्मिक समारोप भी प्रकाश है।

कुरान कहता है, परमात्मा प्रकाश-स्वरूप है। बाइबिल कहती है, परमात्मा प्रकाश ही है। कृष्ण यहां प्रकाश को सूर्य कहते हैं। सूर्य को कहा था सबसे पहले, क्योंकि सबसे पहले प्रकाश था; और फिर जो भी जन्मा है, वह प्रकाश से ही जन्मा है। फिर प्रकाश के पुत्र को कहा था, फिर उसके पुत्र को कहा था।

इसमें यह भी समझ लेने जैसा है कि कृष्ण कहते हैं, मैंने। निश्चित ही, यह मैं, वह जो कृष्ण की देह थी अर्जुन के सामने खड़ी, उसके संबंध में नहीं हो सकता। वह देह तो अभी कुछ वर्ष पहले पैदा हुई थी और कुछ वर्ष बाद विदा हो जाएगी। कृष्ण जिस मैं की बात कर रहे हैं, वह कोई और ही मैं होना चाहिए।

जीसस ने अपने एक वक्तव्य में कहा है—किसी ने जीसस को पूछा, अब्राहम के संबंध में आपका क्या खयाल है? अब्राहम एक पुराना पैगंबर हुआ यहुदियों का। पूछा जीसस से किसी ने, अब्राहम के संबंध में आपका क्या खयाल है? तो जीसस ने कहा, बिफोर अब्राहम वाज़, आई वाज़। इसके पहले कि अब्राहम था, मैं था। अब्राहम के पहले भी मैं था।

निश्चित ही, यह मरियम के बेटे जीसस के संबंध में कही गई बात नहीं है। अब्राहम के पहले! अब्राहम को हुए तो हजारों साल हुए!

कृष्ण सूर्य की—जगत की पहली घटना की—फिर मनु की, इक्ष्वाकु की, इनकी बात कर रहे हैं। उन्हें हुए हजारों वर्ष हुए। कृष्ण तो अभी हुए हैं। अभी अर्जुन के सामने खड़े हैं। जिस कृष्ण की यह बात है, वह किसी और कृष्ण की बात है।

एक घड़ी है जीवन की ऐसी, जब व्यक्ति अपने अहंकार को छोड़ देता, तो उसके भीतर से परमात्मा ही बोलना शुरू हो जाता है। जैसे ही मैं की आवाज बंद होती है, वैसे ही परमात्मा की आवाज शुरू हो जाती है। जैसे ही मैं मिटता है, वैसे ही परमात्मा शेष रह जाता है।

यहां जब कृष्ण कहते हैं, मैंने ही कहा था सूर्य से, तो यहां वे व्यक्ति की तरह नहीं बोलते, समष्टि की भांति बोलते हैं। और कृष्ण के व्यक्तित्व में इस बात को ठीक से समझ लेना जरूरी है कि बहुत क्षणों में वे अर्जुन के मित्र की भांति बोलते हैं, जो कि समय के भीतर घटी हुई एक घटना है। और बहुत क्षणों में वे परमात्मा की तरह बोलते हैं, जो समय के बाहर घटी घटना है।

कृष्ण पूरे समय दो तलों पर, दो डायमेंशंस में जी रहे हैं। इसलिए कृष्ण के बहुत-से वक्तव्य समय के भीतर हैं, और कृष्ण के बहुत-से वक्तव्य समय के बाहर हैं। जो वक्तव्य समय के बाहर हैं, वहां कृष्ण सीधे परमात्मा की तरह बोल रहे हैं। और जो वक्तव्य समय के भीतर हैं, वहां वे अर्जुन के सारथी की तरह बोल रहे हैं। इसलिए जब वे अर्जुन से कहते हैं, हे महाबाहो! तब वे अर्जुन के मित्र की तरह बोल रहे हैं। लेकिन जब वे अर्जुन से कहते हैं, सर्व धर्मान् परित्यज्य मामेकं शरणं व्रज—सब छोड़, तू मेरी शरण में आ—तब वे अर्जुन के सारथी की तरह नहीं बोल रहे हैं।

इसलिए गीता, और गीता ही नहीं, बाइबिल या कुरान या बुद्ध और महावीर के वचन दोहरे तलों पर हैं। और कब बीच में परमात्मा बोलने लगता है, इसे बारीकी से समझ लेना जरूरी है, अन्यथा समझना मुश्किल हो जाता है।

जब कृष्ण कहते हैं, सब छोड़ कर मेरी शरण आ जा, तब इस मेरी शरण से कृष्ण का कोई भी संबंध नहीं है। तब इस मेरी शरण से परमात्मा की शरण की ही बात है।

इस सूत्र में जहां कृष्ण कह रहे हैं कि यही बात मैंने सूर्य से भी कही थी—मैंने। इस मैं का संबंध जीवन की परम ऊर्जा, परम शक्ति से है। और यही बात! इसे भी समझ लेना जरूरी है।

सत्य अलग-अलग नहीं हो सकता। बोलने वाले बदल जाते हैं, सुनने वाले बदल जाते हैं; बोलने की भाषा बदल जाती है; बोलने के रूप बदल जाते हैं, आकार बदल जाते हैं, सत्य नहीं बदलता। अनेक शब्दों में, अनेक बोलने वालों ने, अनेक सुनने वालों से वही कहा है।

उपनिषद जो कहते हैं, बुद्ध उससे भिन्न नहीं कहते; लेकिन बिलकुल भिन्न कहते मालूम पड़ते हैं। बोलने वाला बदल गया, सुनने वाला बदल गया और युग के साथ भाषा बदल गई।

महावीर जो कहते हैं, वह वही कहते हैं, जो वेदों ने कहा है; पर भाषा बदल गई, बोलने वाला बदल गया, सुनने वाले बदल गए। और कई बार शब्दों और भाषा की बदलाहट इतनी हो जाती है कि दो अलग-अलग युगों में प्रकट सत्य विपरीत और विरोधी भी मालूम पड़ने लगते हैं।

मनुष्य-जाति के इतिहास में इससे बड़ी दुर्घटना पैदा हुई है। इस्लाम या ईसाइयत या हिंदू या बौद्ध या जैन, ऐसा मालूम पड़ते हैं कि विरोधी हैं, राइवल्स हैं, शत्रु हैं। ऐसा प्रतीत होता है, इन सबके सत्य अलग-अलग हैं। इन सबके युग अलग-अलग हैं, इन सबके बोलने वाले अलग-अलग हैं, इन सबके सुनने वाले अलग-अलग हैं, इनकी भाषा अलग-अलग है; लेकिन सत्य जरा भी अलग नहीं है। और धार्मिक व्यक्ति वही है, जो इतने विपरीत शब्दों में कहे गए सत्य की एकता को पहचान पाता है; अन्यथा जो व्यक्ति विरोध देखता है, वह व्यक्ति धार्मिक नहीं है।

तो कृष्ण यहां एक बहुत महत्वपूर्ण बात भी कह रहे हैं। वे यह कह रहे हैं कि यही सत्य, ठीक यही बात पहले भी कही गई है। यहां एक बात और भी खयाल में ले लेनी जरूरी है।

कृष्ण ओरिजिनल होने का, मौलिक होने का दावा नहीं कर रहे हैं। वे यह नहीं कह रहे हैं कि यह मैं ही पहली बार कह रहा हूं; यह नहीं कह रहे हैं कि मैंने ही कुछ खोज लिया है। वे यह भी नहीं कह रहे हैं कि अर्जुन, तू सौभाग्यशाली है, क्योंकि सत्य को तू ही पहली बार सुन रहा है। न तो बोलने वाला मौलिक है, न सुनने वाला मौलिक है; न जो बात कही जा रही है, वह मौलिक है। इसका यह मतलब नहीं है कि पुरानी है।

अंग्रेजी में जो शब्द है ओरिजिनल और हिंदी में भी जो शब्द है मौलिक, उसका मतलब भी नया नहीं होता। अगर ठीक से समझें, तो

ओरिजिनल का मतलब होता है, मूल-स्रोत से। मौलिक का भी अर्थ होता है, मूल-स्रोत से। मौलिक का अर्थ भी नया नहीं होता। ओरिजिनल का अर्थ भी नया नहीं होता।

अगर इस अर्थों में हम समझें मौलिक को, तो कृष्ण बड़ी मौलिक बात कह रहे हैं। वे कह रहे हैं, समय के मूल में यही बात मैंने सूर्य से भी कही थी; वही सूर्य ने अपने पुत्र को कही थी; वही सूर्य के पुत्र ने अपने पुत्र को कही थी। यह बात मौलिक है। मौलिक अर्थात मूल से संबंधित, नई नहीं। ओरिजिनल, कंसर्न्ड विद दि ओरिजिन; वह जो मूल-स्रोत है, जहां से सब पैदा हुआ, वहीं से संबंधित है।

लेकिन आज के युग में मौलिक का कुछ और ही अर्थ हो गया है। मौलिक का अर्थ है, कोई आदमी कोई नई बात कह रहा है। मूल की बात कह रहा है। नये अर्थों में कृष्ण की बात नई नहीं है; मूल के अर्थों में मौलिक है, ओरिजिनल है। वह जो सभी चीजों का मूल है, सभी अस्तित्व का, वहीं से इस बात का भी जन्म हुआ है।

मौलिक का जो आग्रह है नये के अर्थों में, अहंकार का आग्रह है, ईगोइस्टिक है। जब भी कोई आदमी कहता है, यह मैं ही कह रहा हूं पहली बार, तो पागलपन की बात कह रहा है।

लेकिन ऐसे पागलपन के पैदा होने का कारण है। इस बार वसंत आएगा, फूल खिलेंगे। उन फूलों को कुछ भी पता नहीं होगा कि वसंत सदा ही आता रहा है। उन फूलों का पुराने फूलों से कोई परिचय भी तो नहीं होगा; उन फूलों को पुराने फूल भी नहीं मिलेंगे। वे फूल अगर खिलकर घोषणा करें कि हम पहली बार ही खिल रहे हैं, तो कुछ आश्चर्य नहीं है; स्वाभाविक है। लेकिन सभी स्वाभाविक, सत्य नहीं होता। स्वाभाविक भूलें भी होती हैं। यह स्वाभाविक भूल है, नेचरल इरर है।

जब कोई युवा पहली दफा प्रेम में पड़ता है या कोई युवती पहली बार प्रेम में पड़ती है, तो ऐसा लगता है, शायद ऐसा प्रेम पृथ्वी पर पहली बार ही

घटित हो रहा है। प्रेमी अपनी प्रेमिकाओं से कहते हैं कि चांद-तारों ने ऐसा प्रेम कभी नहीं देखा। और ऐसा नहीं कि वे झूठ कहते हैं। ऐसा भी नहीं कि वे धोखा देते हैं। नेचरल इरर है, बिलकुल स्वाभाविक भूल करते हैं। उन्हें पता भी तो नहीं कि इसी तरह यही बात अरबों-खरबों बार न मालूम कितने लोगों ने, न मालूम कितने लोगों से कही है।

हर प्रेमी को ऐसा ही लगता है कि उसका प्रेम मौलिक है। और हर प्रेमी को ऐसा लगता है, ऐसी घटना न कभी पहले घटी और न कभी घटेगी। और उसका लगना बिलकुल आथेंटिक है, प्रामाणिक है। उसे बिलकुल ही लगता है; उसके लगने में कहीं भी कोई धोखा नहीं है। फिर भी बात गलत है।

सत्य का अनुभव भी जब व्यक्ति को होता है, तो ऐसा ही लगता है कि शायद इस सत्य को और किसी ने कभी नहीं जाना। ऐसा ही लगता है कि जो मुझे प्रतीत हुआ है, वह मुझे ही प्रतीत हुआ है। यह स्वाभाविक भूल है।

कृष्ण इस स्वाभाविक भूल में नहीं हैं।

ध्यान रहे, की गई भूलों के ऊपर उठना बहुत आसान है; हो गई भूलों के ऊपर उठना बहुत कठिन है। जानकर की गई भूल बहुत गहरी नहीं होती। जानने वाले को, करने वाले को पता ही होता है। जो भूलें सहज घटित होती हैं, बहुत गहरी होती हैं।

अगर हम प्लेटो से पूछें, तो वह कहेगा, जो मैं कह रहा हूं, वह मैं ही कह रहा हूं। अगर हम कांट से पूछें, तो कांट कहेगा, जो मैं कह रहा हूं, वह मैं ही कह रहा हूं। अगर हम हीगल से पूछें, तो हीगल भी कहेगा कि जो मैं कह रहा हूं, वह मैं ही कह रहा हूं। अगर हम कृष्णमूर्ति से पूछें, तो वे भी कहेंगे, जो मैं कह रहा हूं, मैं ही कह रहा हूं। यह बड़ी स्वाभाविक भूल है।

कृष्ण कह रहे हैं, यही बात—नई नहीं; पुरानी नहीं—अनंत-अनंत बार अनंत-अनंत ढंगों से अनंत-अनंत रूपों में कही गई है।

सत्य के संबंध में इतना निराग्रह होना अति कठिन है। इतना गैर-दावेदार होना, यह दावा छोड़ना है।

ध्यान रहे, हम सब को सत्य से कम मतलब होता है, मेरे सत्य से ज्यादा मतलब होता है। पृथ्वी पर चारों ओर चौबीस घंटे इतने विवाद चलते हैं, उन विवादों में सत्य का कोई भी आधार नहीं होता, मेरे सत्य का आधार होता है। अगर मैं आपसे विवाद में पड़ूं, तो इसलिए विवाद में नहीं पड़ता कि सत्य क्या है, इसलिए विवाद में पड़ता हूं कि मेरा सत्य ही सत्य है और तुम्हारा सत्य सत्य नहीं है।

समस्त विवाद मैं और तू के विवाद हैं, सत्य का कोई विवाद नहीं है। जहां भी विवाद है, गहरे में मैं और तू आधार में होते हैं। इससे बहुत प्रयोजन नहीं होता है कि सत्य क्या है? इससे ही प्रयोजन होता है कि मेरा जो है, वह सत्य है। असल में सत्य के पीछे हम कोई भी खड़े नहीं होना चाहते, क्योंकि सत्य के पीछे जो खड़ा होगा, वह मिट जाएगा। हम सब सत्य को अपने पीछे खड़ा करना चाहते हैं।

लेकिन ध्यान रहे, सत्य जब हमारे पीछे खड़ा होता है, तो झूठ हो जाता है। हमारे पीछे सत्य खड़ा ही नहीं हो सकता, सिर्फ झूठ ही खड़ा हो सकता है। सत्य के तो सदा ही हमें ही पीछे खड़ा होना पड़ता है। सत्य हमारी छाया नहीं बन सकता, हमको ही सत्य की छाया बनना पड़ता है। लेकिन जब विवाद होते हैं, तो ध्यान से सुनेंगे तो पता चलेगा, जोर इस बात पर है कि जो मैं कहता हूं, वह सत्य है। जोर इस बात पर नहीं है कि सत्य जो है, वही मैं कहता हूं।

कृष्ण का जोर देखने लायक है। वे कहते हैं, जो सत्य है, वही मैं तुझसे कह रहा हूं। मैं जो कहता हूं, वह सत्य है। ऐसा उनका आग्रह नहीं। और इसलिए मुझसे पहले भी कही गई है यही बात।

नये युग में एक फर्क पड़ा है। नया युग बहुत आग्रहपूर्ण है। महावीर नहीं कहेंगे कि मैं जो कह रहा हूं, वह मैं ही कह रहा हूं। वे कहते हैं, मुझसे भी पहले पार्श्वनाथ ने भी यही कहा है। मुझसे पहले ऋषभदेव ने भी यही कहा है। मुझसे पहले नेमीनाथ ने भी यही कहा है। बुद्ध नहीं कहते कि जो मैं कह रहा हूं, वह मैं ही कह रहा हूं। वे कहते हैं, मुझसे भी पहले जो बुद्ध हुए, जिन्होंने भी जाना और देखा है, उन्होंने यही कहा है।

ऐसी भ्रांति हो सकती है कि ये सारे लोग पुरानी लीक को पीट रहे हैं। नहीं, पर वे यह नहीं कह रहे कि सत्य पुराना है। क्योंकि ध्यान रहे, जो चीज भी पुरानी हो सकती है, उसके नये होने का भी दावा किया जा सकता है। नये होने का दावा किया ही उसका जा सकता है, जो पुरानी हो सकती है, जिसकी पासिबिलिटी पुरानी होने की है। ये दावा यह कर रहे हैं कि सत्य पुराना और नया नहीं है; सत्य सत्य है। हम नये और पुराने होते हैं, यह दूसरी बात है; लेकिन सत्य में इससे कोई भी अंतर नहीं पड़ता है।

यह सूर्य निकला, यह प्रकाश है। हम नये हैं। हम नहीं थे, तब भी सूर्य था; हम नहीं होंगे, तब भी सूर्य होगा। यह सूर्य नया और पुराना नहीं है। हम नये और पुराने हो जाते हैं। हम आते हैं और चले जाते हैं।

लेकिन हमारी दृष्टि सदा ही यही होती है कि हम नहीं जाते और सब चीजें नई और पुरानी होती रहती हैं। हम कहते हैं, रोज समय बीत रहा है। सचाई उलटी है, समय नहीं बीतता, सिर्फ हम बीतते हैं। हम आते हैं, जाते हैं; होते हैं, नहीं हो जाते हैं। समय अपनी जगह है। समय नहीं बीतता। लेकिन लगता है हमें कि समय बीत रहा है। इसलिए हमने घड़ियां बनाई हैं, जो बताती हैं कि समय बीत रहा है। सौभाग्य होगा वह दिन, जिस दिन हम घड़ियां बना लेंगे, जो हमारी कलाइयों में बंधी हुई बताएंगी कि हम बीत रहे हैं।

वस्तुतः हम बीतते हैं, समय नहीं बीतता है। समय अपनी जगह है। हम नहीं थे तब भी था, हम नहीं होंगे तब भी होगा। हम समय को न चुका पाएंगे, समय हमें चुका देगा, समय हमें रिता देगा। समय अपनी जगह है, हम आते और जाते हैं। समय खड़ा है; हम दौड़ते हैं। दौड़-दौड़ कर थकते हैं, गिरते हैं, समाप्त हो जाते हैं; सत्य वहीं है।

जिस दिन, कृष्ण कहते हैं, मैंने सूर्य को कहा था; सत्य जहां था, वहीं है। जिस दिन सूर्य ने अपने बेटे मनु को कहा; सत्य जहां था, वहीं है। जिस दिन मनु ने अपने बेटे इक्ष्वाकु को कहा; सत्य जहां था, वहीं है। और कृष्ण अर्जुन से कह रहे हैं, तब भी सत्य वहीं है। और अगर मैं आपसे कहूं, तो भी सत्य वहीं है। कल

हम भी न होंगे, फिर कोई कहेगा, और सत्य वहीं होगा। हम आएंगे और जाएंगे, बदलेंगे, समाप्त होंगे, नये होंगे, विदा होंगे—सत्य, सत्य अपनी जगह है। इस सूत्र में इन सब बातों पर ध्यान दे सकेंगे, तो आगे की बात समझनी आसान है।

कोई सवाल हो, तो पूछ लें!

**एवं परम्पराप्राप्तमिमं राजर्षयो विदुः।**
**स कालेनेह महता योगो नष्टः परंतप।। 2।।**

इस प्रकार परंपरा से प्राप्त हुए इस योग को राजर्षियों ने जाना। परंतु हे अर्जुन, वह योग बहुत काल से इस पृथ्वी-लोक में लुप्तप्राय हो गया है।

परंपरा से ऋषियों ने इसे जाना, लेकिन फिर वह लुप्तप्राय हो गया—ये दो बातें। पहली बात तो आपसे यह कह दूं कि परंपरा का अर्थ ट्रेडीशन नहीं है। साधारणतः हम परंपरा का अर्थ ट्रेडीशन करते हैं। ट्रेडीशन का अर्थ होता है, रीति। ट्रेडीशन का अर्थ होता है, रूढ़ि। ट्रेडीशन का अर्थ होता है, प्रचलित। परंपरा का अर्थ और है। परंपरा शब्द के लिए सच में अंग्रेजी में कोई शब्द नहीं है। इसे थोड़ा समझ लेना जरूरी है।

गंगा निकलती है गंगोत्री से; फिर बहती है; फिर गिरती है सागर में। जब गंगा सागर में गिरती है, और गंगोत्री से निकलती है, तो बीच में लंबा फासला तय होता है। इस गंगा को हम क्या कहें? यह गंगा वही है, जो गंगोत्री से निकली? ठीक वही तो नहीं है; क्योंकि बीच में और न मालूम कितनी नदियां, और न मालूम कितने झरने उसमें आकर मिल गए। लेकिन फिर भी बिलकुल दूसरी नहीं हो गई है; है तो वही, जो गंगोत्री से निकली।

तो ठीक परंपरा का अर्थ होता है कि यह गंगा, परंपरा से गंगा है। परंपरा का अर्थ है कि गंगोत्री से निकली, वही है; लेकिन बीच में समय की धारा में बहुत कुछ आया और मिला।

ऐसा समझें कि सांझ आपने एक दीया जलाया। सुबह आप कहते हैं,

अब दीये को बुझा दो; उस दीये को बुझा दो, जिसे सांझ जलाया था। लेकिन जिसे सांझ जलाया था, वह दीये की ज्योति अब कहां है? वह तो प्रतिपल बुझती गई और धुआं होती गई और नई ज्योति आती गई। जिस ज्योति को आपने जलाया था सांझ, वह ज्योति तो हर पल बुझती गई और धुआं होती गई, और नई ज्योति उसकी जगह रिप्लेस होती गई। वह ज्योति तो छलांग लगा कर शून्य में खोती गई, और नई ज्योति का आविर्भाव होता गया। जिस ज्योति को सुबह आप बुझाते हैं, यह वही ज्योति है, जिसको सांझ आपने जलाया था?

यह वही ज्योति तो नहीं है। वह तो कई बार बुझ गई। लेकिन फिर भी यह दूसरी ज्योति भी नहीं है, जिसको आपने नहीं जलाया था। परंपरा से यह वही ज्योति है। यह उसी ज्योति का सिलसिला है; यह उसी ज्योति की परंपरा है; यह उसी ज्योति की संतति है।

आप आज हैं; कल आप नहीं थे, लेकिन आपके पिता थे। परसों आपके पिता भी नहीं थे, उनके पिता थे। कल आप भी नहीं होंगे, आपका बेटा होगा। परसों बेटा भी नहीं होगा, उसका बेटा होगा। ठीक से समझें, तो जैसे ज्योति जली और बुझी, ठीक ऐसे ही व्यक्ति जलते और बुझते हैं, लेकिन फिर भी एक परंपरा है।

मां और बाप अपने बेटे को ज्योति दे जाते हैं। ज्योति जलती है, फिर नई संतति। अगर हम ठीक से देखें, तो आप हो नहीं सकते थे, अगर हजारों-लाखों वर्ष पहले एक व्यक्ति भी आपकी परंपरा में न हुआ होता। अगर लाखों वर्ष पहले एक व्यक्ति जो आपकी पिता की पीढ़ियों में रहा हो, न होता, तो आप कभी न हो सकते थे। वह गंगोत्री अगर वहां न होती, तो आज आप न होते। आप उसी धारा के सिलसिले हैं, शरीर की दृष्टि से आप उसी के सिलसिले हैं।

और आत्मा की दृष्टि से भी आप सिलसिला हैं, एक परंपरा हैं। यह आत्मा कल भी थी, परसों भी थी—किसी और देह में, किसी और देह में। अरबों-खरबों वर्षों में इस आत्मा की भी एक परंपरा है; शरीर की भी एक परंपरा है। परंपरा का अर्थ है, संतति प्रवाह, कंटिन्युटी।

वैज्ञानिक एक शब्द का प्रयोग करते हैं, कंटीनम। अगर ठीक करीब लाना चाहें, तो परंपरा का अर्थ होगा, कंटीनम—संतति प्रवाह, सिलसिला।

कृष्ण कह रहे हैं, परंपरा से इसी सत्य को ऋषियों ने एक-दूसरे से कहा।

इसमें दूसरी बात भी ध्यान रखें। जोर कहने पर है; जोर सुनने पर नहीं है। इसमें कृष्ण कह रहे हैं, परंपरा से ऋषियों ने कहा। कृष्ण यह भी नहीं कह रहे कि परंपरा से ऋषियों ने सुना। जब भी कहा गया होगा, तो सुना तो गया ही होगा, लेकिन जोर कहने पर है। कहने वाले का अनिवार्य रूप से ऋषि होना जरूरी है; सुनने वाले का ऋषि होना जरूरी नहीं है। जिसने सुना, उसने समझा हो, जरूरी नहीं है। लेकिन जिसने कहा, उसने न समझा हो, तो कहना व्यर्थ है, कहा नहीं जा सकता।

यह भी ध्यान देने योग्य है कि कृष्ण कहते हैं कि ऋषियों ने परंपरा से इस सत्य को कहा, परंपरा से पाया नहीं। किसी ने उनसे कहा हो और उनको मिल गया हो, ऐसा नहीं। जाना होगा। जानना और बात है, सुन लेना और बात है।

इसलिए हम पुराने शास्त्रों को कहते हैं, श्रुति, सुने गए। या कहते हैं, स्मृति, मेमोराइज्ड, स्मरण किए गए। ध्यान रहे, शास्त्र जानने वालों ने नहीं लिखे, सुनने वालों ने लिखे हैं।

इस पृथ्वी का कोई भी महत्वपूर्ण शास्त्र लिखा नहीं गया है। सुना गया है और लिखा गया है। गीता भी सुनी गई और लिखी गई। जिसने लिखी, जरूरी नहीं कि वह जानता हो। बाइबिल लिखी गई, कुरान लिखा गया, वेद लिखे गए, महावीर-बुद्ध के वचन लिखे गए। महावीर और बुद्ध ने लिखे नहीं हैं, कहे। जिन्होंने लिखे, उनके लिए वह ज्ञान नहीं था, श्रुति थी। उसे उन्होंने सुना था, उसे उन्होंने स्मरण किया था, उसे उन्होंने लिखा था; संजोया, सम्हाला। कहना चाहिए, शास्त्र एक अर्थ में डेड प्रोडक्ट है। कहना चाहिए, मरे हुए का संग्रह है। जिन्होंने कहा, उन्होंने परंपरा से जाना।

परंपरा से जानने के दो अर्थ हो सकते हैं। एक अर्थ, जैसा साधारणतः लिया जाता है, जिससे मैं राजी नहीं हूं। एक अर्थ तो यह लिया जाता है कि हम

शास्त्र को पढ़ लें और जान लें, तो जो हमने जाना, वह हमने परंपरा से जाना। नहीं; वह हमने परंपरा से नहीं जाना। वह हमने केवल रूढ़ि से जाना, रीति से जाना, व्यवस्था से जाना। और उस तरह का जानना ज्ञान नहीं बन सकता। सिर्फ इन्फर्मेशन ही होगा; नालेज नहीं बन सकता। उस तरह का जानना मात्र सूचना का संग्रह होगा, ज्ञान नहीं।

शास्त्र पढ़ कर कोई सत्य को नहीं जान सकता है। हां, सत्य को जान ले तो शास्त्र में पहचान सकता है, रिकग्नाइज कर सकता है। शास्त्र पढ़ कर ही कोई सत्य को जान ले, तो सत्य बड़ी सस्ती बात हो जाएगी। फिर तो शास्त्र की जितनी कीमत है, उतनी ही कीमत सत्य की भी हो जाएगी। शास्त्र पढ़ कर सत्य जाना नहीं जा सकता, सिर्फ पहचाना जा सकता है।

लेकिन पहचान तो वही सकता है, जिसने जान लिया हो, अन्यथा पहचानना मुश्किल है। आप मुझे जानते हैं, तो पहचान सकते हैं कि मैं कौन हूं। और आप मुझे नहीं जानते हैं, तो आप पहचान नहीं सकते। इसलिए सत्य शास्त्रों में सिर्फ रिकग्नाइज होता है, कग्नाइज नहीं होता। जाना नहीं जाता, पुनः जाना जाता है। जानने का मार्ग तो कुछ और है।

इसलिए कृष्ण जिस परंपरा की बात कर रहे हैं, वह परंपरा शास्त्र की परंपरा नहीं है; वह परंपरा जानने वालों की परंपरा है। जैसे परमात्मा ने सूर्य को कहा। लेकिन इसमें स्मरणीय है यह बात कि परमात्मा ने सूर्य को कहा। बीच में किताब नहीं है, बीच में शास्त्र नहीं है। डाइरेक्ट कम्युनिकेशन है। सत्य सदा ही डाइरेक्ट कम्युनिकेशन है। सत्य सदा ही परमात्मा से व्यक्ति में सीधा संवाद है। शास्त्र, शब्द बीच में नहीं है।

मोहम्मद पहाड़ पर हैं। बेपढ़े-लिखे, मोहम्मद जैसे बेपढ़े-लिखे लोग बहुत कम हुए हैं। लेकिन अचानक उद्घाटन हुआ; डाइरेक्ट कम्युनिकेशन हुआ। जिसे इस्लाम कहता है, इलहाम। ईसाइयत कहती है, रिवीलेशन। सत्य दिखाई पड़ा। इसलिए हम ऋषियों को द्रष्टा कहते हैं। सत्य देखा गया। पढ़ा नहीं गया, सुना नहीं गया, देखा गया।

पश्चिम में भी ऋषियों को सीअर्स ही कहते हैं। देखा गया; देखने वाले। इसलिए हमने तो पूरे तत्व को दर्शन कहा। दिखाई जो पड़े सत्य, सीधा दिखाई पड़े; सीधा सुनाई पड़े, सीधा परमात्मा से मिले।

लेकिन परमात्मा से मिलने की भी परंपरा है। परमात्मा से आपको ही पहली दफा नहीं मिल रहा है। परमात्मा से अनेकों को और भी पहले मिल चुका है। मिलने वालों की भी परंपरा है। दो परंपराएं हैं, एक लिखने वालों की परंपरा है—लेखकों की। और एक जानने वालों की परंपरा है—ऋषियों की।

इसलिए कृष्ण कह रहे हैं, परंपरा से ऋषियों ने जाना। यह परंपरा का बोध कि मुझसे पहले भी सत्य औरों को मिलता रहा है इसी भांति।

आपने आंख खोली और सूरज को जाना। जहां तक आपका संबंध है, आप पहली बार जान रहे हैं। लेकिन आपके पहले इस पृथ्वी पर जब भी आंख खोली गई है, सूरज जाना गया है। सूरज को इस भांति जानने की भी एक परंपरा है। आप पहले आदमी नहीं हैं।

और ध्यान रहे, जिस आदमी को भी भ्रम पैदा हो जाता है कि सत्य को मैं जानने वाला पहला आदमी हूं, उसको दूसरा भ्रम भी पैदा हो जाता है कि मैं अंतिम आदमी भी हूं। भ्रम भी जोड़े से जीते हैं, पेअर्स में जीते हैं। भ्रम भी अकेले नहीं होते। जिस आदमी को भी यह खयाल पैदा हो जाएगा कि सत्य को जानने वाला मैं पहला आदमी हूं, मुझसे पहले किसी ने भी नहीं जाना, उस आदमी को दूसरा भ्रम भी अनिवार्य पैदा होगा कि मैं आखिरी आदमी हूं। मेरे बाद अब सत्य को कोई नहीं जान सकेगा। क्योंकि जो कारण पहले भ्रम का है, वही कारण दूसरे भ्रम में भी कारण बन जाएगा। पहले भ्रम का कारण अहंकार है। और ध्यान रहे, जिसका अभी अहंकार नहीं मिटा, उसको सत्य से कोई सीधा संबंध नहीं हो सकता। अहंकार बीच में बाधा है।

इसलिए कृष्ण बहुत जोर देकर कहते हैं कि परंपरा से ऋषियों ने जाना। लेकिन ध्यान रखना आप, परंपरा इस तरह की नहीं कि एक ने दूसरे से जान लिया हो। परंपरा इस तरह की कि जब भी एक ने जाना, उसने यह भी जाना कि

मैं जानने वाला पहला आदमी नहीं हूं; न ही मैं अंतिम आदमी हूं। अनंत ने पहले भी जाना है, अनंत बाद में भी जानेंगे। मैं जानने वालों की इस अनंत शृंखला में एक छोटी-सी कड़ी, एक छोटी-सी बूंद से ज्यादा नहीं हूं। यह सूरज मेरी बूंद में ही झलका, ऐसा नहीं; यह सूरज सब बूंदों में झलका है और सब बूंदों में झलकता रहेगा। जब कोई बूंद इतनी विनम्र हो जाती है, तो उसके सागर होने में कोई बाधा नहीं रह जाती।

इसलिए परंपरा का ठीक से अर्थ समझ लेना। अन्यथा हम परंपरा का जो अर्थ लेते हैं, वह एकदम गलत, एकदम झूठ और खतरनाक है। परंपरा का ऐसा अर्थ नहीं है कि मैं सत्य आपको दे दूंगा, तो आपको मिल जाएगा। और आप किसी और को दे देंगे, तो उसको मिल जाएगा। परंपरा का इतना ही अर्थ है कि मैं पहला आदमी नहीं, आखिरी नहीं; जानने वालों की अनंत शृंखला में एक छोटी-सी कड़ी हूं। यह सूर्य सदा ही चमकता रहा है; जिन्होंने भी आंख खोली, उन्होंने जाना है। ऐसी विनम्रता का भाव सत्य के जानने वाले की अनिवार्य लक्षणा है।

दूसरी बात कृष्ण कहते हैं, लुप्तप्राय हो गया वह सत्य।

सत्य लुप्तप्राय कैसे हो जाता है? दो बातें इसमें ध्यान देने जैसी हैं। कृष्ण यह नहीं कहते कि लुप्त हो गया, लुप्तप्राय। करीब-करीब लुप्त हो गया। कृष्ण यह नहीं कहते कि लुप्त हो गया। क्योंकि सत्य यदि बिलकुल लुप्त हो जाए, तो उसका पुनर्आविष्कार असंभव है। उसको खोजने का फिर कोई रास्ता नहीं है।

जैसे एक चिकित्सक किसी आदमी को कहे, मृतप्राय; तो अभी जीवित होने की संभावना है। लेकिन कहे, मर गया, मृत हो गया, तो फिर कोई उपाय नहीं है। मृतप्राय का अर्थ है कि मरने के करीब है; मर ही नहीं गया। लुप्तप्राय का अर्थ है, लुप्त होने के करीब है, लुप्त हो ही नहीं गया।

सत्य सदा ही लुप्तप्राय होता है। क्योंकि एक दफे लुप्त हो जाए, तो फिर मनुष्य की सीमित क्षमता के बाहर है यह बात कि वह सत्य को खोज सके। एक किरण तो बनी ही रहती है सदा। चाहे पूरा सूरज न दिखाई पड़े, लेकिन एक किरण

तो सदा ही किसी कोने से हमारे अंधकारपूर्ण मन में कहीं झांकती रहती है। जैसे कि मकान के अंधेरे में द्वार-दरवाजे बंद करके हम बैठे हैं, और खपड़ों के छेद से, कहीं एक छोटी-सी रंध्र से, छोटी-सी किरण भीतर आती हो। इतना सूर्य से हमारा संबंध बना ही रहता है। वही संभावना है कि हम सूर्य को पुनः खोज पाएं, उसी किरण के मार्ग से।

सत्य लुप्तप्राय ही होता है, लुप्त कभी नहीं होता। लुप्तप्राय का अर्थ है कि हर युग में, हर क्षण में, हर व्यक्ति के जीवन में वह किनारा और वह किरण मौजूद रहती है, जहां से सूर्य को खोजा जा सकता है। यही आशा है। अगर इतना भी विलीन हो जाए, तो फिर खोजने का कोई उपाय आदमी के हाथ में नहीं है।

दूसरी बात, लुप्तप्राय सत्य क्यों हो जाता है? जैसे कोई नदी रेगिस्तान में खो जाए; लुप्त नहीं हो जाती, लुप्तप्राय हो जाती है। रेत को खोदें, तो नदी के जल को खोजा जा सकता है। ठीक ऐसे ही, जाने गए सत्य की परंपरा, सुने गए सत्य की परंपरा की रेत में खो जाती है। जाने गए सत्य की परंपरा, द्रष्टा के सत्य की परंपरा, शास्त्रों की, शब्दों की परंपरा की रेत में खो जाती है। धीरे-धीरे शास्त्र इकट्ठे होते चले जाते हैं, ढेर लग जाता है। और वह जो किरण थी ज्ञान की, वह दब जाती है। फिर धीरे-धीरे हम शास्त्रों को ही कंठस्थ करते चले जाते हैं। फिर धीरे-धीरे हम सोचने लगते हैं, इन शास्त्रों को कंठस्थ कर लेने से ही सत्य मिल जाएगा। और सत्य की सीधी खोज बंद हो जाती है। फिर हम उधार सत्यों में जीने लगते हैं। फिर राख ही हमारे हाथ में रह जाती है।

लेकिन शास्त्रों के रेगिस्तान में भी सत्य सिर्फ लुप्तप्राय होता है, लुप्त नहीं हो जाता। अगर कोई शास्त्रों के शब्दों को भी खोद कर खोज सके, तो वहां भी सत्य खोजा जा सकता है। लेकिन पहचान बड़ी मुश्किल है। पहचान इसलिए मुश्किल है कि जिस सत्य से हम अपरिचित हैं, उसे हम शास्त्रों के शब्दों के रेगिस्तान में खोज न पाएंगे। संभावना यही है कि सत्य तो न मिलेगा, हम भी भटक जाएंगे। ऐसा ही हुआ है।

हिंदू, हिंदू शास्त्रों में खो जाता है। मुसलमान, मुसलमान के शास्त्रों में खो जाता है। जैन, जैन के शास्त्रों में खो जाता है। और कोई यह नहीं पूछता कि जब महावीर को ज्ञान हुआ, तो उनके पास कितने शास्त्र थे! शास्त्र थे ही नहीं। महावीर के हाथ बिलकुल खाली थे। कोई नहीं पूछता कि जब मोहम्मद को इलहाम हुआ, तो कौन-सी किताबें उनके पास थीं! किताबें थीं ही नहीं। कोई नहीं पूछता कि जीसस ने जब जाना, तो किस विश्वविद्यालय में शिक्षा लेकर वे जानने गए थे!

जानने की घटना सदा ही निपट मौन और शून्य में घटी है। और हम सब जानने के लिए शब्द के मार्ग से यात्रा करते हैं। बड़ी उलटी यात्रा है। एक ही लाभ हो सकता है, और वह यह कि खोजते-खोजते इतने थक जाएं, इतने ऊब जाएं, कि शास्त्र को बंद कर दें। इतना ही लाभ हो सकता है। शब्द से इतने परेशान हो जाएं कि शब्द से हाथ जोड़ लें। पढ़ते-पढ़ते इतना समझ में आ जाए कि पढ़ने से कुछ न होगा, इतना ही लाभ हो सकता है।

सत्य के लुप्तप्राय होने की प्रक्रिया को थोड़ा समझ लेना जरूरी है। वह उपयोगी है सदा। सत्य के लुप्त होने की एक व्यवस्था है। वह व्यवस्था कैसी है? वह व्यवस्था ऐसी है कि महावीर ने जाना। स्वभावतः, जिसने जाना, वह उससे कहेगा, जिसने नहीं जाना है। क्योंकि दूसरा अगर जानता ही हो, तो कहना फिजूल है।

इसलिए एक बार ऐसा भी हुआ कि महावीर और बुद्ध एक ही गांव में ठहरे, लेकिन मिले नहीं। एक ही गांव में भी कहना ठीक नहीं, एक ही धर्मशाला के दो हिस्सों में ठहरे; एक कोने पर बुद्ध ठहरे, एक पर महावीर ठहरे, एक ही धर्मशाला में। मिलना नहीं हुआ! लोग सोचते हैं, बड़े अहंकारी रहे होंगे। मिलना तो था!

नहीं; अहंकार का कारण नहीं है। मिलना बिलकुल बेमानी, मीनिंगलेस था। कोई अर्थ ही न था मिलने का। मिलना ठीक ऐसे ही था, जैसे दो आईनों को कोई एक-दूसरे के सामने रख दे। बिलकुल बेकार है। आईने के सामने

आप खड़े हों, तो सार्थक, कुछ दिखाई पड़ता है। आईने के सामने आईना ही रख दें, तो बिलकुल बेकार है। आईना आईने को रिफ्लेक्ट करता रहता, कुछ नहीं अर्थ होता। आईने आपस में बातचीत नहीं करते। आईने सिर्फ चेहरों से बातचीत करते हैं।

बुद्ध और महावीर को अगर पास बिठा दें, तो जैसे दो शून्य पास बिठा दिए; उनका कोई अर्थ नहीं होता। शून्य को किसी अंक के पास बिठाएं, तो अर्थ होता है। एक के पीछे शून्य रख दें, तो दस हो जाते हैं। दो के पीछे रख दें, तो बीस हो जाते हैं। और दो शून्यों को आस-पास रख दें, तो कुछ मतलब नहीं होता। दो शून्य भी नहीं होते जुड़कर। शून्य दो नहीं होते; शून्य एक ही रहता है। शून्य का कोई जोड़ नहीं होता। बुद्ध और महावीर नहीं मिले, क्योंकि दो शून्य के जुड़ने का कोई अर्थ नहीं था। बात क्या होती? कहने को क्या था? बोलने को क्या था? बताने को क्या था?

इसलिए सत्य को जब भी कोई जानता है, तो जो नहीं जानते, उनसे बोलता है। बस, उपद्रव शुरू हो जाता है। जो नहीं जानता, वह सुनता है। स्वभावतः, जो कहा जाता है, वह कभी नहीं सुना जाता; कुछ और ही सुना जाता है। हम वही सुन सकते हैं, जो हम जानते हैं। अब यह बड़ी कठिनाई हो गई। यह पैराडाक्स हो गया!

हम वही सुन सकते हैं, जो हम जानते हैं। जो हम नहीं जानते, वह हम सुन नहीं सकते। नहीं; सुन तो लेंगे। कान सुनने का काम पूरा कर देंगे। लेकिन भीतर वह जो मन है, वह समझ नहीं पाएगा। नहीं; समझ भी लेगा, लेकिन कुछ और समझ लेगा, जो कहा नहीं गया है। हम वही समझते हैं, जो हम समझ सकते हैं।

कृष्ण अर्जुन से बोल रहे हैं। स्वभावतः, अर्जुन वही समझेगा, जो अर्जुन समझ सकता है। वह तो अर्जुन कभी नहीं समझ सकता, जो कृष्ण बोल रहे हैं। क्योंकि अगर अर्जुन वह समझ सकता, तो कृष्ण का बोलना फिजूल हो जाता, बेकार हो जाता।

गुरु और शिष्य के बीच फासला न हो, तब बातचीत हो सकती है, लेकिन तब बातचीत बेकार हो जाती है। और गुरु और शिष्य के बीच फासला हो, तब बातचीत हो नहीं सकती, हालांकि तब बातचीत की जरूरत होती है! ऐसी स्वाभाविक कठिनाई है।

तो महावीर बोलते हैं उनसे, जो नहीं जानते। बुद्ध बोलते हैं उनसे, जो नहीं जानते। जो नहीं जानते हैं, वे सुनते हैं; सुन कर अर्थ निकालते हैं। अर्थ उनके अपने होते हैं। बुद्ध अगर हजार लोगों में बोलते हैं, तो हजार अर्थ होते हैं। मैं आपसे जो कुछ कहूंगा; इस भूल में मैं नहीं हो सकता कि आप सब उससे एक ही अर्थ निकाल लेंगे। यह असंभव है। जितने यहां मित्र इकट्ठे हैं, उतने ही अर्थ लेकर जाएंगे। उतने अर्थ मेरे बोलने में नहीं हैं, मेरे बोलने में सुनिश्चित एक ही अर्थ है। लेकिन आप अपने अर्थ लेकर जाएंगे।

एडमंड बर्क दुनिया का इतिहास लिख रहा था। कोई पंद्रह साल उसने मेहनत की थी और आधा इतिहास लिख चुका था। पंद्रह साल और, तीस साल; करीब अपनी पूरी जिंदगी की समझदारी का समय वह इतिहास पर लगा रहा था। सुबह से उठता था, तो रात आधी रात तक लिखता ही रहता था। क्योंकि बड़ा था काम और जिंदगी थी छोटी। और भरोसा नहीं था कि किताब पूरी हो सके।

आधी किताब जब पूरी हो गई थी, एक दिन दोपहर को घर के आस-पास जोर से शोरगुल मचा। लेकिन वह तो अपने काम में लगा रहा। शोरगुल बढ़ता चला गया। तब वह उठ कर बाहर आया, उसने कहा, बात क्या है! लोग भाग रहे थे। पूछा, बात क्या है? किसी ने कहा, हत्या हो गई। तुम्हारे मकान के पीछे मर्डर हो गया। एक से पूछा; उसने कुछ कहा कि किस तरह हुआ। दूसरे से पूछा; उसने कुछ कहा। वे सब आंखों देखे हुए, चश्मदीद गवाह थे।

बर्क भागा हुआ अपने मकान के पीछे पहुंचा। वहां लोग मौजूद थे। भीड़ लगी थी। लाश सामने पड़ी थी। हत्यारा पकड़ लिया गया था। लेकिन सबके वर्सन अलग थे। देखने वाला कोई कह रहा था कि जिम्मेवार कौन है। कोई कह रहा था कि जो मारा गया, वह ठीक ही मारा गया। कोई कह रहा था, जिसने मारा,

उसने बहुत बुरा किया। कोई कह रहा था, हत्यारा जिम्मेवार नहीं है। कोई कह रहा था कि हत्यारा जिम्मेवार है। बर्क ने सबसे पूछा और लौट कर पंद्रह साल जो किताब में मेहनत लगाई थी, उसमें आग लगा दी। उसने लिखा कि जब मेरे घर के पीछे हत्या हो जाए, और आंखों देखने वाले लोगों की गवाहियां अलग हों, तो पांच हजार साल पहले क्या हुआ था, इसको पांच हजार साल बाद मैं लिखूं, यह व्यर्थ है। इस झंझट में मैं नहीं पड़ूंगा। बर्क ने अपने पत्र में लिखा है कि इतिहास सरासर झूठ है। सच्चा इतिहास लिखा ही नहीं जा सकता।

जैसे ही कृष्ण बोलते हैं, सत्य बदलने लगा। जैसे ही पहुंचा दूसरे के पास, रूप बदला, लुप्त होना शुरू हुआ। लेकिन यह तो मैंने बाहर की बात कही। अगर हम थोड़े और भीतर पहुंचें, तो और भी एक कठिनाई है। सत्य बोला गया, तब तो लुप्त होता ही है, सुनने वाले के कारण; लेकिन जब बोला जाता है, तो बोलने की प्रक्रिया के कारण भी लुप्त होता है।

असल में सत्य है विराट, और शब्द है संकीर्ण। शब्द बहुत छोटा है, सत्य बहुत बड़ा है। उस सत्य को जैसे ही शब्द में रखने की कोई चेष्टा करता है, कठिनाई शुरू हो जाती है। इसलिए सभी जानने वाले निरंतर कहने के बाद, यह कहते चले जाते हैं कि जो कहना था, वह कहा नहीं जा सका। जो कहना चाहा था, वह अनकहा छूट गया।

रवींद्रनाथ मर रहे थे। एक मित्र आया और उसने कहा कि धन्यभागी हो तुम! तुमने तो छह हजार गीत लिखे। तुम्हें तो तृप्त हो जाना चाहिए, फुलफिल्ड। इतने गीत किसी एक आदमी ने नहीं गाए।

रवींद्रनाथ ने आंख खोली और कहा कि बंद करो यह बातचीत। मैं तो परमात्मा से और कुछ कह रहा हूं। मैं यह कह रहा हूं कि जो गीत मैं गाना चाहता था, वह अभी तक गा नहीं पाया। उसी गीत को गाने की कोशिश में छह हजार गीत लिखे जा चुके हैं। लेकिन जो गीत मैं गाना चाहता था वह अब भी अनगाया, अनसंग, अभी भी मेरे भीतर पड़ा है। ये छह हजार असफल चेष्टाएं हैं; छह हजार फेल्योर्स। छह हजार बार कोशिश कर चुका। जो कहना था, वह अभी भी

अनकहा है। परमात्मा से प्रार्थना कर रहा हूं कि अभी तो मैं साज ही बिठा पाया था, अभी गाया कहां! और यह तो जाने का वक्त आ गया। यह तो ठोंक-पीट कर अभी साज बिठा पाया था; अभी गाया कहां था! अब कहीं लगता था कि गाने के करीब आ रहा हूं, तो यह जाने का वक्त आ गया!

कबीर से पूछें, नानक से पूछें, मीरा से पूछें, किसी से भी पूछें, वे यही कहेंगे कि जो कहना था, वह हम कह नहीं पाए। वह अनकहा रह गया है। बड़े आश्चर्य की बात है। फिर भी कहा तो है। कबीर ने कहा तो है। मीरा गाई तो। और जो कहना था, वह अनकहा रह गया। बात क्या है?

बात यह है, बात ठीक ऐसी ही है, जैसे कि आप देखें सुबह सूरज को उगते; पक्षियों को गीत गाते; वृक्षों को खिलते, फूलते। फिर घर जाएं, और कोई आपसे पूछे कि थोड़ा वर्णन करें, थोड़ा बताएं, कैसा था सूरज? आप कहें, बहुत कुछ कहें। फिर भी आप पाएंगे कि जो भी आपने कहा, वह धुंधली तस्वीर भी नहीं है, जो आपने देखा था। क्योंकि जो आप कहेंगे, उसमें सूरज की जरा भी गर्मी नहीं होगी। उसमें पक्षियों के गीतों का संगीत नहीं होगा। उसमें हरियाली भी नहीं होगी सुबह की। उसमें सुबह की ठंडी हवाओं की ताजगी भी नहीं होगी। उसमें फूलों के खिलने का आनंदभाव भी नहीं होगा। वह जो सुबह की एक्सटेसी थी, वह जो सुबह की समाधिस्थ अवस्था थी प्रकृति की, वह जो सुबह का ध्यानमग्न रूप था, वह कहीं भी नहीं होगा। और जब आप वर्णन करके चुक चुके होंगे, तो आप कहेंगे कि कहा तो जरूर, लेकिन जो मैंने देखा था, वह इसमें कहीं आया नहीं।

फिर वह आदमी सुन कर किसी और को बताएगा। सत्य लुप्त होना शुरू हुआ। कुछ तो आपने लुप्त किया। क्योंकि कहने में ही, कहने की प्रक्रिया में ही भूल हुई। फिर वह आदमी सुनेगा; फिर वह कहेगा, और सत्य लुप्त होना शुरू हो जाएगा। नदी चली और रेगिस्तान में खोनी शुरू हुई। यात्रा उठी भी नहीं, पहला कदम उठा भी नहीं, कि भटकाव शुरू हुआ। ऐसा है। और अब तक इसके लिए कोई उपाय खोजा नहीं जा सका। आगे भी खोजा नहीं जा सकता है। सदा ऐसा ही रहेगा।

इसलिए कृष्ण कहते हैं कि सत्य लुप्तप्राय है। लेकिन लुप्तप्राय! मैं सुबह के सूरज का वर्णन करूं; बिलकुल वर्णन न हो पाए, फिर भी मैं वर्णन सुबह के सूरज का ही कर रहा हूं। आप बिलकुल न समझ पाएं, फिर भी आप थोड़ा तो समझ ही जाएंगे कि सुबह का वर्णन कर रहा हूं। पक्षियों के गीत मेरे वर्णन में सुनाई नहीं पड़ेंगे; लेकिन फिर भी पक्षियों ने गीत गाए हैं, इतना तो मैं कह ही पाऊंगा। सूरज की गर्मी मेरे शब्दों में न होगी; लेकिन सूरज गर्म था, उत्तप्त था, सुखद था, इतनी खबर तो मैं दे ही पाऊंगा। और आप कितना ही गलत समझें, जब आप किसी को कुछ कहेंगे इस संबंध में फिर, बात और बिगड़ जाएगी, लेकिन फिर भी सुबह के सूरज से ही संबंधित होगी।

कितनी ही भूल-चूक होती चली जाए, रेगिस्तान में नदी कितनी ही खोती चली जाए, उसका खोजना भी मुश्किल हो जाए, लेकिन कहीं रेत को उखाड़ने से उसकी बूंदें पकड़ में आ ही जाएंगी। और अगर किसी ने सुबह का सूरज देखा हो, तो हजारहवें आदमी की बात को सुन कर भी वह समझ जाएगा कि मालूम होता है, सुबह के सूरज की बात करते हैं। रिकग्नाइज कर सकेगा।

सत्य इतना तो सदा बच जाता है कि रिकग्नाइज किया जा सकता है। उसकी प्रत्यभिज्ञा हो सकती है। सत्य सदा ही लुप्तप्राय हो जाता है, लेकिन लुप्तप्राय होकर भी सत्य मौजूद होता है।

दूसरी बात ध्यान रखने जैसी है कि सत्य कितना ही लुप्तप्राय हो जाए, असत्य नहीं हो जाता है। तभी तो लुप्तप्राय है। अगर असत्य हो जाए, तो सत्य मर गया; फिर बचा नहीं, फिर बिलकुल नहीं बचा।

मेरी तस्वीर उतारी जाए। फिर मेरी तस्वीर की तस्वीर उतारी जाए। फिर उस तस्वीर की तस्वीर उतारी जाए। हर निगेटिव फेंट और फीका होता चला जाएगा। फिर भी तस्वीर मेरी ही रहेगी। और ऐसा भी वक्त आ सकता है हजारहवें निगेटिव पर कि बिलकुल पहचानना मुश्किल हो जाए। मैं भी न पहचान सकूं कि यह मेरा निगेटिव है। लेकिन फिर भी निगेटिव मेरा ही रहेगा; कितना ही फीका, कितना ही दूर, कितनी ही दूर की प्रतिध्वनि, लेकिन मेरी ही रहेगी। हो सकता है, मैं भी न पहचान पाऊं, तो भी, तो भी मेरी ही परंपरा में वह तस्वीर होगी।

सत्य के लुप्तप्राय होने का यही अर्थ है कि कितना ही लुप्त हो जाए, फिर भी असत्य नहीं हो जाता है। सत्य की फीकी प्रतिध्वनि उसमें शेष रहती है। जो जानते हैं, वे उस प्रतिध्वनि को पुनः पहचान सकते हैं। जो जानते हैं, वे उस प्रतिध्वनि की प्रत्यभिज्ञा कर सकते हैं।

प्रश्न : दो बातें समझनी हैं। आपने सत्य शब्द का उपयोग किया है; और प्रथम दो श्लोक में योग शब्द का उपयोग है। कृपया योग शब्द की परिभाषा व अर्थ समझाएं। और दूसरी बात, ऋषि शब्द के साथ राज शब्द भी जुड़ा हुआ है। ऋषि के बदले राजर्षि शब्द का क्या विशेष अर्थ है?

सत्य है अनुभूति; योग है अनुभूति की प्रक्रिया। सत्य है दर्शन; योग है द्वार। सत्य जाना जाता है; जिससे जाना जाता है, वह है योग। योग और सत्य एक ही सिक्के के दो पहलू हैं। जिस मार्ग से यात्रा करनी पड़ती है, वह है योग; और जिस मंजिल पर मार्ग पहुंच जाता है, वह है सत्य। और मंजिल और मार्ग अलग-अलग नहीं हैं। मंजिल मार्ग का ही आखिरी छोर है; मार्ग मंजिल की ही शुरुआत है। पहला कदम भी आखिरी कदम है, क्योंकि पहला कदम आखिरी कदम का प्रारंभ है। और आखिरी कदम भी पहला कदम है, क्योंकि पहले कदम के बिना आखिरी कदम हो नहीं सकता है।

इसलिए मैंने सत्य की बात कही, समझनी ज्यादा आसान होगी। और योग की बात जानकर छोड़ी, क्योंकि आगे योग के संबंध में बहुत बात आएगी और तब योग को विस्तार से समझा जा सकता है।

दूसरी बात पूछी है, राजऋषि कहा है।

साधारणतः जो गलत अर्थ प्रचलित है, वह तो यही है कि अगर कोई राजा ऋषि हो जाए, तो राजऋषि है। गलत है अर्थ; प्रचलित है जरूर। सच तो यह है कि जो भी प्रचलित होता है, उसके सौ में निन्यानबे मौके गलत होने के होते हैं। प्रचलित होने के कारण ही गलत होने के मौके होते हैं। राजऋषि का मेरे लिए तीन दिशाओं से अर्थ है, वह मैं आपको कहूं।

पहला तो यह, जो भी ऋषि होता, वह राजा हो जाता है। राजा ऋषि हो जाता है, ऐसा नहीं। जो भी ऋषि हो जाता है, वह एक तरह की बादशाहत पा लेता है। जो भी ऋषि हो जाता है, वह राजा हो ही जाता है।

सच तो यह है कि बिना ऋषि हुए राजा होने का सिर्फ धोखा होता है, राजा कोई होता नहीं। बिना ऋषि हुए तो भिखारी ही होते हैं, राजा भी। पात्र बड़ा होता है भिक्षा का, इसलिए सबको दिखाई नहीं पड़ता; बहुत बड़ा पात्र होता है, इसलिए दिखाई नहीं पड़ता। या इसलिए भी दिखाई नहीं पड़ता कि बाकी भिखारी जरा छोटे भिखारी होते हैं। भिखारियों में भी हायरेरकी होती है! छोटे भिखारी, बड़े भिखारी, पहुंचे हुए भिखारी! ऐसी उनकी हायरेरकी होती है।

तो राजा जो है, वह भिखारियों के ऊपर सबसे ऊपर है, भिखारियों की धारा में सबसे ऊपर है। पद उसका भिखारियों में परम है। इसलिए भिखारियों की बड़ी दुनिया में राजा भी राजा मालूम पड़ता है; है तो भिखारी ही। जहां तक मांग है, वहां तक भिखारीपन है; जहां तक हम कुछ मांगते हैं और चाहते हैं, वहां तक भिखारी हैं।

स्वामी राम अमेरिका गए, तो वे अपने को बादशाह ही कहते थे। वे जब भी बोलते थे, तो वे राम बादशाह कहते थे—खुद को ही। वे कहते थे कि आज राम बादशाह किसी के घर भोजन करने गए थे। अमेरिका का तत्कालीन राष्ट्रपति राम से मिलने आया था। उसे बड़ा हास्यास्पद लगा यह कि एक फकीर, जिसके पास कुछ भी नहीं है, वह अपने को बादशाह कहे! तो उसने पूछा कि मुझे थोड़ी हैरानी होती है। और सब तो ठीक है, लेकिन यह बादशाह आप अपने को क्यों कहते हैं?

तो राम ने कहा, इसलिए कि अब ऐसी कोई भी चीज नहीं है, जिसकी मांग मेरे भीतर बची हो। अब मैं भिखमंगा नहीं हूं। अब ऐसा कुछ भी नहीं है, जिससे तुम मुझमें लालच पैदा कर सको, ऐसा कुछ भी नहीं है जिसमें मुझे तुम लोभ में फंसा सको। इसलिए अपने को बादशाह कहता हूं। और इसलिए भी अपने को बादशाह कहता हूं कि जिस दिन से अपना खयाल छोड़ा, उस दिन से

सभी अपना हो गया है। जिस दिन से यह खयाल छूटा कि मेरा है यह, उसी दिन से तेरा का खयाल भी विदा हो गया। सारी दुनिया अब मेरी है। चांद-तारे मेरे हैं। अब सब मेरा है, क्योंकि अब कुछ भी मेरा नहीं है।

जिस दिन कोई आदमी अपने छोटे-से घर को छोड़ देता है, उस दिन सारी पृथ्वी उसकी अपनी हो जाती है। असल में छोटे-से घर को इतना कसकर पकड़ता है कि पूरी पृथ्वी उसकी अपनी हो कैसे सकती है? हाथ फैले हुए चाहिए पूरी पृथ्वी को पकड़ने के लिए। तब छोटी चीज को कोई पकड़ेगा, तो फिर बड़े के लिए फैलाव नहीं रह जाता।

राम ने कहा, इसलिए भी अपने को बादशाह कहता हूं कि जब भी भीतर देखता हूं, जब भी अपने भीतर झांकता हूं, तभी पाता हूं कि अनंत खजाने, अनंत साम्राज्य, सब मेरा है। ऐसा कुछ भी नहीं है, जो मेरा न हो।

तो राजऋषि का मैं तो अर्थ करता हूं, ऋषि राजा हो जाता है। सभी ऋषि राजऋषि हैं। एक दिशा से ऐसा अर्थ करना चाहूं। दूसरी दिशा से एक और अर्थ करना चाहूं।

योग की दो प्रक्रियाएं प्रचलित रही हैं। या ज्ञान की या जानने की दो निष्ठाएं हैं। एक निष्ठा का नाम सांख्य है, और एक निष्ठा का नाम योग है। कृष्ण ने गीता में बहुत-बहुत बार इन दो निष्ठाओं को स्पर्श किया है। सांख्य-निष्ठा का अर्थ है, करना कुछ भी नहीं है, केवल जानना है। करने योग्य कुछ भी नहीं है; सिर्फ जानने योग्य है। रत्तीभर भी कुछ करने की जरूरत नहीं है; सिर्फ जानने की जरूरत है। जानने से ही सब मिल जाएगा। जानने से ही सब हो जाएगा; करने का कोई भी कारण नहीं है।

सांख्य से जो आदमी ज्ञान को उपलब्ध होता है; उसने हाथ भी नहीं हिलाया है। वह राजा की तरह अपने सिंहासन पर ही बैठा रहा है। उसने कुछ किया ही नहीं है। सच तो, उसके बिना कुछ किए सब हुआ है, होता रहा है। राजा का अर्थ ही यही है, उसके बिना कुछ किए सब हो जाए। अगर करना पड़े, तो फिर राजा नहीं है। राजा का जो भीतरी मौलिक अर्थ है, वह यही है कि जिसके

बिना किए सब होता हो; जिसके भीतर इच्छा भी पैदा न हो पाए कि पूर्ति सामने मौजूद हो जाए। ठीक इन अर्थों में राजा कभी पृथ्वी पर होते नहीं। लेकिन सांख्य ऐसा ही राजयोग है, बिना कुछ किए सब मिल जाता है।

सांख्य का कहना ही यही है कि तुम करते हो, इसीलिए नहीं मिलता है। सांख्य का कहना यही है कि जिसे तुम खोज रहे हो, वह तुम्हारे भीतर मौजूद है। तुम खोज रहे हो, इसलिए भीतर नहीं देख पाते, क्योंकि खोज में बाहर उलझे रहते हो। करो खोज बंद; रुक जाओ; बैठ जाओ। जैसे सिंहासन पर राजा बैठा हो, ऐसे बैठ जाओ। कुछ मत करो। आंख करो बंद; सब छोड़ो; और पा लो उसे, जो भीतर मौजूद है।

वह सदा से मौजूद है, लेकिन तुम इतने दौड़ रहे हो कि तुम्हारी दौड़ की वजह से तुम वहां न पहुंच पाओगे, जो भीतर है। दौड़ने वाला सदा बाहर जाता है। खोजने वाला बाहर खोजता है। करने वाला बाहर करता है।

ध्यान रहे, सब करना बाह्य है; भीतर कुछ भी नहीं किया जा सकता। भीतर तो वही जाता है, जो नॉन-डूइंग में, अक्रिया में उतरता है; अकर्म में। जो नहीं करता कुछ, वह भीतर चला जाता है। जो कुछ करता है, वह बाहर भटक जाता है।

तो सांख्य कहता है, भीतर रखी है संपदा। तुम कुछ मत करो, तो पा लो।

लाओत्सु ने चीन में कहा है, सीक, एंड यू विल लूज; खोजो, और तुमने खोया। सीक, एंड यू विल नाट फाइंड; खोजो, और तुम कभी न पा सकोगे। डू नाट सीक, एंड फाइंड; मत खोजो, और पा लो।

अब यह सांख्य की निष्ठा है लाओत्सु में। खोजो मत, और पा लो। बड़ी उलटी बात है। करीब-करीब ऐसे ही, जैसा मैंने सुना कि एक मछली ने जाकर मछलियों की रानी से पूछा कि सागर के संबंध में बहुत सुनती हूं, कहां है यह सागर? कहां खोजूं कि मिल जाए? कहां जाऊं कि पा लूं? कौन-सा है मार्ग? क्या है विधि? क्या है उपाय? कौन है गुरु, जिससे मैं सीखूं? यह सागर क्या है? यह सागर कहां है? यह सागर कौन है?

वह रानी मछली हंसने लगी। उसने कहा, खोजा, तो भटक जाओगी। गुरु से पूछा, कि उलझन हुई। विधि खोजी, तो विडंबना है। खोजो मत; पूछो मत। उस मछली ने कहा, लेकिन फिर यह सागर मिलेगा कैसे? तो उस रानी मछली ने कहा, सागर के मिलने की बात ही गलत है, क्योंकि सागर को तूने कभी खोया ही नहीं है। तू सागर ही है। सागर में ही पैदा होती है; सागर में ही बनती है; सागर में ही जीती है; सागर में ही विदा होती है; सागर में ही लीन। जो कुछ है, सागर ही है चारों तरफ। लेकिन उस मछली ने कहा, मुझे तो दिखाई नहीं पड़ता!

मछली को सागर दिखाई नहीं पड़ सकता, क्योंकि हम सिर्फ उसी को देख पाते हैं, जो कभी मौजूद होता है और कभी गैर-मौजूद हो जाता है। हम उसको नहीं देख पाते, जो सदा मौजूद है। सदा मौजूद दिखाई नहीं पड़ता।

जैसे हमें हवा दिखाई नहीं पड़ती, ऐसे ही मछली को सागर दिखाई नहीं पड़ता। न दिखाई पड़ने का कारण सिर्फ यही है कि सदा मौजूद है। हम जब आंख खोले, तब भी मौजूद था। जब हम आंख बंद करेंगे, तब भी मौजूद होगा। जो सदा मौजूद है, एवरप्रेजेंट है, वह अदृश्य हो जाता है। इसलिए परमात्मा दिखाई नहीं पड़ता है। जो सदा मौजूद है, वह दिखाई नहीं पड़ सकता। दिखाई वही पड़ सकता है, जो कभी मौजूद है, और कभी गैर-मौजूद हो जाता है।

सांख्य की निष्ठा कहती है, कुछ मत करो। करने के भ्रम में ही मत पड़ो। न ध्यान, न धारणा, न योग-कुछ नहीं। कुछ करो ही मत। लेकिन न करना बहुत बड़ा करना है। बाकी सब करना बहुत छोटे-छोटे करना है। बाकी करना सब कर सकते हैं हम। न करना! प्राण कंप जाते हैं। कैसे न करो?

सबसे कठिन करना, न करना है। इसलिए सांख्य सबसे कठिन योग है। सांख्य के मार्ग से जो जाते हैं, वे राजऋषि हैं। जो उस योग को साध लेते हैं, न करने को, निश्चित ही वे ऋषियों में राजा हैं।

लेकिन जो नहीं साध पाते, उनके लिए फिर योग है—यह करो, यह करो, यह करो। ऐसा नहीं कि उस करने से उनको मिल जाएगा। लेकिन करने से

थकेंगे, परेशान होंगे, कर-कर के मुश्किल में पड़ेंगे; जन्म-जन्म भटकेंगे। आखिर में करने से इतने ऊब जाएंगे कि छोड़ कर पटक देंगे और बैठ जाएंगे कि अब बहुत कर लिया; अब नहीं करते। और जब नहीं करेंगे, तब पा लेंगे।

लेकिन करने से गुजरना पड़ेगा उन्हें। उनका योग हठयोग है-जिद्द से, कर-कर के। मिलता तो तब है, जब न करना ही फलित होता है, चाहे वह न करने से आया हो, और चाहे करने से आया हो। मिलता तो तभी है, जब न करना फलित होता है। पूर्ण अकर्म, तभी। और अकर्म में जो मिलता है, वह राजा जैसा मिलना है।

मजदूर को करना पड़ता है, तब भोजन मिलता है। दुकानदार को कुछ करना पड़ता है, तब भोजन मिलता है। राजा बैठा है अपने सिंहासन पर; कुछ करता नहीं; सब मिलता है। ऐसा कोई राजा होता नहीं। राजा को भी बहुत कुछ करना पड़ता है। लेकिन यह राजा की चरम धारणा है। राजऋषि का यहां जो अर्थ है, वह यही है कि जिसने बिना कुछ किए सब पा लिया, वह ऋषियों में राजा है।

और तीसरी बात, फिर हम सांझ बात करेंगे।

राजऋषि का एक तीसरा अर्थ भी खयाल में लेना जरूरी है। व्यक्ति में दो तरह के जीवन हो सकते हैं: तनाव से भरा, टेंस लिविंग; और रिलैक्स्ड, विश्रामपूर्ण, सहज। फूल देखें वृक्षों पर खिले, तो राजयोगी हैं। खिलने के लिए कुछ करना नहीं पड़ता; खिल जाते हैं। आकाश में बादल देखें, तो राजयोगी हैं। कुछ करते नहीं; डोलते रहते हैं। कभी आकाश में देखी हो चील, परों को तिरा कर रह जाती है थिर; पर भी नहीं हिलाती! डोलती है हवा पर। उड़ती नहीं, तिरती है। तैरती भी नहीं, तिरती है। बस, पंखों को फैलाकर रह जाती है। हवा जहां ले जाए; डोलती रहती है।

राजयोग उस बात का नाम है, उस प्रक्रिया का, जहां व्यक्ति पूर्ण विश्राम में जीता है; कुछ करता नहीं, तिरता है। श्वास भी नहीं लेता अपनी तरफ से। भविष्य का विचार नहीं करता, क्योंकि भविष्य का जो विचार करेगा, वह तैरना शुरू कर देगा; उसके तनाव शुरू हो जाएंगे। अतीत का विचार नहीं करता,

क्योंकि जो अतीत का विचार करेगा, वह टेंस हो जाएगा, वह रिलैक्स नहीं हो सकता, वह विश्राम में नहीं हो सकता। पूर्ण वर्तमान में होता है, अभी और यहीं, हिअर एंड नाउ। जो हो रहा है, उसमें है। और चील की तरह तिरता है।

जीसस एक गांव से गुजरे, और अपने शिष्यों से उन्होंने कहा कि देखो इन लिली के फूलों को। खेत में लिली के फूल खिले हैं। जीसस ने कहा, देखो इन लिली के फूलों को। सम्राट सोलोमन अपने पूर्ण वैभव में भी इतना शानदार न था, जितने ये लिली के गरीब फूल शानदार हैं। इनके शानदार होने का राज क्या है?

शिष्य क्या कहते! उन्हें तो राज का कुछ पता नहीं था। जीसस उन लिली के फूलों को दिखा कर यह कह रहे हैं कि लिली के छोटे-छोटे फूल सम्राट सोलोमन से भी ज्यादा शानदार हैं। क्या बात है? सम्राट सोलोमन भी तनाव में जीएगा, लेकिन लिली के फूलों को कोई तनाव नहीं है। न मौत की चिंता है, जो कल होगी; न जन्म की फिकर है, जो कल हो चुका। कुछ भी करना नहीं है; हो रहा है सब। परमात्मा के हाथ में समर्पित हैं। जो परमात्मा करा रहा है, वह हो रहा है।

राजऋषि का अर्थ है, समर्पित; विश्राम को उपलब्ध व्यक्ति; जो कुछ करता नहीं; जो हो रहा है, उसे होने देता है। स्पांटेनियस, सहज जिसकी जिंदगी है; सहज जिसका जीना है। मौत आ जाए, तो इतनी ही सहजता से मर जाएगा। सम्मान कोई दे, तो इतनी ही सहजता से ले लेगा। और अपमान कोई करे, तो इतनी ही सहजता से पी जाएगा। दुख आए, तो इतनी ही सहजता से स्वीकृत है। और सुख आए, तो इतनी ही सहजता से। कहीं कोई असहजता नहीं है, कोई तनाव नहीं है। जीवन जो भी ले आए, उसके लिए राजी है। यह राजीपन, टोटल एक्सेप्टिबिलिटी, समग्र स्वीकार।

अगर ठीक से समझें, तो आस्तिकता का भी यही अर्थ है, समग्र स्वीकार। ऐसी चित्त दशा राजऋषि की है। इसलिए कृष्ण राजऋषि शब्द का उपयोग कर रहे हैं।

फिर शेष सांझ।

दूसरा प्रवचन

# भागवत चेतना का करुणावश अवतरण

**स एवायं मया तेऽद्य योगः प्रोक्तः पुरातनः।**
**भक्तोऽसि मे सखा चेति रहस्यं ह्येतदुत्तमम्।। 3।।**

वह ही यह पुरातन योग अब मैंने तेरे लिए वर्णन किया है, क्योंकि तू मेरा भक्त और प्रिय सखा है इसलिए। यह योग बहुत उत्तम और रहस्य अर्थात अति मर्म का विषय है।

जीवन रोज बदल जाता है, ऋतुओं की भांति। जीवन परिवर्तन का एक क्रम है, गाड़ी के चाक की भांति घूमता चला जाता है। लेकिन चाक का घूमना भी एक न घूमने वाली कील पर ठहरा होता है। घूमता है चाक गाड़ी का, लेकिन किसी कील के सहारे, जो सदा खड़ी रहती है। कील भी घूम जाए, तो चाक का घूमना बंद हो जाए। कील नहीं घूमती, इसलिए चाक घूम पाता है।

सारा परिवर्तन किसी अपरिवर्तित के ऊपर निर्भर होता है।

जीवन के परम नियमों में से एक नियम यह है कि दृश्य अदृश्य पर निर्भर होता है, मृत्यु अमृत पर निर्भर होती है; पदार्थ परमात्मा पर निर्भर होता है। घूमने वाला परिवर्तित जगत, संसार, न घूमने वाले अपरिवर्तित सत्य पर निर्भर होता है। विपरीत पर निर्भर होती हैं चीजें।

इसलिए जो दिखाई पड़ता है, उस पर ही जो रुक जाता है, वह रहस्य से वंचित रह जाता है। जो दिखाई पड़ता है, उसके भीतर जो न दिखाई पड़ने वाले को खोज लेता है, वह रहस्य को उपलब्ध हो जाता है।

कृष्ण कहते हैं, वही योग, वही सत्य पुरातन है, सदा से चला आता है जो। या कहें कि सदा से ठहरा हुआ है जो; वही जो पहले भी ऋषियों ने कहा था, वही मैं तुझसे पुनः कहता हूं। लेकिन पुनः कहता हूं वही, जो सदा से है। कुछ नया नहीं है। कुछ अपनी ओर से नहीं है।

सत्य में अपनी ओर से कुछ जोड़ा भी नहीं जा सकता। सत्य को नया करने का भी कोई उपाय नहीं है। सत्य है। सत्य के साथ सिर्फ एक ही काम किया जा सकता है और वह यह कि हम उसकी तरफ मुंह करके खड़े हो सकते हैं, या पीठ करके खड़े हो सकते हैं। और हम सत्य के साथ कुछ भी नहीं कर सकते हैं। एक ही काम कर सकते हैं, या तो हम जानें उसे, या हम न जानने की जिद करें और अज्ञान में खड़े रहें। लेकिन हम न जानें, तो भी सत्य बदलता नहीं हमारे न जानने से। और हम जान लें, तो भी सत्य बदलता नहीं हमारे जानने से।

हां, बदलते हम जरूर हैं। सत्य को न जानें, तो हम एक तरह के होते हैं। सत्य को जान लें, तो हम दूसरे तरह के हो जाते हैं। सत्य वही है—जब हम नहीं जानते हैं, तब भी; और जब हम जानते हैं, तब भी। ऐसा अगर सत्य न हो, तो फिर सत्य और असत्य में कोई अंतर न रहेगा।

यह बहुत मजे की बात है कि असत्य हमारा इनवेंशन है, हमारा आविष्कार है। सत्य हमारा इनवेंशन नहीं है। सत्य को हम निर्मित नहीं करते, बनाते नहीं। असत्य को हम निर्मित करते हैं और बनाते हैं।

जो मेरे द्वारा बनाया जा सकता है, वह असत्य होगा। और जिसके द्वारा मैं भी बनाया गया, और जिसमें मैं भी लीन हो जाऊंगा, वह सत्य है। कृष्ण नहीं थे, तब भी जो था; कृष्ण नहीं होंगे, तब भी जो होगा; औरों ने भी जिसे कहा, और भी आगे जिसे कहेंगे—वह सत्य है।

सत्य नित्य है। इस नित्य सत्य को अर्जुन से कृष्ण कहते हैं, मैं पुनः तुझसे कहता हूं। और क्यों कहता हूं, उसका कारण बताते हैं। वह कारण समझ लेने जैसा है। वह कहते हैं, क्योंकि तू मेरा सखा है, मेरा मित्र है, मेरा प्रिय है।

ऊपर से देखने पर यह बात बड़ी अजीब-सी लगेगी कि क्या कृष्ण भी किसी शर्त के आधार पर सत्य को बताते हैं—मित्र है, सखा है, प्रिय है! मित्र न हो, सखा न हो, प्रिय न हो, तो कृष्ण फिर सत्य को नहीं बताएंगे? क्या सत्य को बताने की भी कोई शर्त, कोई कंडीशन है? क्या कृष्ण उसको नहीं बताएंगे जो प्रिय नहीं, मित्र नहीं, सखा नहीं? तब तो कृष्ण भी पक्षपात करते हुए मालूम पड़ेंगे। ऊपर से जो देखेगा, ऐसा ही लगेगा। लेकिन और थोड़ा गहरा देखना जरूरी है। और कृष्ण जैसे व्यक्तियों के साथ ऊपर से देखना खतरनाक है।

कृष्ण जब यह कहते हैं कि मैं तुझे सत्य की यह बात बताता हूं, क्योंकि तू मेरा प्रिय है, क्योंकि तू मेरा सखा है, मेरा मित्र है। इसके पीछे कारण यह नहीं है कि कृष्ण उसे न बताएंगे जो मित्र नहीं, सखा नहीं, प्रिय नहीं। कारण यह है कि जो मित्र नहीं, प्रिय नहीं, सखा नहीं, वह पीठ करके खड़ा हो जाता है सत्य की ओर। प्रिय होने, सखा होने, मित्र होने का कुल प्रयोजन इतना ही है कि अर्जुन मुंह करके खड़ा हो सकता है।

सत्य को जानने की, सत्य को समझने की तैयारी मैत्री में संभव है। शत्रु के साथ हम पीठ करके खड़े हो जाते हैं; द्वार बंद कर लेते हैं। शत्रु का हम स्वागत नहीं कर पाते। कृष्ण तो बताने को राजी हो जाएंगे शत्रु को भी; लेकिन शत्रु अपने द्वार बंद करके खड़ा हो जाएगा। यह शर्त कृष्ण की तरफ से नहीं है।

सत्य तो सभी को उपलब्ध है। सूर्य निकला है, सभी को उपलब्ध है। लेकिन जिसे नहीं उपलब्ध करना है, वह आंख बंद करके खड़ा हो सकता है। नदी बही जाती है, सभी को उपलब्ध है। लेकिन जिसे नहीं नदी के पानी को

देखना है, नहीं पानी को पीना है, वह पीठ करके खड़ा हो सकता है। नदी कुछ भी न कर सकेगी। पीठ करके खड़े होने में आपकी स्वतंत्रता है।

इसलिए सत्य को जब भी किसी के पास समझने कोई गया हो, तो एक मैत्री का संबंध अनिवार्य है। अन्यथा सत्य को पहचाना नहीं जा सकता, समझा नहीं जा सकता, सुना भी नहीं जा सकता।

जिसके प्रति मैत्री का भाव नहीं, उसे हम अपने भीतर प्रवेश नहीं देते हैं। और सत्य बड़ा सूक्ष्म प्रवेश है। उसके लिए एक रिसेप्टिविटी, एक ग्राहकता चाहिए।

जब आप अपरिचित आदमी के पास होते हैं, तो शायद आपने खयाल किया हो, न किया हो; न किया हो, तो अब करें; जब आप अपरिचित, अजनबी आदमी के पास होते हैं, तो क्लोज्ड हो जाते हैं, बंद हो जाते हैं। आपके सब द्वार-दरवाजे चेतना के बंद हो जाते हैं। आप संभलकर बैठ जाते हैं; किसी हमले का डर है। अनजान आदमी से किसी आक्रमण का भय है। न हो आक्रमण, तो भी अनजान आदमी अनप्रेडिक्टिबल है। पता नहीं क्या करे! इसलिए तैयार होना जरूरी है। इसलिए अजनबी आदमी के साथ बेचैनी अनुभव होती है। मित्र है, प्रिय है, तो आप अनआर्म्ड हो जाते हैं। सब शस्त्र छोड़ देते हैं रक्षा के। फिर भय नहीं करते। फिर सजग नहीं होते। फिर रक्षा को तत्पर नहीं होते। फिर द्वार-दरवाजे खुले छोड़ देते हैं।

मित्र है, तो अतिथि हो सकता है आपके भीतर। मित्र नहीं है, तो अतिथि नहीं हो सकता। सत्य तो बहुत बड़ा अतिथि है। उसके लिए हृदय के सब द्वार खुले होने चाहिए। इसलिए एक इंटिमेट ट्रस्ट, एक मैत्रीपूर्ण श्रद्धा अगर बीच में न हो, एक भरोसा अगर बीच में न हो, तो सत्य की बात कही तो जा सकती है, लेकिन सुनी नहीं जा सकती। और कहने वाला पागल है, अगर उससे कहे, जो सुनने में समर्थ न हो।

इसलिए कृष्ण कहते हैं कि तू मित्र है, प्रिय है, सखा है, इसलिए तुझे मैं यह पुनः उस सत्य की बात कहता हूं, जो सदा है, चिरस्थाई है, सनातन है, नित्य है।

एक और भी बात ध्यान रख लेनी जरूरी है। कृष्ण यह याद क्यों दिलाते हैं अर्जुन को कि तू सखा है, प्रिय है, मित्र है? इस बात को याद दिलाने की जरूरत क्या है? अर्जुन मित्र है, सखा है, याद दिलाने की क्या जरूरत है? यहां भी एक बहुत बड़ा मनोवैज्ञानिक सत्य खयाल में ले लेना जरूरी है।

हम इतने विस्मरण से भरे हुए लोग हैं कि अगर हमें निरंतर चीजें याद न दिलाई जाएं, तो हमें याद ही नहीं रह जाती। हम प्रतिपल भूल जाते हैं। हमारी स्मृति बड़ी दीन है, और हमारा विवेक अत्यंत रुग्ण है। मित्र को भी हम भूल जाते हैं कि वह मित्र है; प्रिय को भी हम भूल जाते हैं कि वह प्रिय है; निकट को भी हम भूल जाते हैं कि वह निकट है।

दूसरे को भूल जाना तो बहुत आसान है। हम अपने को ही भूल जाते हैं। हमें अपना ही कोई स्मरण नहीं रह जाता है। हम कौन हैं, यही स्मरण नहीं रह जाता है। हम किस स्थिति में हैं, यह भी स्मरण नहीं रह जाता है। हम करीब-करीब एक बेहोशी में जीते हैं। एक नींद जैसे हमें पकड़े रहती है। क्रोध आ जाता है, तब हमें पता चलता है कि क्रोध आ गया। आ गया, तब भी पता बहुत मुश्किल से चलता है। सौभाग्यशाली हैं, जिन्हें पता चल जाता है। हो गया, तब पता चलता है। लेकिन तब कुछ किया नहीं जा सकता। पक्षी हाथ के बाहर उड़ गया होता है। लोग क्रोध कर लेते हैं, फिर कहते हैं कि हमें पता नहीं, कैसे हो गया! आपने ही किया, आपको ही पता नहीं? होश में थे, बेहोश थे? नींद में थे? लेकिन हम करीब-करीब नींद में होते हैं।

कृष्ण अर्जुन को गीता में बहुत बार याद दिलाते हैं कि तू मेरा मित्र है। बहुत बार, परोक्ष-अपरोक्ष, सीधे भी, कभी घूम-फिर कर भी वे अर्जुन को याद दिलाए चले जाते हैं कि तू मेरा मित्र है। जब भी कृष्ण को लगता होगा, अर्जुन बंद हो रहा है, खुल नहीं रहा है, तभी वे कहते हैं, तू मेरा मित्र है; स्मरण कर। प्रिय है। और इसलिए ही तो तुझसे मैं सत्य की बात कह रहा हूं। यह सुनकर शायद क्षणभर को अर्जुन की स्मृति लौट आए और वह खुला हो जाए, निकट हो जाए, ओपेन हो जाए, और कृष्ण जिस सत्य के संबंध में उसे जगाना

चाहते हैं, उस जगाने की कोई किरण उसके भीतर पहुंच जाए। इसलिए कृष्ण बहुत बार गीता में बार-बार कहते हैं उसे कि तू मेरा मित्र है, तू मेरा प्रिय है, तू मेरा सखा है, इसलिए कहता हूं।

यह, जब भी हम किसी के भी प्रति एक इंटिमेसी, एक आंतरिकता से भरे होते हैं, तो एक क्षण में हमारी चेतना का तल बदल जाता है। हम कुछ और हो जाते हैं। जब हम किसी के प्रति बहुत मैत्री और प्रेम से भरे होते हैं, तो हम बड़ी ऊंचाइयों पर होते हैं। और जब हम किसी के प्रति घृणा और शत्रुता से भरे होते हैं, तो हम बड़ी नीचाइयों में होते हैं। और जब हम किसी के प्रति उपेक्षा से भरे होते हैं, तो हम समतल भूमि पर होते हैं।

सत्य के दर्शन तो वहीं हो सकते हैं, जब हम शिखर पर होते हैं, अपनी चेतना की ऊंचाई पर। कृष्ण जो बात कह रहे हैं, अर्जुन छलांग लगाए, तो ही समझ सकता है। अर्जुन अपनी जगह खड़ा रहे, तो नहीं समझ सकेगा। अर्जुन उछले थोड़ा, छलांग लगाए, तो शायद जो सूर्य उसे दिखाई नहीं पड़ रहा अपनी जगह से, उसकी एक झलक मिल जाए। कोई हर्ज नहीं, झलक के बाद वह अपनी जगह पर वापस लौट आएगा। लेकिन एक झलक भी जीवन को रूपांतरित करने का आधार बन जाती है।

इसलिए कृष्ण कहते है, अर्जुन, तू मित्र मेरा, प्रिय मेरा, इसलिए तुझसे सत्य की बात कहता हूं। यह मित्रता की स्मृति अर्जुन को एक छलांग लगाने के लिए है, ताकि अर्जुन किसी तरह कृष्ण के पास आ जाए।

ध्यान रहे, दो ही उपाय हैं संवाद के। या तो कृष्ण अर्जुन के पास खड़े हो जाएं उसी चित्त-दशा में, जिसमें अर्जुन है, तो संवाद हो सकता है। लेकिन तब सत्य का संवाद मुश्किल होगा। और या फिर अर्जुन कृष्ण की चित्त-दशा में पहुंच जाए, तो फिर संवाद हो सकता है। तब संवाद सत्य का हो सकता है। दोनों के बीच पहाड़ और खाई का फासला है।

यह चर्चा एक पर्वत के शिखर की और एक गहन खाई से चर्चा है। पीक टाकिंग टु दि एबिस। एक पर्वत का शिखर गौरीशंकर, पास में पहाड़ों के गड्ढ में

अंधेरे में दबी हुई खाई से बात करता है। कठिन है चर्चा। भाषा एक नहीं, निकटता नहीं, बहुत मुश्किल है। लेकिन खाई डर न जाए, अन्यथा और अंधेरे में छिप जाएगी और सिकुड़ जाएगी। तो शिखर पुकारता है कि मित्र हूं तेरा, निकट हूं तेरे। खुल; भय मत कर, सिकुड़ मत, संकोच मत कर। द्वार बंद मत कर। जो कहता हूं, उसे भीतर आ जाने दे।

अर्जुन को सब तरह का भरोसा दिलाने के लिए कृष्ण बहुत-सी बात कहते हैं। पहली बात तो उन्होंने यह कही कि यह सत्य अति प्राचीन है अर्जुन, अति पुरातन है, सनातन, अनादि, सबसे पहले, समय नहीं हुआ, तब भी यह सत्य था। क्यों? इसे याद न दिलाते, तो चल सकता था।

लेकिन अर्जुन से अगर कृष्ण कहें कि यह सत्य मैं ही दे रहा हूं, तो शायद अर्जुन ज्यादा खुल न पाए, शायद बंद हो जाए। शायद इतना भरोसा न कर पाए; शायद इतना ट्रस्ट पैदा न हो। तो कृष्ण शुरू करते हैं अनादि से, किस-किस ने किस-किस से कहा। ऐसे वे अर्जुन को राजी करते हैं, खुलने के लिए, ओपनिंग के लिए, द्वार खुला रखने के लिए।

फिर याद दिलाते हैं कि मित्र है, प्रिय है। और जब अर्जुन को वे पाएंगे कि वह ठीक ट्यूनिंग, ठीक उस क्षण में आ गया है, जहां मिलन हो सकता है, वहीं वे सत्य कहेंगे। इसलिए गीता में कुछ क्षणों में ट्यूनिंग घटित हुई है। किसी जगह अर्जुन बिलकुल कृष्ण के करीब आ गया, तब कृष्ण एक वचन बोलते हैं, जो बहुमूल्य है, जिसका फिर मूल्य नहीं चुकाया जा सकता।

लेकिन वह उसी समय, जब अर्जुन और कृष्ण की चेतना तादात्म्य को उपलब्ध होती है, तभी। जब बोलने वाला और सुनने वाला एक हो जाते हैं, एक रस हो जाते हैं, तभी—मैं आपको कहूंगा, याद दिलाऊंगा कि किन क्षणों में—तब महावाक्य गीता में उत्पन्न होते हैं; तब जो कृष्ण बोलते हैं, वह महावाक्य है। उसके पहले नहीं बोला जा सकता। प्रतीक्षा करनी पड़ती है।

सत्य को बोलना हो, तो प्रतीक्षा करनी पड़ती है। सत्य को सुनना हो, तो भी प्रतीक्षा करनी पड़ती है। आज की दुनिया तो बहुत जल्दी में है। इसलिए शायद, शायद इसीलिए सत्य की चर्चा बहुत मुश्किल हो गई है।

कृष्ण ने कहा है कि मैंने ही समय के पहले, सृष्टि के पूर्व में, आदि में सूर्य को कही थी यही बात। फिर सूर्य ने मनु को कही, मनु ने इक्ष्वाकु को कही और ऐसे अनंत-अनंत लोगों ने अनंत-अनंत लोगों से कही। स्वभावतः, अर्जुन के मन में सवाल उठे, आश्चर्य नहीं है। वह पूछता है, आपका जन्म तो अभी हुआ; सूर्य का जन्म तो बहुत पहले हुआ। आपने कैसे कही होगी सूर्य से यह बात?

कृष्ण खींचने की कोशिश करते हैं अर्जुन को, कि छलांग ले। अर्जुन सिकुड़ कर अपनी खाई में समा जाता है। वह जो सवाल उठाता है, वे सब सिकुड़ने वाले हैं। वह कहता है, मैं कैसे भरोसा करूं?

अब यह बड़े मजे की बात है। यह ध्यान रहे कि जो आदमी पूछता है, मैं कैसे भरोसा करूं, उसे भरोसा करना बहुत मुश्किल है। या तो भरोसा होता है या नहीं होता है। कैसे भरोसा बहुत मुश्किल है।

जो आदमी कहता है, कैसे भरोसा करूं? दूसरी बात के उत्तर में भी वह कहेगा, कैसे भरोसा करूं? यह कैसे भरोसे का सवाल, इनफिनिट रिग्रेस है। इसका कोई अंत नहीं है।

भरोसा किया जा सकता, नहीं किया जा सकता। लेकिन अगर किसी ने पूछा, कैसे भरोसा करूं, हाउ टु बिलीव, कैसे करूं विश्वास? फिर कठिन है। कठिन इसलिए है कि कैसे का सवाल ही अविश्वास में और गैर-भरोसे में ले जाता है।

अर्जुन संदिग्ध हो गया। यह कैसे हो सकता है? एब्सर्ड, बिलकुल व्यर्थ की बात है; असंगत। संगति भी नहीं, तर्क भी नहीं। कहते हैं, सूर्य को कही थी मैंने यही बात।

देखें, कैसा मजा है! कृष्ण चाहते हैं कि अर्जुन को भरोसा आ जाए, इसलिए वे कहते हैं, सूर्य को भी मैंने कहा था, तुझसे भी वही कहता हूं। कृष्ण चाहते हैं जिससे भरोसा आ जाए; अर्जुन के लिए वही गैर-भरोसे का कारण हो जाता है।

पूछता है, सूर्य से, आपने? आप अभी पैदा हुए, सूर्य कब का पैदा हुआ! जो बात कृष्ण ने कही है, अर्जुन उसके संबंध में सवाल नहीं उठा रहा। वह सत्य क्या है, जो सूर्य से कहा था आपने, वह यह नहीं पूछता। कंटेंट के बाबत उसका सवाल नहीं है। उसका सवाल उस व्यवस्था और कंटेनर के बाबत है, जो कृष्ण ने मौजूद किया। वह कहता है कि कैसे मानूं?

यह ध्यान देने की बात है कि आज तक जगत में सत्य को जानने वाले लोगों ने न जानने वाले लोगों के मन में भरोसे के लिए जितने उपाय किए हैं, न जानने वाले भी कमजोर नहीं हैं, उन्होंने उन सब उपायों को भरोसा न करने का उपाय बना लिया।

जानने वालों ने जितने भी उपाय किए हैं कि न जानने वालों और उनके बीच में भरोसे का एक सेतु, ए ब्रिज आफ ट्रस्ट पैदा हो जाए कि जिसके आधार पर सत्य कहा जा सके; लेकिन न जानने वाले भी अपने न जानने की जिद्द में उस सेतु को टिकने ही नहीं देते। उस सेतु से जो आएगा, उसकी तो बात ही नहीं है। पहले तो वे उस सेतु पर ही संदेह खड़ा करते हैं कि यह सेतु हो कैसे सकता है?

कृष्ण तो कहते हैं, मैं सखा, मित्र, प्रिय! अर्जुन जो सवाल उठाता है, वह बहुत प्रेमपूर्ण नहीं है। क्योंकि प्रेम भरोसा है। प्रेम भरोसा है, निष्प्रश्न भरोसा। जहां सवाल है भरोसे पर, कि क्यों? वहां प्रेम नहीं है। वहां प्रेम का अभाव है।

कभी आपने खयाल किया है कि जब भी जीवन में प्रेम की घड़ी होती है, तब आप क्यों, कैसे, क्या—सब भूल जाते हैं। प्रेम एकदम भरोसा ले आता है। और अगर प्रेम भरोसा न ला पाए, तो फिर प्रेम कुछ भी नहीं ला सकता। और अगर प्रेम भरोसा न ला पाए, तो प्रेम है ही नहीं।

अर्जुन पूछता है, मानने योग्य नहीं लगती यह बात! यह भी समझ लेने जैसा जरूरी है कि कृष्ण ने क्या कहा था!

सुबह मैंने आपको कहा था, कृष्ण जब कह रहे हैं कि यही मैंने कहा था, तो यह तो कृष्ण भी जानते हैं कि यह शरीर तो अभी पैदा हुआ। यह अर्जुन ही

पूछे, तब कृष्ण जानेंगे, ऐसा नहीं है। यह कृष्ण भी जानते हैं कि यह शरीर तो अभी पैदा हुआ है। और अगर इतना भी कृष्ण नहीं जानते, तो बाकी और कुछ पूछना उनसे व्यर्थ है।

एक बार ऐसा हुआ। रामकृष्ण का चित्र किसी ने उतारा। फिर फोटोग्राफर चित्र को लेकर आया, तो रामकृष्ण उस चित्र के पैर पड़ने लगे। पास-पड़ोस बैठे शिष्यों ने कहा, क्या करते हैं परमहंस देव? लोग पागल कहेंगे! अपने ही चित्र के, और पैर पड़ते हैं? रामकृष्ण खूब हंसने लगे। उन्होंने कहा, तुम क्या सोचते हो कि मुझे इतना भी पता नहीं कि यह मेरा ही चित्र है? और अगर इतना भी मुझे पता नहीं है, तो लोग पागल कहेंगे, तो ठीक ही कहेंगे। अगर इतना भी मुझे पता नहीं, तो लोग जो कहेंगे, ठीक ही कहेंगे।

बहुत बार जिन्होंने जाना है, उन्होंने न जानने वालों को तो सलाह दी ही है; जो नहीं जानते हैं, वे भी जानने वालों को सलाह देने पहुंच जाते हैं। इस बात को भी भूल कर कि जब जानने वालों को भी आपकी सलाह की जरूरत पड़ती है, तो फिर अब उसकी सलाह की आपको कोई जरूरत नहीं रह गई।

रामकृष्ण ने कहा कि यह तो मुझे भी पता है कि तस्वीर मेरी है। और यह कहकर फिर भी पैर पड़े और खड़े होकर तस्वीर को लेकर नाचने लगे। एक शिष्य ने कहा, आप क्या कर रहे हैं? रामकृष्ण ने कहा, कुछ समझने की कोशिश करो। यह चित्र मेरा ही है, इतना ही नहीं, यह चित्र साथ किसी और चीज का भी है। उन्होंने कहा, वह हमें दिखाई नहीं पड़ती, आपका ही चित्र है। रामकृष्ण ने कहा, यह मेरे शरीर की आकृति है, सो तो ठीक; लेकिन जब यह चित्र लिया गया, तब मैं गहरी समाधि में था। यह समाधि का भी चित्र है, मेरा ही नहीं। मैं तो सिर्फ रूप हूं। और मेरी जगह और भी रूप हो सकता था। लेकिन भीतर जो घटना घट रही थी, उसका भी चित्र है। मैं उसी को नमस्कार कर रहा हूं।

लेकिन वह भीतर की घटना तो हमारी बाहर की आंखों को दिखाई नहीं पड़ती। अर्जुन को भी न दिखाई पड़ी, तो आश्चर्य नहीं है।

अर्जुन ठीक हमारे जैसा सोचने वाला आदमी है, ठीक तर्क से, गणित से, हिसाब से। वह कहता है, आप? स्वभावतः, जो सामने तस्वीर दिखाई पड़ रही है कृष्ण की, वह सोचता है, यही आदमी कहता है? तो इसकी तो जन्म-तारीख पता है। सूर्य की तो जन्म-तारीख कुछ पता नहीं है। और यह आदमी जिस दिन पैदा हुआ, उस दिन भी सूरज निकला था। उसके पहले भी निकलता रहा है।

उसका सवाल ठीक मालूम पड़ता है। हमें भी ठीक मालूम पड़ेगा। लेकिन वह इस भीतर के आदमी को देखने में असमर्थ है; हम भी असमर्थ हैं।

कृष्ण जिसकी बात कर रहे हैं, वह इस शरीर की बात नहीं है। वह उस आत्मा की बात है, जो न मालूम कितने शरीर ले चुकी और छोड़ चुकी, वस्त्रों की भांति। न मालूम कितने शरीर जरा-जीर्ण हुए, पुराने पड़े और छूटे! वह उस आत्मा की बात है, जो मूलतः परमात्मा से एक है। वह सूर्य के पहले भी थी। सूर्य बुझ जाएगा, उसके बाद भी होगी।

जहां तक शरीरों का संबंध है, यह सूर्य हमारे जैसे न मालूम कितने करोड़ों शरीरों को बुझा देगा और नहीं बुझेगा। लेकिन जहां तक भीतर के तत्व का संबंध है, ऐसे सूरज जैसे करोड़ों सूरज बुझ जाएंगे और वह भीतर का तत्व नहीं बुझेगा।

लेकिन उसका अर्जुन को कोई खयाल नहीं है, इसलिए वह सवाल उठाता है। उसका सवाल, अर्जुन की तरफ से संगत, कृष्ण की तरफ से बिलकुल असंगत। अर्जुन की तरफ से बिलकुल तर्कयुक्त, कृष्ण की तरफ से बिलकुल अंधा। अर्जुन की तरफ से बड़ा सार्थक, कृष्ण की तरफ से अत्यंत मूढ़तापूर्ण। लेकिन अर्जुन क्या कर सकता है! कृष्ण की तरफ से होगा मूढ़तापूर्ण, उसकी तरफ से तो बहुत तर्कपूर्ण है। यद्यपि अंततः सभी तर्क अत्यंत मूर्खतापूर्ण सिद्ध होते हैं, लेकिन जब तक वे ऊंचाइयां नहीं मिलीं, तब तक अर्जुन की भी मजबूरी है। और उसका सवाल उसकी तरफ से बिलकुल संगत है।

श्री भगवानुवाच

**बहूनि मे व्यतीतानि जन्मानि तव चार्जुन।**
**तान्यहुं वेद सर्वाणि न त्वं वेत्थ परंतप।। 5।।**

भगवान बोले: हे अर्जुन, मेरे और तेरे बहुत-से जन्म हो चुके हैं, परंतु हे परंतप! उन सबको तू नहीं जानता है और मैं जानता हूं।

कृष्ण ने अर्जुन से कहा, मेरे और तेरे, हे परंतप! बहुत-बहुत अनेक जन्म हो चुके हैं, लेकिन उन्हें तू नहीं जानता और मैं जानता हूं।

इस संबंध में दो-तीन बातें स्मरणीय हैं।

एक तो, जो हम नहीं जानते, वह नहीं है, ऐसा मानने की जल्दी नहीं कर लेनी चाहिए। अर्जुन जो नहीं जानता है, वह नहीं है, ऐसी निष्पत्ति निकाल लेनी बहुत चाइल्डिश, जुवेनाइल है, बचकानी है। बहुत कुछ है जो हम नहीं जानते हैं, फिर भी है। हमारे न जानने से नहीं नहीं हो जाता। लेकिन अर्जुन की जो भूल है, वह नेचरल फैलेसी है, बड़ी प्राकृतिक भूल है। हम भी यही भूल करते हैं। मनुष्य की सहज भूलों में एक भूल है, जो नहीं जानते, हम मानते हैं, वह नहीं है। न मालूम किस भ्रांति के कारण हम ऐसा सोचते हैं कि हमारा जानना ही सब कुछ है।

अगर हमारा जानना ही सब कुछ है—अगर मैं आपसे पूछूं कि उन्नीस सौ इकसठ, एक जनवरी थी या नहीं? आप कहेंगे, थी; मैं था। लेकिन अगर मैं पूछूं कि एक जनवरी, उन्नीस सौ इकसठ की कोई याददाश्त बताइए, अगर थी! तो क्या किया था सुबह उठकर? दोपहर क्या किया था? सांझ क्या बोले थे? रात नींद आई थी, नहीं आई थी? स्वप्न कौन-सा आया था? आप कहेंगे, कुछ भी याद नहीं है। अगर एक जनवरी, उन्नीस सौ इकसठ की कोई भी याद नहीं है, तो एक जनवरी, उन्नीस सौ इकसठ थी, इसके कहने का हक क्या है? आप कहेंगे, थी तो जरूर, मैं था, लेकिन याद! याद बिलकुल नहीं है।

याद दिलाई जा सकती है। क्योंकि एक गहरा नियम है मन का कि जो भी

जाना जाता है, वह कभी भूलता नहीं। विस्मृति असंभव है। जिस बात को हम कहते हैं विस्मृति हो गई, उसका भी इतना ही मतलब है कि हम उसे पकड़ नहीं पा रहे हैं। हम नहीं पकड़ पा रहे हैं, कहां रख गई वह याद, किस कोने-कातर में मन के समा गई!

छोटा मन है, करोड़ों स्मृतियां हैं। मन को छांटना पड़ता है स्मृतियों को। छांट-छांट कर काम की बचा लेता है, बाकी को कचरेघर में डाल देता है। लेकिन कचराघर भी भीतर ही है। जैसे अपने घर में कोई नीचे, तहखाने में चीजों को डालता चला जाता है, जो बेकार हैं। लेकिन बिलकुल बेकार नहीं है, कभी काम में आ सकती हैं, इसलिए इकट्ठा भी करता चला जाता है।

हम भी अपने मन में सब इकट्ठा करते चले जाते हैं। इसलिए जो आपको एक जनवरी उन्नीस सौ इकसठ याद न आती हो, वह आपको सम्मोहित करके, बेहोश किया जाए, तो याद आ जाती है। आप एक जनवरी उन्नीस सौ इकसठ का ऐसे ही वर्णन कर देंगे, जैसे एक जनवरी उन्नीस सौ इकहत्तर का भी करना मुश्किल पड़ेगा। बिलकुल कर देंगे। बेहोशी की, सम्मोहन की अवस्था में सब याद आ जाएगा, सब उठ आएगा।

अभी मनोवैज्ञानिक सम्मोहन के द्वारा जन्म के पहले दिन तक की स्मृति तक ले जाने में समर्थ हो गए हैं। पहले दिन जब आपका जन्म हुआ था, कुछ भी तो याद न होगी उसकी। लोग कहते हैं, इसलिए मान लेते हैं कि हुआ था। अगर कोई दिक्कत आ जाए और सारे प्रमाण पूछे जाएं, तो सिवाय उधार प्रमाणों के कोई प्रमाण न मिलेगा आपके पास। कोई कहता है, इसलिए आप कहते हैं कि मैं पैदा हुआ था। लेकिन आपको कोई याद है? आप विटनेस हैं? उस घटना के गवाह हैं? आप कहेंगे, मैं तो गवाह नहीं हूं। तब बड़ी मुश्किल है। आपके जन्म की गवाही आप न दे सकें, तो दूसरों की गवाही का भरोसा क्या है? जन्म है आपका, गवाही है दूसरे की!

लेकिन पहले दिन जन्म की स्मृति भी भीतर है। और जिन्होंने और गहरे प्रयोग किए हैं, जैसे तिब्बत में लामाओं ने और गहरे प्रयोग किए हैं, तो मां के पेट

में भी नौ महीने आप रहे। जन्म का ठीक दिन वह नहीं है, जिसको हम जन्म-दिन कहते हैं। उसके ठीक नौ महीने पहले असली जन्म हो चुका। जिसे हम जन्म-दिन कहते हैं, वह तो मां के शरीर से मुक्त होने का दिन है, जन्म का दिन नहीं। नौ महीने तक सेटेलाइट था आपका शरीर; मां के शरीर के साथ घूमता था, उपग्रह था। अभी इतना समर्थ न था कि स्वयं ग्रह हो सके। इसलिए घूमता था; सेटेलाइट था। अब इस योग्य हो गया कि मां से मुक्त हो जाए, अब अलग जीवन शुरू करे। लेकिन जन्म तो उसी दिन हो गया, जिस दिन गर्भ धारण हुआ है।

तो लामाओं ने इस पर और गहरे प्रयोग किए हैं और नौ महीने की स्मृतियां भी उठाने में सफल हुए हैं। जब मां क्रोध में होती है, तब भी बच्चे की पेट में स्मृति बनती है। जब मां दुखी होती है, तब भी बच्चे की स्मृति बनती है। जब मां बीमार होती है, तब भी बच्चे की स्मृति बनती है। क्योंकि बच्चे की देह मां की देह के साथ संयुक्त होती है। और मां के मन और देह पर जो भी पड़ता है, वह संस्कारित हो जाता है बच्चे में।

इसलिए अक्सर तो माताएं जब बाद में बच्चों के लिए रोती हैं और पीड़ित और परेशान होती हैं, उनको शायद पता नहीं कि उसमें कोई पचास प्रतिशत हिस्सा तो उन्हीं का है, जो उन्होंने जन्म के पहले ही बच्चे को संस्कारित कर दिया है। अगर बच्चा क्रोध कर रहा है, और गालियां बक रहा है, और दुखी हो रहा है, और दुष्टता बरत रहा है, तो मां सोचती है कि यह कहां से, कैसे ये सब कहां सीख गया! दिखता है, कहीं दुष्ट-संग में पड़ गया है।

दुष्ट-संग में बहुत बाद में पड़ा होगा; दुष्ट-संग में बहुत पहले नौ महीने तक पड़ चुका है। और नौ महीने बहुत संस्कार संस्कारित हो गए हैं। उनकी भी स्मृतियां हैं। लेकिन और भी गहरे लोग गए हैं। पिछले जन्मों की स्मृतियों में भी गए हैं।

कृष्ण कहते हैं कि अर्जुन, जो तुझे पता नहीं है, वह मुझे पता है। वे इतनी सरलता से कहते हैं कि जो तुझे पता नहीं है, वह मुझे पता है। वे इतनी सहजता से कहते हैं कि उनका वचन बड़ा प्रामाणिक और आथेंटिक मालूम पड़ता है।

ध्यान रहे, झिझक कृष्ण में जरा भी नहीं है। जरा-सी भी झिझक बताती है कि आदमी को खुद पता नहीं है। किसी और से पता होगा; सेकेंड हैंड पता होगा।

कृष्ण कहते हैं, अर्जुन, जो तुझे पता नहीं है, वह मुझे पता है। हमारे और भी जन्म हुए हैं। मैं इसी जन्म की बात नहीं कर रहा हूं। लेकिन वे इतनी सरलता से कहते हैं, जरा भी झिझक नहीं।

और एक बात और ध्यान देने योग्य है। दार्शनिकों और ऋषियों के वचनों में एक फर्क दिखाई पड़ेगा। दार्शनिक जब भी बोलेंगे, तो हाइपोथेटिकल बोलेंगे। वे बोलेंगे, इफ, यदि ऐसा हो, तो ऐसा होगा। ऋषि जब बोलेंगे, तो उनका बोलना स्टेटमेंट का होगा, वक्तव्य का होगा। वे कहेंगे, ऐसा है।

इसलिए जब पहली बार उपनिषद का अनुवाद हुआ पश्चिम में, तो पश्चिम के विचारक बहुत मुश्किल में पड़े कि उपनिषद के लोग कैसे हैं! ये सीधा कह देते हैं कि ब्रह्म है। पहले बताना चाहिए, क्यों, क्या कारण है, क्या दलील है, क्या प्रमाण है; फिर निष्कर्ष देना चाहिए कि ब्रह्म है। ये तो सीधा कह देते हैं, कैटेगोरिकल, हाइपोथेटिकल नहीं। सीधा वक्तव्य दे देते हैं कि ब्रह्म है। इसके आगे-पीछे कुछ भी नहीं। ये वक्तव्य ऐसे दे देते हैं, जैसे कोई कहे, सूरज है।

पश्चिम के जिन लोगों को यह चकित होने का कारण बना, उसका आधार है। पश्चिम में ऋषियों की वाणी बहुत कम पैदा हुई। पश्चिम में दार्शनिक बोलते रहे, फिलासफर्स बोलते रहे। वे जो भी कहते हैं, उसको दलील, आर्ग्युमेंट से कहते हैं। लेकिन ध्यान रहे, दलील और तर्क इस बात की खबर देते हैं कि यह एक निष्कर्ष है, अनुभव नहीं। और सत्य एक अनुभव है, निष्कर्ष नहीं। ट्रुथ इज़ नाट ए कनक्लूजन, बट एन एक्सपीरिएंस। निष्कर्ष नहीं है सत्य। वह दो और दो चार होते हैं, ऐसा जोड़ा गया हिसाब नहीं है, जाना गया अनुभव है।

इसलिए कृष्ण जब कहते हैं कि अर्जुन, तुझे पता नहीं और मुझे पता है। और जब मैं कहता हूं कि सूर्य को मैंने कहा था, तो मैं किसी और जन्म की बात कर रहा हूं। यह इस जन्म की बात नहीं है।

एक और ध्यान देने की बात है, कि ज्ञान कृष्ण के समय या बुद्ध के समय या महावीर के समय में इतना झिझकता हुआ नहीं था, जितना आज है। बहुत बोल्ड था, बहुत साहसी था। जो कहना है, कहता था। आज ज्ञान बहुत झिझकता हुआ है। जो भी कहना है, वह सीधा कहना मुश्किल है। क्या कारण होगा? कारण एक ही है। आज जिसे हम ज्ञान कहते हैं, सौ में निन्यानबे मौके पर उधार होता है, इसलिए झिझकता है।

एक साध्वी ने योग पर एक किताब लिखी, मुझे भेजी। देखा, किताब मुझे बहुत पसंद पड़ी; बहुत अच्छी लिखी। लेकिन दो-चार जगह मुझे ऐसा लगा कि उस साध्वी को योग का या ध्यान का कोई भी अनुभव नहीं है। क्योंकि जो फिजूल बातें थीं, वह तो उसने बड़े बलपूर्वक कही, और जो सार्थक बातें थीं, उनमें बड़ी झिझक थी।

फिर दो-चार वर्ष के बाद वह साध्वी मुझे मिली। मैंने कुछ बात न की उस किताब की। थोड़ी देर के बाद उसने कहा, मुझे अकेले में कुछ बात करनी है। मैंने कहा, पूछें। उसने कहा, मुझे ध्यान के संबंध में कुछ बताएं कि कैसे करूं? मैंने कहा, चार वर्ष हुए तुम्हारी किताब देखी थी, तब भी मुझे लगा था कि ध्यान का तुम्हें कुछ पता नहीं होना चाहिए। क्योंकि जो-जो गहरी बात थी, उसमें झिझक थी। और जो-जो बेकार बात थी, बहुत बोल्ड, बहुत साहस से कही गई थी! उसने कहा, मुझे तो कुछ भी पता नहीं। फिर, मैंने कहा, वह किताब क्यों लिखी? उसने कहा, वह तो मैंने दस-पचास किताबें पढ़ कर लिखी—लोगों के लाभ के लिए। मैंने कहा, जिस किताब को लिखने से भी तुम्हें लाभ नहीं हुआ, उस किताब को पढ़ने से लोगों को लाभ होगा? तुम लिखने के चार साल बाद भी अभी ध्यान कैसे करें, यह पूछती हो; और तुमने उसमें ध्यान के चार प्रकार होते हैं और क्या-क्या होता है, सब गिनाया हुआ है! उसने कहा, वह सब शास्त्रों में लिखा है।

पर ध्यान को शास्त्रों से जो जानेगा, उसने सूरज नहीं देखा, सूरज की तस्वीर देखी। तस्वीर को हाथ में रखा जा सकता है, सूरज को हाथ में नहीं रखा

सकता। तस्वीर जला नहीं सकती, सूरज के पास जाना बड़ा कठिन है। जिसने शास्त्र से ध्यान सीखा, उसने कागज की नाव में यात्रा करने का विचार किया है। खतरनाक है वह यात्रा।

उधार है ज्ञान, इसलिए झिझकता हुआ है। ज्ञान ने साहस खो दिया। बल्कि और मजे की बात है, अज्ञान बहुत साहसी है आज। अज्ञान इतना साहसी कभी भी न था।

ध्यान रहे, अगर चार्वाक को कहना पड़ता था कि ईश्वर नहीं है, तो हजार दलीलें देनी पड़ती थीं, तब चार्वाक कहता था, ईश्वर नहीं है। ईश्वर नहीं है, एक कनक्लूजन था, एक निष्पत्ति थी। हजार दलील देता था और फिर कहता था, देखो, यह दलील, यह दलील, यह दलील; तब मैं कहता हूं कि ईश्वर नहीं है। हजार दलील देता था, तब कहता था कि देखो, मैं कहता हूं, आत्मा नहीं है। ज्ञान बहुत शक्तिशाली था, वह कहता था, ब्रह्म है—बिना दलील के। और अज्ञान बहुत कमजोर था; वह हजार दलील जुटाता था, तब कहता था कि शक होता है आत्मा पर।

आज हालात बिलकुल उलटी है। आज जिसको कहना है, आत्मा नहीं है, बिना दलील के कहता है, आत्मा नहीं है, ईश्वर नहीं है; कोई दलील देने की जरूरत नहीं है। और जिसको कहना है, ईश्वर है, वह हजार दलीलें इकट्ठी करता है कि यह कारण, यह कारण, इसलिए। जैसे कि कुम्हार घड़े को बनाता है, ऐसे भगवान जगत को बनाता है। कुम्हार, भगवान को सिद्ध करने के लिए दलील है। बेचारा कुम्हार, उसका कोई हाथ नहीं! इतनी कमजोर दलीलों पर कहीं ज्ञान खड़ा हुआ है?

ज्ञान अनुभव है।

जब कृष्ण कहते हैं, बिना दलील; कृष्ण आर्ग्युमेंट नहीं दे रहे हैं। कोई आर्ग्युमेंट ही नहीं देते। वे कहते हैं, अर्जुन तुझे पता नहीं और मुझे पता है, इसलिए मैं कहता हूं। वे दलील नहीं जुटाते।

यह वक्तव्य सीधा और साफ है। और सीधा और साफ जब भी वक्तव्य

होता है, तो वह प्राणों के अंतस्तल को छेद पाता है। दलीलें जहां नहीं पहुंचती हैं, वहां सीधे वक्तव्य पहुंच जाते हैं। प्रमाण जहां नहीं पहुंचते, वहां आंखों की गवाही पहुंच जाती है।

अर्जुन दलील मांग रहा है। कृष्ण दलील नहीं दे रहे। अर्जुन दलील ही मांग रहा है, कि कोई सर्टिफिकेट दिखाओ कि तुम थे। तुम सूरज के पहले थे? कहीं किसी कारपोरेशन के दफ्तर में कहीं कोई जन्म-तारीख? कहीं कुछ लिखा-पढ़ी है? नहीं; वे इतना ही कहते हैं कि अर्जुन, तू जानता नहीं और मैं जानता हूं।

इतना साहस था जब सत्य में, तब अगर सत्य परिणाम लाता था, तो कुछ आश्चर्य नहीं है। और आज अगर अज्ञान साहसी है, तो अज्ञान दुष्परिणाम लाता है, तो भी कुछ आश्चर्य नहीं है।

आज नास्तिक सारे जगत में जिस भाषा में बोलता है, वह उसी ताकत की भाषा है, जिस ताकत में कभी कृष्ण, महावीर और बुद्ध बोले। आज उस ताकत की भाषा में मार्क्स, स्टैलिन और माओत्से तुंग बोलते हैं। उसी ताकत की भाषा में। आज अगर पुरी के शंकराचार्य को बोलना है, तो ताकत नहीं है; तो फिर शास्त्र, वेद, पुराण, उन सबसे इकट्ठा करके बोलना है।

पुरी के शंकराचार्य कहते हैं कि कोई अगर सिद्ध कर दे कि शास्त्रों में लिखा है कि गौवध होता था यज्ञों में, कोई अगर सिद्ध कर दे कि शास्त्रों में लिखा है, तो मैं गौवध का विरोध छोड़ दूंगा। बड़ी कमजोर दुनिया है। कोई अगर सिद्ध कर दे कि शास्त्रों में लिखा है कि गौवध होता था, तो पुरी के शंकराचार्य, गौवध बंद हो, ऐसा आंदोलन छोड़ने को तैयार हैं! दलील और प्रमाण कोई दे दे।

लेकिन इतना साहस नहीं सत्य में कि वह सीधा कहे कि सब शास्त्रों में लिखा हो कि गौवध होता था, तो भी गौवध नहीं हो सकता है, क्योंकि ऐसा हमारी आत्मा कहती है कि यह गलत है—ऐसा। ऐसा नहीं कह सकता कोई हिम्मतवर आज, तब फिर अर्थ नहीं है। कोई ऐसा नहीं कह सकता कि तुम नहीं जानते और मैं जानता हूं। लेकिन ऐसा कोई कहना चाहे, तो नहीं कह सकता। कहना चाहे, तो बहुत मुश्किल में पड़ेगा।

ठीक ऐसी मुश्किल में पड़ेगा, मैंने सुना है, एक साधक एक गुरु के पास बहुत दिन तक था। गुरु उससे कहता कि इस तरह ध्यान करो कि तुम बचो ही न, बिलकुल मर जाओ, तभी परमात्मा मिलेगा। उसने कई तरह की कोशिशें कीं, लेकिन मर कैसे जाए? रोज गुरु के पास आता और गुरु कहता कि तुम अभी भी हो! फिर ध्यान क्या खाक होगा? मिटोगे नहीं, मरोगे नहीं, ध्यान नहीं होगा। वह बेचारा रोज लौट जाता। फिर दूसरे दिन सुबह आता कि फिर अपनी खबर कर दे कि अभी तक ध्यान हुआ नहीं। गुरु उसे देखते से ही कहता, अरे! तुम अभी भी जिंदा हो?

एक दिन उसने सोचा, यह कब तक चलेगा! सुबह वह पहुंचा, गुरु के दरवाजे पर खड़ा ही हुआ था; गुरु ने कहा, अरे! उसने कहा, मत कहो। और एकदम गिरा और मर गया। वहीं गिरा और मर गया। आंखें बंद कर लीं, सांस रोक कर पड़ा रहा। गुरु पास आया, उसने कहा कि बिलकुल ठीक। अच्छा, मैंने तुम्हें कल एक सवाल दिया था, उसका जवाब तो दो। उस आदमी ने एक आंख खोली और कहा, उसका जवाब तो अभी तक नहीं मिला। उसके गुरु ने कहा, मूरख, मरे हुए लोग जवाब नहीं देते। उठ, और अपने घर जा! मर गया था, तो मर जाना था। जवाब देने की इतनी क्या जल्दी थी? लेकिन मरने का कोई नाटक नहीं हो सकता है।

अब यह जो गुरु कह रहा है कि मर जा, वह समझ ही नहीं पा रहा है, किस मृत्यु की बात हो रही है। जब गुरु कह रहा है, अरे, फिर तू आ गया, तब भी वह नहीं समझ पा रहा है कि किसके आने की बात हो रही है। जिस अहंकार के मरने के लिए वह गुरु बात कर रहा है, वह उसके खयाल में नहीं आता। ज्यादा से ज्यादा उसे खयाल में आया कि इस शरीर को गिरा दो, आंख बंद करके पड़े रह जाओ। और क्या हो सकता है?

शरीर केंद्रित दृष्टि शरीर के बाहर की बातों को सुन नहीं पाती। अर्जुन भी शरीर केंद्रित है। उसकी सारी चिंतना, उसका सारा संताप शरीर केंद्रित, बाडी ओरिएंटेड है। वह कहता है, ये मेरे प्रियजन मर जाएंगे। कृष्ण कहते हैं, ये कोई

नहीं मरने वाले हैं। ये पहले भी थे और फिर भी रहेंगे। वही-वही सवाल लौट-लौट कर चला आता है। अभी कृष्ण पहले समझाते हैं कि कोई ये मरेंगे नहीं। ये पहले भी थे, पीछे भी रहेंगे। तू इनकी फिकर मत कर। कुछ समझता नहीं है अर्जुन। अब वह फिर वही पूछता है, आप! आप सूर्य के पहले कहां थे? आप तो अभी पैदा हुए हैं!

वही शरीर से बंधी हुई दृष्टि! लेकिन कृष्ण एक सीधा वक्तव्य देते हैं। दलील दे सकते थे। लेकिन जिनके पास अनुभव है, वे दलील हमेशा पीछे देते हैं, वक्तव्य पहले दे देते हैं। जिनके पास अनुभव नहीं है, वे दलील पहले देते हैं, वक्तव्य पीछे देते हैं। जिनके पास अनुभव है, वे दलील का उपयोग सिद्ध करने के लिए नहीं करते। वे दलील का उपयोग ज्यादा से ज्यादा समझाने के लिए करते हैं।

तो पहली तो बात यह समझ लें कि कृष्ण ने बेझिझक कहा कि तू नहीं जानता और मैं जानता हूं। इतना बेझिझक अनुभव ही हो सकता है। लेकिन गुरु भी झिझकते हुए हो सकते हैं। और तब अगर शिष्य झिझकते हुए हो जाएं, तो बहुत कठिनाई क्या है? गुरु भी सोच-विचार करके उत्तर देते हों, तो फिर शिष्य भी उत्तर से वंचित रह जाएं, तो हैरानी क्या है?

यह सोच-विचार नहीं है कृष्ण की तरफ, यह सीधी प्रतीति है कि तू नहीं जानता। यह ठीक वैसे ही है जैसे एक अंधे आदमी से कोई आंख वाला कहे कि सूरज है; मैं जानता हूं और तू नहीं जानता। यह इतनी ही सरल और सीधी बात उन्होंने कही है।

**अजोऽपि सन्नव्ययात्मा भूतानामीश्वरोऽपि सन्।**
**प्रकृतिं स्वामधिष्ठाय संभवाम्यात्ममायया।।6।।**

मैं अविनाशी स्वरूप अजन्मा होने पर भी तथा सब भूत प्राणियों का ईश्वर होने पर भी अपनी प्रकृति को अधीन करके योगमाया से प्रकट होता हूं।

कृष्ण यहां चेतना कैसे प्रकट होती है पदार्थ में, परमात्मा कैसे आविर्भूत होता है प्रकृति में, अदृश्य कैसे दृश्य के शरीर को ग्रहण करता है, अलौकिक

कैसे लौकिक बन जाता है, अज्ञात असीम अनंत कैसे सीमा और सांत में बंधता है, उसका सूत्र कहते हैं।

वे कहते हैं, मैं और लोगों की भांति जन्मा हुआ नहीं हूं।

यहां एक बात तो सबसे पहले ठीक से समझ लें कि जब वे कहते हैं, मैं और लोगों की भांति जन्मा हुआ नहीं हूं, तो इसका जैसा अब तक मतलब लिया जाता रहा है, वैसा मतलब नहीं है। लोग कहेंगे कि यहां वे कह रहे हैं कि मैं भगवान का अवतार हूं, बाकी लोग नहीं है। ऐसा नहीं कह रहे हैं। यहां वे इतना ही कह रहे हैं कि जन्मता तो कोई भी नहीं है, लेकिन दूसरे मानते हैं कि वे जन्मते हैं; और जब तक वे मानते हैं कि जन्मते हैं, तब तक मरते हैं। उनकी मान्यता ही उनकी सीमा है। यहां वे कह रहे हैं, मैं औरों की भांति जन्मा हुआ नहीं हूं। यहां उनका प्रयोजन है कि मैं जानता हूं भली-भांति, जैसा कि और नहीं जानते–कि मैं अजन्मा हूं, मेरा कभी जन्म नहीं हुआ।

एक बहुत सोचने और खयाल में और कभी भीतर खोजने जैसी बात है। कितना ही मन में सोचें, आप यह कभी सोच न पाएंगे, इनकंसीवेबल है, इसकी कल्पना नहीं बनती कि मैं मर जाऊंगा। कितनी ही कोशिश करें इसकी कल्पना बनाने की, कल्पना भी नहीं बनती कि मैं मर जाऊंगा। इसका खयाल ही भीतर नहीं पकड़ में आता कि मैं मर जाऊंगा। इसीलिए तो इतने लोग चारों तरफ मरते हैं, फिर भी आपको खयाल नहीं आता कि मैं मर जाऊंगा। भीतर सोचने जाओ, तो ऐसा लगता ही नहीं कि मैं मरूंगा। भीतर मृत्यु के साथ कोई संबंध ही नहीं जुड़ता।

कल्पना करें, अगर आपको ऐसी जगह रखा जाए जहां कोई न मरा हो और आपने कभी मरने की कोई घटना न देखी हो, आपने मृत्यु शब्द न सुना हो, आपको किसी ने मौत के बाबत कुछ न बताया हो, क्या आप अपने ही तौर अकेले ही कभी भी सोच पाएंगे कि आप मर सकते हैं? नहीं सोच पाएंगे। यह निजी एकांत में आप न खोज पाएंगे कि आप मर सकते हैं, क्योंकि मृत्यु की कल्पना ही भीतर नहीं बनती।

भीतर जो है, वह मरणधर्मा नहीं है। भीतर जो है, वह मरणधर्मा नहीं है; वह अजन्मा भी है। असल में वही मरता है, जो जन्मता है। जो नहीं जन्मता, वही नहीं मरता है।

कृष्ण कहते हैं, मैं अजन्मा हूं, अजात, जो कभी जन्मा नहीं, अनबॉर्न। और इसलिए अनडाइंग हूं, मरूंगा भी नहीं। औरों की भांति मैं जन्मा हुआ नहीं हूं, अर्जुन!

और तो सभी मानते हैं कि उनका जन्मदिन है। उनके मानने में ही उनकी भ्रांति है। ऐसा नहीं है कि वे जन्मे हैं, जन्मे तो वे भी नहीं हैं। लेकिन जिस दिन वे जान लेंगे कि वे जन्मे नहीं हैं, वे भी मेरे ही भांति हो जाएंगे, वे भी मेरे ही रूप हो जाएंगे।

यह जो अजन्मा है, जो कभी जन्मता नहीं है, वह भी तो आया है। वह भी तो उतरा है, आविर्भूत हुआ है। वह भी तो पैदा हुआ है। वह भी तो जन्मा ही है। कृष्ण भी तो जन्मे ही हैं।

कहानी है कि जरथुस्त्र पैदा हुआ, तो जैसे कि और बच्चे रोते हैं, जरथुस्त्र रोया नहीं, हंसा। अब जरथुस्त्र वैसे ही थोड़े-से लोगों में एक है, जैसे कृष्ण। शायद पृथ्वी पर अकेला एक ही बच्चा जन्म के साथ हंसा है, वह जरथुस्त्र। घबड़ा गए लोग। घबड़ा ही जाएंगे। बच्चा पैदा हो और हंसने लगे खिलखिला कर, तो घबड़ा ही जाएंगे। क्योंकि हंसना बच्चे के लिए स्वाभाविक नहीं है, रोना बिलकुल स्वाभाविक है।

लेकिन कभी आपने सोचा कि बच्चे के लिए अगर रोना स्वाभाविक है, तो बूढ़े के लिए रोते हुए मरना स्वाभाविक नहीं होना चाहिए। क्योंकि जो बच्चे के लिए स्वाभाविक है, बूढ़े को कम से कम अनुभव से इतना तो हो जाना चाहिए कि वह बच्चे के पार चला जाए।

बच्चा रोता हुआ पैदा हो, माफ किया जा सकता है। बूढ़ा रोता हुआ मरे, तो माफ नहीं किया जा सकता। जिंदगी इतना भी न सिखा पाई कि बचपन में जन्म के साथ जो हुआ था, वह कम से कम मृत्यु के साथ न हो!

लेकिन बच्चे रोते हुए पैदा होते हैं और बूढ़े रोते हुए मरते हैं। असल में दोनों छोर हमेशा मिल जाते हैं। असल में दोनों छोर बराबर एक से हो जाते हैं। बूढ़ा रोता हुआ मरता है, तो हमारी समझ में आता है कि क्यों मरता है रोता हुआ, जिंदगी छूट रही है इसलिए। इसलिए हम सोचते हैं, रो रहा है। जिसे हम जिंदगी जानते थे, वह हाथ से जा रही है, इसलिए रो रहा है। लेकिन बच्चा क्यों रोता है? ठीक वही बात जो बूढ़े की है। उसकी भी कोई जिंदगी छूटती है। हमें दूसरा छोर दिखाई पड़ रहा है उसके छूटने का। बूढ़े का पहला छोर दिखाई पड़ रहा है छूटने का; बच्चे का दूसरा छोर दिखाई पड़ रहा है छूटने का।

असल में बूढ़ा जो रोता है, वही रोना बच्चे के जन्म तक जारी रहता है। वे एक ही चीज के दो छोर हैं। इधर बूढ़ा रोता है, यह एक पर्दा गिरा नाटक का। यह आदमी पर्दे के पीछे गया, रोता हुआ पर्दे के पीछे गया। पर्दे के पीछे उतरा, रोता हुआ उतरा। उधर उसका जन्म हो रहा है, इधर उसकी मौत हुई थी। इधर एक आदमी मरा, उधर जन्मा। रोता हुआ मरता है, रोता हुआ जन्मता है।

जरथुस्त्र से किसी ने बाद में पूछा कि हमने सुना है, तुम हंसते हुए पैदा हुए! तो जरथुस्त्र ने कहा कि ठीक सुना है, क्योंकि मैं उसके पहले हंसता हुआ मरा। हम हंसते हुए चले आ रहे थे पर्दे के पीछे से। लोगों ने पूछा, तुम हंसते हुए क्यों मरे? तो जरथुस्त्र ने कहा, हंसते हुए इसलिए मरे कि लोग रो रहे थे और हम समझ रहे थे कि हम मर ही नहीं रहे हैं, वे व्यर्थ रो रहे हैं; तो हंसी आ गई।

कृष्ण कहते हैं, अजन्मा हूं मैं। यहां जिस मैं की बात कर रहे हैं, वह परम मैं, परमात्मा का मैं। मेरा कोई जन्म नहीं; फिर भी उतरा हूं इस शरीर में। तो फिर इस शरीर में उतरना क्या है? उसको वे कहते हैं, योगमाया से।

इस शब्द को समझना जरूरी होगा, क्योंकि यह बहुत की, बहुत कुंजी जैसे शब्दों में से एक है, योगमाया। योगमाया से, इसका क्या अर्थ है? इसका क्या अर्थ है? थोड़ा-सा सम्मोहन की दो-एक बातें समझ लें, तो यह समझ में आ सकेगा।

योगमाया का अर्थ है—या ब्रह्ममाया कहें या कोई और नाम दें, इससे कोई फर्क नहीं पड़ता—अर्थ यही है कि अगर आत्मा चाहे, आकांक्षा करे, तो वह किसी भी चीज में प्रवेश कर सकती है। आकांक्षा करे, तो किसी भी चीज के साथ संयुक्त हो सकती है। आकांक्षा करे, तो जो नहीं होना चाहिए वस्तुतः, वह भी हो सकता है। संकल्प से ही हो जाता है।

सम्मोहन के मैंने कहा एक-दो सूत्र समझें, तो योगमाया समझ में आ सके। वह भी एक ग्रेटर हिप्नोसिस है। कहें कि स्वयं परमात्मा अपने को सम्मोहित करता है, तो संसार में उतरता है, अन्यथा नहीं उतर सकता। परमात्मा को भी संसार में उतरना है—हम भी उतरते हैं, तो सम्मोहित होकर ही उतरते हैं। एक गहरी तंद्रा में उतरें, तो ही पदार्थ में प्रवेश हो सकता है, अन्यथा प्रवेश नहीं हो सकता। इसलिए जाग जाएं, तो पदार्थ के बाहर हो जाते हैं। और सम्मोहन में डूब जाएं, तो पदार्थ के भीतर हो जाते हैं।

अगर किसी व्यक्ति को सम्मोहित किया जाए—जो कि दुनिया में हजारों जगह प्रयोग किए गए हैं, खुद मैंने भी प्रयोग किए हैं और पाया कि सही हैं—आपको अगर सम्मोहित करके बेहोश किया जाए, फिर आपके हाथ में एक कंकड़ रख दिया जाए साधारण सड़क का उठाकर और कहा जाए, अंगारा रखा है आपके हाथ में। आप चीख मार कर उस कंकड़ को—मेरे लिए—और आपके लिए उस अंगारे को फेंक देंगे और चीख मारेंगे, जैसे अंगारे में हाथ जल गया।

यहां तक तो हम कहेंगे, ठीक है। आदमी गहरी बेहोशी में है। उसे भ्रम हुआ कि अंगारा है। लेकिन बड़ा मजा तो यह है कि उस बेहोश आदमी के हाथ पर फफोला भी आ जाएगा। फफोला होश में आने पर भी रहेगा, उतनी ही देर, जितनी देर असली अंगारे से पड़ा हुआ फफोला रहता है। यह फफोला क्या है? यह योगमाया है। यह फफोला सिर्फ संकल्प से पैदा हुआ है, क्योंकि अंगारा हाथ पर रखा नहीं गया था, सिर्फ सोचा गया था।

ठीक इससे उलटा भी हो जाता है। अलाव भरे जाते हैं और लोग

अंगारों पर कूद जाते हैं और जलते नहीं। वह भी संकल्प है। वह भी गहरा संकल्प है, इससे उलटा। सम्मोहन में अंगारा हाथ पर रख दिया जाए और कहा जाए, ठंडा कंकड़ रखा है, तो फफोला नहीं पड़ेगा। भीतर हमारी चेतना जो मान ले, वही हो जाता है।

कृष्ण कहते हैं कि मैं—परमात्मा की तरफ से बोल रहे हैं कि मैं—अपनी योगमाया से शरीर में उतरता हूं।

शरीर में उतरना तो सदा ही सम्मोहन से होता है। लेकिन सम्मोहन दो तरह के हो सकते हैं। और यही फर्क अवतार और साधारण आदमी का फर्क है। अगर आप जानते हुए, कांशसली, सचेत, शरीर में उतरें—जानते हुए—तो आप अवतार हो जाते हैं। और अगर आप न जानते हुए शरीर में उतरें, तो आप साधारण व्यक्ति हो जाते हैं। सम्मोहन दोनों में काम करता है। लेकिन एक स्थिति में आप सम्मोहित होते हैं प्रकृति से और दूसरी स्थिति में आप आत्म-सम्मोहित होते हैं, आटो-हिप्नोटाइज्ड होते हैं। आप खुद ही अपने को सम्मोहित करके उतरते हैं। कोई दूसरा नहीं, कोई प्रकृति आपको सम्मोहित नहीं करती।

साधारणतः हमारा जन्म इच्छाओं के सम्मोहन में होता है। मैं मरूंगा। हजार इच्छाएं मुझे पकड़े होंगी, वे पूरी नहीं हो पाई हैं। वे मेरे मन-प्राण पर अपने घोंसले बनाए हुए बैठी हैं। वे मेरे मन-प्राण को कहती हैं कि और शरीर मांगो, और शरीर लो; शीघ्र शरीर लो, क्योंकि हम अतृप्त हैं; तृप्ति चाहिए। जैसे रात आप सोते हैं। और अगर आप सोचते हुए सोए हैं कि एक बड़ा मकान बनाना है, तो सुबह आप पुनः बड़ा मकान बनाना है, यह सोचते हुए उठते हैं। रातभर आकांक्षा प्रतीक्षा करती है कि ठीक है, सो लो। उठो, तो वापस द्वार पर खड़ी है कि बड़ा मकान बनाओ।

रात आखिरी समय, सोते समय जो आखिरी विचार होता है, वह सुबह के समय, उठते वक्त पहला विचार होता है। खयाल करना तो पता चलेगा। अंतिम विचार, सुबह का पहला विचार होता है। मरते समय आखिरी विचार, जन्म के समय पहला विचार बन जाता है। बीच में नींद का थोड़ा-सा वक्त है। वह खड़ा

रहता है; इच्छा पकड़े रहती है। और वह इच्छा आपको सम्मोहित करती है और नये जन्म में यात्रा करवा देती है।

जब कृष्ण कह रहे हैं, औरों की भांति, तो फर्क इतना ही है कि और अपनी-अपनी इच्छाओं के सम्मोहन में नये जन्म में प्रविष्ट हुए हैं। उन्हें कुछ पता नहीं है। जानवरों की तरह गलों में रस्सियां बंधी हों, ऐसे बंधे हुए खींचे गए हैं इच्छाओं से। इच्छाओं के पाश में बंधे पशुओं की भांति बेहोश, मूर्च्छित वे नये जन्मों में प्रविष्ट हुए हैं। न उन्हें याद है मरने की, न उन्हें याद है नये जन्म की; उन्हें सिर्फ याद हैं अंधी इच्छाएं। और वे फिर जैसे ही शक्ति मिलेगी, शरीर मिलेगा, अपनी इच्छाओं को पूरा करने में लग जाएंगे। उन्हीं इच्छाओं को, जिन्हें उन्होंने पिछले जन्म में भी पूरा करना चाहा था और पूरा नहीं कर पाए। उन्हीं इच्छाओं को, जिन्हें उन्होंने और भी पिछले जन्मों में पूरा करना चाहा था और पूरा नहीं कर पाए। उन्हीं इच्छाओं को, जिन्हें उन्होंने जन्मों-जन्मों में पूरा करना चाहा था और पूरा नहीं कर पाए। उन्हीं को वे पुनः पूरा करने में लग जाएंगे। एक वर्तुल की भांति, एक विसियस सर्कल की भांति, दुष्टचक्र घूमता रहेगा।

कृष्ण जैसे व्यक्ति जानते हुए जन्मते हैं, किसी इच्छा के कारण नहीं, कोई अंधी इच्छा के कारण नहीं। फिर किसलिए जन्मते होंगे? जब इच्छा न बचे, तो कोई किसलिए जन्मेगा? जब इच्छा न बचे, तो नये जन्म को धारण करने का कारण क्या रह जाएगा? इच्छा तो मूर्च्छित-जन्म का कारण है। फिर क्या कारण रहेगा? अकारण तो कोई पैदा नहीं हो सकता। इसलिए अकारण कोई पैदा होता भी नहीं। लेकिन जब इच्छा विलीन हो जाती है—और जब इच्छा विलीन हो जाती है तभी—करुणा का जन्म होता है, कम्पैशन का जन्म होता है।

कृष्ण, बुद्ध या महावीर जैसे व्यक्ति करुणा के कारण पैदा होते हैं। जो उन्होंने जाना, जो उनके पास है, उसे बांट देने को पैदा होते हैं। लेकिन यह जन्म कांशस बर्थ, सचेष्ट जन्म है। इसलिए उनकी पिछली मृत्यु जानी हुई होती है; यह जन्म जाना हुआ होता है। और जो व्यक्ति अपनी एक मृत्यु और एक जन्म को जान लेता है, उसे अपने समस्त जन्मों की स्मृति वापस उपलब्ध हो जाती है। वह अपने समस्त जन्मों की अनंत शृंखला को जान लेता है।

इसलिए जब कृष्ण कह रहे हैं कि तुझे पता नहीं, मुझे पता है। और मैं औरों की भांति मूर्च्छित नहीं जन्मा हूं; सचेष्ट, अपनी ही योगमाया से, अपने को ही जन्माने की शक्ति का स्वयं ही सचेतन रूप से प्रयोग करके इस शरीर में उपस्थित हुआ हूं। तो वे एक बहुत आकल्ट, एक बहुत गुह्य-विज्ञान की बात कह रहे हैं।

इस रहस्य की बात को ऊपर से समझा ही जा सकता है। जानना हो, तब तो भीतर ही प्रवेश करने के अतिरिक्त और कोई मार्ग नहीं है। और कठिन नहीं है यह बात कि आप औरों की भांति की दुनिया से हटकर कृष्ण की भांति दुनिया में प्रवेश कर जाएं। औरों से हटने और कृष्ण के निकट आने का एक ही रास्ता है।

इस सत्य को पहचान लेना है कि भीतर जो है, वह अजन्मा है, उसका कोई जन्म नहीं है। पहचान लेना, दोहराना नहीं। नहीं तो दोहराने की तो कोई कठिनाई नहीं है। सुबह बैठकर हम दोहरा सकते हैं कि आत्मा अजर-अमर है, आत्मा अजर-अमर है। दोहराते रहें, उससे कुछ भी न होगा। जानना पड़ेगा कि मेरे भीतर जो है, वह कभी नहीं जन्मा है।

कैसे जानेंगे? पीछे लौटना पड़ेगा; भीतर, चेतना में, एक-एक कदम पीछे जाना पड़ेगा। याद करनी पड़ेगी लौटकर। अभी अगर लौटकर याद करेंगे, तो आमतौर से पांच साल तक की याद आ पाएगी, पांच साल की उम्र तक की, उसके पहले की याददाश्त खो गई होगी। बहुत बुद्धिमान और बहुत प्रतिभाशाली व्यक्ति होंगे, तो तीन साल तक की याद आ पाएगी, उसके पहले की याद खो गई होगी।

वह जो आखिरी याद है आपकी—समझ लें कि तीन साल की उम्र की आखिरी याद आपको आती है कि वह मेरी आखिरी याद है, उसके बाद शून्य हो जाता है—तो रोज रात को उस आखिरी याद को ही याद करते हुए, करते हुए सो जाएं, उसी को याद करते हुए सो जाएं। पता न चले कि कब आप याद करते रहे और कब नींद आ गई। उसको ही याद करते रहें, याद करते रहें, करते रहें, और नींद को आ जाने दें। आपकी याद करने की प्रक्रिया चलती ही रहे, जब तक कि

आप सो ही न जाएं। जब तक होश रहे, चलाए रखें। तो वही याद हुक का काम करती है। जैसे कि कोई मछली को पकड़ता है कांटा डाल कर। वह आखिरी याद आपके अचेतन चित्त में अंदर उतर जाती है। और किसी और याद को पकड़ कर सुबह तक वापस आ जाती है। सुबह आपको एकाध और याद आएगी, जो तीन साल से भी पीछे की है। फिर उसका उपयोग करें।

और रोज ऐसा उपयोग करते रहें और रोज आप पाएंगे कि आप जन्म के करीब सरक रहे हैं। फिर आपको एक दिन वह भी याद आ जाएगी, जिस दिन आपका जन्म हुआ। फिर उसको पकड़कर ध्यान करते रहें रात सोते वक्त, और तब आपको मां के पेट की याद आनी शुरू हो जाएगी। और तब आपको गर्भ-धारण की याद आएगी। फिर उसको पकड़ लें, उस पर प्रयोग करते रहें। और तब आपको पिछले जन्म की मृत्यु की याद आएगी।

फिल्म उलटी चलेगी निश्चित ही, फिल्म उलटी चलेगी। पिछले जन्म की याद में पहले मृत्यु की याद आएगी, फिर आप बूढ़े होंगे, फिर जवान होंगे, फिर बच्चे होंगे, फिर जन्म होगा। याद उलटी होगी, जैसे फिल्म की रील को हम उलटा चला रहे हों। इसलिए पहचानने में थोड़ी कठिनाई होगी, वैसी कठिनाई होगी कि जैसे अगर फिल्म को हम उलटा चला दें या किसी उपन्यास को उलटा पढ़ना शुरू करें, तो कठिनाई हो। लेकिन अगर दो-चार दफे पढ़ें, तो उलटे पढ़ने का भी अभ्यास हो जाएगा। और एक दफा उलटा पढ़ लें, तो फिर सीधा भी पढ़ सकते हैं।

पहली दफा बहुत कठिनाई होगी, क्योंकि कुछ समझ में नहीं आएगा। उलटा-उलटा लगेगा सब। कैसा उलटा नहीं हो जाएगा! पहले मरेंगे, फिर बूढ़े होंगे, कठिनाई मालूम पड़ेगी। फिर जवान होंगे, बहुत कठिनाई मालूम पड़ेगी। फिर बच्चे होंगे, बहुत कठिनाई मालूम पड़ेगी। सब उलटा होगा।

लेकिन एक बार स्मृति आ जाए, तो कृष्ण जो कह रहे हैं, औरों में आपकी गिनती न रह जाएगी। और औरों में गिनती न रह जाए, यही लक्ष्य है। औरों में गिनती रही आए, तो जीवन व्यर्थ है।

**यदा यदा हि धर्मस्य ग्लानिर्भवति भारत।**
**अभ्युत्थानमधर्मस्य तदात्मानं सृजाम्यहम्।। 7।।**
**परित्राणाय साधूनां विनाशाय च दुष्कृताम्।**
**धर्मसंस्थापनार्थाय संभवामि युगे युगे।। 8।।**

हे भारत! जब-जब धर्म की हानि और अधर्म की वृद्धि होती है, तब-तब ही मैं अपने रूप को रचता हूं, अर्थात प्रकट करता हूं।

साधु पुरुषों का उद्धार करने के लिए और दूषित कर्म करने वालों का नाश करने के लिए तथा धर्म स्थापन करने के लिए युग-युग में प्रकट होता हूं।

अंतिम श्लोक की बात कर लें, फिर कल सुबह। मैंने कहा, कृष्ण जैसे लोग करुणा से पैदा होते हैं। वासना से नहीं, करुणा से। वासना और करुणा का थोड़ा भेद समझें, तो यह सूत्र समझ में आ जाएगा।

वासना होती है स्वयं के लिए, करुणा होती है औरों के लिए। वासना का लक्ष्य होता हूं मैं, करुणा का लक्ष्य होता है कोई और। वासना अहंकार केंद्रित होती है, करुणा अहंकार विकेंद्रित होती है। ऐसा समझें कि वासना मैं को केंद्र बना कर भीतर की तरफ दौड़ती है; करुणा पर को परिधि बना कर बाहर की तरफ दौड़ती है।

करुणा, जैसे फूल खिले और उसकी सुवास चारों ओर बिखर जाए। करुणा ऐसी होती है, जैसे हम पत्थर फेंकें झील में; वर्तुल बने, लहर उठे और दूर किनारों तक फैलती चली जाए।

करुणा एक फैलाव है, वासना एक सिकुड़ाव है। वासना संकोच है, करुणा विस्तार है।

कृष्ण कहते हैं, करुणा से; युगों-युगों में जब धर्म विनष्ट होता है, तब धर्म की पुनर्संस्थापना के लिए; जब अधर्म प्रभावी होता है, तब अधर्म को विदा देने के लिए मैं आता हूं।

यहां ध्यान रखें कि यहां कृष्ण जब कहते हैं, मैं आता हूं, तो यहां वे सदा ही इस मैं का ऐसा उपयोग कर रहे हैं कि उस मैं में बुद्ध भी समा जाएं, महावीर

भी समा जाएं, जीसस भी समा जाएं, मोहम्मद भी समा जाएं। यह मैं व्यक्तिवाची नहीं है। असल में वे यह कह रहे हैं कि जब भी धर्म के जन्म के लिए और जब भी अधर्म के विनाश के लिए कोई आता है, तो मैं ही आता हूं। इसे ऐसा समझें, जब भी कहीं प्रकाश के लिए और अंधकार के विरोध में कोई आता है, तो मैं ही आता हूं। यहां इस मैं से उस परम चेतना का ही प्रयोजन है।

जो भी व्यक्ति अपनी वासनाओं को क्षीण कर लेता है, तब वह करुणा के कारण लौट आ सकता है; युगों-युगों में, कभी भी, जब भी जरूरत हो उसकी करुणा की, कोई लौट आ सकता है। उस व्यक्ति का कोई नाम नहीं रह जाता, कि वह कौन है। क्योंकि सब नाम वासनाओं के नाम हैं। जब तक मेरी वासना है, तब तक मेरा नाम है, तब तक मेरी एक आइडेंटिटी है।

इसलिए कृष्ण मुझसे नहीं कह सकते कि तुम कृष्ण हो। लेकिन अगर मेरे भीतर कोई वासना न रह जाए, निर्वासना हो जाए, तो कोई अहंकार भी नहीं रह जाएगा, मेरा कोई नाम भी नहीं रह जाएगा। तब मेरा जन्म भी कृष्ण का ही जन्म है। अगर आपके भीतर कोई वासना न रह जाए, तो आपका जन्म भी कृष्ण का ही जन्म है।

असल में ठीक से समझें, तो हमारी अशुद्धियां, हमारे व्यक्तित्व हैं। और जब हम शुद्धतम रह जाते हैं, तो हमारा कोई व्यक्तित्व नहीं रह जाता। इसलिए कहीं भी कोई पैदा हो...।

मोहम्मद ने कहा है कि मुझसे पहले भी आए परमात्मा के भेजे हुए लोग और उन्होंने वही कहा। उनके ही वक्तव्य को पूरा करने मैं भी आया हूं।

जब जीसस का जन्म हुआ, तो सारी दुनिया से बुद्धिमान लोग जीसस के गांव पहुंचे, बड़ी हजारों मील की यात्रा करके। क्योंकि जो भी इस पृथ्वी पर बुद्धिमान थे और जानते थे, उनको तत्काल अनुभव हुआ कि कोई करुणा से प्रेरित आत्मा फिर जन्म गई। इसकी ध्वनियां उन तक पहुंचीं, इसकी लहरें उन तक पहुंचीं।

जब बुद्ध का जन्म हुआ, तो हिमालय से एक महायोगी उतरकर बुद्ध के गांव आया। बुद्ध के द्वार पर खड़ा हुआ। बुद्ध के पिता बुद्ध को लेकर योगी के

चरणों में रख दिए और कहा कि आशीर्वाद दें, शुभ वचन कहें, शुभ कामनाएं करें। लेकिन वह योगी रोने लगा। तो बुद्ध के पिता बहुत चिंतित हुए। उन्होंने कहा, कोई अपशगुन है? आप रोते हैं! उस योगी ने कहा, मेरे रोने का कारण दूसरा है। अपशगुन नहीं, महाशगुन है। मैं रोता हूं इसलिए कि उस आदमी का जन्म हुआ फिर, जिसकी कोई वासना नहीं है, जो करुणा से आया है। लेकिन मैं उसके चरणों में बैठने से वंचित रह जाऊंगा, क्योंकि मेरी तो मौत की घड़ी करीब आ रही है। उसके लिए नहीं रोता, अपने लिए रोता हूं। क्योंकि ऐसी चेतना जन्मी है, उसी को खोजते मैं हिमालय से यहां तक आया हूं।

जब भी कोई महाकरुणावान चेतना पृथ्वी पर उतरती है, तो जिनके हृदय भी पवित्र हैं, उनके हृदयों में कंपन शुरू हो जाते हैं। उन तक खबरें पहुंच जाती हैं। वह लहर, वह झील पर पड़ा हुआ पत्थर उन तक लहरें ले जाता है। वे उस ध्वनि तरंग को समझ पाते हैं, वे भागे हुए चले आते हैं।

रोने लगा वह महायोगी। उसने कहा, दुखी हूं, क्योंकि मैं मर जाऊंगा। मेरी तो मौत करीब आ गई, और मैं बुद्ध के चरणों में न बैठ पाऊंगा। अभी ही नमस्कार कर लेता हूं। उस बच्चे के पैरों में सिर रखकर वह योगी चला गया।

जब कृष्ण कहते हैं, तो आमतौर से लोग भूल समझ लेते हैं। वे समझ लेते हैं कि अगर आज अधर्म होगा, दुष्ट होंगे, साधु कष्ट में होंगे, तो कृष्ण लौट आएंगे। कृष्ण नहीं लौटेंगे। जो भी लौटेगा, वही कृष्ण है। कृष्ण कोई व्यक्ति नहीं है। जहां भी कोई लौटेगा, वही कृष्ण है। लेकिन जब भी जरूरत होती है, अंधेरा घना होता है, तो कोई प्रकाश किरण लौट आती है। क्यों लौट आती है? करुणा के कारण। जरूरत हो तो ही लौटती है, अन्यथा कोई जरूरत नहीं।

आपके घर में कोई बीमार हो तो डाक्टर आता है, न हो तो कोई जरूरत नहीं। अंधेरा हो तो ठीक, अंधेरा न हो तो कोई जरूरत नहीं। अगर पिछली पीढ़ी में ऐसी आत्माएं मरी हों जो कि वासना से मुक्त हो गई हों, लेकिन पृथ्वी पर कोई जरूरत न हो, तो वे न लौटेंगी। लेकिन अगर जरूरत हो, तो लौट आ सकती हैं।

जरूरत सदा है। अब तक तो ऐसा कोई समय नहीं आया, जब जरूरत न रही हो। जरूरत सदा है। पृथ्वी सदा ही अंधेरे से भरी है। पृथ्वी सदा ही अधर्म से

भरी है। लौटना ही पड़ता है। लेकिन लौटने का प्रयोजन स्वयं की कोई वासना नहीं है। लौटने का प्रयोजन दूसरों पर करुणा है।

इस करुणा के दो कारण उन्होंने कहे, असाधुओं के विनाश के लिए, दुष्टों के विनाश के लिए; साधुओं के उद्धार के लिए। ये जरा कठिन हैं दोनों बातें। इन्हें थोड़ा-सा खयाल में ले लेना जरूरी है।

दुष्टों के विनाश के लिए! क्या दुष्टों की हत्या कर देंगे? मार डालेंगे दुष्टों को? तब तो खुद ही दुष्ट हो जाएंगे। फिर वह करुणा न हुई।

दुष्टों के विनाश का क्या अर्थ होता है? दुष्टों के विनाश का एक ही अर्थ होता है कि दुष्टों में दुष्टता न रह जाए, तो दुष्टों का विनाश हो जाता है। दुष्टों के विनाश का अर्थ यह नहीं कि तलवार से दो टुकड़े कर देंगे। क्योंकि तलवार से दो टुकड़े करने में दुष्ट का तो कुछ विनाश न होगा, जिसने विनाश किया वह भी दुष्ट हो जाएगा। दुष्ट के विनाश का क्या अर्थ है? दुष्ट के विनाश का अर्थ है, दुष्ट की दुष्टता खो जाए। दुष्टता मिट जाए, तो ही दुष्ट का विनाश हुआ।

साधुओं के उद्धार के लिए! यह और कठिन बात है। साधु का तो अर्थ ही यही है कि जिसके उद्धार की किसी को जरूरत न हो। साधु अगर अपना उद्धार न कर सके, तो साधु कैसा? दुष्ट न कर सके, समझ में आता है। कृष्ण कहें कि दुष्टों के उद्धार के लिए, चलेगा। लेकिन कृष्ण कहते हैं, दुष्टों के विनाश के लिए और साधुओं के उद्धार के लिए। तो साधारणतः हम सोचते हैं, शायद साधुओं को दुष्ट सताते होंगे, तो उनके उद्धार के लिए।

साधु बड़ा कमजोर है, अगर दुष्ट उसे सता पाए। असल में दुष्ट अगर साधु को सताए, तो दुष्ट को ही बदलना पड़ता है; साधु को नहीं बदलना पड़ता। दुष्ट साधु को सताकर अपनी ही बदलाहट के उपाय में लग रहा है। साधु को नहीं सता पाता।

साधु को दुनिया में कोई भी नहीं सता पाता। और अगर साधु को दुष्ट सता पाते हैं, तो साधु के नाम से दूसरे ढंग के दुष्ट ही बैठे होंगे, अन्यथा नहीं। साधु नहीं होंगे। साधु को सताने का उपाय नहीं है। इसलिए भी उपाय नहीं है कि साधु का मतलब ही यही है कि जिसे अब सताओ और चाहे सम्मान करो, दोनों

बराबर हो गए। उसे सताओगे कैसे? उसे जूते की माला पहना दो कि फूल की माला पहना दो, वह दोनों के लिए धन्यवाद देकर अपने रास्ते पर चल पड़ेगा। साधु को सताने का उपाय नहीं है। जिसे हम नहीं सता सकते, वही साधु है।

फिर यह कृष्ण कहते हैं, साधु के उद्धार के लिए! और यह भी बड़े मजे की बात है कि जिस युग में साधु हों, उसमें भी दुष्टों को साधु न सुधार पाएं और कृष्ण को आना पड़े, तो साधु बिलकुल नपुंसक हैं, इम्पोटेंट हैं। फिर साधु किसलिए हैं?

नहीं; जिस युग में दुष्ट होते हैं, उस युग में साधु भी साधु नहीं होते। असल में दुष्टता से भरे हुए युग दुष्टों के युग होते हैं और पाखंडी साधुओं के युग होते हैं। साधु के उद्धार के लिए अर्थात पाखंड से उद्धार के लिए।

और मजा यह है कि दुष्ट का विनाश करना पड़ता है। क्योंकि दुष्टता कुछ है, जिसका विनाश किया जा सके। पाखंड कुछ है नहीं, जिसका विनाश किया जा सके। पाखंड से सिर्फ उद्धार किया जा सकता है। दुष्टता का विनाश किया जा सकता है। दुष्टता का पाजिटिव अर्थ है। पाखंड सिर्फ एक चेहरा है, जिससे उद्धार किया जा सकता है। जिसे उतारकर रख दिया नीचे, तो पीछे का आदमी प्रकट हो जाता है।

साधु के उद्धार के लिए और दुष्ट के विनाश के लिए! और जिस युग में साधु नहीं होते, उस युग में दुष्ट होते हैं। लेकिन साधु सदा होते हैं, तो फिर साधु पाखंडी होते हैं।

पाखंडी साधु के उद्धार के लिए! अन्यथा साधु अगर सच में साधु है, तो कृष्ण से कहेगा, क्षमा करें। आप कष्ट न करें, मैं उद्धार कर लूंगा। अपना उद्धार तो कर ही लूंगा। आपको नाहक कष्ट न दूंगा। आप क्यों परेशान होते हैं!

अगर साधु सच में साधु होगा, तो दुष्ट उसे दुश्मन नहीं मालूम पड़ेगा। दुष्ट उसे सताता हुआ भी मालूम नहीं पड़ेगा। लेकिन साधु के भीतर भी दुष्ट ही छिपा रहता है। फर्क, साधु और दुष्ट के बीच, चेहरों का होता है। और इस अर्थ में दुष्ट कहीं ज्यादा ईमानदार, और साधु कहीं ज्यादा बेईमान होता है।

बेईमानी से उद्धार करना पड़े। धर्म का जब विनाश होता है, तो साधु होंगे

कहां? क्योंकि अगर साधु होंगे, तो धर्म का विनाश कैसे होगा? धर्म का विनाश तभी होता है, जब साधु नहीं होते। जब साधु नहीं होते, तभी धर्म का विनाश होता है। और जब धर्म का विनाश होता है, तभी अधर्म प्रभावी होता है।

मैं एक सभा में था। एक बड़े साधु करपात्री जी बोले। बोलने के बाद उन्होंने जनता से कुछ नारे लगवाए। उन्होंने पहला नारा लगवाया, धर्म की जय हो। तीन बार लोग चिल्लाए, धर्म की जय हो। फिर पीछे उन्होंने नारा लगवाया, अधर्म का नाश हो।

मैंने उनके साथ बैठे साधु से कहा, जब धर्म की जय हो गई, तो अधर्म बचेगा कैसे? धर्म की जय हो गई, अधर्म का नाश हो गया। यह तो ऐसे ही हुआ कि लोगों से हम कहें कि दीए जलाओ, और फिर कहें, अंधेरा हटाओ। दोनों बातें बेमानी हैं। दीया जल गया, तो बात खतम हो गई। जब धर्म की जय हो गई तीन बार, अब कृपा करके अधर्म का नाश मत करवाएं। अधर्म नाश हो गया। और अगर धर्म की जय से नाश नहीं हुआ, तो अधर्म के नाश के नारे लगाने से नाश होने वाला नहीं है।

धर्म नहीं होता, क्योंकि धर्म के लिए भी पृथ्वी पर पैर रखने की जगह चाहिए। धर्म को भी पृथ्वी पर पैर रखने की जगह चाहिए। वह जगह साधुओं के हृदय हैं। अगर साधु न हों, तो धर्म को पैर रखने की जगह नहीं मिलती। धर्म तब अटक जाता है, त्रिशंकु हो जाता है, आकाश में भटक जाता है।

धर्म को पैर रखने के लिए साधुओं के हृदय चाहिए, अधर्म को पैर रखने के लिए असाधुओं के हृदय चाहिए। अधर्म भी खड़ा नहीं हो सकता; अधर्म भी हमारे सहारे खड़ा होता है, हमारे सहारे प्रकट होता है। धर्म भी हमारे सहारे प्रकट होता है। साधु हों, तो धर्म होता है, उसके लिए सहारे होते हैं। असाधु हों, अधर्म होता है, उसके लिए सहारे होते हैं। और जब अधर्म होता है, दुष्ट होते हैं; साधु नहीं होते, धर्म नहीं होता; तो कृष्ण कहते हैं कि मैं, अर्थात कोई भी चेतना जो अपनी सब वासनाओं से मुक्त हो जाती है, लौट आती है करुणावश-साधुओं के उद्धार के लिए, असाधुओं के विनाश के लिए।

शेष कल सुबह हम बात करेंगे।

तीसरा प्रवचन

# दिव्य जीवन, समर्पित जीवन

**जन्म कर्म च मे दिव्यमेवं यो वेत्ति तत्त्वतः।**
**त्यक्त्वा देहं पुनर्जन्म नैति मामेति सोऽर्जुन।। 9।।**

हे अर्जुन! मेरा यह जन्म और कर्म दिव्य अर्थात अलौकिक है। इस प्रकार जो पुरुष तत्व से जानता है, वह शरीर को त्याग कर फिर जन्म को नहीं प्राप्त होता है, किंतु मुझे ही प्राप्त होता है।

जीवन विपरीत ध्रुवों का संगम है, अपोजिट पोलेरेटीज का। यहां प्रत्येक चीज अपने विपरीत के साथ मौजूद है; अन्यथा संभव भी नहीं है। अंधेरा है, तो साथ में जुड़ा हुआ प्रकाश है। जन्म है, तो साथ में जुड़ी हुई मृत्यु है। जो विपरीत हैं, वे सदा साथ मौजूद हैं।

जो हमें दिखाई पड़ता है, वह लौकिक है। जो हमारी इंद्रियों की पकड़ में आता है, वह लौकिक है। जिसे हमारी आंख देखती और कान सुनते

और हाथ स्पर्श करते हैं, वह लौकिक है। हमारी इंद्रियों के जगत का नाम लोक है। लेकिन इंद्रियों की पकड़ के बाहर भी कुछ सदा मौजूद है, वह अलौकिक है।

इंद्रियां जिसे नहीं पकड़तीं, हाथ जिसे स्पर्श नहीं कर पाते, वाणी जिसे प्रकट नहीं करती, मन जिसे समझ नहीं पाता, वह भी सदा मौजूद है; उस मौजूद का नाम अलौकिक है। वह लोक के साथ ही निरंतर उपस्थित है।

जो व्यक्ति इंद्रियों पर ही अपने को समाप्त कर लेता है, उसे अलौकिक का कोई संस्पर्श नहीं हो पाता। जो ऐसा मानकर बैठ जाता है कि इंद्रियां ही सब कुछ हैं, वह अलौकिक से वंचित रह जाता है।

कृष्ण कहते हैं, मेरा यह जीवन अलौकिक है।

जीवन सभी का अलौकिक है। जन्म और मृत्यु लौकिक है, जीवन अलौकिक है। शरीर में जीवन है, लेकिन शरीर जीवन नहीं है। फूल में सौंदर्य है, लेकिन सौंदर्य फूल नहीं है। दीये में ज्योति है, लेकिन ज्योति दीया नहीं है। यद्यपि ज्योति दीये के बिना प्रकट न हो सकेगी; इंद्रियों की पकड़ में न आ सकेगी। सौंदर्य फूल के बिना तिरोहित हो जाएगा, खोजे से भी मिलेगा नहीं।

जीवन भी जन्म और मृत्यु के दो तटों के बीच बहती हुई धारा है। दोनों तट न होंगे, धारा दिखाई पड़नी बंद हो जाएगी। लेकिन फिर भी स्मरण रखें, तट धारा नहीं है। और ऐसा भी हो सकता है कि धारा सूख जाए; तट बने रहें और धारा न हो। तट बिना धारा के भी हो सकते हैं। तट स्थूल हैं, दिखाई पड़ते हैं; धारा सूक्ष्म है, अगर तट न हों तो दिखाई पड़नी बंद हो जाएगी।

जीवन सभी का अलौकिक है, लेकिन कृष्ण जोर देकर कहते हैं, मेरा जीवन अलौकिक है। इस जोर का कारण क्या है? इस जोर के दो कारण हो सकते हैं। एक तो यह कि दूसरों का जीवन अलौकिक नहीं है, कृष्ण का जीवन अलौकिक है; ऐसा जो अर्थ लेंगे, वे भूल में पड़ेंगे। जीवन तो सभी का अलौकिक है, कृष्ण का ही नहीं। फिर कृष्ण क्यों जोर देकर कहते हैं कि मेरा जीवन अलौकिक है?

वे इसलिए जोर देकर कहते हैं कि जिस दिन कोई अपने भीतर के अलौकिक जीवन को जानेगा, उस दिन वह मुझसे भिन्न नहीं रह जाता; वह मुझसे एक ही हो जाता है। उस दिन से उसका जीवन उसका नहीं रह जाता, परमात्मा का ही हो जाता है। मेरा जीवन अलौकिक है, ऐसा जानते ही, जीवन मेरा नहीं रह जाता। इस तथ्य को ठीक से समझ लेना जरूरी है।

जैसे ही बूंद ने जाना कि वह सागर है, वैसे ही बूंद-बूंद नहीं रह जाती; सागर ही हो जाती है। जैसे ही व्यक्ति ने जाना कि मेरे भीतर कुछ असीम भी मौजूद है, वैसे ही वह व्यक्ति नहीं रह जाता, असीम हो जाता है।

यहां कृष्ण उस असीम की तरफ से ही कहते हैं कि मेरा जीवन अलौकिक है। इसलिए जो भी इस अलौकिक का दर्शन कर लेता है, वह मुझे उपलब्ध हो जाता है। इसलिए वे कहते हैं, मर कर वह व्यक्ति नये जन्म को नहीं उपलब्ध होता, वह मुझे उपलब्ध हो जाता है।

जन्म का अर्थ है, बूंद अभी अपने को बूंद ही मानती है; बूंद अभी अपने को सीमा में बंधा हुआ मानती है। न जन्म होने का अर्थ है कि बूंद ने अब सीमाओं के बाहर अतिक्रमण किया, ट्रांसेंडेंस हुआ। अब बूंद अपने को बूंद नहीं मानती; अब बूंद अपने को सागर ही जानती है।

कृष्ण कहते हैं, जो भी अलौकिक जीवन के अनुभव को उपलब्ध हो जाता है, वह फिर मुझे ही उपलब्ध हो जाता है। फिर उसका जन्म नहीं होता; फिर उसका जीवन ही होता है।

जन्म और मृत्यु का भ्रम जिन्हें है, उन्हें जीवन का अनुभव नहीं है। जिन्हें जीवन का अनुभव है, उन्हें जन्म और मृत्यु का भ्रम नहीं है। जब तक हमें लगता है, मैं जन्मा और मैं मरा, तब तक मुझे उसका पता नहीं चलेगा, जो जन्म और मृत्यु के तट के बीच अदृश्य बहता था, जो जीवन था। मुझे किनारों का पता है, बीच की धारा का कोई भी पता नहीं है। इन दोनों किनारों के बीच में तीसरी चीज भी थी; जीवन भी था। जन्म से शुरू हुआ, मृत्यु से तिरोहित हुआ, लेकिन इन दोनों के बीच में जीवन भी था। वह जीवन, उसका हमें कोई पता नहीं है, वह अलौकिक है।

अलौकिक का अर्थ यह हुआ, इंद्रियों से पकड़ में आने योग्य नहीं है। अलौकिक का अर्थ यह हुआ कि पदार्थ को जिस भांति हम जानते हैं, उस भांति उसे जानने का उपाय नहीं है।

पत्थर को मुझे हाथ में उठाकर देखना है, तो मैं स्पर्श करके देख सकता हूं। आपको अगर मुझे देखना है, तो आपके शरीर के स्पर्श से मैं आपको नहीं जानता; केवल आपके गृह को, आपके घर को जानता हूं। आप भीतर अछूते, अनटच्ड छूट जाते हैं। शरीर छू जाता है, आपको नहीं छू पाता हूं। स्पर्श की सीमा है; वह पदार्थ के पार नहीं जाती।

इसलिए विज्ञान कठिनाई में पड़ गया है। क्योंकि विज्ञान का खयाल है, जो इंद्रियों के भीतर है, वही रियलिटी है, वही यथार्थ है; जो इंद्रियों के भीतर नहीं है, वह यथार्थ नहीं है। लेकिन अब विज्ञान को रोज-रोज उन चीजों का पता चल रहा है, जो इंद्रियों की सीमा के भीतर नहीं हैं।

जैसे आज तक किसी ने भी इलेक्ट्रिसिटी नहीं देखी। आप कहेंगे, हम रोज देखते हैं। घर हमारे बल्ब जलता है, पंखा चलता है, रेडियो बजता है; हम रोज देखते हैं। लेकिन जो आप देख रहे हैं, वह सिर्फ परिणाम है, विद्युत नहीं है। वह सिर्फ कांसिक्वेंस है, रिजल्ट है, काज़ नहीं है। आप जो देख रहे हैं, वह विद्युत का परिणाम है, काम है; विद्युत नहीं है। जब आप बल्ब को फोड़ देते हैं, तो विद्युत नहीं फूटती, सिर्फ विद्युत को प्रकट करने वाला उपकरण टूट जाता है, इंस्ट्रूमेंट टूट जाता है; विद्युत नहीं टूट जाती। आप बिजली के तार को काट देते हैं, तब बिजली नहीं कटती; सिर्फ बिजली का तार कटता है, जिससे बिजली बहती थी। जब आप बिजली के तार को पकड़ लेते हैं, तो जो झटका, जो शॉक आपको लगता है, वह भी बिजली नहीं है; वह भी बिजली का परिणाम है। हम सिर्फ बिजली का परिणाम जानते हैं, बिजली को नहीं जानते; वह अदृश्य है।

अगर हम जीवन को इसी तरह खोजें, तो हम पाएंगे कि हम सिर्फ परिणाम जानते हैं। मूल कारण भीतर अदृश्य रह जाता है। जड़ें दिखाई नहीं पड़तीं, शाखाएं दिखाई पड़ती हैं। जड़ें अदृश्य में रह जाती हैं। उस अदृश्य का नाम अलौकिक है।

इस अलौकिक को जो पुरुष जान लेता है, कृष्ण कहते हैं, वह फिर शरीर में जन्म नहीं लेता। क्योंकि वह विराट शरीर के साथ एक हो जाता है। फिर उसे छोटे-छोटे शरीरों में जन्म लेने की जरूरत नहीं रह जाती। फिर वह मेरे साथ ही एक हो जाता है। यहां जब कहते हैं कृष्ण, मेरे साथ, तो उसका अर्थ है अस्तित्व के साथ। वन विद दि एक्झिस्टेंस; वह जो समस्त अस्तित्व है, उसके साथ एक हो जाता है। फिर उसे अलग-अलग छोटे-छोटे घर बनाने की जरूरत नहीं पड़ती।

बुद्ध को ज्ञान हुआ, तो ज्ञान की घड़ी के बाद आनंदमग्न हो उन्होंने जोर से कहा, मेरे मन! मेरे अहंकार! अब तक तुझे मेरे लिए छोटे-छोटे घर बनाने पड़े; लेकिन अब तुझे मैं काम से मुक्त करता हूं। अब तुझे मेरे लिए छोटे-छोटे घर न बनाने पड़ेंगे।

कृष्ण उसी का दूसरा हिस्सा कह रहे हैं। कह रहे हैं, छोटे घर इसलिए नहीं बनाने पड़ेंगे कि घर नहीं रहेगा; छोटे घर इसलिए नहीं बनाने पड़ेंगे कि सारा विश्व, सारा अस्तित्व, वैसी चेतना का घर हो जाता है। फिर छोटे की जरूरत नहीं रह जाती।

स्वभावतः, जिसे हीरे मिल जाएं, वह कंकड़-पत्थर मुट्ठी से छोड़ देता है; और जिसे महल मिल जाएं, वह झोपड़ियों को भूल जाता है। जिसे अलौकिक का दर्शन हो जाए, लौकिक कंकड़-पत्थर जैसा हो जाता है; फिर उसमें प्रवेश की आकांक्षा नहीं रह जाती।

यहां कृष्ण का यह जोर कि मेरा जीवन दिव्य और अलौकिक है, इस बात का ही जोर है कि जीवन दिव्य और अलौकिक है। यहां कृष्ण जीवन के प्रतिनिधि की तरह बोलते हैं। और इससे बड़ी भ्रांति होती है। उनकी भी मजबूरी है।

जीसस भी इसी तरह बोलते हैं, और इसीलिए जीसस को सूली पर लटका दिया। क्योंकि समझने वालों ने समझा कि यह तो गलत बात बोलते हैं। जीसस ने कहा कि वह परमात्मा जो आकाश में है और मैं, हम दोनों एक हैं। लोगों ने कहा, यह तो कुफ्र हो गया, यह आदमी तो काफिर

मालूम होता है! परमात्मा के साथ अपने को एक बताता है! यह तो बड़ा अहंकारी मालूम होता है।

नहीं; वे नहीं समझ सके, नहीं समझ पाए।

जब जीसस ने कहा कि मैं और परमात्मा एक है, तो जीसस यही कह रहे हैं कि मैं अब कहां हूं? परमात्मा ही है। सूली पर लटका दिया लोगों ने। सूली पर लटके आखिरी क्षण में जीसस ने कहा, हे प्रभु! इन्हें माफ कर देना, क्योंकि ये नहीं जानते कि क्या कर रहे हैं! क्या कर रहे हैं, यह तो जानते ही नहीं; क्या समझ रहे हैं, यह भी नहीं जानते। गलत ही समझ रहे हैं।

कृष्ण को हमने सूली नहीं लगाई; उसका कारण था। कृष्ण के पीछे कोई पांच-दस हजार साल की ऐसे लोगों की परंपरा थी, जिन्होंने बहुत बार यह कहा था कि हम परमात्मा हैं। हम इसे सुनने के आदी हो गए थे। जीसस ने पहली दफा, पहली दफा यहूदी जगत में घोषणा की कि मैं और परमात्मा एक हैं। लोगों की बर्दाश्त के बाहर हो गया। ऐसा नहीं कि हम समझ गए कृष्ण की बात, हम भी नहीं समझे। हमने नासमझी और तरह की की। जीसस को सुनने वालों ने नासमझी और तरह की की।

जीसस को सुनने वालों ने पहली दफा यह बात सुनी कि कोई आदमी कहता है, मैं परमात्मा हूं, मैं दिव्य हूं, मैं डिवाइन हूं। उन्होंने कहा, यह तो ज्यादती हो गई! यह आदमी अहंकारी है, सूली पर लटका दो!

हमने बहुत बार यह बात सुनी थी। उपनिषद कह गए थे; वेद कह गए थे; कृष्ण की बात हमें नई नहीं थी। लेकिन हमने भी भूल की। हमने कहा, यह आदमी भगवान है; इसकी पूजा करो।

सूली पर लटकाओ या पूजा करो, दोनों में ही भूल हो गई। उन्होंने भूल की कि यह आदमी अपने को भगवान कह रहा है, सूली पर लगा दो। हमने भूल की कि यह आदमी अपने को भगवान कहता है, पूजा करो। हम दोनों नहीं समझे।

जीसस का भी मतलब यही था कि जिस दिन तुम भी जानोगे कि तुम

कौन हो, तब तुम जानोगे कि तुम भी परमात्मा हो। और कृष्ण का भी मतलब यही है कि अगर तुम खोजोगे, झांकोगे भीतर, तो पाओगे कि तुम भी परमात्मा हो। मैं तुम्हारी संभावनाओं की आहट हूं। मैं तुम्हारी संभावनाओं की सूचना हूं। मैं तुम्हारी पोटेंशियलिटीज की तरफ से बोलता हूं। तुम जो हो सकते हो, मैं उसका प्रतिनिधि हूं।

इस बात को ठीक से समझ लें। कृष्ण कहते हैं, तुम जो हो सकते हो, मैं उसका प्रतिनिधि हूं। तुम जो हो सकते हो, वह मैं हो गया हूं। तुम जो कल होओगे, वह मैं आज हूं। मैं तुम्हारा कल हूं। मैं तुम्हारा भविष्य हूं। मैं तुम्हारे भविष्य की तरफ से बोलता हूं।

लेकिन यह हम न समझे। हम समझे कि कृष्ण कह रहे हैं, वे भगवान हैं; ठीक है; पूजा करो। हम यह न समझे कि वे हमारे भविष्य के प्रतिनिधि हैं, वे हमारी तरफ से बोल रहे हैं। जो हमारे बीज में छिपा है, वह उनका वृक्ष हो गया है। जो हमारे भीतर अभी अप्रगट है, वह उनके भीतर प्रकट हो गया है। जो अभी हम नहीं जानते अपने ही खजाने को, वह उन्होंने जान लिया है। वे हमारे सारे भविष्य, हमारी सारी संभावनाओं की आवाज हैं।

हमने पूजा की; हम भी गलत समझे। जीसस को सूली लगाई; वे भी गलत समझे। मंसूर को मुसलमानों ने काट डाला; वे भी न समझे। क्योंकि मंसूर ने कहा, अनलहक! मैं ही ब्रह्म हूं। लोगों ने कहा, यह तो ज्यादती है; यह आदमी अहंकारी है।

हमने आज तक दुनिया में दो तरह की भूलें की हैं। न समझे, तो सूली लगा दी। न समझे, तो पूजा कर ली। पूजा में हम सिंहासन पर बिठा देते हैं और दूर कर देते हैं। सूली पर हम लटका देते हैं और दूर कर देते हैं। लेकिन दोनों हालत में हम यह बात मानने को राजी नहीं होते कि यह आदमी हमारे भीतर की छिपी हुई संभावनाओं की आवाज है।

इसलिए कृष्ण दूसरे ही वचन में कहते हैं कि जो यह अनुभव कर लेगा, फिर उसे जन्म की जरूरत नहीं, वह फिर मुझको उपलब्ध हो जाता है।

बड़ी कठिनाई है। उनकी कठिनाई भी है। आदमी के पास जो भाषा है, उसी भाषा में बोलना पड़ता है। उस भाषा में मैं के बिना बोले काम नहीं चल सकता, या फिर हमारी समझ में कुछ भी न आएगा।

अगर परमात्मा भी जमीन पर उतरकर खड़ा हो, तो भी हमारी भाषा में ही उसे बोलना पड़ेगा। अगर वह अपनी भाषा में बोलेगा, तो हमें पागल मालूम पड़ेगा। उसे हमारी भाषा में ही बोलना पड़ेगा।

और मजा यह है कि हमारी भाषा में बोले, तो भी हम नहीं समझ पाते; अपनी भाषा में बोले, तो भी नहीं समझ सकते। हमारी भाषा में भी बोले, तो भी हम नहीं समझ पाते; लेकिन अपनी भाषा में बोले, तब तो हम बिलकुल ही न समझ पाएंगे। हमारी भाषा में बोले, तो कम से कम हम नासमझी कर पाते हैं। वह भी समझने का एक गलत ढंग है। लेकिन कोई शायद समझ ले, इसलिए कृष्ण हमारी भाषा में बोलते हैं, मैं का प्रयोग करते हैं।

कृष्ण जैसे व्यक्तियों के भीतर मैं बचता नहीं। बचे, तो गीता बेकार है; फिर गीता पैदा नहीं हो सकती। लेकिन कृष्ण बार-बार मैं शब्द का प्रयोग करते हैं।

हमारी भी कठिनाई है। जब वे मैं का प्रयोग करते हैं, तो हम समझते हैं, जिस भांति हम मैं का प्रयोग करते हैं, उसी भांति वे भी करते होंगे। हमारे और उनके प्रयोग में बिलकुल ही कोई साम्य नहीं है।

कृष्ण जब कहते हैं मैं, तो उनके मैं में सब तू समाए हुए हैं। और जब हम कहते हैं मैं, तो हमारे मैं में सब तू अलग हैं, बाहर हैं; कोई भी समाया हुआ नहीं है। कृष्ण के मैं में तू इनक्लूसिव है। हमारे मैं में तू एक्सक्लूसिव है, बाहर है।

हम जब बोलते हैं मैं, तो हम तू से फासला बताने के लिए बोलते हैं। कृष्ण जब बोलते हैं मैं, तो वे तू को ढांक लेने के लिए बोलते हैं। लेकिन यह हमारे खयाल में नहीं आ सकता।

उनका मैं इतना बड़ा है कि उस मैं के बाहर और कोई भी नहीं। और हमारा मैं इतना छोटा है कि उस मैं के भीतर हमारे सिवाय और कोई भी नहीं। इस फर्क को खयाल में रखेंगे, तो बार-बार उनके मैं का प्रयोग ठीक से समझ में आ सकता है।

**वीतरागभयक्रोधा मन्मया मामुपाश्रिताः।**
**बहवो ज्ञानतपसा पूता मद्भावमागताः।।10।।**

और हे अर्जुन! पहले भी राग, भय और क्रोध से रहित, अनन्य भाव से मेरे में स्थित रहने वाले, मेरे शरण हुए बहुत से पुरुष, ज्ञानरूप तप से पवित्र हुए मेरे स्वरूप को प्राप्त हो चुके हैं।

और पहले भी राग के ऊपर उठे, क्रोध से मुक्त हुए, मोह के पाश के बाहर, तप से पवित्र हुए पुरुष मेरे शरीर को उपलब्ध हो चुके हैं!

राग के पार हुए, वीतराग हुए। वीतराग शब्द गहरा है और बहुत अर्थपूर्ण है। वीतराग का अर्थ वैराग्य नहीं है। वीतराग का अर्थ विराग नहीं है। विराग का अर्थ है, राग के विपरीत हुआ। वीतराग का अर्थ है, राग के पार हुआ।

राग का अर्थ है, एक आदमी धन के पीछे पागल है। धन को पकड़ता है। धन देखता है, तो लार टपक-टपक जाती है। रात-दिन गिनता ही रहता है! विराग का अर्थ है, धन के विपरीत हुआ; धन से भागता है। कोई धन उसके सामने करे, तो आंख फेर लेता है। कोई रुपया उसके पास रखे, तो छलांग लगा कर खड़ा हो जाता है।

राग धन को पकड़ता है, विराग धन को छोड़ता है। विराग, विपरीत राग है; उलटा हुआ राग है। राग स्त्री के पीछे दौड़ता, पुरुष के पीछे दौड़ता; विराग स्त्री से भागता, पुरुष से भागता; लेकिन दोनों का केंद्र एक ही है। हां, कोई उसकी तरफ भागता, कोई उससे पीठ करके भागता, लेकिन वही दोनों के ध्यान में है। दोनों की अटेंशन, दोनों की एकाग्रता वही है। दोनों की एकाग्रता में भेद नहीं है।

जो आदमी स्त्री के पीछे भागता, उस आदमी की एकाग्रता, और जो आदमी स्त्री को छोड़कर भागता, उस आदमी की एकाग्रता में भेद नहीं है। उनका कनसनट्रेशन एक है—स्त्री। जो आदमी स्त्री के लिए पागल है, उसके मन में भी स्त्री के चित्र चलते हैं। या जो स्त्री आदमी के लिए पागल है, उसके मन में

पुरुष के चित्र चलते हैं। और जो छोड़ कर भागता है, विपरीत रूप से पागल हो जाता है, उसके मन में भी चित्र चलते हैं।

वीतराग का अर्थ है, पार हुआ। वीतराग तीसरी बात है। न राग, न विराग। जो राग और विराग दोनों के पार होता है, वह वीतराग है। जिसके लिए बात बस व्यर्थ हो जाती है।

ध्यान रहे, जो आदमी कहता है, मैं धन का त्याग कर रहा हूं, धन उसे व्यर्थ नहीं हुआ; धन उसे अभी भी सार्थक है। जो आदमी कहता है, मैं लाखों त्याग किया हूं, उसके लिए भी व्यर्थ नहीं हुआ; अभी उसके लिए भी धन सार्थक है, मीनिंगफुल है। हां, मीनिंग बदल गया, अर्थ बदल गया। पहले तिजोरी में बंद करने का अर्थ था, अब त्याग करने का अर्थ है; लेकिन अर्थ है। जो आदमी तिजोरी में बंद कर रहा था, वह भी कह रहा था, मेरे पास इतने लाख हैं; और जिस आदमी ने त्याग किया, वह भी कह रहा है, मैंने इतने लाख का त्याग किया। लेकिन धन दोनों के लिए मूल्यवान है, वैल्युएबल है।

वीतराग वह है, जो कहता है, धन में कुछ अर्थ ही नहीं। न मैं तिजोरी में बंद करता, न मैं त्यागता। धन में कुछ अर्थ नहीं। जिसके लिए धन बस मिट्टी जैसा हो गया। जिसके लिए धन मिट्टी जैसा हो गया, वह त्याग के अहंकार से भी नहीं भरता है।

बड़ी मीठी कथा है, याज्ञवल्क्य घर छोड़ कर जाने लगा। उसकी दो पत्नियां हैं, कात्यायिनी और मैत्रेयी। उसने उन दोनों को बुला कर कहा कि मेरी धन-संपदा आधी-आधी बांट देता हूं। मैं जाता हूं अब त्याग करके। अब मैं प्रभु की खोज में निकलता हूं।

मैत्रेयी राजी हो गई; साधारण स्त्री थी। साधारण स्त्री का मतलब, जिसे पति भी इसीलिए मूल्यवान होता है कि उसके पास संपत्ति है। ठीक है, पति जाता है, संपत्ति दे जाता है—कुछ भी नहीं जाता। मैत्रेयी राजी हो गई। वह ठीक स्त्री थी।

लेकिन कात्यायिनी ने एक सवाल उठाया। वह साधारण स्त्री न थी।

कात्यायिनी ने कहा कि जो धन तुम्हें व्यर्थ हो गया, तो तुम मुझे किसलिए दे जाते हो? अगर व्यर्थ है, तो बोझ मुझे मत दे जाओ। और अगर सार्थक है, तो तुम भी छोड़ कर क्यों जाते हो?

कात्यायिनी ने बड़ा ठीक सवाल उठाया। अगर व्यर्थ है, राख है, धूल है, तो मुझे देकर इतने गौरवान्वित क्यों होते हो? अगर सार्थक है, तो छोड़कर कहां जाते हो? रुको! अगर सार्थक है, तो हम साथ-साथ भोगें। और अगर व्यर्थ है, तो मुझे भी उसी धन की खबर दो, जो सार्थक है, जिसकी खोज में तुम जाते हो।

याज्ञवल्क्य मुश्किल में पड़ गया होगा। अभी याज्ञवल्क्य सिर्फ विराग में जा रहा था। कात्यायिनी ने उसे वीतराग के डायमेंशन में, वीतराग के आयाम में उन्मुख किया। अभी उसे सार्थक था धन, इसीलिए तो बांटने को उत्सुक था। अभी कुछ न कुछ अर्थ था उसे धन में। छोड़ता था जरूर, लेकिन सार्थक था। अभी वह विराग की दिशा में मुड़ता था। लेकिन कात्यायिनी ने उसे एक नई दिशा में, एक नये आयाम का इशारा किया। उसने कहा कि छोड़ कर जाते हो, देकर जाते हो, गौरवान्वित हो कि काफी दे जा रहे हो, तो फिर तुम छोड़ कर जाते नहीं। धन तुम्हें सार्थक है; धन तुम्हें पकड़े ही हुए है!

कृष्ण कहते हैं, जो राग के पार हो जाता है—बियांड। वीतराग का अर्थ है, बियांड अटेचमेंट; डिटेचमेंट नहीं। वीतराग का अर्थ है, आसक्ति के पार; विरक्त नहीं। विरक्त विपरीत आसक्ति में होता है, पार नहीं होता। वह एक ध्रुव से दूसरे ध्रुव पर चला जाता है; दोनों ध्रुव के पार नहीं होता। वह एक द्वंद्व के छोर से द्वंद्व के दूसरे छोर पर सरक जाता है, लेकिन द्वंद्वातीत नहीं होता।

कृष्ण कहते हैं, जो वीतराग हो जाता है, वह मेरे शरीर को उपलब्ध हो जाता है। वीतराग, वीतभय, वीतक्रोध; जो इन सबके पार हो जाता है। वीतलोभ। वह तीसरा ही आयाम है। थर्ड डायमेंशन है।

तीन आयाम हैं जगत में। किसी चीज के प्रति राग, अर्थात उसे पास रखने की इच्छा। किसी चीज के प्रति विराग, अर्थात उसे पास न रखने की इच्छा। और किसी चीज के प्रति वीतराग, अर्थात वह पास हो या दूर, अर्थहीन; उससे भेद नहीं पड़ता।

बुद्ध ने कहा है, राग का अर्थ है, प्रियजन घर आता, सुख मालूम पड़ता। अप्रियजन घर आ जाता, तो दुख मालूम पड़ता। मित्र घर से जाता, तो दुख मालूम पड़ता। शत्रु घर से जाता, तो सुख मालूम पड़ता। शत्रु के प्रति तो सभी विरागी होते हैं; मित्र के प्रति सभी रागी होते हैं।

वीतराग का अर्थ है, जिसका न कोई मित्र है, न कोई शत्रु। वीतराग का अर्थ है, जिसका चित्त किसी भी चीज से, किसी भी कारण से बंधा हुआ नहीं है। मित्रता से भी बंधा हुआ नहीं; शत्रुता से भी बंधा हुआ नहीं।

और ध्यान रहे, मित्र भी बांध लेते हैं और शत्रु भी बांध लेते हैं। मित्रों की भी याद आती है, शत्रुओं की भी याद आती है। सच तो यह है, शत्रुओं की थोड़ी ज्यादा आती है। मित्रों को भूलना आसान; शत्रुओं को भूलना कठिन है। राग को भूलना आसान; विराग को भूलना कठिन है, बहुत कठिन है। प्रेम को भूलना आसान; घृणा को भूलना कठिन है। शत्रु पीछा करते हैं, छाया की भांति पीछे होते हैं और बदला लेते हैं। सब विराग बदला लेता है।

इसलिए एक बहुत अदभुत घटना घटती है मनुष्य के मन में। और वह घटना यह घटती है कि जो धन को पकड़ते हैं, वे कभी-कभी इंटरवल्स में, बीच-बीच में छुट्टी भी लेते हैं। बीच-बीच में उनका मन आता है, छोड़ो सब; कुछ सार नहीं है। तेईस घंटे दुकान पर होते हैं; कभी घंटे भर मंदिर भी हो आते हैं।

लेकिन ध्यान रहे, इससे उलटी घटना भी घटती है। जो चौबीस घंटे मंदिर में रहता है, उसका मन भी घंटे दो घंटे को बाजार में आ जाता है। वह भी छुट्टी लेता है। भला हिम्मत न हो, खुद न आ पाता हो, लेकिन मन आ जाता है।

विरागी भी छुट्टी पर होते हैं। चौबीस घंटे विरागी होना मुश्किल है। चौबीस घंटे रागी होना मुश्किल है। क्योंकि मन थक जाता है, ऊब जाता है एक ही चीज से। इसलिए जो रागी हैं, वे अक्सर विराग के सपने देखते हैं; और जो विरागी हैं, वे राग के सपने देखते हैं। जो रागी हैं, वे कई बार सोचते हैं, सब छोड़-छाड़ कर चले जाएं; सब बेकार है। जो विरागी हैं, वे कई बार सोचते हैं कि बड़ी मुश्किल

में पड़ गए; नाहक छोड़-छाड़ कर आ गए। इसमें कुछ सार नहीं है, इस छोड़ने-छाड़ने में कुछ अर्थ नहीं है।

मन द्वंद्वों में डोलता रहता है। विश्राम चाहता है मन। इसलिए बुरे आदमियों के भी अच्छे क्षण होते हैं, और अच्छे आदमियों के भी बुरे क्षण होते हैं। ऐसा बुरा आदमी खोजना मुश्किल है, जिसके अच्छे क्षण न होते हों। और कभी-कभी बुरे आदमी अच्छे क्षणों में साधुओं को पार कर जाते हैं। और अच्छे आदमी भी खोजने मुश्किल हैं, जिनके बुरे क्षण न होते हों। और अच्छे आदमी भी, जब उनके बुरे क्षण होते हैं, तो असाधुओं को पार कर जाते हैं।

उसका कारण है। क्योंकि जो आदमी तेईस घंटे कोशिश करके अच्छा है, जब वह एक घंटे बुरा होगा, तो साधारण बुरा नहीं होगा। तेईस घंटे का बदला एक घंटे में चुकाना पड़ेगा। और जो आदमी तेईस घंटे बुरा है, वह जब एक घंटे के लिए अच्छा होगा, तो साधारण अच्छा नहीं होगा; अतिशय अच्छा हो जाएगा। तेईस घंटे की रुकी हुई अच्छाई बदला मांगती है।

कृष्ण इन दोनों की बात नहीं कर रहे हैं। कृष्ण कहते हैं, वीतराग। वीतराग को कभी छुट्टी नहीं लेनी पड़ती है, क्योंकि वीतराग द्वंद्व में नहीं होता। इसलिए सिर्फ वीतरागी पुरुष चौबीस घंटा एक-रस हो सकता है; न रागी हो सकता है, न विरागी हो सकता है। सिर्फ वीतराग एक-रस हो सकता है।

वीतराग ऐसा होता है, जैसे हम सागर को कहीं से भी चखें, और वह नमकीन है। बस, ऐसा वीतरागी होता है; उसे हम कहीं से भी चखें, वह एक ही स्वाद है उसका। वह वेश्या के गृह में बैठकर भी वही होता है, जो प्रभु के मंदिर में बैठ कर होता है। वह वेश्यागृह से भी नहीं डरता, मंदिर के लिए भी लोलुप नहीं होता। असल में इतना आश्वस्त होता है अपने में कि अब उसका न कोई भय है, न कोई लोभ है। इतना आश्वस्त, अपने में इतना भरोसे से भरा हुआ कि छुट्टी का उसे डर ही नहीं है।

एक बार ऐसा हुआ कि बुद्ध के एक भिक्षु को, गांव में गया था, एक वेश्या ने निमंत्रण दे दिया। और कहा कि इस वर्षाकाल में भिक्षु, मेरे ही घर चार

महीने रुक जाओ! साधारण भिक्षु होता, विरागी होता, दुबारा लौटकर उस घर के सामने न जाता। वेश्या ने सोचा था कि भिक्षु इनकार कर देगा। कहेगा, तू वेश्या! और मैं तेरे घर रुकूं? नहीं; यह नहीं हो सकता। कहां भिक्षु, कहां संन्यासी, कहां वेश्या का घर!

उस भिक्षु ने कहा, आ जाऊंगा, लेकिन बुद्ध से आज्ञा लेनी पड़ेगी। तो मैं कल आज्ञा लेकर जवाब दे दूंगा। उस वेश्या ने कहा, और अगर बुद्ध ने आज्ञा न दी? उस भिक्षु ने कहा, इतना आश्वस्त हूं अपने प्रति कि बुद्ध इनकार नहीं करेंगे। कहा, इतना आश्वस्त हूं अपने प्रति कि बुद्ध इनकार न करेंगे, बुद्ध मुझे जानते हैं। मंदिर और वेश्यागृह में मेरा स्वाद एक ही रहेगा। उसका भय न कर। नियम है, इसलिए आज्ञा मांगनी जरूरी है, अन्यथा कोई जरूरत नहीं है; मैं भी रुक जा सकता हूं।

दूसरे दिन भिक्षुओं के बीच उस भिक्षु ने खड़े होकर कहा कि एक बहुत मजेदार घटना घट गई। राह पर जाता था, एक वेश्या ने निमंत्रण दिया कि चार महीने वर्षाकाल, आने वाले वर्षाकाल में उसके घर मेहमान बनूं। आज्ञा मांगता हूं। बुद्ध ने कहा, आज्ञा मांगने की क्या जरूरत? जो संन्यासी वेश्या से डर जाए, वह संन्यासी ही नहीं है। जाओ! जब उसने निमंत्रण दिया, तो विश्राम करो। चार महीने वहीं रुको।

अनेक भिक्षुओं के प्राणों में लहरें दौड़ गईं। सुंदरी थी बहुत वेश्या। सारे भिक्षुओं की नजर उस पर थी। गांव में गुजरते थे, तो किसी न किसी बहाने उस रास्ते जरूर निकल जाते थे; उस रास्ते पर भिक्षा जरूर मांग लेते थे। कौंध गई होंगी बिजलियां। मुश्किल खड़ी हो गई।

एक भिक्षु ने खड़े होकर कहा कि यह तो अनुचित है, संन्यासी का और वेश्या के घर में रुकना! और आप आज्ञा देते हैं?

बुद्ध ने कहा, अगर तुम आज्ञा मांगो, तो नहीं दूंगा। क्योंकि संन्यासी और वेश्या से डरे, तो फिर वेश्या जीत गई, फिर हम हार गए। यह तो चुनौती है; चैलेंज है। एक वेश्या ने निमंत्रण दिया और वेश्या नहीं डरती कि संन्यासी

उसे बदल लेगा और संन्यासी डरे कि वेश्या उसे बदल लेगी, तो हम हार गए। तुम्हें आज्ञा न दूंगा। लेकिन जिसने आज्ञा मांगी है, उसने कहा कि बड़ी मजेदार घटना घट गई है, एक वेश्या ने निमंत्रण दिया है। उसे आज्ञा है। वह अपने प्रति आश्वस्त है।

चार महीने वह भिक्षु वेश्या के घर था। वेश्या जैसा भोजन कराती, वैसा भोजन कर लेता। वेश्या भी बहुत चिंतित हुई। नाचने लगती, तो नाच देख लेता। गीत गाने लगती, तो गीत सुन लेता। वेश्या बहुत चिंतित हुई। सब उपाय उसने किए। अर्धनग्न होकर नाचती, तो भी देखता रहता। बहुत मुश्किल में पड़ी।

एक महीना बीता, दो महीने बीते। वेश्या सब तरह की कोशिश करके थक गई; लेकिन न तो उस भिक्षु ने कोई रस लिया, और न विरस प्रकट किया। न तो उसने यह कहा कि सुंदर; खूब। न तो उसने वाह-वाह की; न उसने यह कहा कि बंद करो, बेकार है, हमें ठीक नहीं लगता; आंख बंद की। नहीं, यह भी नहीं किया। नाचती, तो देखता। न नाचती, तो कभी यह भी न कहता कि आज नाचो! आज नाचोगी नहीं? बस, घर में ऐसा रहा, जैसे हो ही न।

दो महीने बीत गए, वेश्या उसके पैरों पर गिर गई और उसने कहा कि मुझे राज बताओ। तुम तो कंपते ही नहीं! यहां न वहां। अगर तुम विपरीतता भी दिखाओ, तो मैं कुछ कोशिश करूं। अगर तुम यह भी कहो कि यह गलत है, तो भी कुछ रास्ता बने। तुम कुछ तो कहो। तुम कोई वक्तव्य तो दो! तुम कोई निर्णय तो लो। तुम इस पक्ष में या उस पक्ष में कुछ भी तो कहो

उस भिक्षु ने कहा, पक्ष में गया कि तू जीती और मैं हारा। हम निष्पक्ष ही रहेंगे। तुझे जो करना है, तू कर; हमें जो करना है, हम करते हैं। जब तू हमारे बाबत कोई पक्ष और विपक्ष नहीं लेती, हम क्यों लें?

चार महीने बीत गए। भिक्षुओं में तो बड़ी बेचैनी थी। न मालूम कितनी खबरें भिक्षु लेकर बुद्ध के पास आते। कोई खबर लाता कि गया वह आदमी। हमने नाचते देखा है कि वह वेश्या नाच रही है और वह देख रहा है! कोई कहता कि सुना आपने! वेश्या उसे बहुत ही मिष्ठान्न खिला रही है और वह खा रहा है!

कोई कहता, सुना आपने! वेश्या ने उसे रेशम के वस्त्र दे दिए हैं और वह पहने हुए है! कोई कहता, सुना आपने! सब नियम, सब मर्यादाएं टूट गई हैं।

बुद्ध सुनते और कहते कि ठीक है। लेकिन तुम चिंतित क्यों हो? तुम उस भिक्षु में उत्सुक हो या उस वेश्या में? और डूबेगा वह, तो वह डूबेगा; तुम्हारी परेशानी क्या है? खोएगा, तो वह खोएगा; तुम इतने आतुर क्यों हो?

चार महीने बाद वह भिक्षु आया, लेकिन अकेला नहीं था। साथ में एक भिक्षुणी भी थी; वह वेश्या भिक्षुणी हो गई थी। बुद्ध ने अपने भिक्षुओं को कहा कि देखो! भिक्षु लौट आया, साथ में एक भिक्षुणी भी लौट आई है। वेश्या से पूछा कि तुझे क्या हुआ? उसने कहा, हुआ कुछ भी नहीं; मैं हार गई। पहली बार मैं कहीं हारी। सदा मैं जीतती रही; अब मैं हार गई। और अकंप इस आदमी को जाना। वीतराग इस मनुष्य को जाना। और इसकी वीतरागता में जो शांति और जो आनंद अनुभव हुआ, वही खोजने मैं भी चली आई हूं। बुद्ध ने कहा, देखो! संन्यासी जीत कर लौट आया है, वीतराग था, इसलिए। तुम हार जाते। तुम विरागी हो, तुम्हारे हारने का डर था।

कृष्ण कहते हैं, जो वीतराग होता, वह मेरे शरीर को उपलब्ध हो जाता है। इसमें बड़े मजे की बात है। वे कह रहे हैं, मेरे शरीर को। अच्छा न होता क्या कि वे कहते, मेरी आत्मा को! लेकिन वे कहते हैं, मेरे शरीर को, टु माई बाडी। अच्छा होता न कि वे कहते, मेरी आत्मा को उपलब्ध हो जाता है। लेकिन कृष्ण कहते हैं, मेरे शरीर को उपलब्ध हो जाता है।

क्या राज है? राज बड़ा है।

यह जो ब्रह्मांड है, यह जो विश्व है, यह शरीर है परमात्मा का। यह जो दृश्य चारों ओर फैला है, यह शरीर है। ये चांद-तारे, यह सूरज, यह अरबों-अरबों प्रकाश वर्ष की दूरियों तक फैला हुआ एक्सपैंशन जो है, यह जो विस्तार है...।

क्या कभी आपने सोचा कि ब्रह्म शब्द का अर्थ होता है, विस्तार, वृहत, जो फैलता ही चलता गया; जिसके फैलाव का कोई अंत नहीं है। ब्रह्म बड़ा साइंटिफिक शब्द है, बहुत वैज्ञानिकह्लधार्मिक बहुत कम। ब्रह्म शब्द धार्मिक

जरा भी नहीं, बिलकुल वैज्ञानिक टरमिनालॉजी है। ब्रह्म का मतलब है, जो फैलता ही गया है, दि एक्सपैंडिंग, जो फैलता ही चला जाता है; जिसके फैलाव का कोई अंत ही नहीं है। इस फैले हुए का नाम ब्रह्म है।

इस फैले हुए, दिखाई पड़ने वाले अस्तित्व को कृष्ण कहते हैं, मेरा शरीर। जो वीतराग हो जाता है, वह मेरे शरीर को उपलब्ध हो जाता है।

क्यों? आत्मा को तो हम उपलब्ध ही हैं, हमारी भूल सिर्फ शरीर की है। कृष्ण की आत्मा को तो हम अभी भी उपलब्ध हैं, लेकिन हम अपने-अपने शरीरों में अपने को बंद मान रहे हैं, वह हमारी भूल है। इसलिए कृष्ण आत्मा की बात नहीं करते। उसको तो हम उपलब्ध ही हैं, सिर्फ यह शरीर की भूल भर टूट जाए हमारी। हमें किसी दिन यह पूरा ब्रह्मांड अपना शरीर मालूम पड़ने लगे, बस।

आत्मा तो हम अभी भी हैं। आत्मा तो हमारी इस अज्ञान के क्षण में भी कृष्ण का हिस्सा है। हमारी भ्रांति है शरीर की सीमा की। अगर शरीर की सीमा की भ्रांति टूट जाए, और हम कृष्ण के शरीर को—कृष्ण का शरीर अर्थात ब्रह्मांड को—उपलब्ध हो जाएं, तो बात पूरी हो जाती है। इसलिए कृष्ण कहते हैं, मेरे शरीर को उपलब्ध हो जाता है।

शरीर का क्या अर्थ है? शरीर का अर्थ है, आत्मा का आवरण। शरीर का अर्थ है, आत्मा का गृह। अंग्रेजी का शब्द बाडी बहुत अच्छा है। जिसके भीतर आत्मा एंबाडीड है, जिसके भीतर शरीर छिपा है।

यह जो हमारा शरीर, हमें लगता है, मेरा शरीर! यह हमें क्यों लगता है? राग के कारण, विराग के कारण। अगर राग और विराग दोनों छूट जाएं, तो यह मेरा शरीर है, ऐसा नहीं लगेगा। तब सब शरीर मेरे हैं। तब चांद-तारे मेरे शरीर के भीतर हो जाएंगे; तब मेरी जो चमड़ी है, वह असीम को छू लेगी।

राम कहते थे कि मैंने चांद-तारों को अपने शरीर के भीतर परिभ्रमण करते देखा। पागलपन की बात है! बिलकुल पागलपन की बात है! लेकिन ठीक कहते थे। जब भी कोई राग और विराग के एक क्षण को भी पार हो जाए, उसी क्षण

अपने शरीर का स्मरण भूल जाता है, बाडीलेसनेस आ जाती है, शरीरहीन हो जाता है। और ये दोनों बातें एक ही हैं।

ब्रह्म के शरीर को उपलब्ध होना या अपने शरीर को भूल जाना, एक ही बात है। जो व्यक्ति अपने शरीर की सीमा को भूल जाता है, वह ब्रह्म के शरीर की सीमा के स्मरण से भर जाता है।

यह शरीर मेरा है, यह हमारे राग और विराग के कारण है। जब तक कोई चीज मेरी है और कोई चीज तेरी है, तब तक यह शरीर मेरा है। अगर ठीक से समझें, तो मेरे का भाव ही मेरा शरीर है। बहुत मनोवैज्ञानिक अर्थों में मेरे का भाव ही मेरा शरीर है। जहां तक मेरे का भाव है, वहां तक शरीर है। अगर मेरे का भाव बड़ा हो जाए, इतना बड़ा हो जाए कि वह ब्रह्म को घेर ले, ब्रह्मांड के साथ एक हो जाए, तो फिर सभी कुछ मेरा शरीर है। वस्तुतः सभी कुछ शरीर है—वस्तुतः। लेकिन हमारी एक भ्रांति है।

किस जगह आप अपने शरीर को समाप्त मानते हैं? किस जगह? चमड़ी पर अपने शरीर को आप समाप्त मानते हैं। लेकिन आपकी चमड़ी हवा के बिना एक क्षण जी सकती है? नहीं जी सकती। तो हवा भी आपकी चमड़ी के पार की एक पर्त है आपके शरीर की। उसके बिना आप नहीं जी सकते। हवा की पर्त अगर हटा ली जाए, तो आप जी नहीं सकते। जिसके बिना आप नहीं जी सकते, वह आपका शरीर है। जिसके बिना जीना मुश्किल हो जाएगा, वह आपका शरीर है।

रोआं-रोआं श्वास ले रहा है। आप इस भ्रांति में मत रहना कि आपकी सिर्फ नाक ही श्वास ले रही है। अगर आपके पूरे शरीर को पेंट कर दिया जाए, और सब रोएं बंद कर दिए जाएं, और सिर्फ नाक खुली छोड़ दी जाए, तो आप पांच-सात मिनट में मर जाएंगे। कितना ही फिर आप जोर से श्वास लो, कुछ न होगा। क्योंकि रोआं-रोआं श्वास ले रहा है; पूरा शरीर श्वास ले रहा है।

यह चारों तरफ हवा की जो पर्त है, वह भी आपकी चमड़ी है। उसके बिना आप नहीं जी सकते। दो सौ मील तक पृथ्वी के चारों तरफ हवा की पर्त है। लेकिन

वह हवा की पर्त भी नहीं जी सकती, अगर उसके पास सूरज की किरणों का जाल न हो। वह हवा भी नहीं जी सकती। फिर दस करोड़ मील दूर तक सूरज की किरणों का जाल है; वह भी आपकी चमड़ी है। उसके बिना भी आप नहीं जी सकते।

वहां सूरज ठंडा हो जाए, तो हम यहां अभी ठंडे हो जाएंगे। हमको पता भी नहीं चलेगा कि हम ठंडे हो गए, क्योंकि पता चलने के लिए भी हमारा बचना जरूरी है। इसलिए सूरज जब ठंडा होगा, तो हम लिखने के लिए बचेंगे नहीं; अखबार में खबर न निकाल पाएंगे कि सूरज ठंडा हो गया। सूरज ठंडा हुआ कि हम ठंडे हुए। सूरज दस करोड़ मील दूर है, लेकिन सूरज की गर्मी हमारी पर्त है शरीर की। हम एंबाडीड हैं; सूरज की पर्त के भीतर हम हैं; एक बड़ा शरीर है।

लेकिन सूरज भी न बचे, अगर महासूर्यों से उसे दिन-रात शक्ति न मिलती हो। हमारा सूरज बड़ा छोटा है। ऐसे बहुत बड़ा है; हमसे बहुत बड़ा लगता है। पृथ्वी से कोई साठ हजार गुना बड़ा है। लेकिन और सूर्यों के मुकाबले बहुत मीडियाकर है, बहुत छोटा सूरज है। रात को जो तारे दिखाई पड़ते हैं, वे महासूर्य हैं। हमारा सूरज कोई तीन-चार अरब महासूर्यों की भीड़ में एक छोटा-सा सूरज है, बहुत मीडियाकर, बहुत मध्यमवर्गीय। कोई बहुत बड़ा सूर्य नहीं है। उससे करोड़ों बड़े सूर्य हैं। अगर उन सूर्यों से उसे दिन-रात ऊर्जा न मिलती हो, तो वह कभी का ठंडा हो जाए। वे भी हमारा शरीर हैं।

हमारा शरीर समाप्त कहां होता है? जहां ब्रह्मांड समाप्त होता हो, वहीं समाप्त होता है। उसके पहले समाप्त नहीं होता।

एक छोटे-से फूल के खिलने में पूरा ब्रह्मांड सहयोगी है। एक छोटा-सा फूल खिलता है घास का। इस घास के फूल के खिलने में अरबों-खरबों मील दूर बैठे हुए महासूर्यों का हाथ है; वे इसका शरीर हैं। उनके बिना यह न हो सके।

तो कृष्ण कहते हैं कि जो वीतराग हो जाता है, जो मेरे-तेरे के भाव से

उठ जाता है; जो आकर्षण-विकर्षण के पार हो जाता है, वह मेरे शरीर को उपलब्ध हो जाता है।

मेरे शरीर का अर्थ है, समस्त ब्रह्मांड उसका शरीर बन जाता है। और जब ब्रह्मांड शरीर बनता है, तभी हमें ब्रह्म का पता चलता है कि हम कौन हैं! मैं कौन हूं, हमें तब तक पता न चलेगा—निश्चित ही, जिन्हें अपने शरीर का भी पता नहीं, उन्हें अपनी आत्मा का क्या पता होगा? जिन्हें शरीर का ही पता नहीं, उन्हें आत्मा का पता न हो सकेगा। जो अपने शरीर के संबंध में ही अज्ञानी हैं, वे अपनी आत्मा के संबंध में ज्ञानी कैसे हो सकेंगे?

इसलिए कृष्ण का कहना बहुत अर्थपूर्ण है कि वे मेरे शरीर को उपलब्ध हो जाते हैं। और अर्जुन से वे कहते हैं कि तुझसे जो मैं कह रहा हूं, उससे पहले भी जिन-जिन पुरुषों ने वीतरागता पाई, वे मेरे शरीर को उपलब्ध हो गए हैं, वे मेरे साथ एक हो गए हैं।

दुई, दो का भाव भ्रम है, लेकिन बड़ा गहरा है। बड़ा गहरा है। लगता है कि हम अलग हैं। यह हमारा अलग होना बड़ी से बड़ी भ्रांति, दि ग्रेटेस्ट इलूजन है। हम अलग जरा भी नहीं हैं। एक क्षण को भी नहीं हैं। एक क्षण को भी हमें अलग कर दिया जाए, और हम विलीन हो जाएंगे; हम बचेंगे नहीं।

हमारे अलग होने की भ्रांति वैसी है, जैसे कि नदी की छाती पर एक बबूला। पानी का बबूला उठ आया। तैर रहा है, चल रहा है, फिर रहा है, सूरज की किरणों में चमक रहा है। उस बबूले को भी लगता है, मैं अलग।

जरा भी अलग नहीं है। जरा अलग करें नदी से और पता चलेगा, कहीं भी न रहा। नदी के पानी की जरा पतली-सी पर्त उसका शरीर थी; वह पानी में खो गई। हवा का छोटा-सा आयतन उसके भीतर कैद था, वह मुक्त होकर हवा में मिल गया। बस, हम नदी पर तैरते हुए बबूलों की भांति अलग हैं।

इसलिए कृष्ण कहते हैं कि जो तुझसे पहले भी, कभी भी, जिसने भी जान लिया है इस सत्य को, वह मेरे शरीर को, वह ब्रह्मांड के साथ एक हो जाता है।

प्रश्न : अनन्य भाव से मेरी शरण हुए और ज्ञानरूपी तप से शुद्ध हुए—इन दो दशाओं का अर्थ और अधिक स्पष्ट करने की कृपा करें।

अनन्य रूप से मेरी शरण हुए—बहुत मजेदार है, बहुत कंट्राडिक्टरी है, बहुत विरोधाभासी है।

धर्म के सभी सत्य पैराडाक्सेस हैं, विरोधाभासी हैं। विरोध आभास भर है।

कृष्ण कहते हैं, अनन्य रूप से मेरी शरण हुए।

अनन्य का अर्थ है, जो अपने को मुझसे अन्य न माने। जो मुझको और अपने को भिन्न न माने, अन्य न माने, अदरनेस न रहे—अनन्य हो। अनन्य भाव से मेरे साथ एक हो गया हो।

लेकिन फिर दूसरी बात कहते हैं। जब एक ही हो गया हो, तो शरण होने की गुंजाइश कहां रही! क्योंकि शरण तो हम उसी के जा सकते हैं, जो अन्य है, दि अदर। शरण तो हम उसी की जा सकते हैं, जो दूसरा है। जो दूसरा नहीं है, उसकी शरण हम कैसे जाएंगे?

कृष्ण कहते हैं, अनन्य रूप से मेरी शरण। एक हो जाओ मुझसे और मेरी शरण आ जाओ। बड़ी उलटी बात कहते हैं। एक हो जाएंगे, तो शरण कौन जाएगा? और किसकी शरण जाएगा? इसीलिए मजेदार है यह वक्तव्य।

असल में जिस दिन न वह बचे, जो शरण जाता है; और न वह बचे, जिसकी शरण जाता है, उसी दिन शरणागत होता है व्यक्ति। उसी दिन शरण पूरी हुई। जब तक आप बचे हैं और दूसरा बचा है, तब तक आप सिर रख दें चरणों में, आपका अहंकार चरणों में नहीं रखा जाता; वह भीतर खड़ा रहता है।

मंदिरों में जाकर देखें; सिर रखे हैं पत्थरों के चरणों में और अहंकार अकड़ कर खड़े हैं। सिर जमीन पर झुका है, अहंकार आकाश में उठा है। सिर चरणों में झुका है, अहंकार चारों तरफ देख रहा है कि कोई देखने वाला भी मंदिर में है या नहीं? हम कितनी शरण चले गए हैं! अनन्य भाव से, जब न मैं बचे, न तू बचे, तभी शरण होती है।

शरण का अर्थ, समर्पण, सरेंडर। जब तक मैं बचता है, तब तक समर्पण नहीं होता। इसलिए ध्यान रहे, कोई आदमी यह नहीं कह सकता कि मैं शरण जाता हूं। कोई आदमी शरण नहीं जा सकता, क्योंकि जब तक कहने वाला मौजूद है कि मैं शरण जाता हूं, तब तक शरण नहीं होगी। जब मैं नहीं रह जाता, तब आदमी अनुभव करता है कि शरण जा चुका, शरणागत हो गया।

अनन्य भाव से, नहीं कोई दूसरा है उस तरफ, न कोई यहां, जिस दिन कोई ऐसी भाव-दशा में आता है—जो मैंने कहा कि वीतराग होने से फलित होती है—उस दिन शरणागति, उस दिन शरण, उस दिन वह मेरी शरण आ पाता है, कृष्ण कहते हैं। मेरी शरण, वही भाषा उपयोग करनी पड़ रही है, जो नहीं करनी चाहिए, क्योंकि वहां कोई मेरा-तेरा नहीं है।

दूसरी बात वे कहते हैं, ज्ञानरूपी तप से शुद्ध हुए।

यह भी बहुत मजेदार वक्तव्य है, यह भी पैराडाक्सिकल है—ज्ञानरूपी तप से शुद्ध हुए। ज्ञानरूपी तप, इसे जोड़ने की क्या जरूरत थी? तप से शुद्ध हुए, इतना कहना काफी न होता क्या?

अक्सर ऐसा होता है कि अज्ञानी बहुत तप कर पाते हैं। असल में अहंकारी बहुत तप कर सकता है, क्योंकि अहंकारी हठी होता है। वह कहता है कि हम रहेंगे साठ दिन भूखे, तो रह सकता है। जरा अहंकार कमजोर हो, तो साठ दिन भूखा रहना मुश्किल हो जाए। अहंकार कमजोर हो, तो साठ दिन भूखा रहना मुश्किल हो जाए; अहंकार मजबूत हो, तो आदमी साठ दिन भूखा रह सकता है।

अहंकारी तय कर ले कि हम पैर पर ही खड़े रहेंगे, अब कभी बैठेंगे न, तो खड़ा रह सकता है। गैर-अहंकारी तय कर ले, तो थोड़ी-बहुत देर में सोचेगा कि बहुत से बहुत लोग यही कहेंगे न कि अपना वचन पूरा नहीं कर पाया! बैठ जाते हैं। अहंकारी कहेगा कि अब चाहे प्राण चले जाएं, लेकिन अब बैठ नहीं सकता। एक अहंकार की कसम हो गई।

तो ध्यान रहे, अहंकारी अक्सर तपश्चर्या में उत्सुक हो जाते हैं। इसलिए तपस्वी अगर अहंकारी मिलते हों, तो आश्चर्य नहीं है। आमतौर से तपस्वी

अहंकारी मिलते हैं। उसका कारण यह नहीं कि तपस्वी अहंकारी होते हैं, उसका बुनियादी कारण यह है कि अहंकारी आसानी से तपस्वी हो जाते हैं। असल में अहंकार जो भी जिद्द पकड़ ले, उसको पूरा करने की कोशिश करता है।

तो सौ में अट्ठानबे तपस्वियों का मौका यह है कि वे अहंकार से तपश्चर्या के रास्ते पर आते हैं। इसलिए हम तपस्या की खूब प्रशंसा करते हैं, शोभायात्रा निकालते हैं। कोई उपवास कर ले, तो शोभायात्रा निकलती है, जुलूस निकलता है; बैंड-बाजे बजाते हैं।

उपवास के लिए बैंड-बाजों की कोई जरूरत नहीं। लेकिन जिस अहंकार से उपवास फलित हुआ है, वह बैंड-बाजे के बिना शिथिल हो जाएगा। उसके लिए बैंड-बाजा बिलकुल जरूरी है, उसको जगाए रखने के लिए, फुसलाने के लिए। क्योंकि उस आदमी ने उपवास के लिए उपवास नहीं किया। अंत में यह बैंड-बाजा बजने वाला है, बहुत गहरे में इसकी आकांक्षा है।

तो हम अहंकार को प्रोत्साहित करते हैं, क्योंकि अहंकार के आधार पर तप हो सकता है। लेकिन जो तप अहंकार के आधार पर होता है, उससे आत्मा पवित्र नहीं होती और अपवित्र हो जाती है।

इसलिए कृष्ण को कंडीशन लगानी पड़ी, ज्ञानरूपी तप। अकेला तप काफी नहीं है; क्योंकि अज्ञानरूपी भी हो सकता है। अकेला तप काफी नहीं है, तप अज्ञान से भी निकल सकता है। और जब तप अज्ञान से निकलता है, तो आत्मा को और भी अपवित्र कर जाता है। ज्ञान से निकलना चाहिए।

ज्ञान से निकलने का क्या अर्थ हुआ? ज्ञान से तप कैसे निकलेगा? अज्ञान से तो निकल सकता है; बहुत आसान है। हमारी पूरी जिंदगी, अज्ञान के केंद्र, अहंकार पर खड़ी होती है।

बाप अपने बेटे से कहता है कि देखो पड़ोस का लड़का आगे निकला जा रहा है! हमारे कुल की इज्जत खतरे में है। बेटे के अहंकार को जगाता है। बेटा और रातभर पढ़ने में लग जाता है कि किसी तरह गोल्ड मेडल ले आए, क्योंकि इज्जत का सवाल है।

हम अच्छी बात लाने के लिए भी अहंकार का उपयोग करते हैं। बाप अपने बेटे से कहता है कि देखो, ऐसा आचरण करोगे, तो हमारे कुल की बड़ी बदनामी होगी। आचरण बुरा है, ऐसा नहीं कह रहा है। वह यह कह रहा है कि ऐसा आचरण करने से कुल की बड़ी बदनामी होगी। लोग क्या कहेंगे कि मेरा बेटा! और ऐसा कर रहा है? उसके बेटे के अहंकार को परसुएड किया जा रहा है।

चारों तरफ ग्रेट परसुएडर्स बैठे हुए हैं; चारों तरफ फुसलाने वाले बैठे हुए हैं। वे अहंकार को फुसला रहे हैं। वे उस अहंकार को तरकीब-तरकीब से फुसला कर हमसे काम करवा रहे हैं।

हमारी पूरी जिंदगी अहंकार के आधार पर होने वाली तपश्चर्या है।

एक आदमी धन कमाता है, तो कोई कम तप नहीं करता। जंगल में बैठे तपस्वियों से कम नहीं होता तप उसका; एक अर्थ में ज्यादा ही होता है। करता क्या है बेचारा? दिन भर सुबह से सांझ तक धन इकट्ठा करने में लगा हुआ है। पागल की तरह दौड़ रहा है। जिंदगी भर दौड़ता है; तिजोरी भरकर मर जाता है। लेकिन धन अहंकार के लिए सुख है। जितना ज्यादा, उतना सुख है। बस, अहंकार धन को इकट्ठा करवा देता है।

एक आदमी दिल्ली की तरफ दौड़ता रहता है। अभी बहुत-से लोग दौड़ रहे हैं। दिल्ली में ऐसा कुछ रस नहीं है। अहंकार में रस है। कितना पागलपन चलता है! कितना बेचारा हाथ-पैर जोड़ता है किसी के भी कि किसी तरह मुझे दिल्ली पहुंचाओ! सब दांव पर लगा देता है, किसी तरह दिल्ली पहुंचाओ! एक अहंकार है। दिल्ली पहुंच कर वह समबडी हो जाता है, कुछ हो जाता है। फिर और दौड़ पर दौड़ चलती जाती है। वर्तुल के भीतर वर्तुल हैं। फिर दिल्ली पहुंचकर केबिनेट में कैसे प्रवेश कर जाए! फिर सब सिद्धांतों की बात करता है, लेकिन सिर्फ सिद्धांत अहंकार है, और कोई सिद्धांत नहीं है। न कोई समाजवाद है, न कोई लोकतंत्र है, न कुछ है।

दुनिया में कोई सिद्धांत नहीं है आदमी के लिए। आदमी का गहरा सिद्धांत

एक है, ईगो। फिर उस अहंकार के लिए आभूषण—समाजवाद, लोकतंत्र, और-और न मालूम क्या-क्या! वे सब आभूषण हैं उस एक सिद्धांत के।

सारी दुनिया अहंकार की तपश्चर्या में रत है। इन्हीं तपस्वियों को हम धर्म की तरफ भी लगा देते हैं। ये ही तपस्वी धर्म में लग जाते हैं। बैठ जाते हैं उपवास करके! अगर लोग न जाएं, तो बड़ी मुश्किल हो जाती है।

मेरे एक मित्र हैं। बड़े राजनैतिक नेता हैं। लोगों ने उनसे अनशन करवा दिया। लेकिन कुछ हालात ऐसे हो गए गांव के कि अनशन तो उन्होंने किया, लेकिन लोग ज्यादा देखने-दाखने नहीं आए। मैं उनके गांव गया था, उनको मिलने गया। पता चला अनशन करते हैं, तो मैंने कहा, देख आऊं। बड़ी मुश्किल में होंगे।

गया तो सच में मुश्किल में थे मुझसे दिल की बात कही। कहा कि बड़ी मुश्किल में पड़ गया हूं; कुछ हालात ऐसे उलझ गए हैं कि कोई देखने तक नहीं आ रहा है। और लोग आते-जाते रहते, कैमरामैन फोटो उतारता रहता, अखबार में फोटो छपती रहती, तो झेल भी लेते। अब सिवाय भूख के और कुछ नजर नहीं आता चौबीस घंटे। किसी तरह उपवास तुड़वाने का इंतजाम करवा दें।

क्या रास्ता होगा?

कोई भी रास्ता निकाल लें। मेरी मांगें पूरी हों या न हों। मगर अहंकार रास्ते खोजता है। फिर भी उन्होंने कहा कि इक्कीस दिन हो गए हैं मुझे। अब एकदम से तोड़ भी नहीं सकता। इज्जत का भी सवाल है। तो प्रांत के चीफ मिनिस्टर आ जाएं, मोसंबी का एक गिलास पिला दें और इतना ही कह दें कि हम आपकी मांगों पर विचार करेंगे!

मैंने कहा, यह हो सकता है। इसमें बहुत कठिनाई नहीं है। क्योंकि विचार करने में कोई झंझट नहीं है। विचार करेंगे! बस, उन्होंने कहा, इतना ही हो जाए तो काफी है। अब और मुझे कोई झंझट नहीं करनी है। मुझे उलझा दिया है शरारतियों ने और वे खुद भी दिखाई नहीं पड़ रहे हैं कि कहां हैं!

लोग आते रहते, भीड़-भड़क्का बना रहता, तो उनको कष्ट न होता। भूख

झेली जा सकती थी। अगर अहंकार भरता हो, तो बड़ी से बड़ी भूख झेली जा सकती है। लेकिन अगर अहंकार भी न भरता हो, तो फिर कठिनाई हो जाती है।

तपस्वियों को जरा आदर देना बंद कर दें, फिर आप देखेंगे, सौ में से निन्यानबे विदा हो गए हैं। वे नहीं हैं अब कहीं। आदर मिले, तो वे बढ़ते चले जाते हैं।

कृष्ण बहुत जान कर कहते हैं कि ज्ञानरूपी तप से शुद्ध हुई आत्मा। और ज्ञानरूपी तप से ही शुद्ध होती है।

ज्ञानरूपी तप कैसा होगा? क्योंकि अज्ञानरूपी तप में तो अहंकार का शोषण है; अहंकार पर निर्भर है अज्ञानरूपी तप। ज्ञानरूपी तप किस बात पर निर्भर होगा? ज्ञानरूपी तप समर्पण पर निर्भर होगा, अहंकार पर नहीं, सरेंडर पर।

इस फर्क को ठीक से समझ लें। इसलिए पहले उन्होंने कहा, अनन्य रूप से जो मेरी शरण; फिर कहा कि जो ज्ञानरूपी तप से शुद्ध हुए हैं।

ज्ञानरूपी तप सदा ही समर्पित है। ज्ञानरूपी तप के पीछे यह भाव नहीं है कि मैं तप कर रहा हूं; ज्ञानरूपी तप के पीछे यही भाव है कि परमात्मा जो करवा रहा है, वह मैं कर रहा हूं। वह अगर आग में डाल देता है, तो आग में जलने को तैयार हूं। मैं नहीं जल रहा हूं।

एक ईसून करके एक फकीर औरत हुई जापान में—समर्पित जीवन की एक प्रतिमा। भोजन भी करती, तो पहले आंख बंद करके आकाश की तरफ, थाली सामने रखी हो, तो भी आंख बंद करके आकाश की तरफ देख लेती। कभी कहती कि ले जाओ। नहीं, आज भोजन नहीं होगा। लोग कहते, क्या बात है? अभी तक तो तुमने कुछ भी नहीं कहा था। पहले ही कह देना था। उसने कहा, जब तक भोजन सामने न आए, तब तक मैं प्रभु से पूछूं भी कैसे! मैं पूछी कि क्या करूं? क्या इरादे हैं? भोजन करूं, न करूं? आज हां में उत्तर नहीं आता। भोजन ले जाओ। किसी दिन भोजन कर लेती; कहती, हां में उत्तर आता है। मरने के एक दिन पहले आंख बंद कर आकाश की तरफ...।

पर लोगों को कभी भरोसा नहीं आया कि पता नहीं, ऊपर से कोई उत्तर आता है कि नहीं आता! यह अपने ही मन से उत्तर दे लेती है! कभी खाना हो, तो खा लेती हो; कभी न खाना हो, तो न खाती हो।

लेकिन उस ईसून ने साठ वर्ष की उम्र तक कभी यह नहीं कहा कि मैंने एक भी उपवास किया। क्योंकि वह अहंकार से तो उठता न था। मेरा का तो कोई सवाल ही न था। उसने कोई हिसाब भी न रखा; जैसा कि साधु रखते हैं कि उन्होंने इस बार इतने उपवास किए, उतने उपवास किए। इस चौमासे में फलाने ने इतने उपवास किए। इसका कुछ हिसाब न था। ये कोई खाते-बही नहीं हैं कि इनके हिसाब रखे जा सकें। लेकिन अहंकार खाते-बही रखता है।

साठ साल! कभी कोई उससे कहता भी कि तूने कितने उपवास किए! वह कहती कि मैंने? मैंने एक भी उपवास नहीं किया। हां, कभी-कभी प्रभु ने भोजन का आनंद दिया और कभी-कभी उपवास का आनंद दिया।

फिर साठ वर्ष उसके पूरे हुए। एक दिन उसने आकाश की तरफ– थाली सामने रखी थी–आकाश की तरफ देख कर कहा, भोजन ही नहीं; आज तो खबर आती है कि यह मेरा आखिरी दिन है। सांझ सूरज के ढलने के साथ मैं विदा हो जाऊंगी। और ठीक सांझ सूरज के ढलने के साथ वह विदा हो गई। सांझ सूरज ढला, वह आंख बंद करके बैठी थी और श्वास उड़ गई। तब लोगों को पता चला कि जो आवाज उसे आती थी, वह ऐसी ही नहीं थी, जैसा हम सोचते थे। क्योंकि भोजन के मामले में धोखा हो सकता है, मौत के मामले में तो धोखा नहीं हो सकता।

समर्पित तपश्चर्या ज्ञानरूपी तप है। परमात्मा के हाथों में जो जीए, वह जो ले आए–दुख तो दुख, सुख तो सुख, अंधेरा तो अंधेरा, उजेला तो उजेला, भोजन तो भोजन, भूख तो भूख–वह जो ले आए, उसके लिए राजी होकर जो जीए, उसकी जिंदगी ज्ञानरूपी तप है। उसका सारा जीवन एक तप है, लेकिन ज्ञानरूपी। वह ईगोइस्ट, वह अहंकार की जिद नहीं है कि मैं कर रहा हूं ऐसा।

साक्रेटीज एक सांझ अपने घर के बाहर गया। रात देर तक लौटा नहीं; लौटा नहीं! घर के लोग परेशान। बहुत खोजा, मिला नहीं। फिर सुबह तक राह देखने के सिवाय कोई रास्ता न रहा।

सुबह सूरज निकला, तब लोग खोजने गए। देखा कि बर्फ जम गई है उसके घुटनों तक। रातभर गिरती बर्फ में खड़ा रहा। एक वृक्ष से टिका हुआ खड़ा है! आंखें बंद हैं। हिलाया! लोगों ने पूछा, यह क्या कर रहे हो? उसने आंख खोलीं; उसने कहा कि क्या हुआ? नीचे देखा। जैसे दूसरे लोग चकित थे, वैसा ही चकित हुआ। कहा कि अरे! बर्फ इतनी जम गई! रात गई? सूरज निकल आया? तो लोगों ने कहा कि तुम कर क्या रहे हो? होश में हो कि बेहोश? तुम रात भर करते क्या रहे?

उसने कहा, मैं कुछ भी न करता रहा। आज रात सांझ को जब यहां आकर खड़ा हुआ, तारों से आकाश भरा था, दूर तक अनंत रहस्य; मेरा मन समर्पित होने का हो गया। मैंने आंख बंद करके अपने को छोड़ दिया इस विराट के साथ। फिर मुझे पता नहीं क्या हुआ। करवाया होगा उसने, मैंने कुछ किया नहीं है।

यह हुआ ज्ञानरूपी तप—समर्पित तपश्चर्या, सरेंडर्ड एटिट्यूड। फिर जो हो जाए। फिर उसकी मर्जी।

जीसस सूली लटकाए जा रहे हैं। एक क्षण को उनके मुंह से ऐसा निकला कि हे परमात्मा! यह क्या दिखला रहा है? क्या तूने मुझे छोड़ दिया? फिर एक क्षण बाद ही उन्होंने कहा, माफ कर। कैसी बात मैंने कही! तेरी मर्जी पूरी हो। दाई विल बी डन। तेरी मर्जी पूरी हो। फिर हाथ पर खीलियां ठोंक दी गईं; गर्दन सूली पर लटक गई; लेकिन फिर जीसस, तेरी मर्जी पूरी हो, उसी भाव में हैं। जीसस की यह सूली ज्ञानरूपी तपश्चर्या हो गई। समर्पित, तेरी मर्जी पूरी हो। बात समाप्त हो गई।

जब तक मेरी मर्जी से तपश्चर्या होती है, तब तक अज्ञानरूपी है। और जब उसकी मर्जी से तपश्चर्या होती है, तब ज्ञानरूपी हो जाती है। वह अनन्य शरण का ही दूसरा रूप है।

और जब कोई समर्पित होकर तप से गुजरता है, तब आत्मा पवित्र हो जाती है, तब भीतर सब शुद्ध हो जाता है। क्योंकि बड़ी से बड़ी अशुद्धि अहंकार है और बाकी सब अशुद्धियां अहंकार की ही बाई-प्रोडक्ट्स हैं। वे अहंकार से ही पैदा हुई हैं।

कभी आपने खयाल किया, अहंकार न हो, तो क्रोध पैदा हो सकता है? अहंकार न हो, तो क्रोध कैसे पैदा हो सकता है! कभी आपने खयाल किया है कि अहंकार न हो, तो लोभ पैदा हो सकता है? अहंकार न हो, तो लोभ कैसे पैदा हो सकता है! कभी आपने खयाल किया कि अहंकार न हो, तो ईर्ष्या पैदा हो सकती है? अहंकार न हो, तो ईर्ष्या कैसे पैदा हो सकती है!

अहंकार मूल रोग है, मूल अशुद्धि है। बीमारी की जड़ है। बाकी सारी बीमारियां उसी पर आए हुए पत्ते और शाखाएं हैं। इसलिए समर्पण मूल साधना है। समर्पण का अर्थ है, अहंकार की जड़ काट दो! अज्ञानरूपी तपश्चर्या पत्ते काटती है—पत्ते, शाखाएं।

लेकिन ध्यान रखें, जैसा नियम बगीचे का है, वैसा ही नियम मन के बगीचे का भी है। आप पत्ता काटें; पत्ता समझता है कि कलम हो रही है। एक पत्ते की जगह चार निकल आते हैं। आप शाखा काटें; शाखा समझती है, कलम की जा रही है! एक शाखा की जगह चार अंकुर निकल आते हैं। आप क्रोध काटें अहंकार को बिना काटे, और आप पाएंगे कि क्रोध चार दिशाओं में निकलना शुरू हो गया। आप लोभ काटें बिना अहंकार को काटे, और आप पाएंगे, लोभ ने पच्चीस नये मार्ग खोज लिए!

अज्ञानरूपी तपश्चर्या शाखाओं से उलझती रहती है और मूल को पानी देती रहती है। अहंकार की जड़ को पानी डालती रहती है और अहंकार से पैदा हुई शाखाओं को काटती रहती है। शाखाएं फैलती चली जाती हैं। अहंकार की जड़ मजबूत होती चली है।

ज्ञानरूपी तपश्चर्या पत्तों से नहीं लड़ती, शाखाओं से नहीं लड़ती, मूल जड़ को काट देती है। वह अनन्य भाव से अपने को समर्पित कर देती है। वह कह देती

है, परमात्मा, तू ही सम्हाल। अब न क्रोध मेरा, न क्षमा मेरी। अब न सुख मेरा, न दुख मेरा। अब न जीवन मेरा, न मृत्यु मेरी। अब तू ही सम्हाल। अब तू ही जो करे, कर। अब न मैं छोड़ूंगा, न पकड़ूंगा। अब न मैं भागूंगा; न मैं राग करूंगा, न विराग करूंगा। अब तू जो करवाए, मैं राजी हूं।

इस राजीपन का नाम, इस एक्सेप्टेबिलिटी का नाम समर्पण है। इस समर्पण से सब शुद्ध हो जाता है, क्योंकि जड़ कट जाती है। जहां अहंकार नहीं, वहां अपवित्रता नहीं। और जहां अहंकार है, वहां अपवित्रता होगी ही। उसके रूप कुछ भी हो सकते हैं। और धार्मिक अपवित्रता अधार्मिक अपवित्रता से बदतर होती है।

साधारण अहंकार से तपस्वी अहंकार ज्यादा खतरनाक होता है। साधारण आदमियों के क्रोध से दुर्वासा के क्रोध की हम क्या तुलना कर सकते हैं? दुर्वासा के क्रोध की बात ही और है; वह क्रोध है चरम। ऐसा साधारण आदमी ऐसा क्रोध नहीं कर सकता। क्योंकि साधारण आदमी ने तपश्चर्या से अहंकार को इतना पानी भी नहीं दिया है कि इतना क्रोध कर सके।

अज्ञानरूपी तपश्चर्या प्राणों को और अशुद्ध कर जाती है। ज्ञानरूपी तपश्चर्या शुद्ध कर जाती है।

शेष, संध्या हम बात करेंगे।

अभी आप रुकेंगे। एक पांच-सात मिनट एक समर्पित कीर्तन में सम्मिलित हों।

**चौथा प्रवचन**

# परमात्मा के स्वर

**ये यथा मां प्रपद्यन्ते तांस्तथैव भजाम्यहम्।**
**मम वर्त्मानुवर्तन्ते मनुष्याः पार्थ सर्वशः।।11।।**

हे अर्जुन! जो मेरे को जैसे भजते हैं, मैं भी उनको वैसे ही भजता हूं। इस रहस्य को जान कर ही बुद्धिमान मनुष्यगण सब प्रकार से मेरे मार्ग के अनुसार बर्तते हैं।

यह वचन बहुत अदभुत है।

कृष्ण कहते हैं, जो मुझे जिस भांति भजते हैं, मैं भी उन्हें उसी भांति भजता हूं। और बुद्धिमान पुरुष इस बात को जानकर इस भांति बर्तते हैं।

भगवान भजता है! इस सूत्र में एक गहरे आध्यात्मिक रिजोनेंस की, एक आध्यात्मिक प्रतिसंवाद की घोषणा की गई है। संगीतज्ञ जानते हैं कि अगर एक सूने एकांत कमरे में कोई कुशल संगीतज्ञ एक वीणा को बजाय

और दूसरे कोने में एक वीणा रख दी जाए—खाली, अकेली। कमरे में गूंजने लगे आवाजें एक बजती हुई वीणा की, तो कुशल संगीतज्ञ उस शांत पड़ी हुई वीणा के तारों को भी झंकृत कर देता है; रिजोनेंस पैदा हो जाता है। वह जो खाली पड़ी वीणा है, जिसे कोई भी नहीं छू रहा है, वह भी उस गूंजते संगीत से गुंजायमान हो जाती है। वह भी गूंजने लगती है; उससे भी संगीत का स्फुरण होने लगता है।

परमात्मा भी रिजोनेंस है; प्रतिध्वनि देता है। जैसे हम होते हैं, ठीक वैसी प्रतिध्वनि परमात्मा भी हमें देता है। हमारे चारों ओर वही मौजूद है। हमारे भीतर जो फलित होता है, तत्काल उसमें प्रतिबिंबित हो जाता है; वह दर्पण की भांति हमें लौटा देता है, हमारे प्रतिबिंबों को।

कृष्ण कहते हैं, जो मुझे जिस भांति भजता है, उसी भांति मैं भी उसे भजता हूं। जो जिस भांति मेरे दर्पण के समक्ष आ जाता है, वैसी ही तस्वीर उस तक लौट जाती है।

परमात्मा कोई मृत वस्तु नहीं है, जीवंत सत्य है। परमात्मा कोई बहरा अस्तित्व नहीं है, कोई डंब एक्झिस्टेंस नहीं है, परमात्मा हृदयपूर्ण है। परमात्मा भी प्राणों के स्पंदन से भरा हुआ अस्तित्व है। और जब हमारे प्राणों में कोई प्रार्थना उठती है और हम परमात्मा की तरफ बहने शुरू होते हैं, तो आप मत सोचना कि यात्रा एक तरफ से होती है। यात्रा दोहरी है। जब आप एक कदम उठाते हैं परमात्मा की तरफ, तब परमात्मा भी आपकी तरफ कदम उठाता है।

यह हमें साधारणतः दिखाई नहीं पड़ता। यह साधारणतः हमारे खयाल में नहीं आता। यह खयाल में हमारे इसीलिए नहीं आता कि हम जीवन की क्षुद्रता में इस भांति उलझे हुए हैं कि उसकी गहरी प्रतिध्वनियों को पकड़ने की क्षमता खो देते हैं। हम इतने शोरगुल में डूबे हुए हैं कि वह जो धीमी-धीमी आवाजें अस्तित्व हमारे पास पहुंचाता है, वे हमें सुनाई नहीं पड़तीं। बहुत स्टिल स्माल वाइस, बड़ी छोटी आवाज है। बड़ी बारीक, महीन आवाज में ध्वनियां हम तक लौटती हैं, लेकिन हमें सुनाई नहीं पड़तीं। हम इतने उलझे होते हैं।

कभी खयाल किया हो; आप अपने कमरे में बैठे हैं, खयाल करें, तो पता चलता है कि बाहर वृक्ष पर चिड़िया आवाज कर रही है। खयाल न करें, तो वह आवाज करती रहती है, आपको कभी पता नहीं चलता। रात के सन्नाटे से गुजर रहे हैं, अपने विचारों में खोए हुए हैं। पता नहीं चलता है कि बाहर झींगुर की आवाज है। होश में आ जाएं, चौंक कर जरा रुक जाएं; सुनें, तो पता चलता है कि विराट सन्नाटा आवाज कर रहा है।

ठीक ऐसे ही परमात्मा प्रतिपल हमें प्रतिध्वनित करता है, लेकिन झींगुर की आवाज से भी सूक्ष्म है आवाज। सन्नाटे की आवाज से भी बारीक है। पक्षियों की चहचहाहट से भी नाजुक है। बहुत चुप होकर, मौन होकर जो उसे पकड़ेगा, वही पकड़ पाता है।

गहरे मौन में, कृष्ण जो कहते हैं, उसका निश्चित ही पता चलता है। यहां उठती है एक ध्वनि, चारों ओर से उसकी प्रतिध्वनि लौट आती है और उसकी हमारे ऊपर वर्षा हो जाती है।

मैं एक पहाड़ पर था। कुछ मित्रों के साथ था। उस पहाड़ पर एक जगह थी इकोप्वाइंट। वहां जाकर आवाज करते, तो पहाड़ियों की घाटियां सात बार उस आवाज को लौटा देतीं।

एक मित्र साथ थे, उन्होंने कुत्ते की आवाज में चिल्लाना शुरू किया। पहाड़ चारों तरफ से कुत्ते की आवाज लौटाने लगे। वे खेल में ही कर रहे थे; पर खेल भी तो खेल नहीं है। मैंने उनसे पूछा कि तुम्हें और आवाजें करनी भी आती हैं, फिर कुत्ते की आवाज ही क्यों कर रहे हो? उन मित्र ने कोयल की आवाज करनी शुरू की और पहाड़ की घाटियां कोयल की आवाज से गूंज कर हम पर लौटने लगी। मैंने उनसे कहा, पहाड़ वही लौटा देते हैं, जो हम उन तक पहुंचाते हैं। सात गुना वापस कर देते हैं।

कृष्ण कहते हैं, जो जिस रूप में...।

जिस रूप में भी हम अपने अस्तित्व के चारों ओर अपने प्राणों से प्रतिध्वनियां करते हैं, वे ही हम पर अनंतगुना होकर वापस लौट आती हैं। परमात्मा प्रतिपल

हमें वही दे देता है, जो हम उसे चढ़ाते हैं। हमारे चढ़ाए हुए फूल हमें वापस मिल जाते हैं। हमारे फेंके गए पत्थर भी हमें वापस मिल जाते हैं। हमने गालियां फेंकीं, तो वे ही हम पर लौट आती हैं। और हमने भजन की ध्वनियां फेंकीं, तो वे ही हम पर बरस जाती हैं।

अगर जीवन में दुख हो, तो जानना कि आपने अपने चारों तरफ दुख के स्वर भेजे हैं, वे आप पर लौट आए हैं। अगर जीवन में घृणा मिलती हो, तो जानना कि आपने घृणा के स्वर फेंके थे, वे आप पर वापस लौट आए। अगर जीवन में प्रेम न मिलता हो, तो जानना कि आपने कभी प्रेम की आवाज ही नहीं दी कि आप पर प्रेम वापस लौट सके।

इस जीवन के महा नियमों में से एक है, हम जो देते हैं, वह हम पर वापस लौट आता है।

कृष्ण वही कह रहे हैं। वे कहते हैं, जो जिस रूप में मुझे भजता है...।

जिस रूप में, इस शब्द को ठीक से स्मरण रख लेना। जो जिस रूप में मुझे भजता है, मैं भी उसे उसी रूप में भजता हूं। मैं उसे वही लौटा देता हूं, इन दि सेम क्वाइन।

वह कहानी तो हम सबको पता है। सभी को पता होगा। एक आदमी पर अदालत में मुकदमा चला। वकील ने उससे कहा कि तू बोलना ही मत। तू तो इस तरह की आवाजें करना कि पता चले, गूंगा है। जब मजिस्ट्रेट पूछे, तभी तू गूंगे की तरह आवाजें करना। कहना, आ आ आ। कुछ भी करना, लेकिन बोलना मत।

अदालत में वही किया। फिर मुकदमा जीत गया। वह आदमी बोल ही नहीं सकता था और उस पर जुर्म था कि उसने गालियां दीं, अपमान किया; यह किया, वह किया। मजिस्ट्रेट ने कहा, जो आदमी बोल ही नहीं सकता, वह गालियां कैसे देगा, अपमान कैसे करेगा! वह छूट गया। बाहर आकर वकील ने कहा, मुकदमा जीत गए। अब मेरी फीस चुका दो। उस आदमी ने कहा, आ आ आ। इन दि सेम क्वाइन! उसने उसी सिक्के में वापस फीस भी चुका दी। उस

वकील ने कहा, बंद करो यह बात। यह अदालत के लिए कहा था। उस आदमी ने कहा, आ आ आ। उसने कहा, कुछ समझ आता नहीं कि आप क्या कह रहे हैं? हाथ से इशारा किया, आंख से इशारा किया।

जिंदगी भी उसी सिक्के में हमें लौटा देती है। हमें तब तो पता नहीं चलता, जब हम जिंदगी को देते हैं अपने सिक्के। हमें पता तभी चलता है, जब सिक्के लौटते हैं। हम जब बीज बोते हैं, तब तो पता नहीं चलता; जब फल आते हैं, तब पता चलता है। और अगर फल विषाक्त आते हैं, जहरीले, तो हम रोते हैं और कोसते हैं। हमें पता नहीं कि यह फल हमारे बीजों का ही परिणाम है।

ध्यान रहे, जो भी हम पर लौटता है, वह हमारा दिया हुआ ही लौटता है। हां, लौटने में वक्त लग जाता है। प्रतिध्वनि होने में समय गिर जाता है। उतने समय के फासले से पहचान मुश्किल हो जाती है।

इस जगत में किसी भी व्यक्ति के साथ कभी अन्याय नहीं होता। अन्याय नहीं होता, उसी का यह सूत्र है।

कृष्ण कहते हैं, जो जिस रूप में मुझे भजता है, मैं उसी रूप में उसे भजता हूं।

अगर किसी व्यक्ति ने इस जगत को पदार्थ माना, तो उसे यह जगत पदार्थ मालूम होने लगेगा। क्योंकि परमात्मा उसी रूप में लौटा देगा। अगर किसी व्यक्ति ने इस जगत को परमात्मा माना, तो यह जगत परमात्मा हो जाएगा। क्योंकि यह अस्तित्व उसी रूप में लौटा देगा, जो हमने दिया था।

हमारा हृदय ही अंततः हम सारे जगत में पढ़ लेते हैं। और हमारे हृदय में छिपे हुए स्वर ही अंततः हमें सारे जगत में सुनाई पड़ने लगते हैं। चांद-तारे उसी को लौटाते हैं, जो हमारे हृदय के किसी कोने में पैदा हुआ था। लेकिन अपने हृदय में जो नहीं पहचानता, लौटते वक्त बहुत चकित होता है, बहुत हैरान होता है कि यह कहां से आ गया? इतनी घृणा मुझे कहां से आई? इतने लोगों ने मुझे घृणा क्यों की? लौटे, खोजे, और वह पाएगा कि घृणा ही उसने भेजी थी। वही वापस लौट आई है।

इसका एक अर्थ और खयाल में ले लें। जिस रूप में भजता है, इसका एक अर्थ मैंने कहा। इसका एक अर्थ और खयाल में ले लें।

अगर कोई न भजता हो, किसी भी रूप में न भजता हो परमात्मा को, तो परमात्मा क्या लौटा देता है? अगर कोई भजता ही नहीं परमात्मा को, तो परमात्मा भी न भजने को ही लौटाता है। अगर कोई व्यक्ति जीवन से किसी भी तरह के संवाद नहीं करता, तो जीवन भी उसके प्रति मौन हो जाता है; जड़ पत्थर की तरह हो जाता है। सब तरफ पथरीला हो जाता है। जिंदगी में जिंदगी आती है हमारे जिंदा होने से। इसलिए जिंदा आदमी के पास पत्थर भी जिंदा होता है और मरे हुए, मुर्दा तरह के आदमी के पास, जिंदा आदमी भी मुर्दा हो जाता है।

एक कवि के संबंध में मैं सुनता हूं कि वह अगर अपने जूते भी पहनता, तो इस भांति, जैसे जूते जीवित हों। अगर वह अपने सूटकेस को बंद करता, तो इस भांति, जैसे सूटकेस में प्राण हों। मैं उसका जीवन पढ़ रहा था। उसका जीवन लिखने वालों ने लिखा है कि हम सब समझते थे, वह पागल है। हम सब समझते थे, उसका दिमाग खराब है। वह दरवाजा भी खोलता, तो इतने आहिस्ते से कि दरवाजे को चोट न लग जाए। वह कपड़े भी बदलता, तो इतने प्रेम से कि कपड़ों का भी अपना अस्तित्व है, अपना जीवन है।

निश्चित ही पागल था, हम तो व्यक्तियों के साथ भी ऐसा व्यवहार नहीं करते कि वे जीवित हैं। आपने कभी अपने नौकर को इस तरह देखा कि वह आदमी है? नहीं देखते हैं। चारों तरफ जीवन है, उसको भी हम मुर्दे की तरह देखते हैं; लेकिन वह कवि, जिन्हें हम साधारणतया मुर्दा चीजें कहते हैं, उन्हें भी जीवन की तरह देखता। मित्र समझते कि पागल है। लेकिन अंत में मित्रों ने जब जीवन उसका उठा कर देखा, तो उन्होंने कहा कि अगर वह पागल था, तो भी ठीक था। और अगर हम समझदार हैं, तो भी गलत हैं। क्योंकि उसकी जिंदगी में दुख का पता ही नहीं है। पूरी जिंदगी में वह कभी दुखी नहीं हुआ।

यह तो बाद में पता चला कि उस आदमी की जिंदगी में दुख की एक भी घटना नहीं है। उस आदमी को कभी किसी ने उदास नहीं देखा। उस आदमी को कभी किसी ने रोते नहीं देखा। उस आदमी की आंखों से आंसू नहीं बहे।

पूरी जिंदगी इतने आनंद की जिंदगी कैसे हो सकी? जब उससे किसी ने पूछा, तो उसने कहा, मुझे पता नहीं। लेकिन एक बात मैं जानता हूं। मैंने अगर पत्थर को भी छुआ, तो इतने प्रेम से कि जैसे वह परमात्मा हो। बस, इसके सिवाय मेरी जिंदगी का कोई राज नहीं है। फिर मुझे सब तरफ से आनंद ही लौटा है।

जिस रूप में हम अस्तित्व के साथ व्यवहार करते हैं, वही व्यवहार हम तक लौट आता है। परमात्मा भी प्रतिपल रिस्पांडिंग है, प्रतिसंवादित होता है। बारीक है उसकी वीणा और स्वर हैं महीन; लेकिन प्रतिपल, जरा-सा हमारा कंपन उसे भी कंपा जाता है। जिस भांति हम कंपते हैं, उसी भांति वह कंपता है। अंततः जो हम हैं, वही हमारी जिंदगी में हमें उपलब्ध होता है।

इसलिए अगर एक आदमी कहता हो कि मुझे कहीं ईश्वर नहीं मिला...मेरे पास लोग आते हैं; वे कहते हैं कि ईश्वर? आप ईश्वर की बात करते हैं। ईश्वर कहां है?

मैं उनकी आंखों में देखता हूं, तो मुझे पता लगता है, उनकी आंखें पथरीली हैं। उन्हें ईश्वर कहीं भी दिखाई नहीं पड़ता। उसका कारण यह नहीं है कि ईश्वर नहीं है। उसका कारण यह है कि उनके पास पत्थर की आंखें हैं। पत्थर की आंखों में ईश्वर दिखाई पड़ना मुश्किल है। उनकी आंखों में देखने की क्षमता ही नहीं मालूम पड़ती; उनकी आंखों में कुछ नहीं दिखाई पड़ता।

हां, उनकी आंखों में कुछ चीजें दिखाई पड़ती हैं; वे उन्हें मिल जाती हैं। धन दिखाई पड़ता है, उन्हें मिल जाता है। यश दिखाई पड़ता है, उन्हें मिल जाता है। जो दिखाई पड़ता है, वह मिल जाता है। जो नहीं दिखाई पड़ता है, वह कैसे मिलेगा? हम जितना परमात्मा को उघाड़ना चाहें, उतना उघाड़ सकते हैं। लेकिन परमात्मा को उघाड़ने के पहले, उतना ही हमें स्वयं भी उघड़ना पड़ेगा।

प्रार्थना, कृष्ण कहते हैं, भजन, भजना यह अपनी तरफ से परमात्मा के लिए पुकार भेजना है। और जब भी कोई हृदयपूर्वक प्रार्थना से भर जाता है, तो आमतौर से हमें पता नहीं है कि प्रार्थना का असली क्षण वह नहीं है जब आप

प्रार्थना करते हैं। प्रार्थना का असली क्षण तब शुरू होता है, जब आपकी प्रार्थना पूरी हो जाती है और आप प्रतीक्षा करते हैं।

प्रार्थना के दो हिस्से हैं, ध्यान रखें। एक ही हिस्सा प्रचलित है। दूसरे का हमें पता ही नहीं रहा है। और दूसरे का जिसे पता नहीं है, उसे प्रार्थना का ही पता नहीं है।

आपने प्रार्थना की, वह तो एकतरफा बात हुई। प्रार्थना के बाद अब मंदिर से भाग मत जाएं। अब प्रार्थना के बाद मस्जिद को छोड़ मत दें। अब प्रार्थना के बाद गिरजे से निकल मत जाएं, एकदम दुकान की तरफ। अगर पांच क्षण प्रार्थना की है, तो दस क्षण रुक कर प्रतीक्षा भी करें। उस प्रार्थना को लौटने दें। वह प्रार्थना आप तक लौटेगी। और अगर नहीं लौटती है, तो समझना कि आपको प्रार्थना करने का ही कुछ पता नहीं। आपने प्रार्थना की ही नहीं है।

लेकिन आदमी प्रार्थना किया, और भागा! वह प्रतीक्षा तो करता ही नहीं कि परमात्मा को पुकारा था, तो उसे पुकार का जवाब भी तो दे देने दो। जवाब निरंतर उपलब्ध होते हैं। कभी भी कोई प्रश्न खाली नहीं गया। और कभी कोई पुकार खाली नहीं गई। लेकिन की गई हो तब। अगर सिर्फ शब्द दोहराए गए हों, अगर सिर्फ कंठस्थ शब्दों को दोहरा कर कोई क्रिया पूरी की गई हो और आदमी वापस लौट गया हो, तो फिर नहीं, फिर नहीं हो सकता।

आज ही कोई मुझे कह रहा था कि आपके ये संन्यासी सड़कों पर नाचते-गाते निकल रहे हैं, इससे फायदा क्या है? मैंने उनसे कहा, जाओ, और नाचो, और देखो! उन्होंने कहा, हमें कुछ फायदा दिखाई नहीं पड़ता। मैंने कहा, बिना नाचे मत कहो। नाचो पूरे हृदय से, फिर प्रतीक्षा करो। फायदे की बड़ी वर्षा हो जाएगी।

निश्चित ही फायदा नोटों में नहीं होगा, कि नोट बरस जाएंगे! लेकिन नोटों से भी कीमती कुछ इस पृथ्वी पर है। और जिसके लिए नोट सबसे कीमती चीज है; उससे ज्यादा दरिद्र आदमी खोजना मुश्किल है। भिखारी है, भिखमंगा है। उसे कुछ भी पता नहीं है।

नाचो प्रभु के सामने और छोड़ दो फिर नाच को उसकी तरफ, फिर लौटेगा। जो नाचकर प्रभु के पास गया है, नाचता हुआ प्रभु उसके पास भी आता है। जिसने गीत गाकर निवेदन किया है, उसने और महागीत में गाकर उत्तर भी दिया है। उसका ही आश्वासन कृष्ण के द्वारा अर्जुन को इस सूत्र में दिया गया है।

**कांक्षन्तः कर्मणां सिद्धिं यजन्त इह देवताः।**
**क्षिप्रं हि मानुषे लोके सिद्धिर्भवति कर्मजा।।12।।**

और जो मेरे को तत्व से नहीं जानते हैं, वे पुरुष, इस मनुष्य लोक में, कर्मों के फल को चाहते हुए देवताओं को पूजते हैं और उनके कर्मों से उत्पन्न हुई सिद्धि भी शीघ्र ही होती है।

जीवन के परम सत्य को भी जो नहीं जानते, वे भी जीवन की बहुत-सी शुभ शक्तियों से लाभान्वित हो सकते हैं। परमात्मा परम शक्ति है, लेकिन शक्ति और छोटे रूपों में भी बहुत-बहुत मार्गों से प्रकट होती है।

कृष्ण अर्जुन को इस सूत्र में कह रहे हैं कि जो मुझे उपलब्ध हो जाते हैं, जो मेरी देह को उपलब्ध हो जाते हैं, वे जन्म-मरण से मुक्त हो जाते हैं। लेकिन जो मुझे नहीं भी उपलब्ध होते सीधे, जो परम ऊर्जा से परम स्रोत से सीधे संबंधित नहीं होते, वे भी देवताओं से, उनकी पूजा कर, उनकी सन्निधि में आ, शुभ को उपलब्ध होते हैं। यहां दो-तीन बातें समझ लेने जैसी हैं।

साधारणतः परम शक्ति के संपर्क में आना अति कठिन है। परम शक्ति के संपर्क में आने के लिए बड़ी छलांग, बड़े साहस की जरूरत है। परम शक्ति के संपर्क में आने का अर्थ अपने को पूरी तरह जलाकर भस्म, राख कर डालना है। जो अपने मैं को जरा भी बचाना चाहे, वह परम शक्ति के संपर्क में नहीं आ सकता। जैसे सूर्य के पास कोई पहुंचना चाहे, तो भस्म हो ही जाएगा। ऐसे ही परम शक्ति के पास कोई पहुंचना चाहे, तो स्वयं को मिटाए बिना कोई रास्ता नहीं है। इसलिए परम साहस है, करेज है।

धार्मिक व्यक्ति ठीक अर्थों में अपने को मिटाने के साहस से ही पैदा होता है। इसलिए अधिक धार्मिक लोग इतना साहस तो नहीं कर पाते हैं। लेकिन फिर भी सूर्य के पास कोई न जा पाए, तो भी अंधेरे में ही रहे, ऐसा जरूरी नहीं है। छोटे मिट्टी के दीये भी जलाए जा सकते हैं। और मिट्टी के छोटे से दीये में जो ज्योति जलती है, वह भी महासूर्यों का ही हिस्सा है। लेकिन वह जलाती नहीं, वह मिटाती नहीं; वह आपके हाथ में उपयोग की जा सकती है।

देवता परम शक्ति के समक्ष दीयों की तरह हैं, छोटे दीयों की तरह हैं। देवता उन आत्माओं का नाम है... इसे थोड़ा-सा समझ लेना जरूरी होगा, तभी यह बात ठीक से खयाल में आ सकेगी।

जैसे ही कोई व्यक्ति मरता है, इस शरीर को छोड़ता है, साधारणतः सौ में निन्यानबे मौकों पर तत्काल ही जन्म हो जाता है। कभी-कभी, यदि व्यक्ति बहुत बुरा रहा हो, तो तत्काल जन्म मुश्किल होता है; या व्यक्ति बहुत भला रहा हो, तो भी तत्काल जन्म मुश्किल होता है। बहुत भले व्यक्ति के लिए भी गर्भ खोजने में समय लग जाता है। वैसा गर्भ उपलब्ध होना चाहिए। बहुत बुरे व्यक्ति को भी। मध्य में जो हैं, उन्हें तत्काल गर्भ उपलब्ध हो जाता है। जो बहुत बुरे व्यक्ति हैं, उन्हें कुछ समय तक प्रतीक्षा करनी पड़ सकती है, करनी पड़ती है; जब तक उनके योग्य उतना बुरा गर्भ उपलब्ध न हो सके। ऐसी आत्माओं को प्रेत पारिभाषिक शब्द है—ऐसी प्रतीक्षा कर रही आत्माओं का, जो नई देह को उपलब्ध नहीं हो पा रही हैं—बहुत बुरी हैं इसलिए। बहुत भली आत्माएं भी शीघ्र जन्म को उपलब्ध नहीं हो पातीं। ऐसी प्रतीक्षा करती आत्माओं का नाम देवता है। वह भी पारिभाषिक शब्द है।

जो सीधे परमात्मा से संबंधित नहीं हो पाते, वे भी चाहें तो देवताओं से संबंधित हो सकते हैं। बुरी आत्माएं बुरा करने के लिए आतुर रहती हैं, देह न हो तो भी। अच्छी आत्माएं अच्छा करने के लिए आतुर रहती हैं, देह न हो तब भी। इन आत्माओं का साथ मिल सकता है। इसका पूरा अलग ही विज्ञान है कि इन आत्माओं का साथ कैसे मिल सके! लेकिन आमंत्रण से, इनवोकेशन से,

निमंत्रण से इन आत्माओं से संबंधित हुआ जा सकता है। समस्त यज्ञ आदि शुभ आत्माओं से संबंध स्थापित करने की मनोवैज्ञानिक प्रक्रियाएं थीं। जिसे दुनिया में ब्लैक मैजिक कहते हैं, उस तरह की प्रक्रियाएं बुरी आत्माओं से संबंध स्थापित करने की प्रक्रियाएं थीं।

कृष्ण कहते हैं, जो सीधा मुझको न भी उपलब्ध हो, वह भी देवताओं की पूजा और अर्चना से शुभ कर्मों को करता हुआ, शुभ को उपलब्ध हो सकता है। जो परम सत्य को उपलब्ध न भी हो, वह भी शुभ को उपलब्ध हो सकता है।

दो कारणों से वह शुभ को उपलब्ध होगा। एक तो, जो शुभ की आकांक्षा करता है, वह शुभ कर्म करता है। आकांक्षा का सबूत और कुछ भी नहीं है सिवाय कर्मों के। हम जो करते हैं, वही गवाही है हमारी आकांक्षाओं की। हमारी डीड, हमारा कर्म ही हमारे प्राणों की प्यास की खबर है।

शुभ कर्मों को करता हुआ।

लेकिन आदमी बहुत कमजोर है और शुभ कर्म भी आदमी अकेला करना चाहे, तो अति कठिन है। वह अपने चारों तरफ व्याप्त जो शुभ की शक्तियां हैं, उनका सहारा ले सकता है। और कई बार जब आप कोई बड़ा शुभ कर्म करते हैं, तो आप खुद भी अनुभव करते हैं, जैसे कोई और बड़ी शक्ति भी आपके साथ खड़ी हो गई। जब आप कोई बहुत बुरा कर्म करते हैं, तब भी आपको अनुभव होता है कि जैसे आप अकेले नहीं हैं। कोई और बुरी शक्ति भी आपके साथ संयुक्त हो गई है।

हत्यारों ने अदालतों में बहुत बार बयान दिए हैं, और उनके बयान कभी भी ठीक से नहीं समझे जा सके, क्योंकि अदालतों की समझ की सीमा है। अदालतों में हत्यारों ने सारी पृथ्वी पर अनेक बार यह कहा है कि यह हत्या हमने नहीं की; जैसे हमसे करवा ली गई है। लेकिन अदालत तो इस बात को नहीं मानेगी। मानेगी कि झूठ है वक्तव्य। झूठ बहुत मौकों पर हो भी सकता है; बहुत मौकों पर झूठ नहीं है।

जो लोग प्रेतात्म-विज्ञान पर थोड़ा-सा श्रम उठाए हैं, उनको इस बात का

अनुभव होना शुरू हुआ है कि बुरी आत्माएं दूसरे व्यक्तियों को कमजोर क्षण में प्रभावित कर लेती हैं।

ऐसे मकान हैं पृथ्वी पर, जिन मकानों में निरंतर हत्या होती रही है, पीढ़ियों से। और जब उन मकानों के लंबे इतिहास को खोजा गया है, तो जानकर बड़ी हैरानी हुई कि हर बार हत्या का क्रम वही रहा है, जो पिछली बार हत्या का था। उन घरों में उन आत्माओं का वास है, जो उस घर में आने वाले नये लोगों से हत्या करवाने का प्रयास फिर से करवा लेती हैं।

ऐसे स्थान हैं, जहां आदमी के मन में शुभ फलित होता है। जिन्हें हम तीर्थ कहते थे, उन तीर्थों का कोई और अर्थ नहीं है। जिन स्थानों पर भली आत्माओं के संघट की संभावना अनेक-अनेक रास्तों से निर्मित की गई है, उन स्थानों पर आदमी जाकर अचानक भला कर्म कर पाता है, जो उसके वश के बाहर दिखाई पड़ता है।

हम अकेले नहीं हैं। हमारे चारों ओर और बहुत शक्तियां काम कर रही हैं। जब हम बुरा होना चाहते हैं, तो बुरी शक्तियां हमारे साथ खड़ी हो जाती हैं और हमारे हाथों का बल बन जाती हैं। और जब हम अच्छा कुछ करना चाहते हैं, तब भी अच्छी शक्तियां हमारे साथ खड़ी हो जाती हैं और हमारे हाथों का बल बन जाती हैं।

तो कृष्ण कह रहे हैं, अच्छा कर्म करते हुए, देवताओं की अर्चना, प्रार्थना, पूजा से, जो व्यक्ति सीधा मुझ तक न भी पहुंचे वह भी शुभ को उपलब्ध होता है।

प्रश्न : भगवान श्री, पिछली चर्चाओं के संबंध में दो चीजें स्पष्ट करें। दूसरे श्लोक के हिंदी अनुवाद में लिखा गया है कि बहुत काल से इस पृथ्वी पर योग लुप्तप्राय हो गया है, किंतु संस्कृत श्लोक में योगो नष्टः, ऐसा कहा गया है; अर्थात योग करीब-करीब लोप नहीं, बल्कि योग नष्ट हो गया है। कृपया इसके बारे में थोड़ा समझाइए।

और आठवें श्लोक के हिंदी अनुवाद में लिखा गया है कि साधुओं का

उद्धार करने के लिए प्रकट होता हूं, लेकिन संस्कृत में साधुओं के परित्राण के लिए प्रकट होता हूं, ऐसा कहा गया है। कृपया "साधुओं के उद्धार" के स्थान पर "परित्राण" का अर्थ स्पष्ट करें।

परित्राण का तो वही अर्थ है, जो उद्धार का है। उसमें कोई भेद नहीं है। नष्टप्राय का या योग नष्ट हो गया, इसका लुप्तप्राय अर्थ करना भी गलत नहीं है। असल में संस्कृत के "नष्ट होने" का अर्थ, जिस दिन उस शब्द का प्रयोग किया गया, उस दिन नष्ट होने की जो परिभाषा थी, उसको ध्यान में रखकर करना पड़े।

इस देश में कभी भी ऐसा नहीं समझा गया कि कोई चीज पूरी तरह नष्ट हो सकती है। नष्ट होने का इतना ही मतलब होता है कि वह लुप्त हो गई।

आज विज्ञान भी इस बात से सहमति देता है। डिस्ट्रक्शन का अर्थ मिट जाना नहीं, सिर्फ लुप्त हो जाना है। क्योंकि कोई चीज पूरी तरह नष्ट हो ही नहीं सकती। एक रेत के छोटे-से कण को भी हम नष्ट नहीं कर सकते। हम सिर्फ रूपांतरित कर सकते हैं, लुप्त कर सकते हैं। किसी और रूप में वह प्रकट हो जाएगा। नष्ट नहीं हो सकता।

इस पृथ्वी पर कोई चीज नष्ट नहीं होती और न कोई चीज सृजित होती है। जब हम कहते हैं, हमने कोई चीज बनाई, तो उसका मतलब यह नहीं होता है कि हमने कोई नई चीज बनाई। उसका इतना ही मतलब होता है कि हमने कुछ चीजों को रूपांतरित किया। हमने रूप बदला।

पानी है। गर्म किया, भाप हो गई। पानी नष्ट हो गया। लेकिन क्या अर्थ हुआ नष्ट होने का? भाप होकर पानी अब भी है। और अगर थोड़ी ठंडक दी जाए और बर्फ के टुकड़े छिड़क दिए जाएं, तो भाप अभी फिर पानी हो जाए। तो पानी नष्ट हुआ था कि लुप्त हुआ था?

पानी लुप्त हुआ भाप में; रूप बदला। फिर बर्फ छिड़क दी, पानी फिर प्रकट हुआ। नष्ट नहीं हुआ था। नष्ट होता, तो वापस नहीं लौट सकता था।

बहुत ठंडा कर दें पानी को, तो बर्फ बन जाएगा। पानी फिर नष्ट हो गया। पानी नहीं है अब, बर्फ है अब। लेकिन बर्फ को गरमा दें, तो फिर पानी हो जाएगा।

इस जगत में, इस अस्तित्व में न तो कोई चीज नष्ट होती और न कोई चीज निर्मित होती है। सिर्फ रूपांतरण होते हैं। इसलिए संस्कृत का जो शब्द है, योग नष्ट हो गया, उसके लिए हिंदी का अनुवाद लुप्तप्राय करना बिलकुल ही ठीक है। ठीक इसलिए है कि अगर आज हिंदी में हम प्रयोग करें, नष्ट हो गया, तो लोग शायद यही समझेंगे कि नष्ट हो गया।

लेकिन जिस दिन इस नष्ट शब्द का प्रयोग कृष्ण ने किया था, उस दिन नष्ट से कोई भी ऐसा नहीं समझता कि नष्ट हो गया। क्योंकि उस दिन की समझ ही यही थी कि कुछ भी नष्ट नहीं होता है। सभी चीजें रूपांतरित होती हैं। इसलिए अनुवादक ने ठीक विवेक का उपयोग किया है। उसने लुप्तप्राय कहा। खो गया; नष्ट नहीं हो गया।

नष्ट कभी कुछ होता ही नहीं है। डिस्ट्रक्शन असंभव है। विनाश असंभव है। सिर्फ चीजें बदलती हैं, नये रूप लेती हैं। कितने ही नये रूपों में मूलतः वे वही होती हैं, जो थीं। लेकिन उनको फिर पुनः नया रूप, पुराने रूप में लाने को, पुराने को प्रकट करने के लिए कुछ उपाय करना होता है।

इसलिए कृष्ण का जो अर्थ है, वह लुप्तप्राय ही है। क्योंकि उस दिन नष्ट का यही अर्थ था। आज हमारे लिए दो अर्थ हैं। अगर हम प्रयोग करते हैं, नष्ट हो गया। जब हम कहते हैं, फलां आदमी मर गया, तो हमारे लिए वही मतलब नहीं होता है, जो कृष्ण के लिए था। कृष्ण के लिए तो मरने का इतना ही मतलब होता है कि उस आदमी ने फिर से जन्म ले लिया। हमारे लिए मरने का मतलब होता है, खतम हो गया; समाप्त हो गया। आगे कोई जन्म हमें दिखाई नहीं पड़ता। हमारी मृत्यु में अगला जन्म नहीं छिपा हुआ है। कृष्ण की मृत्यु में भी अगला जन्म छिपा हुआ है। कृष्ण के लिए मृत्यु एक द्वार है नये जन्म का; हमारे लिए द्वार है अंत का, समाप्ति का। उसके आगे फिर कुछ नहीं है; अंधकार है। सब खो गया; सब नष्ट हो गया।

इसलिए कृष्ण अगर प्रयोग करें, धर्म मर गया, तो भी हर्जा नहीं है। क्योंकि उसका भी मतलब इतना ही होगा कि वह रूपांतरित हो गया किसी और जीवन में; कहीं और से छिप गया, कहीं और चला गया। लेकिन हम अगर कहें कि धर्म मर गया, तो हमारे लिए मतलब होगा, समाप्त हो गया; डेड एंड आ गया।

अंत नहीं आता। कृष्ण की भाषा में कोई शब्द अंतवाची नहीं है। सभी शब्द नये आरंभ के सूचक हैं। मृत्यु नया जन्म है। नष्ट होना नये रूप में खो जाना है। इसलिए नष्ट का अर्थ लुप्त ही है। और परित्राणाय का अर्थ भी उद्धार के लिए ही है, परित्राण के लिए ही है। उसमें कुछ भूल नहीं हो गई है। अनुवाद में कोई भूल नहीं है।

प्रश्न: पिछले एक प्रवचन में आपने कहा है कि प्रत्येक मनुष्य अपने अच्छे और बुरे कर्मों के लिए स्वयं जिम्मेवार है, लेकिन आज सुबह की चर्चा में आपने कहा है कि सब कुछ विराट, ब्रह्म शक्ति के नियमों के आधार पर होता है, तो व्यक्ति स्वयं कर्मों के लिए जिम्मेवार कैसे होगा?

जब तक व्यक्ति है, तब तक अपने कर्मों के लिए जिम्मेवार है। जब व्यक्ति अपने को विराट में छोड़ देता है, तब जिम्मेवार नहीं है।

इसे ठीक ऐसा समझें कि एक छोटा बच्चा अपने बाप का हाथ पकड़कर रास्ते पर चल रहा है। बच्चा गिर पड़े, बाप जिम्मेवार है। लेकिन लड़के ने बाप का हाथ छोड़ दिया और खुद ही चल रहा है; अब गिर पड़े, तो बाप जिम्मेवार नहीं है।

रिस्पांसिबिलिटी, उत्तरदायित्व आपके अपने ऊपर निर्भर है। अगर आप अहंकार के सहारे जीने की कोशिश में लगे हैं, तो आप अपने प्रत्येक कर्म के लिए जिम्मेवार हैं। बुरा किया है, तो आपने किया है; अच्छा किया है, तो आपने किया है। क्योंकि आपके प्रत्येक कर्म के पीछे आपके कर्ता का भाव खड़ा है।

लेकिन एक व्यक्ति ने समर्पण किया है सब विराट को। उसने कहा, जो तेरी मर्जी। बुरा करवाए, तो तू। अच्छा करवाए, तो तू। अगर उसने मंदिर बनाया और गांव में जाकर कहे कि मंदिर मैंने बनाया। और कल चोरी में पकड़ा जाए और कहे कि चोरी परमात्मा ने करवाई, तब फिर उस आदमी ने छोड़ा नहीं। तब फिर वह बेईमानी कर रहा है, अपने साथ भी और परमात्मा के साथ भी।

नहीं, तब वह कहेगा कि परमात्मा ने मंदिर बनवाया, मैं कौन हूं! और तब वह कहेगा, परमात्मा ने चोरी कराई, मैं कौन हूं! और अगर अदालत उसे सजा दे दे, तो वह कहेगा, परमात्मा ने सजा दी। मैं कौन हूं!

तब फिर कठिनाई नहीं है। जब तक व्यक्ति कर्ता के भाव से जीता है, तब तक सारी जिम्मेवारी उसकी है। इसलिए है कि वह खुद अपने हाथ से जिम्मेवारी ले रहा है।

उसकी हालत करीब-करीब ऐसी है कि मैंने सुना है, एक फकीर एक ट्रेन में सवार हुआ। बैठा है सीट पर, लेकिन अपना बिस्तर अपने सिर पर रखे रहा। पास-पड़ोस के लोगों ने जरा चौंक कर देखा। फिर किसी ने कहा कि महाशय! बिस्तर नीचे आराम से रखें। आप यह क्या कर रहे हैं? उस फकीर ने कहा, लेकिन टिकट मैंने सिर्फ अपने लिए दिया, तो बिस्तर का बोझ ट्रेन पर डालना ठीक नहीं है। मैं अपने ही ऊपर बोझ रखे हुए हूं। लेकिन लोगों ने कहा कि महाशय, आप अपने सिर पर भी रखें, तब भी कोई फर्क नहीं पड़ता, ट्रेन पर बोझ पड़ ही रहा है। आप नीचे रखें कि सिर पर रखें। हां, सिर पर रखकर आप भर परेशान हो रहे हैं। ट्रेन पर कोई अंतर नहीं पड़ रहा है इससे।

वह फकीर हंसने लगा, उसने कहा कि मैं तो सोचा कि अज्ञानी हैं यहां, इसलिए सिर पर रखूं। मुझे क्या पता कि इस कमरे में ज्ञानी हैं! उसने बिस्तर नीचे रख दिया। लोग और हैरान हुए। उन्होंने कहा, हम तुम्हारा मतलब न समझे! उस आदमी ने कहा, मैं तो यह सोच कर कि तुम सब सारी जिंदगी का भार अपने ऊपर रखते होओगे, ऐसे सब भार परमात्मा पर है! लेकिन मकान बनाओगे तो कहोगे, मैंने बनाया। बोझ तुम अपने ऊपर रखोगे। इसीलिए मैं बिस्तर अपने सिर

पर रख कर बैठा कि तुम्हारे बीच यही संगत होगा। लेकिन तुम बड़े ज्ञानी हो; अच्छा हुआ।

इस फकीर ने हम सब की मजाक की, गहरी मजाक की और हृदय के गहरे घाव को छूने की कोशिश की।

जब हम जिम्मेवार हैं, तब भी वस्तुतः तो परमात्मा ही जिम्मेवार है। लेकिन वस्तुतः का कोई सवाल नहीं है। तब तक हम अपने सिर पर बोझा रखने का कष्ट तो भोगेंगे ही। ट्रेन भला ही पूरे बोझ को ढोती हो, लेकिन जो आदमी पेटी अपने सिर पर रखे हुए है, वह तो वजन ढोएगा ही; तकलीफ भोगेगा ही! और सिर पर से पेटी गिर पड़े, तो हाथ-पैर उसका टूटेगा ही। इस बात के होते हुए भी कि ट्रेन पूरा बोझ ढो रही है।

विराट सब चीजों के लिए जिम्मेवार है। लेकिन ध्यान रहे, विराट से समझौता नहीं हो सकता। आप ऐसा नहीं कह सकते कि कुछ के लिए मैं जिम्मेवार, कुछ के लिए तुम जिम्मेवार। जब बुरा हो, तो तुम जिम्मेवार; जब भला हो, तो मैं जिम्मेवार। वैसा नहीं चलेगा। या तो सब छोड़ दो विराट पर, या फिर सब अपने ही ऊपर रखना पड़ता है। अहंकारी सब अपने ऊपर रख कर चलता है। अधार्मिक सब अपने ऊपर रख कर चलता है। धार्मिक सब उस पर छोड़ देता है। लेकिन सब—टोटल। इसमें रत्ती भर बचाया नहीं जा सकता।

तो दोनों ही बातें दो तलों पर सही हैं। जहां तक आम आदमी का संबंध है, वह हर चीज के लिए खुद ही जिम्मेवार होता है। और इसलिए जिम्मेवारी का दुख भोगता है। जिम्मेवारी में दुख है, पीड़ा है, संताप है।

जो जानता है, वह सब छोड़ देता है प्रभु पर। फिर वह दुख नहीं भोगता। फिर वह स्वतंत्रता का सुख भोगता है। फिर वह सब दायित्वों से मुक्त होकर, फूल की तरह हलका-फुलका हो जाता है। फिर वह पक्षियों की तरह गीत गा सकता है और नदियों और झरनों की तरह दौड़ सकता है और नाच सकता है। फिर उसकी जिंदगी किसी भी बोझ से दबी हुई नहीं है।

और ध्यान रहे, बड़े मजे की बात है यह कि जो व्यक्ति जितना परमात्मा पर छोड़ देता है, उतना ही बुरा कर्म मुश्किल हो जाता है। क्योंकि बुरे कर्म के लिए अहंकार का होना जरूरी है। जो व्यक्ति जितना परमात्मा पर छोड़ देता है, उतना ही बुरा कर्म मुश्किल हो जाता है। जो पूरा परमात्मा पर छोड़ देता है, उससे बुरा कर्म हो ही नहीं सकता। क्योंकि बुरे कर्म के लिए अहंकार अनिवार्य शर्त है। और जो व्यक्ति जितने अहंकार से भरा होता है, उससे शुभ कर्म हो नहीं सकता। क्योंकि अहंकार शुभ कर्म के लिए अनिवार्य बाधा है।

इसलिए खुद पर जिम्मा लिया हुआ आदमी, पाप की गठरी को सिर पर बढ़ाता ही चला जाता है। असल में गठरी सिर्फ पाप की होती है। पुण्य की गठरी, ऐसा शब्द आपने सुना नहीं होगा। पुण्य की कोई गठरी होती नहीं। पुण्य आया कि गठरी वगैरह से मुक्ति हो जाती है, सिर खाली हो जाता है। पाप की ही गठरी होती है, उसका ही बोझ और बर्डन होता है। पुण्य का कोई बोझ नहीं होता।

जो व्यक्ति सब परमात्मा पर छोड़ देता है, वह हवा-पानी की तरह सरल हो जाता है। फिर जो होता है, होता है। उसके लिए फिर कोई कठिनाई नहीं है। कोई बोझ नहीं, कोई दायित्व नहीं; कोई पुण्य नहीं, कोई पाप नहीं; क्योंकि कोई कर्म नहीं।

कृष्ण पूरे वक्त अर्जुन को यही समझा रहे हैं। अर्जुन पक्के बोझ से दबा हुआ है। बहुत रिस्पांसिबल आदमी मालूम होता है! बहुत दायित्वपूर्ण है। वह कहता है, ये मर जाएंगे, वे मर जाएंगे। जैसे वह बचाएगा, तो वे बच जाएंगे! जैसे वह न मारेगा, तो वे नहीं मरेंगे। वह कुछ ऐसा अनुभव कर रहा है कि जैसे वह कोई सारे अस्तित्व का सेंटर है; सब कुछ उसके ऊपर निर्भर है। वह जमाने की बातें कर रहा है कृष्ण से, कि इससे तो कुल का नाश हो जाएगा। इससे तो संतति विकृत हो जाएगी। इससे तो भविष्य में सब अंधकार हो जाएगा। सधवाएं विधवाएं हो जाएंगी। पापाचरण बढ़ेगा। वह सब बता रहा है। उसके कारण! अगर वह युद्ध करेगा! अगर वह युद्ध से हट जाएगा, तो सब ठीक होगा? तो अब तो अर्जुन कहीं भी नहीं है। लेकिन सब कहीं भी ठीक

दिखाई नहीं पड़ता। अर्जुन का भ्रम यही है कि वह सोच रहा है, सारा जिम्मा मेरा है। मैं हूं सारी चीजों के बीच में।

कृष्ण पूरे समय एक ही बात समझा रहे हैं कि तू अपने को सेंटर न मान। तू अपने को केंद्र न मान। तू व्यर्थ की उलझन में मत पड़। जो करवा रहा है, जो कर रहा है, उस पर तू छोड़ दे। उसे मारना है, तो मारेगा। तेरे बहाने से, किसी और के बहाने से, किसी भी कंधे पर तीर रख जाएगा और वे मर जाएंगे। तू फिक्र न कर, तू सिर्फ उसके हाथ में निमित्त मात्र हो जा।

लेकिन उसकी समझ में नहीं आ रहा है। वह कर्ता है। और जो कर्ता है, वह निमित्त मात्र कैसे हो जाए? जिसे खयाल है, मैं करने वाला हूं, वह किसी के हाथ का माध्यम कैसे बन जाए?

वह कबीर की तरह अर्जुन नहीं हो सकता। कबीर कहते हैं कि यह बांसुरी मैं बजा रहा हूं, इसमें मैं बांसुरी हूं, बांस की पोंगरी, स्वर मेरे नहीं हैं। स्वर उसके हैं, परमात्मा के हैं। इसलिए अगर गीत के लिए कोई धन्यवाद देना हो, तो उसी को दे देना। मेरा कोई हाथ नहीं है। मैं तो सिर्फ बांस की पोंगरी हूं, जिसमें से स्वर उसके बहते हैं।

कृष्ण पूरी गीता में अर्जुन को कह रहे हैं, तू बांस की पोंगरी हो जा। स्वर उसके बहने दे। तू यह मत सोच कि तू गा रहा है। तू बीच में मत आ। तू हट जा। तू निमित्त हो जा। वही उसकी समझ में नहीं आ रहा है।

जब ये दो बातें मैं कहता हूं कि व्यक्ति जिम्मेवार है अपने प्रत्येक कर्म के लिए, तो मेरा मतलब है, जब तक आपका अहंकार है, जब तक व्यक्ति है, तब तक आपको जिम्मेवार होना पड़ेगा। व्यर्थ ही आप जिम्मेवार हैं। ट्रेन में चढ़े हैं, गठरी सिर पर रखे हैं! कोई ट्रेन की जिम्मेवारी नहीं है। आप व्यर्थ परेशान हो रहे हैं। लेकिन जैसे ही व्यक्ति ने अपने को छोड़ा, समर्पित किया, वैसे ही व्यक्ति जिम्मेवार नहीं है, विराट ही है। और विराट की कोई जिम्मेवारी नहीं है। क्योंकि विराट किसके प्रति रिस्पांसिबल होगा? किसके प्रति जिम्मेवार होगा? किसी के प्रति नहीं! व्यक्ति को जिम्मेवार होना पड़ेगा। विराट को

जिम्मेवारी का कोई सवाल नहीं है। इनमें कोई विरोध नहीं है। यह दो तलों पर चीजों को देखना है।

दो तल हैं। एक अज्ञानी का तल है, अज्ञानी के तल पर समझना पड़ेगा। एक ज्ञानी का तल है, ज्ञानी के तल पर भी समझना पड़ेगा। और बहुत बार बड़ी उलझन होती है कि अज्ञानी होता तो अज्ञानी के तल पर है और ज्ञानी के तल की बातें करने लगता है; तब बड़ी कठिनाई खड़ी हो जाती है। ऐसा रोज होता है। हमारे देश में तो जरूर हुआ है। क्योंकि इस देश में ज्ञान की इतनी बातें थीं कि अज्ञानी भी उनको करना सीख गए। वे भी ज्ञान की बातें करने लगे। रहते अज्ञानी की तरह हैं, जीते अज्ञानी की तरह हैं, बोझ अज्ञानी का लिए रहते हैं। वक्त पर, मौके पर, ज्ञानी की तरह बातें करने लगते हैं।

मेरे पड़ोस में एक आदमी मर गया, तो मैं उनके घर गया। पास-पड़ोस के लोग इकट्ठे थे। सब समझा रहे थे कि आत्मा तो अमर है। मैंने सोचा, इस मुहल्ले में इतने ज्ञानी हैं! कहते हैं, आत्मा अमर है! रोने की क्या जरूरत है? क्यों दुख मना रहे हैं? कोई मरता तो है नहीं; शरीर ही मरता है। मैंने उनके चेहरे गौर से देख लिए कि कभी जरूरत पड़े सलाह-मशविरे की, तो उनके पास चला जाऊंगा।

फिर एक दिन पता लगा कि जो सज्जन अगुवा होकर समझाते थे, आत्मा अमर है, उनके घर कोई मर गया। तो मैं भागा हुआ पहुंचा। देखा, तो वे रो रहे हैं। मैं बहुत हैरान हुआ। फिर मैंने कहा, थोड़ी चुप्पी साधकर बैठूं। लेकिन हैरानी और बढ़ी। जिनके घर वे समझाने गए थे, वे लोग समझाने आए हुए थे। और कह रहे थे, आत्मा अमर है। काहे के लिए रो रहे हैं?

अब ये दो तल की बातें हैं। जो आत्मा को अमर जानते हैं, उनकी दुनिया बहुत अलग है। लेकिन बात उनकी चुरा ली गई है। और जो आत्मा को मरने वाला मानते हैं, जानते हैं भलीभांति कि मरेगी; मरे या न मरे, उनका जानना यही है कि मरेगी; उनके पास यह चोरी की बात है। इस बात का वहां बड़ा उपद्रव खड़ा हो जाता है। ज्ञान की चर्चा लोग सुनते हैं...।

एक संन्यासी के आश्रम में मैं कुछ दिन मेहमान था। तो वहां वे रोज समझाते थे कि आत्मा शुद्ध-बुद्ध है। वह कभी अशुद्ध होती ही नहीं। उनके सामने मैं लोगों को बैठे देखता था। वे कहते, जी महाराज, बिलकुल ठीक कह रहे हैं। मैंने उन लोगों से पूछा अकेले में कि तुम कहते हो, जी, बिलकुल ठीक कह रहे हैं! वे बोले कि बिलकुल ठीक बात है; आत्मा बिलकुल शुद्ध है।

लेकिन वे जो लोग उनके सामने पगड़ियां बांधकर और कहते थे, आत्मा बिलकुल शुद्ध है, वे सब तरह के चोर, सब तरह के ब्लैक मार्केटियर, सब तरह के उपद्रवों में सम्मिलित थे। वे उसी ब्लैक मार्केट से वहां मंदिर भी खड़ा करवाते थे। और बैठ कर सुनते थे कि आत्मा शुद्ध-बुद्ध है। सदा शुद्ध है। वह कभी पाप करती ही नहीं; कभी पाप उससे होता ही नहीं। आत्मा ने कभी कुछ किया ही नहीं। उनके मन को बड़ी राहत और कंसोलेशन मिलता होगा कि अपन ने ब्लैक मार्केट नहीं किया। अपन ने कोई चोरी नहीं की। आत्मा शुद्ध-बुद्ध है, बड़े प्रसन्न घर लौटे। वे प्रसन्न घर लौट रहे हैं, वे यहां सुनने सिर्फ यही आ रहे हैं कि आत्मा शुद्ध है अर्थात अशुद्ध तो हो ही नहीं सकती। अब कितनी ही अशुद्धि करो, अशुद्ध होने का कोई डर नहीं है। यह ज्ञान की बात और अज्ञान की दुनिया में जाकर बड़ा उपद्रव खड़ा करती है।

भारत के नैतिक पतन का कारण यह है, यहां दो तल की बातें हैं। एक तल पर बहुत ऊंचा ज्ञान था और दूसरे तल पर हमारा आदमी बहुत नीचे है। उस ऊंचे तल की बातें उसके कानों में पड़ गई हैं। वह वक्त-बेवक्त उनका उपयोग करता रहता है। वह कहता है, सब संसार माया है। इधर कहता चला जाता है, सब संसार माया है, और जिस-जिस चीज को माया कहता है, उसके पीछे जी-जान लगा कर दौड़ा भी चला जाता है! ये दो तल।

इसलिए मैंने जो बात कही, वह दो तल पर ही समझ लेनी उचित है। जब तक आपको पता है कि आप हो, तब तक समझना कि सब जिम्मेवारी आपकी है। तब तक ऐसा मत करना कि आप भी बने रहो और जिम्मेवारी परमात्मा पर छोड़ दो। ऐसा नहीं चलेगा। अगर जिम्मेवारी परमात्मा पर छोड़नी

हो, तो आपको भी अपने को परमात्मा के चरणों में छोड़ देना पड़ेगा। वह अनिवार्य शर्त है। और जब तक आप अपने मैं को न छोड़ पाओ, उसके द्वार पर, तब तक सारी जिम्मेवारी का बोझ अपने सिर पर रखना। वह ईमानदारी है, सिंसियरिटी है। ठीक है फिर। पाप किया है, पुण्य किया है, मैं जिम्मेवार हूं; क्योंकि जो भी किया है, वह मैंने किया है।

और अगर ऐसा लगे कि नहीं, सब जिम्मेवारी विराट की है, तो फिर इस मैं को उसके चरणों में रख आना। जिस दिन मैं को उसके चरणों में रख दो, और जिस दिन यह हिम्मत आ जाए कहने की कि मैंने कुछ भी नहीं किया, सब उसने कराया है। वही है, मैं नहीं हूं। उसका ही फैला हुआ हाथ हूं। फिर उस दिन से आपकी कोई जिम्मेवारी नहीं है।

लेकिन बड़े मजे की बात है कि उस दिन से आपके जीवन से बुरा एकदम विलीन हो जाएगा। क्योंकि बुरा घटित नहीं हो सकता बिना अहंकार के। उस दिन से आपके जीवन में शुभ के फूल खिलने शुरू हो जाएंगे; सफेद फूलों से भर जाएगी जिंदगी। क्योंकि जहां अहंकार नहीं है, वहां शुभ्र फूल अपने आप खिलने शुरू हो जाते हैं।

**चातुर्वर्ण्यं मया सृष्टं गुणकर्मविभागशः।**
**तस्य कर्तारमपि मां विद्ध्यकर्तारमव्ययम्।।13।।**

तथा हे अर्जुन! गुण और कर्मों के विभाग से ब्राह्मण, क्षत्रिय, वैश्य और शूद्र मेरे द्वारा रचे गए हैं। उनके कर्ता को भी, मुझ अविनाशी परमेश्वर को, तू अकर्ता ही जान।

कृष्ण इस श्लोक में कहते हैं, गुण और कर्म के अनुसार चार वर्ण मैंने ही रचे हैं! एक बात। और तत्काल दूसरी बात कहते हैं कि फिर भी, उन्हें निर्माण करने वाले मुझ कर्ता को, तू अकर्ता ही जान।

बहुत मिस्टीरियस, बहुत रहस्यपूर्ण वक्तव्य है। पहले हिस्से को पहले समझ लें, फिर दूसरे हिस्से को समझें।

वर्ण की बात ही असामयिक हो गई है। कृष्ण के इस सूत्र को पढ़कर न मालूम कितने लोग बेचैनी अनुभव करते हैं। परमात्मा ने रचे हैं वर्ण! कठिनाई मालूम पड़ती है। क्योंकि वर्णों के नाम पर इतनी बेहूदगी हुई है और वर्णों के नाम पर इतना अनाचार हुआ है, वर्णों की ओट और आड़ में इतना सड़ापन पैदा हुआ है, इतनी सड़ांध पैदा हुई है कि भारत का पूरा हृदय ही कैंसर से ग्रस्त अगर हुआ, तो वह वर्णों के सहारे हुआ है।

तो आज कोई भी विचारशील व्यक्ति जब इस सूत्र को पढ़ता है, तो थोड़ा या तो बेचैन होता है या जल्दी इसको पढ़कर आगे निकल जाता है। इस पर ज्यादा रुकता नहीं। ऐसा लगता है कि कुछ ठीक नहीं है; आगे बढ़ो। पर मैं इस पर जरा रुकना चाहूं। क्यों? क्योंकि जीवन में सत्यों के आधार पर भी असत्य चल जाते हैं। सच तो यह है कि असत्य के पास अपने पैर नहीं होते; उसे पैर सदा सत्य से ही उधार लेने पड़ते हैं। इसलिए असत्य बोलने वाला बहुत कसमें खाता है कि जो मैं बोल रहा हूं, वह सत्य है। बेईमानी को भी ईमानदारी के वस्त्र पहनने पड़ते हैं। और दुनिया में जब भी कोई सत्य जीवन-सिद्धांत प्रकट होता है, तो उसका भी दुरुपयोग किया गया है, किया जाता रहा है। लेकिन इससे सिद्धांत गलत नहीं होता।

एटम का विश्लेषण हुआ। परिणाम में हिरोशिमा और नागासाकी का विध्वंस मिला। हिरोशिमा और नागासाकी के कारण एटम के विश्लेषण का सिद्धांत गलत नहीं होता। लाख आदमी मर गए, जल कर राख हो गए। और पीढ़ियों दर पीढ़ियों तक बच्चे प्रभावित रहेंगे। पंगु, अपंग, अंधे, लंगड़े, लूले पैदा होंगे। लेकिन फिर भी अणु के विश्लेषण का सिद्धांत, थिअरी गलत नहीं होती है। गलत उपयोग हुआ, यह हमारे कारण, सिद्धांत के कारण नहीं।

वर्ण के कारण जो-जो हुआ, उसके लिए हम जिम्मेवार हैं, हम गलत लोग। उसके लिए वर्ण की वैज्ञानिक चिंतना जिम्मेवार नहीं है।

कृष्ण जब कहते हैं, तो वे दो शब्दों का उपयोग करते हैं। वे कहते हैं, गुण और कर्म के अनुसार मैंने चार वर्ण बनाए। गुण और कर्म!

व्यक्ति-व्यक्ति में गुणों का भेद है। और दुनिया में कोई समानता का उपाय नहीं है, जिससे हम गुण-भेद मिटा सकें। हम कितनी ही बड़ी कम्युनिस्टिक सोसायटी को पैदा कर लें, कितना ही साम्यवादी समाज निर्मित कर लें, गुण-भेद नहीं मिटा पाएंगे। धन को बराबर बांट दें; कपड़े एक से पहना दें; मकान एक से बना दें; गुण भिन्न ही होंगे। गुण में अंतर नहीं मिटाया जा सकेमा। कोई उपाय नहीं है। गुण व्यक्ति की आत्मा का हिस्सा है; बाह्य समाज व्यवस्था का हिस्सा नहीं है गुण।

इसलिए पहली बात आपसे कहता हूं कि कृष्ण का यह खयाल कि यह वर्ण की व्यवस्था मैंने बनाई, यह व्यक्ति के आंतरिक गुणधर्म की चर्चा है। इसका सामाजिक व्यवस्था से दूर का संबंध है। गहरे में संबंध व्यक्ति के भीतर के निजी व्यक्तित्व से है, इंडिविजुअलिटी से है।

एक-एक व्यक्ति में गुण का भेद है। और गुण हम जन्म से लेकर पैदा होते हैं। गुण निर्मित नहीं होते, बिल्ट-इन हैं; पैदाइश के साथ बंधे हैं। वह जो मां और पिता से जो कण मिलते हैं हमें, हमारे सब गुण उनमें ही छिपे हैं।

आइंस्टीन इतनी बुद्धिमत्ता को उपलब्ध होगा, यह उसके पहले अणु में छिपी हुई है। और आज नहीं कल, वैज्ञानिक पहले अणु की जांच करके खबर कर सकेंगे कि यह व्यक्ति क्या होगा। वैज्ञानिक तो यहां तक पहुंच गए हैं कि उनका खयाल है, जैसे आज बाजार में फलों की और फूलों की दुकान पर फूलों के बीजों के पैकेट मिलते हैं, और अंदर बीज होते हैं और ऊपर फूल की तस्वीर होती है, कि इन बीजों को अगर बो दिया, तो ऐसे फूल पैदा हो जाएंगे। वैज्ञानिक कहते हैं, पच्चीस साल के भीतर, इस सदी के पूरे होते-होते, हम आदमी के जीवाणु को भी पैकेट में रख कर दुकान पर बेच सकेंगे कि यह जीवाणु इस तरह का व्यक्ति बन सकेगा। उसकी तस्वीर भी ऊपर दे सकेंगे। इसका मतलब यह हुआ कि वह जो पहला अणु है, उसमें सारा बिल्ट-इन, सभी भीतर से निर्मित गुणों की व्यवस्था है। वह बाद में प्रकट होगी; मौजूद सदा से है। और उस गुण में बुनियादी भेद है।

उन भेदों को कृष्ण कहते हैं, चार में मैंने बांटा। मैंने अर्थात प्रभु ने, चार में बांटा। प्रकृति ने, परमात्मा ने, जो भी नाम हम पसंद करें, चार मोटे विभाजन किए हैं। और चार मोटे विभाजन हैं। यह बहुत संयोग की बात नहीं है कि दुनिया में जब भी जिन लोगों ने मनुष्यों के टाइप का विभाजन किया, तो विभाजन हमेशा चार में किया; चाहे कहीं भी किया हो।

अभी पश्चिम के एक बहुत बड़े विचारक कार्ल गुस्ताव जुंग ने, इस सदी के बड़े से बड़े मनोवैज्ञानिक ने, जब आदमियों के टाइप बांटे, तो उसने भी चार में बांटे। नाम अलग, लेकिन बांटे चार में ही। इसमें कुछ मजबूरी है। चार ही हैं प्रकार, मोटे। फिर तो एक-एक व्यक्ति में थोड़े-थोड़े फर्क होते हैं, लेकिन मोटे चार ही प्रकार हैं।

कुछ लोग हैं, जिनके जीवन की ऊर्जा सदा ही ज्ञान की तरफ बहती है; जो जानने को आतुर और पागल हैं। जो जीवन गंवा देंगे, लेकिन जानने को नहीं छोड़ेंगे।

अब एक वैज्ञानिक जहर की परीक्षा कर रहा है कि किस-किस जहर से आदमी मर जाता है। अब वह जानता है कि इस जहर को जीभ में रखने से वह मर जाएगा, लेकिन फिर भी वह जानना चाहता है। हम कहेंगे, पागल है; बिलकुल पागल है! ऐसे जानने की जरूरत क्या है?

लेकिन हमारी समझ में न आएगा। वह ब्राह्मण का टाइप है। वह बिना जाने नहीं रह सकता। जीवन लगा दे, लेकिन जान कर रहेगा। वह जहर को जीभ में रख कर, उस आनंद को पा लेगा, जानने के आनंद को, कि हां, इस जहर से आदमी मरता है। हम कहेंगे, इसमें कौन-सा फायदा है? उस आदमी को क्या मिल रहा है? हम समझ न पाएंगे। सिर्फ अगर हमारे भीतर कोई ब्राह्मण होगा, तो समझ पाएगा, अन्यथा हम न समझ पाएंगे।

आइंस्टीन को क्या मिल रहा है? सुबह से सांझ तक लगा है प्रयोगशाला में! क्या मिल रहा है? कौन-सा धन? यह सुबह से सांझ तक पागल की तरह ज्ञान की खोज में किसलिए लगा है?

नहीं, किसलिए का सवाल नहीं है। अंत का सवाल नहीं है, मूल का सवाल है। मूल में गुण उसके पास ब्राह्मण का है। वह जानने के लिए लगा हुआ है।

तो कृष्ण कहते हैं, गुण और कर्म।

गुण भिन्न हैं, चार तरह के गुण हैं; चार तरह के आर्च टाइप हैं। जुंग ने आर्च टाइप शब्द का प्रयोग किया है। चार तरह के मूल प्रकार हैं। एक–जो ज्ञान की खोज में, जिसकी आत्मा आतुर है। जिसकी आत्मा एक तीर है, जो जानने के लिए, बस जानने के लिए, अंतहीन यात्रा करती है।

अब जो लोग चांद पर पहुंचे हैं, चांद पर क्या मिल जाएगा? कुछ बहुत मिलने को नहीं है। लेकिन जानने की उद्दाम वासना! चांद पर भी नहीं रुकेंगे– और, और, और आगे। कहीं कोई सीमा नहीं है। ये जो ज्ञान की खोज में आतुर लोग हैं, ये ब्राह्मण हैं–गुण से।

दूसरा एक वर्ग है, जो शक्ति का खोजी है। जिसके लिए पावर, शक्ति सब कुछ है; शक्ति का पूजक है। शक्ति मिली, तो सब मिला। वह कहीं से भी जीवन में शक्ति मिल जाए, तो उसी की यात्रा में लगा रहेगा। यह जो शक्ति का खोजी है, वह भी एक टाइप है। उसे इनकार नहीं किया जा सकता। क्षत्रिय उस गुण का व्यक्ति है।

अर्जुन इसी गुण का व्यक्ति है; कृष्ण ने इसी सिलसिले में यह बात भी कही है। वे उसे यही समझाना चाहते हैं कि तू अपने गुण को पहचान, तू अपनी निजता को पहचान और उसके अनुसार ही आचरण कर, अन्यथा तू मुश्किल में पड़ जाएगा। क्योंकि जब भी कोई व्यक्ति अपने गुण को छोड़ कर दूसरे के गुण की तरह व्यवहार करता है, तब बड़ी अड़चन में पड़ जाता है। क्योंकि वह वह काम कर रहा है, जो वह कर नहीं सकता। और उस काम को छोड़ रहा है, जिसे वह कर सकता था।

और जीवन का समस्त आनंद इस बात में है कि हम वही पूरी तरह कर पाएं जो करने को नियति, डेस्टिनी, जो करने को प्रभु ने उत्प्रेरित किया है।

अन्यथा जीवन में कभी शांति नहीं मिल सकती, आनंद नहीं मिल सकता। जीवन का आनंद एक ही बात से मिलता है कि जो फूल हममें खिलने को थे, वे खिल जाएं; जो गीत हमसे पैदा होने को था, वह पैदा हो जाए।

लेकिन अगर ब्राह्मण क्षत्रिय बन जाए, तो कठिनाई में पड़ जाएगा। क्योंकि शक्ति में उसे कोई रस नहीं है। इसलिए आप देखें कि इस देश में ब्राह्मणों को इतना आदर दिया गया, लेकिन ब्राह्मण ने उतने आदर, सम्मान, सर्वश्रेष्ठ ऊपर होने पर भी कोई शक्ति पाई नहीं। ब्राह्मण भिखारी का भिखारी रहा। उसने कोई शक्ति पाई नहीं। वह दीन का दीन ही रहा। वह अपने झोपड़े में बैठकर ब्रह्म की खोज करता रहा। आदर उसे बहुत था। सम्राट उसके चरणों पर सिर रखते थे। राज्य उसके चरणों में लेट सकते थे। लेकिन उसे कोई मतलब न रहा। वह अपनी खोज में लगा रहा ब्रह्म की, दूर जंगल में बैठ कर। पागल रहा होगा! हम कहेंगे, जब सम्राट ही पैर पर सिर रखने आया था, तो कुछ तो मांग ही लेना था!

कणाद के जीवन में कथा है। कणाद ब्राह्मण का टाइप है। नाम ही कणाद पड़ गया इसलिए कि कभी इतना अनाज भी घर में न हुआ कि संग्रह कर सके; रोज खेत में कण-कण बीन ले; कणों को बीनने की वजह से नाम पड़ गया, कणाद। सम्राट को खबर लगी कि कणाद कण बीन-बीन कर खेतों के खा रहा है। सम्राट ने आज्ञा दी कि भरो रथों को धन-धान्य से! चलो कणाद के पास।

बहुत धन-धान्य को लेकर सम्राट पहुंचा। कणाद के चरणों में सिर रखा और कहा कि मैं बहुत धन-धान्य ले आया हूं। दुख होता है कि मेरे राज्य में आप रहें और आप कण बीन-बीन कर खाएं! आप जैसा महर्षि और कण बीने खेतों में, तो मेरा अपमान होता है।

तो कणाद ने कहा, क्षमा करें! खबर भेज देते; इतना कष्ट क्यों किया? मैं तुम्हारा राज्य छोड़ कर चला जाऊंगा। सम्राट ने कहा, आप क्या करते हैं! कैसी बात कहते हैं? आप मेरी बात नहीं समझे! कणाद तो उठ कर खड़े हो गए! ज्यादा तो कुछ था नहीं; जो दो-चार किताबें थीं, बांधने लगे।

सम्राट ने कहा, आप यह क्या करते हैं? कणाद ने कहा, तेरे राज्य की सीमा कहां है, वह बता। मैं सीमा छोड़ बाहर चला जाऊं। क्योंकि मेरे कारण तू दुखी हो, तो बड़ा बुरा है। सम्राट ने कहा, यह मेरा मतलब नहीं है। मैं तो सिर्फ यह निवेदन करने आया कि बहुत धन-धान्य लाया हूं, वह स्वीकार कर लें।

कणाद ने कहा, उसे तू वापस ले जा! उसे तू वापस ले जा, क्योंकि उस धन-धान्य की व्यवस्था और सुरक्षा और सुविधा कौन करेगा? उसकी देख-रेख कौन करेगा? हमें फुर्सत नहीं है; हम अपने काम में लगे हैं। थोड़ी-सी फुर्सत मिलती है; सुबह घूमने निकलते हैं; उसी में खेत से कुछ दाने बीन लाते हैं, उससे काम चल जाता है। कोई झंझट हमें है नहीं। तू अपना यह सब वापस ले जा। इसकी फिकर कौन करेगा? और हम इसकी फिक्र करेंगे कि हम अपनी फिक्र करेंगे, जिस खोज में हम लगे हैं। तू जल्दी कर और वापस ले जा; और दोबारा इस तरफ मत आना। और अगर आना हो, तो खबर कर देना। हम राज्य छोड़ कर चले जाएंगे। हम कण कहीं भी बीन लेंगे; सभी जगह मिल जाएंगे।

अब यह जो आदमी है, इसे कण बीनने में सुविधा मालूम पड़ती है, क्योंकि कोई व्यवस्था नहीं करनी पड़ती है; कोई मैनेजमेंट में नाहक समय जाया नहीं करना पड़ता है। नहीं तो बहुत-से मालिक घूम-फिर कर मैनेजर ही रह जाते हैं। लगते हैं कि मालिक है, होते कुल-जमा मैनेजर हैं।

एंड्रू कार्नेगी, अमेरिका का अरबपति मरा, तो उसने अपने सेक्रेटरी से पूछा—ऐसे ही मजाक में—कि अगर दोबारा जिंदगी फिर से हम दोनों को मिले, तो तू मेरा फिर से सेक्रेटरी होना चाहेगा कि तू एंड्रू कार्नेगी होना चाहेगा और मुझको सेक्रेटरी बनाना चाहेगा? उस सेक्रेटरी ने कहा, आप नाराज तो न होंगे? एण्डू कार्नेगी ने कहा कि नाराज क्यों होऊंगा! बिलकुल स्वाभाविक है, तू एंड्रू कार्नेगी बनना चाहे। उसने कहा, माफ करें। मैं यह नहीं कह रहा। मैं यह कह रहा हूं कि मैं फिर सेक्रेटरी ही होना चाहूंगा। एंड्रू कार्नेगी ने कहा, पागल! तू एंड्रू कार्नेगी नहीं बनना चाहता? उसने कहा, बिलकुल भूल कर नहीं। आपको जब तक नहीं जानता था, तब तक तो कभी भगवान से प्रार्थना भी कर सकता था;

अब कभी नहीं कर सकता। उसने कहा, कारण क्या है? तो उसने कहा कि मैंने अपनी डायरी में कारण नोट किया हुआ है।

उसने अपनी डायरी में लिख छोड़ा था कि हे परमात्मा, भूल कर मुझे कभी एंड्रू कार्नेगी मत बनाना। क्योंकि एंड्रू कार्नेगी अपने दफ्तर में सुबह नौ बजे आता। चपरासी दस बजे आते। क्लर्क साढ़े दस बजे आते। मैनेजर ग्यारह बजे आता। डायरेक्टर्स एक बजे आते। डायरेक्टर्स तीन बजे चले जाते। चार बजे मैनेजर चला जाता। फिर क्लर्क चले जाते। फिर चपरासी चले जाते। एंड्रू कार्नेगी साढ़े सात बजे शाम को जाता। मुझे कभी एंड्रू कार्नेगी मत बनाना।

अब यह एंड्रू कार्नेगी दस अरब रुपए छोड़ कर मरा है। लेकिन मालिक नहीं था। मैनेजर भी नहीं था। चपरासी भी नहीं था। चपरासी भी दस बजे आता; चपरासी भी साढ़े चार बजे चला जाता। एंड्रू कार्नेगी चपरासी से पहले मौजूद है; चपरासी के बाद दफ्तर छोड़ रहे हैं! आखिर यह आदमी मैनेज कर रहा है, किसके लिए?

नहीं, लेकिन इसका भी अपना टाइप है। वह तीसरा टाइप है। वह धन, वैश्य का टाइप है। इसे प्रयोजन नहीं है, न ज्ञान से, न शक्ति से। इसे महाराज्यों से प्रयोजन नहीं है। इसे ब्रह्म से कोई वास्ता नहीं है। इसे ब्रह्मांड से कुछ लेना-देना नहीं है। दूर के तारों से मतलब नहीं है। पास के रुपए काफी हैं। यह तिजोरी बड़ी करता जाए, भरता चला जाए। यह भी इसका टाइप है। यह वैश्य का टाइप है। धन इसकी आकांक्षा है।

चौथा एक शूद्र का टाइप है; श्रम उसकी आकांक्षा है। ऐसा नहीं है, जैसा हम साधारणतः समझाए जाते हैं कि कुछ लोगों को हम मजबूर कर देते हैं श्रम के लिए; ऐसा नहीं है। अगर कुछ लोगों को श्रम न मिले, तो उनके लिए जीना मुश्किल हो जाए। खाली सभी लोग नहीं रह सकते।

अभी अमेरिका में कठिनाई आनी शुरू हुई है। क्योंकि श्रम का काम समाप्त होने के करीब है, मशीनें करने लगी हैं। और अमेरिका के सब बड़े विचारशील लोग—चाहे जेकस ईलूल हो, और चाहे कोई और हों—वे सब इस

चिंता में पड़े हैं कि दस-पंद्रह साल में सारा आटोमेटिक इंतजाम हो जाएगा। सब मशीनें काम कर देंगी। तो अब सवाल यह है कि लोग काम मांगेंगे, तो हम काम कहां से देंगे? और लोग काम मांगेंगे, क्योंकि लोग बिना काम रह नहीं सकते। कुछ लोग तो रह ही नहीं सकते बिना काम।

एक दिन मैं ट्रेन में सफर कर रहा था। थका था। किसी गांव से, भीड़-भाड़ से लौट रहा था, तो मैंने सोचा कि अब चौबीस घंटे सोए ही रहना है। पर एक सज्जन और मेरे कंपार्टमेंट में थे। मैं जैसे ही कमरे में आया, मैंने उनकी तरफ देखा नहीं, क्योंकि देखा कि खतरा शुरू हो जाए! वे कुछ बातचीत शुरू कर दें। मैंने जल्दी से आंख बंद की और मैं सोने लगा। उन्होंने कहा, क्या आप इतनी जल्दी सोने लगे? मैंने कहा कि आप समझिए, मैं सो ही गया। मैं तो चादर ओढ़ कर सो रहा। घंटा भर, डेढ़ घंटे बाद मैं उठा, तो देखा कि वही अखबार वे पढ़ रहे थे, जब मैं सोया था। फिर उसको ही पढ़ रहे थे, फिर से पहले पेज से शुरू कर दिया था। मुझे देखा, तो उन्होंने जल्दी से अखबार बंद किया। मैंने कहा, आप पढ़िए, मैं तो फिर वापस सो जाने वाला हूं।

सुबह जब उठा, तब वे फिर कल वाला ही अखबार पढ़ रहे थे! न मालूम कितनी बार पढ़ चुके थे! जब मुझे देखा, तो जरा संकोच में उन्होंने अखबार बंद करके रख दिया। मैं करवट लिए पड़ा रहा। कभी वे खिड़की खोलते, कभी सूटकेस खोलते, कभी यह चीज इधर रखते, कभी वह चीज उधर रखते।

दोपहर होते-होते मैंने देखा कि वे बिलकुल पागल हुए जा रहे हैं। दोपहर को जब मैं खाना खाकर फिर सोने लगा, उन्होंने कहा, क्या आप गजब कर रहे हैं! फिर सोइएगा? कुछ बातचीत नहीं करिएगा? मैंने कहा कि आप अपना काम जारी रखिए। मुझे कोई एतराज नहीं है। आप बार-बार खिड़की खोलिए, बंद करिए! सूटकेस दबाइए, उठाइए। जो आपको करना है। आप उसी अखबार को हजार दफे पढ़िए, मुझे कोई एतराज नहीं है। आप मुझे भूलिए। मैं नहीं हूं। वे बोले, आपने खयाल कर लिया क्या? मैं डर रहा था कि आप क्या सोचेंगे कि यह आदमी क्यों बार-बार खिड़की खोलता बंद करता है! लेकिन मैं क्या करूं, मैं खाली बहुत मुसीबत में हूं।

अब यह भी एक टाइप है, जो बिना काम के जी नहीं सकता।

आज अमेरिका में दो दिन की छुट्टी हो गई है सप्ताह में, तो आप जान कर हैरान होंगे कि अमेरिका में एक कहावत है कि दो दिन की छुट्टी के बाद आदमी इतना थक जाता है कि एक सप्ताह विश्राम की जरूरत पड़ती है। यह बड़ी मुश्किल बात है! दो दिन की छुट्टी के बाद आदमी इतना थक जाता है कि सात दिन के विश्राम की जरूरत पड़ती है! तो छुट्टी में विश्राम किया आपने?

नहीं, छुट्टी में लोग सैकड़ों-हजारों मील कार चलाए, बीच पर पहुंचे। एक नहीं पहुंचा; नैक टु नैक कारें, एक-दूसरे से फंसी रहीं। लाखों कारें पहुंच गईं। पूरी बस्ती समुद्र के तट पर पहुंच गई। जिस बस्ती से भागे थे, लेकिन पूरी बस्ती भाग रही है, वह पूरी बस्ती वहां मौजूद हो गई। इससे तो अच्छा घर रह जाते, तो अब घर में थोड़ा सन्नाटा रहता। क्योंकि सारी बस्ती बीच पर आ गई। अब सारी बस्ती बीच पर रही। फिर बीच से भागे!

सारे अमेरिका में छुट्टी के दिन सर्वाधिक दुर्घटनाएं हो रही हैं। क्योंकि छुट्टी के दिन लोग बिलकुल शैतानी के काम में लग जाते हैं। क्या करें? फुर्सत खतरनाक है! जब तक मिली नहीं, तब तक आपको पता नहीं। अगर पूरी फुर्सत मिल जाए, तो खतरनाक है। तब आपको पता चलेगा कि श्रम करने वाला भी एक टाइप है, जो बिना श्रम किए नहीं रह सकता।

कृष्ण कहते हैं, ये चार गुण से विभाजित लोग हैं। शायद इन चारों की जरूरत भी है। क्योंकि सारे लोग ज्ञान खोजें, तो जगत अस्तित्व में नहीं रह जाए। और सारे लोग शक्ति खोजें, तो सिवाय युद्धों के कुछ भी न हो। और सारे लोग धन खोजें, तो आदमी मर जाएं और तिजोरियां बचें। और सारे लोग श्रम करें, तो कोई संस्कृति, कोई सभ्यता, कोई कला, कोई विज्ञान, कोई दर्शन, कोई धर्म—कुछ भी न हो। ये चारों कांप्लिमेंट्री हैं। इन चारों के बिना जगत नहीं हो सकता।

इसलिए कृष्ण कहते हैं, ये चार, गुण से और कर्म से।

भीतर तो गुण हैं, उन गुणों से जुड़े हुए संयुक्त कर्म हैं। गुण ही बाहर प्रकट

होकर कर्म बन जाते हैं। भीतर जिनका नाम गुण है, बाहर उनका नाम कर्म है। जब बीज में होते हैं, तो उनका नाम गुण है; और जब प्रकट होकर संबंधित होते हैं, तो उनका नाम कर्म हो जाता है

गुण-कर्म से मैंने चार में बांटा, कृष्ण कहते हैं।

यह चार का विभाजन, कृष्ण की दृष्टि में ऊंचे-नीचे का विभाजन नहीं है। कृष्ण की दृष्टि में इसमें कोई हायरेरकी नहीं है। इसमें कोई ऊपर और कोई नीचे नहीं है। ये चार जीवन के, शरीर के, चार अंग हैं, समान मूल्य के। एक के भी बिना तीन नहीं हो सकते।

विकृति उस दिन आनी शुरू हुई, जिस दिन हमने हायरेरकी बनाई। जिस दिन हमने कहा कि नहीं कोई ऊपर, और कोई नीचे। नहीं, श्रम भी उतना ही ऊपर है, जितना ज्ञान। और अगर किसी को ज्ञान की पिपासा है और किसी को अगर श्रम की पिपासा है, तो श्रम की पिपासा का भी हकदार है आदमी कि अपनी पिपासा को पूरी करे। ज्ञान की पिपासा का भी हकदार है आदमी कि अपनी पिपासा को पूरी करे। और दोनों ही पिपासाएं विराट से मिली हैं, जन्म से मिली हैं, बिल्ट-इन हैं। इसलिए गौरव की बात क्या है?

अगर मुझे सत्य की खोज की आकांक्षा है, तो इसमें गौरव की बात क्या है? यह मुझे वैसे ही मिली है, गिवेन है, वरदान है परमात्मा का, जैसे एक आदमी को श्रम की क्षमता मिली है। इसमें अगौरव क्या है? कोई नीचे-ऊपर नहीं है। वह उसका बिल्ट-इन प्रोग्रेम है।

एक फूल गुलाब बनने को हुआ है, एक फूल कमल बनने को हुआ है, एक फूल जुही बना है, एक फूल चमेली बना है। दुनिया सुंदर है। जितने ज्यादा फूल हैं, उतनी ही सुंदर है। लेकिन गुलाब गुलाब होने की मजबूरी में है। कमल कमल होने की मजबूरी में है। कमल का कमल होना, कमल का गौरव नहीं है; वह कमल की नियति है, डेस्टिनी है। गुलाब का गुलाब होना भी गुलाब की डेस्टिनी है। और एक घास के फूल का घास का फूल होना भी उसकी अपनी डेस्टिनी है।

और मजे की बात यह है कि जब घास का फूल अपने पूरे सौंदर्य में खिलता है, तो किसी गुलाब के फूल से पीछे नहीं होता। आपके लिए होगा, क्योंकि बाजार में बेचेंगे, तो घास के फूल का दाम नहीं मिलेगा। लेकिन घास के फूल के लिए, खुद घास के फूल के लिए, घास का फूल जब पूरी तरह खिलता है, तो उतनी ही एक्सटैसी में, उतने ही हर्षोन्माद में होता है, जितना जब गुलाब का फूल अपनी पूरी पंखुड़ियों को खिला कर नाचता है सूरज की रोशनी में। दोनों अपने आनंद में होते हैं। और सूरज घास के फूल से यह नहीं कहता कि शूद्र! हट, मैं सिर्फ गुलाब के फूलों के लिए आया हूं। नहीं, सूरज उतने ही आनंद से बरसता है घास के फूल पर। चांद उतने ही आनंद से अमृत बरसाता है। हवाएं उतने ही आनंद से घास के फूल को भी नृत्य और थपकी देती हैं, जितनी गुलाब के फूल को देती हैं। इसमें कोई भेद-भाव नहीं है।

जगत के, अस्तित्व के भीतर कोई भेद-भाव नहीं है। गुण-भेद है, भेद-भाव नहीं है। कोई नीचे-ऊपर नहीं है। विभाजन है, शत्रुता नहीं है। कोई एक-दूसरे के कांफ्लिक्ट में नहीं है। संघर्ष नहीं है, सहयोग है।

कृष्ण के लिए, जिस दिन वर्ण की उन्होंने बात कही, चारों वर्णों में एक अंतर-सहयोग था, एक इनर को-आपरेशन था। एक आर्गेनिक यूनिटी थी। इन चारों के बीच एक शरीर-संबंध था।

इसलिए कृष्ण ने पीछे शरीर से तुलना भी की है कि कोई सिर है, कोई पैर है, कोई पेट है। अंग की भांति सारे वर्ण हैं। कोई नीचे-ऊपर नहीं है। लेकिन नीचे-ऊपर दिखाई पड़ता है। क्योंकि उन्होंने कहा कि सिर। सिर ऊपर मालूम होता है। पैर! पैर नीचे मालूम होते हैं। लेकिन यह ऊपर-नीचे होना फिजिकल है। यह ऊपर-नीचे होना मूल्यांकन नहीं है। यह मूल्यांकन, इसमें कोई वेल्युएशन नहीं है कि पैर नीच है, ऐसा नहीं है। अगर नीचा है, तो उसका कुल मतलब इतना है कि स्पेस में सिर ऊपर मालूम हो रहा है, पैर नीचे। लेकिन वह भी सब बातचीत काल्पनिक है।

एक आदमी किसी की छत पर खड़े होकर देखे, तो आपका सिर नीचे हो

जाता है, उसका सिर ऊंचा हो जाता है। छोटे बच्चे करते हैं। कुर्सी पर खड़े हो जाते हैं बाप के पास और कहते हैं, हम तुमसे बड़े हैं। फिजिकल! हैं भी बड़े, जब ऊपर हो गए। अगर सिर ऊपर है पैर से, तो बेटा कुर्सी पर खड़ा होकर बड़ा है।

तो छिपकली, जो आपके छत पर चल रही है आपके सिर के ऊपर! छिपकली के बाबत क्या खयाल है? ब्राह्मण के ऊपर छिपकली चल रही है! छिपकली बहुत ऊपर है!

ये ऊपर-नीचे की बचकानी बातें हैं। इसमें कुछ भेद, कोई मूल्यांकन कृष्ण के मन में नहीं है; किसी के मन में नहीं था। हमारे मन में पैदा हुआ। हमने थोपा।

कृष्ण कहते हैं, गुण और कर्म के अनुसार मैंने विभाजित किया व्यक्तियों को।

गुण, भीतरी क्षमता; कर्म, बाहरी अभिव्यक्ति; कर्म, मैनिफेस्टेशन।

ध्यान रहे, गुण जब कर्म बनता है, तभी दूसरों को पता चलता है। जब तक गुण गुण रहता है, तब तक किसी को पता नहीं चलता। दूसरों को ही नहीं, खुद को भी पता नहीं चलता। खुद को भी पता तभी चलता है, जब गुण कर्म बनता है। जब एक व्यक्ति अपने को प्रकट करता है अपने कर्मों में, तभी आपको भी पता चलता है और उसको भी पता चलता है कि वह क्या है।

गुण, बीज की तरह छिपा हुआ अस्तित्व है। कर्म, वृक्ष की तरह प्रकट अस्तित्व है।

गुण और कर्म के अनुसार विभाजित मनुष्य हैं। इस विभाजन को कभी भी तोड़ा नहीं जा सकता। इस विभाजन को इनकार किया जा सकता है। कानून बनाया जा सकता है कि ऐसा कोई विभाजन नहीं है। विधान बनाया जा सकता है, ऐसा कोई विभाजन नहीं है। लेकिन विभाजन जारी रहेगा।

अगर हम एक कानून बना लें। और कोई कठिन नहीं है, हम एक कानून बना दें कि स्त्री-पुरुषों के बीच कोई विभाजन नहीं है। कानून बनाया जा सकता है, मेजारिटी चाहिए! और हमेशा मेजारिटी हर तरह की बेवकूफी के लिए मिल

सकती है। अगर आपकी धारा-सभा में, आपकी असेंबली और पार्लियामेंट में, बहुमत तय कर ले कि स्त्री-पुरुष में कोई फासला नहीं है, तो कानून बन सकता है। लेकिन कानून बनने से प्रकृति नहीं बदल जाती।

कानून बन भी गए हैं करीब-करीब। कानून ही नहीं बन गए, पश्चिम के मुल्कों ने स्त्री और पुरुष के बीच के फासले को गिराना भी शुरू कर दिया है। तो पुरुष स्त्रियों जैसे होने की कोशिश में लग गए हैं; ताकि एक-दूसरे की तरफ थोड़ा-थोड़ा चलें, तो फासला कम हो जाए। स्त्रियां पुरुषों जैसी होने लग गई हैं। स्त्रियां पुरुषों के कपड़े पहन रही हैं; पुरुष स्त्रियों के कपड़े पहनने की कोशिश में लगे हैं। स्त्रियां बाल कटा रही हैं, पुरुष बाल लंबे कर रहे हैं! ऐसा दोनों थोड़ा-थोड़ा चलेंगे, तो कहीं मिलन हो जाएगा, इस आशा में।

लेकिन अगर स्त्रियों और पुरुषों को बिलकुल एक जैसी शकल का भी बनाकर खड़ा कर दिया जाए, तो भी नियति का जो फासला है, वह नहीं गिर जाता। लेकिन उस फासले में कोई ऊंच-नीच नहीं है। वह वर्टिकल नहीं है, हारिजांटल है। वह फासला ऊंचा-नीचा नहीं है।

ठीक गुण और कर्म से भी जो भेद है, वह नियतिगत, स्वभावगत है। उस स्वभावगत भेद को कृष्ण कहते हैं, मैंने ही निर्मित किया।

इस विभाजन को स्वाभाविक, परमात्मा से आया हुआ विभाजन वे कह रहे हैं। इन-बॉर्न, इन-बिल्ट, प्रकृति में ही छिपा हुआ, यही उनका अर्थ है। और यह वे इसीलिए कह रहे हैं, ताकि अर्जुन को ठीक से खयाल आ जाए कि उसका अपना गुणकर्म क्या है। और वह उसके स्मरण को ध्यान में लेकर कर्म में सक्रिय हो सके, गुण को पहचान कर कर्म कर सके।

गुण और कर्म का मेल हो जाए, तो व्यक्ति के जीवन में एक हार्मनी, एक अंतर-संगीत पैदा हो जाता है। गुण और कर्म का भेद टूट जाए, तो व्यक्ति के जीवन में विसंगीत उत्पन्न हो जाता है।

एक प्रश्न है आखिरी। फिर हम सुबह बात करेंगे।

**प्रश्न : अभी आपने कहा कि ब्राह्मण, क्षत्रिय, वैश्य और शूद्र में मूल्यों की श्रेष्ठता, हायरेरकी नहीं है। लेकिन चेतना की ऊंचाइयों एवं चेतना के विकास को खयाल में रखने पर, क्या ब्राह्मण की चेतना शूद्र की चेतना से श्रेष्ठ नहीं है?**

नहीं; चेतना किसी की श्रेष्ठ नहीं है। चेतना श्रेष्ठ होती है अपने गुण को पूरा उपलब्ध कर लेने पर; किसी की भी श्रेष्ठ हो जाती है।

अगर ब्राह्मण ज्ञान के साथ आत्मसात हो जाए, तो उसकी चेतना श्रेष्ठ हो जाती है। अगर क्षत्रिय शक्ति के साथ आत्मसात हो जाए, एक हो जाए...। अर्जुन जब तीर चलाए, तो तीर और अर्जुन अलग-अलग न रह जाएं, अर्जुन तीर बन जाए। अर्जुन जब तलवार हाथ में ले, तो हाथ और तलवार के बीच का फासला गिर जाए; हाथ और तलवार एक हो जाएं। तो ब्राह्मण जब ध्यान में पूरा लीन होकर ब्रह्म के साथ एक होता है, तो जिस अनुभव को उसकी चेतना उपलब्ध होती है, उसी अनुभव को अर्जुन की चेतना भी उपलब्ध हो जाएगी, जब वह घूमती हुई तलवार के साथ एक हो जाएगा। अर्जुन के लिए वही ध्यान बन जाएगा।

जापान में मंदिर हैं, जिन मंदिरों पर तलवारों के चिह्न बने हुए हैं। जापान में क्षत्रियों का एक समूह हुआ, समुराई। मंदिरों पर तलवार! और मंदिरों के भीतर तलवार सिखाने के लिए स्कूल हैं। कभी बहुत चौंकने की बात मालूम पड़ती है! मंदिर के भीतर तलवार चलाने का स्कूल? तलवार की ट्रेनिंग? पागल हो गए हैं आप? मंदिर में तलवार चलाना सिखा कर क्या करिएगा?

लेकिन समुराई कहते हैं कि हम क्षत्रिय हैं। हम तो तलवार की चमक पर जब एक हो जाएंगे, जब तलवार और हमारे बीच कोई फासला न रहेगा, तलवार का नृत्य ही जब हमारे प्राणों का नृत्य हो जाएगा, हम बिलकुल एक हो सकेंगे; वही हमारा ध्यान है; वही हमारी समाधि है। वहीं से समाधि मिल जाएगी।

अगर श्रम का आतुर व्यक्ति अपने श्रम में इतना डूब जाए कि पीछे कोई भी न बचे; फावड़े से खोदता है जमीन को या काटता है लकड़ी को कुल्हाड़ी से,

उसकी कुल्हाड़ी के उठने के साथ ही उसका भी उठना हो, और कुल्हाड़ी के गिरने के साथ उसका भी गिरना हो, कुल्हाड़ी और उसके बीच कोई अंतर न रह जाए, तो वह उसी ध्यान को उपलब्ध हो जाता है, जो ब्राह्मण अपनी कुटी में बैठ कर ध्यान करके उपलब्ध होता है।

ध्यान, चारों वर्ण के लोग अपने-अपने ढंग से उपलब्ध हो सकते हैं। और जो भी चेतना ध्यान को उपलब्ध हो जाती है, वह श्रेष्ठ हो जाती है। श्रेष्ठता का संबंध शूद्र, ब्राह्मण और वैश्य और क्षत्रिय से नहीं है। श्रेष्ठता का संबंध ध्यान से है। जो चेतना ध्यान को उपलब्ध हो जाए, किसी भी मार्ग से, वह चेतना श्रेष्ठता को उपलब्ध हो जाती है।

श्रेष्ठता ध्यान से उपलब्ध होती है। और चार तरह के ध्यान होंगे मोटे—शूद्र के लिए, ब्राह्मण के लिए, क्षत्रिय के लिए, वैश्य के लिए। तल्लीनता! इतनी तल्लीनता कि भीतर से कर्ता मिट ही जाए, एक हो जाए। यह एकता किसी भी भांति आ जाए। यह प्रयोगशाला में आ जाए वैज्ञानिक को; कि नृत्यकार को नाचते हुए आ जाए; यह वाद्य बजाने वाले वीणावादक को वीणा में आ जाए; यह शिक्षक को पढ़ाने में आ जाए; यह गिट्टी फोड़ने वाले को गिट्टी फोड़ने में आ जाए। कहीं भी आ जाए। यह ध्यान जहां भी आ जाए, वहीं श्रेष्ठता चेतना की उपलब्ध हो जाती है।

चेतना की श्रेष्ठता वर्ण पर निर्भर नहीं, चेतना की श्रेष्ठता ध्यान पर निर्भर है।

और कुछ सवाल होंगे, तो कल सुबह। आज की रात की बैठक पूरी हुई।

पांचवां प्रवचन

# जीवन एक लीला

प्रश्न: कल के तेरहवें श्लोक की व्याख्या में आपने चार वर्णों की बात कही। कृष्ण इस श्लोक के दूसरे हिस्से में कहते हैं कि इन चारों वर्णों की गुण और कर्मों के अनुसार रचना करते हुए भी मैं अकर्ता ही रहता हूं।

कृपया इसे स्पष्ट करें कि वे कैसे अकर्ता रहे?

करते हुए भी मैं अकर्ता हूं, कृष्ण का ऐसा वचन गहरे में समझने योग्य है। पहली बात, कर्म से कर्ता का भाव पैदा नहीं होता। कर्म अपने आप में कर्ता का भाव पैदा करने वाला नहीं है। कर्ता का भाव भीतर मौजूद हो, तो कर्ता का भाव कर्म के ऊपर सवार हो जाता है। भीतर अहंकार हो, तो कर्म पर सवारी कर लेता है। ऐसे, कर्म अपने आप में, कर्ता के भाव का जन्मदाता नहीं है।

तो कृष्ण की बात तो छोड़ें एक क्षण को, हम भी चाहें, तो कर्म करते हुए अकर्ता हो सकते हैं। कर्म ही कर्ता का निर्माता नहीं है; कर्ता का निर्माता

अहंकार का भाव है। और अहंकार का भाव इतना अदभुत है कि आप कुछ न करें, तो भी कुछ न करने का कर्ता भी बन जाता है।

आप रास्ते पर चल रहे हैं; चलने की क्रिया घटित होती है। अगर इस चलने के कर्म को बहुत गौर से देखें, तो आप भीतर कहीं भी चलने वाले को न पाएंगे, सिर्फ चलने की क्रिया ही मिलेगी। कितना ही खोजें, चलने वाला कहीं न मिलेगा। क्योंकि भीतर जो मौजूद है, वह चलता ही नहीं है। क्रिया चलने की बाहर ही होती है; भीतर चलने वाला कोई भी नहीं है। भीतर तो जो है, वह अचल है, चलता ही नहीं। कभी चला ही नहीं। आप हजारों मील की यात्रा कर चुके हों, तो भी भीतर जो है, वह अपनी ही जगह है। वह इंचभर भी नहीं चला है। लेकिन अहंकार का भाव चलने की क्रिया पर सवार हो जाता है और कहता है, मैं चलता हूं।

रास्ते पर चलते वक्त गौर से देखना, चलने वाला कहीं भी मिलता है खोजने से? चलने की क्रिया है; सच। चलने वाला कहीं भी नहीं है। लेकिन हमारी भाषा में कुछ बुनियादी भूलें हमारे अहंकार के कारण प्रवेश कर गई हैं। हमें ऐसा लगता है कि जब चलने की क्रिया है, तो चलने वाला भी होना ही चाहिए।

यह करीब-करीब बात वैसी ही है, जैसे हम कहते हैं कि आकाश में बिजली चमकती है। यह वाक्य बिलकुल ही गलत है। अस्तित्व की दृष्टि से बिलकुल ही गलत है। इसमें ऐसा लगता है, बिजली कुछ और है और चमकना कुछ और है। बिजली चमकती है। सच बात इतनी है कि चमकने का नाम बिजली है। इसमें चमकने वाला और, और चमकने की क्रिया और—ऐसी भ्रांति पैदा होती है वाक्य से। बिजली चमकती है, ऐसा ठीक नहीं है। चमकता है जो, उसका नाम बिजली है। चमकना बिजली है।

हम कहते हैं, वर्षा बरसती है। एकदम ही गलत बात कहते हैं। वर्षा का मतलब है, जो बरस रही है। अब वर्षा बरसती है, यह रिपीटीशन है, यह पुनरुक्ति है; यह व्यर्थ ही हम कह रहे हैं।

अगर हम किसी भी क्रिया के भीतर प्रवेश करें, तो हम कर्ता को कभी न पाएंगे; सिर्फ क्रिया ही मिलेगी। भीतर कौन मिलेगा लेकिन? भीतर जरूर कोई है। वह कर्ता नहीं है, द्रष्टा है, साक्षी है। समस्त क्रियाओं के भीतर द्रष्टा है, साक्षी है।

आपके पेट में भूख मालूम होती है। आप कहते हैं, मुझे भूख लगी है। जैसे कि आप भूख को लगा रहे हैं; जैसे कि आप कर्ता हैं! सचाई उलटी है। सचाई इतनी ही है कि आपको पता चलता है कि भूख लगी है। आपको भूख नहीं लगती। भूख की क्रिया घट रही है; आप सिर्फ जानते हैं कि भूख लगी है। अगर ठीक से हम कहें, तो कहना चाहिए कि मैं जान रहा हूं कि भूख लगी है। ऐसा नहीं कहना चाहिए, मुझे भूख लगी है।

आपके सिर में दर्द है, तो भी आप में दर्द नहीं है; आप सिर्फ जान रहे हैं कि सिर में दर्द है। और जब आपको दर्द के मिटाने वाली दवा दे दी जाती है, एस्पिरिन दे दी जाती है, तो आप यह मत सोचना कि दर्द मिट गया। दर्द अपनी जगह है। लेकिन दर्द का जानने वाले तक पहुंचने का रास्ता टूट गया। अब आप जान नहीं रहे कि दर्द हो रहा है। जान नहीं रहे हैं, इसलिए अब आप कहते हैं कि अब सिर में दर्द नहीं हो रहा है।

पिछले महायुद्ध में ऐसा हुआ कि फ्रांस में एक सैनिक के पैर में बहुत चोट लगी। वह बेहोश हो गया। चोट ऐसी थी कि पैर बचाया नहीं जा सका। रात बेहोशी में ही घुटने से नीचे का हिस्सा काट दिया गया। अंगूठे में बहुत तकलीफ थी, जब वह होश में था। सुबह जब वापस होश में आया, तो उसने कहा कि मेरे अंगूठे में बहुत तकलीफ है। पर अंगूठा तो अब था ही नहीं! पास की नर्स ने कहा, आप जरा फिर से सोचें। अंगूठे में तकलीफ है? मजाक में ही कहा। उसने कहा, बहुत तकलीफ है।

नर्स ने कंबल उठाकर बताया कि पैर के नीचे का हिस्सा तो अब है ही नहीं। जो अंगूठा नहीं है, उसमें तकलीफ कैसे हो सकती है? उस आदमी ने देखा और उसने कहा कि दिखाई पड़ रहा है मुझे भलीभांति कि पैर घुटने से नीचे का

काट दिया गया है; नहीं है। लेकिन फिर भी मुझे अंगूठे में तकलीफ है। मैं भी क्या कर सकता हूं? उस सैनिक ने कहा, अगर अंगूठे में तकलीफ है, तो मैं भी क्या कर सकता हूं?

डाक्टर बुलाए गए। समझा कि कुछ भ्रम हो गया है उस आदमी को। बहुत तकलीफ थी; भूला नहीं है। अब तो हो नहीं सकती। समझाने-बुझाने की कोशिश की। लेकिन उस आदमी ने कहा, मैं पूरे होश में हूं। मुझे दिखाई पड़ रहा है कि अब पैर नहीं बचा, इसलिए तकलीफ होनी नहीं चाहिए। तर्कयुक्त मुझे भी मालूम पड़ती है बात। लेकिन मैं क्या कर सकता हूं! तकलीफ है!

फिर और खोजबीन की गई, तो पाया गया कि वह आदमी ठीक कहता था, तकलीफ थी। तो बहुत मुश्किल हो गई। जो अंगूठा नहीं है, उसमें तकलीफ कैसे हो सकती है? खोजबीन से पता चला कि अंगूठे की तकलीफ जिन तंतुओं के द्वारा मस्तिष्क तक पहुंचती है, वे अभी भी खबर दे रहे हैं। अंगूठा तो बहुत दूर है मस्तिष्क से, बीच में तो तारों का जाल है, जो खबर पहुंचाते हैं। वे कंपते हैं और कंप कर खबर पहुंचाते हैं। वे अभी भी कंप रहे हैं। मस्तिष्क के पास जो छोर है तंतु का, वह अभी भी कंप कर खबर दे रहा है कि दर्द है। अंगूठा नहीं है, और दर्द है!

असल में मस्तिष्क तक चेतना में कोई दर्द नहीं है। चेतना को सिर्फ पता चलता है। अगर पता चलता रहे, तो ऐसा दर्द भी मालूम पड़ेगा, जो नहीं है। और अगर पता न चले, तो ऐसा दर्द भी मालूम नहीं पड़ेगा, जो है।

चेतना सिर्फ ज्ञाता है, नोअर है, विटनेसिंग है। सिर्फ एक साक्षी-भाव है।

**हम भी क्रिया के भीतर कर्ता नहीं हैं। कर्ता हमारा भ्रम है। परमात्मा को ऐसा भ्रम नहीं हो सकता। इसलिए कृष्ण कहते हैं, यह सब करते हुए भी मैं अकर्ता हूं। हम भी जिस दिन जानेंगे, पाएंगे यही कि सब करते हुए भी अकर्ता हूं। लेकिन वह दिन दूर है। जिस दिन हम यह जानेंगे, उस दिन हम भी परमात्मा का हिस्सा हो जाएंगे।**

**एक तो इस दृष्टि से इस सूत्र को समझें। यह साधक के लिए उपयोगी**

है कि वह धीरे-धीरे अकर्ता होता चला जाए, साक्षी बनता चला जाए। एक दिन ऐसी घड़ी आ जाए कि उसकी जिंदगी में कर्ता का कोई बोध ही न बचे। बस, वह सिर्फ जानने वाला रह जाए।

जिस दिन यह घड़ी आती है, उसी दिन समाधि फलित हो जाती है। उसी दिन जीवन का परम सौभाग्य का क्षण आ जाता है। उसी दिन हम वहां पहुंच जाते हैं, जहां जन्मों से पहुंचने की आकांक्षा है। उस दिन मंजिल मिल जाती है। वह यात्रा-पथ समाप्त होता है; मुकाम आ जाता है। उस दिन हम मंदिर में प्रविष्ट होते हैं। उस दिन तीर्थ आ गया, जिस दिन हमने जाना कि अब कर्ता कोई भी नहीं है; सिर्फ देखने वाला, जानने वाला है।

दूसरे अर्थों में भी कृष्ण के कहने का प्रयोजन है। परमात्मा के पास अहंकार नहीं हो सकता। क्यों? क्योंकि अहंकार अहंकारों के बीच में ही हो सकता है; अकेला नहीं हो सकता। दो परमात्मा जगत में नहीं हैं। अहंकार, मैं का भाव सदा तू के भाव से जुड़ा हुआ है। अगर तू न बचे, तो मैं नहीं बच सकता। कोई अर्थ नहीं रह जाता उसमें।

इसलिए जितने आप भीड़ में होते हैं, उतने अहंकार से भर जाते हैं। जितने एकांत में होते हैं, उतने अहंकार से खाली हो जाते हैं।

अगर साधक एकांत की तरफ भागता रहा है, तो उसका कारण यह नहीं है कि वह समाज से भाग रहा है। उसका बहुत गहरे में कारण यही है कि अकेले में उसे अहंकार के विसर्जन की सुविधा मालूम पड़ती है। जैसे ही दूसरा मौजूद हुआ कि मेरा मैं भी खड़ा हो जाता है।

आप अपने कमरे में अकेले बैठे हैं, कोई नहीं है। तब अहंकार बहुत क्षीण होता है। होता है, क्योंकि आपके मन में दूसरे मौजूद होते हैं। कमरे में तो मौजूद नहीं होते, मन में मौजूद होते हैं। मन में मौजूद होने के कारण थोड़ा-सा अहंकार शेष रहता है।

रात गहरी नींद में सो गए हैं। जब तक सपना चलता है, तब तक अहंकार थोड़ा-सा मौजूद रहता है। लेकिन जब सपना भी बंद हो जाता है, तब कोई

अहंकार मौजूद नहीं रह जाता; तब आपके भीतर मैं का कोई भाव नहीं होता। इसलिए सुबह जब आप उठ कर कहते हैं कि रात बड़ी गहरी नींद आई, बड़ा आनंद आया; वह आनंद गहरी नींद का नहीं है; वह आनंद मैं से मुक्त हो जाने के क्षणों का है। क्षण भर के लिए भी रात अगर इतनी गहरी नींद हो गई कि मैं न रहा, तो बड़ी गहरी ब्लिस, बहुत गहरे आनंद के लोक से संस्पर्श हो जाता है। एक स्वर्ग उस गहराई से आ जाता है, जो परमात्मा का है।

इसलिए सुषुप्ति समाधि के बहुत करीब है, और बहुत दूर भी। करीब इसलिए है कि जैसे समाधि में मैं मिट जाता है, वैसे ही सुषुप्ति में भी मिट जाता है। दूर इसलिए, कि सुषुप्ति में प्राकृतिक मूर्च्छा के कारण मैं मिटता है; और समाधि में व्यक्ति की सजगता के कारण मैं मिटता है।

मैं की मौजूदगी के लिए तू का होना जरूरी है। तू के बिना मैं के बनने का कोई उपाय नहीं है। मैं और तू पोलेरिटी है। जैसे कि बिजली ऋण और धन के बिना नहीं हो सकती। पाजिटिव इलेक्ट्रिसिटी अकेली नहीं हो सकती, निगेटिव के बिना। निगेटिव अकेली नहीं हो सकती, पाजिटिव के बिना। जैसे इस पृथ्वी पर पुरुष अकेले नहीं हो सकते, स्त्रियों के बिना; स्त्रियां अकेली नहीं हो सकतीं, पुरुषों के बिना।

आपको शायद खयाल न आया हो, जब स्त्री आपके सामने मौजूद होती है, तब आपके भीतर का पुरुष बहुत सक्रिय हो जाता है। जब स्त्री मौजूद नहीं होती, तब निष्क्रिय हो जाता है। जब स्त्री के सामने पुरुष मौजूद होता है, तब स्त्रैणता आ जाती है; जब पुरुष नहीं रह जाता, तो स्त्रैणता विलीन हो जाती है।

दूसरा पोल सदा मौजूद चाहिए। मैं का दूसरा हिस्सा तू है। मैं और तू एक ही घटना के दो छोर हैं; जैसे एक ही डंडे के दो छोर। अगर तू गिर जाए, तो भी मैं गिर जाता है; अगर मैं गिर जाए, तो भी तू गिर जाता है। परमात्मा के लिए कोई तू नहीं है। इसलिए मैं के बनने का कोई उपाय नहीं है।

मनोवैज्ञानिक कहते हैं, विशेषकर पश्चिम का एक मनोवैज्ञानिक पियागेट, जिसने पूरी जिंदगी, बच्चों में मैं का भाव कैसे पैदा होता है, इस पर

समर्पित की है; उसकी बड़ी हैरानी की खोजें हैं। वह कहता है कि बच्चे में मैं का भाव बाद में पैदा होता है, तू का भाव पहले पैदा होता है। बच्चे को पहले दूसरों का पता चलता है, फिर अपना पता चलता है। ठीक भी यही है। बच्चे को पहले पता चलता है और लोगों का।

इसलिए अक्सर बच्चे ऐसा नहीं कहते कि मुझे भूख लगी है। छोटा बच्चा कहता है, इसको भूल लगी है। यह भी उसके लिए दि अदर, और की तरह मालूम पड़ता है। छोटे बच्चे अक्सर अपना नाम लेते हैं, वे कहते हैं, बबलू को भूख लगी है! उनका नाम बबलू है। वे ऐसा नहीं कहते, मुझे भूख लगी है। अभी मुझे का भाव बहुत गहरा नहीं हुआ है। अभी बबलू भी थर्ड पर्सन है। कहता है, बबलू को नींद आ रही है।

पियागेट कहता है कि बच्चों को पहले तू का पता चलता है; फिर धीरे-धीरे मैं का पता चलता है। इसलिए बच्चे इतने भोले मालूम पड़ते हैं, क्योंकि मैं का पता चलने में जरा देर है अभी। अभी मैं का छोर निर्मित हो रहा है। जब निर्मित हो जाएगा, तो बच्चे कठिन और कठोर हो जाएंगे।

इसलिए जब बच्चों में पहली दफा मैं पैदा होता है, तब रिबेलियन पैदा होता है। इसलिए एक उम्र है बच्चों की, जो रिबेलियन की है, विद्रोह की है, बगावत की है। जब पहली दफे बच्चे में मैं आता है, तब वह सब तरफ मैं की परीक्षा करता है। बाप के खिलाफ, मां के खिलाफ, गुरु के खिलाफ वह मैं की परीक्षा करता है—मैं हूं।

तो अगर मां कहती है कि यह मत करो, तो वह करके दिखाता है; नहीं तो पता कैसे चले कि मैं हूं! अगर बाप कहता है, वहां मत जाओ, तो वह जाकर बताता है; नहीं तो पता कैसे चले कि मैं हूं? इसलिए बड़ी स्वाभाविक बात है कि बच्चे कुछ दिनों मां-बाप के खिलाफ लड़ते हैं। वह खिलाफ लड़कर ही, वे अपनी ईगो को मजबूत करते हैं।

यह मैंने इसलिए कहा कि परमात्मा के लिए मैं का कोई उपाय नहीं है, क्योंकि तू का कोई उपाय नहीं है।

इसलिए कृष्ण कहते हैं, मैं करता हुआ भी अकर्ता हूं। मैं होते हुए भी न होने जैसा हूं। हूं, और फिर भी मैं नहीं हूं। क्योंकि तू का तो कोई उपाय नहीं है। परमात्मा किसको कहे तू? कोई उपाय नहीं है। इसलिए भी उनका यह वचन बहुत अर्थपूर्ण है। और एक तीसरे अर्थ में भी।

परमात्मा के लिए अस्तित्व ऐसे ही है, जैसे हमारे लिए शरीर। एक आर्गेनिक यूनिटी है। मैं अपने हाथ को तू नहीं कहता; मैं अपने हाथ को मैं ही कहता हूं। मैं अपने पैर को तू नहीं कहता; मैं अपने पैर को मैं ही कहता हूं। मेरा शरीर मेरा ही विस्तार है। परमात्मा के लिए समस्त अस्तित्व उसका ही विस्तार है। वही है। इसलिए जब परमात्मा कुछ निर्माण भी करता है, सृजन भी करता है, क्रिएट भी करता है, तो वह सृजन भी पराए का सृजन नहीं है। उस सृजन को भी समझ लेना उचित है।

एक चित्रकार एक चित्र बनाता है। तो जब चित्रकार चित्र बनाता है, तो चित्र अलग हो जाता है, चित्रकार अलग हो जाता है। फिर चित्रकार मर भी जाए, तो भी चित्र नहीं मरेगा; चित्र बना रहेगा। चित्र का अपना अस्तित्व हो गया। एक मूर्तिकार मूर्ति निर्माण करता है। मूर्ति अलग बन गई। मूर्तिकार न भी रहे, तो अब मूर्ति को कोई फर्क नहीं पड़ता। जैसे मां ने बेटे को जन्म दे दिया; अब मां मर जाएगी, तो भी बेटा रहेगा। अब बेटे का अस्तित्व अलग हो गया। ऐसे ही मूर्तिकार ने मूर्ति को जन्म दे दिया। मूर्ति अलग हो गई। मूर्ति जन्मते ही तू हो गई। मूर्तिकार अब मूर्ति को मैं नहीं कह सकता, अब उसको तू ही कहना पड़ेगा। अब मूर्ति का अपना अस्तित्व है।

लेकिन एक नृत्यकार है, एक डांसर है। वह नाचता है। नाच अलग नहीं हो पाता। कितना ही नाचे, तो भी नृत्य और नर्तक एक ही रहते हैं। इसलिए हमने परमात्मा को नृत्य करते हुए नटराज की तरह सोचा; मूर्ति बनाते हुए नहीं सोचा; चित्र बनाते हुए नहीं सोचा। नृत्य करते हुए सोचा। उसका गहरा रहस्य है। उसका कुल कारण यह है कि जैसे नर्तक और नृत्य एक ही हैं; अगर नर्तक रुक जाए, तो नृत्य रुक जाएगा। और बड़े मजे की बात है, अगर

नृत्य रुक जाए, तो नर्तक नर्तक नहीं रह गया; क्योंकि नर्तक तभी तक नर्तक है, जब तक नृत्य चल रहा है। नर्तक और नृत्य के बीच एक एकात्मता है; एक ही हैं वे। नर्तक नृत्य को अलग रख कर तू नहीं कह सकता और न नर्तक नृत्य को अलग रख कर नर्तक रह सकता है।

तो परमात्मा के और सृष्टि के बीच जो संबंध है, वह नर्तक और नृत्य का है। न तो परमात्मा स्रष्टा रह सकता है सृष्टि को बंद करके—इसलिए बंद ही नहीं कर सकता; नहीं तो स्रष्टा नहीं रह जाएगा। बंद होना होगा ही नहीं। सृष्टि शाश्वत चलती ही रहेगी। क्योंकि स्रष्टा और सृष्टि एक हैं। दि क्रिएटर एंड दि क्रिएशन आर वन। नर्तक और नृत्य की भांति। इसलिए सृष्टि को भी परमात्मा तू नहीं कह सकता। वहां भी तू के लिए कोई उपाय नहीं है, गुंजाइश नहीं है, अवकाश नहीं है, जगह नहीं है, जहां वह तू को खड़ा कर सके।

इसलिए कृष्ण कहते हैं कि सब करते हुए भी मैं अकर्ता हूं। कर्ता मुझे नहीं पकड़ पाता। मैं मुझे नहीं पकड़ पाता। कर्म अहंकार को निर्मित नहीं कर पाते हैं।

करीब-करीब ऐसे ही, जैसे कभी गर्मी के दिनों में देखा हो अंधड़। कभी हवा का तेज अंधड़ आता है गर्मी के दिनों में। धूल का बवंडर उठता है वर्तुलाकार। धूल के आकाश में बवंडर ऊंचे उठते चले जाते हैं। जब बवंडर चला जाए, तो जाकर जमीन को देखना, तो बहुत हैरानी होगी। बड़ा बवंडर था, बड़ा तूफान था। निशान बन गए होंगे जमीन पर, उसके घूमने के। लेकिन बीच में एक सूनी खाली जगह भी होगी—शून्य; जहां कोई निशान नहीं होगा। उसी शून्य पर सारा बवंडर घूमा। जैसे कील पर चाक घूमता है। उस खाली शून्य पर सारे बवंडर का तूफान आया; बीच में सब शून्य था।

परमात्मा एक बवंडर की तरह अस्तित्व है। बीच में कोई मैं नहीं है, वहां सब बीच में शून्य है। चारों तरफ अस्तित्व की विराट लीला है।

इसीलिए हम जगत को परमात्मा की लीला कहते हैं। सृष्टि से भी सुंदर शब्द है वह, लीला, प्ले। क्योंकि खेल में अहंकार नहीं होता।

हमें हो जाता है। और जब खेल में अहंकार हो जाता है, तो खेल काम हो

जाता है, फिर खेल नहीं रह जाता। हमें तो खेल में भी हो जाता है। दो आदमी ताश भी खेल रहे हों, तो अकड़ आ जाती है। शतरंज भी खेल रहे हों, तो तलवारें खिंच जाती हैं। हमें तो खेल में भी अहंकार आ जाता है, हार-जीत जोर से पकड़ जाती है। फिर वह खेल नहीं रहा, फिर तो वह काम ही हो गया; दुकान ही हो गई।

खेल तभी तक है, जब तक भीतर मैं नहीं है। लीला चल रही है। हारे, तो भी ठीक है; जीते, तो भी ठीक है। कोई खास फर्क नहीं पड़ता। हां, कभी-कभी ऐसा होता है। अगर बाप कभी बच्चे के साथ खेल खेलता है, तो ऐसा होता है। बाप बच्चे के साथ खेल खेलता है, तो ऐसा होता है, क्योंकि बच्चे के साथ अहंकार पकड़ने में बाप को भी नासमझी मालूम पड़ती है। फिर हारने की, जीतने की फिकर नहीं करता। कई दफे तो खुद ही हार जाता है, क्योंकि बच्चा नहीं तो जीतेगा कैसे? खुद लेट जाता है; बच्चे को छाती पर बिठा लेता है; और बच्चा खुशी से भर जाता है। और बच्चे की जीत की खुशी बाप की भी खुशी बन जाती है—हारकर। अब यह खेल है।

परमात्मा के लिए जगत एक खेल है। कई बार हमें जिताता भी है। बस, बच्चे की तरह। कई बार हम उसकी छाती पर भी होते हैं; पर बच्चे की तरह। भीतर उसके लिए कोई अहंकार नहीं है। ऐसी निर-अहंकार स्थिति की घोषणा, कृष्ण ने इस वचन में की है। उसे समझें। और धीरे से वह जीवन में कभी उतर आए, तो बड़ा सौभाग्य है।

**न मां कर्माणि लिम्पन्ति न मे कर्मफले स्पृहा।**
**इति मां योऽभिजानाति कर्मभिर्न स बध्यते।।14।।**

कर्मों के फल में मेरी स्पृहा नहीं है, इसलिए मेरे को कर्म लिपायमान नहीं करते। इस प्रकार जो मेरे को तत्व से जानता है, वह भी कर्मों से नहीं बंधता है।

कृष्ण कहते हैं, कर्मों के फलों में मेरी स्पृहा नहीं है, इसलिए कर्म मुझे लिप्त नहीं कर पाते हैं। और जो मुझे ऐसा जानता है, वह भी कर्मों के लिप्त होने से मुक्त हो जाता है।

कर्मों के फलों में स्पृहा नहीं है; कर्मों के फलों की आकांक्षा नहीं है। खेल और कर्म का यही फर्क है। फल की आकांक्षा हो, तो खेल भी कर्म बन जाता। फल की आकांक्षा न हो, तो कर्म भी खेल बन जाता। बस, कर्म और खेल का फर्क ही फल की आकांक्षा है।

आप सुबह-सुबह घूमने निकले हैं—घूमने, जस्ट फॉर ए वॉक—कोई पूछता है, कहां जा रहे हैं? आप कहते हैं, कहीं जा नहीं रहा; घूमने जा रहा हूं। कहते हैं, कहीं जा नहीं रहा, घूमने जा रहा हूं, अर्थात फल का कोई सवाल नहीं है; कहीं पहुंचने का कोई प्रयोजन नहीं है। कहीं पहुंचने को नहीं जा रहा। कोई मंजिल नहीं है, कोई मुकाम नहीं है, जहां के लिए जा रहा हूं। बस, घूमने जा रहा हूं।

इसी रास्ते से दोपहर को आप दुकान की तरफ भी जाते हैं। तब आप बस घूमने नहीं जा रहे हैं, कहीं जा रहे हैं। रास्ता वही है, आप वही हैं, पैर वही हैं। लेकिन कभी आपने फर्क देखा कि सुबह के घूमने का आनंद और है; और दोपहर को दुकान की तरफ जाने का बोझ और है। रास्ता वही, आप वही, पैर वही, हवाएं वही, सूरज वही, फर्क कहां है?

फर्क—सुबह खेल था; दोपहर काम हो गया। सुबह स्पृहा न थी फल की। कहीं पहुंचने का कोई प्रयोजन न था। कर्म ही फल था। कर्म के बाहर कोई फल न था। घूम लिए, काफी है। घूमना अपने आप में अंत था, एंड इन इटसेल्फ। पार कहीं कोई बात न थी। कहीं जाना न था; कुछ पाना न था। कुछ पाने को न था; घूमना ही पाना था। वही क्षण, वही कृत्य सब कुछ था। उसके बाहर कोई स्पृहा न थी। तब एक हल्कापन था पैरों में; पक्षियों के परों का हलकापन था। मन में हवाओं की ताजगी थी; आंखों में फूलों की सरलता थी। कहीं जा न रहे थे; कोई तनाव न था, कोई टेंशन न था। एक-एक कदम स्पांटेनियस था। कहीं भी रुक सकते थे और कहीं से भी वापस लौट सकते थे। कोई दबाव न था। कहीं खींचे न जा रहे थे; कहीं से धकाए न जा रहे थे। न तो पीछे से कोई धक्का दे रहा था कि जाओ; न आगे से कोई खींच रहा था कि आओ। प्रत्येक कदम अपने आप

में पूरा था, टोटल इन इटसेल्फ। कहीं भी रुक सकते थे, वापस लौट सकते थे। कोई न कहता कि वापस क्यों लौटते हो? मन न कहता कि अरे, बिना मुकाम पाए वापस क्यों जाते हो? घूमने में खेल था; कर्म की स्पृहा न थी।

परमात्मा कहीं पहुंचने को नहीं कर रहा है। यह परमात्मा का, अस्तित्व का, एक्झिस्टेंस का कोई उद्देश्य नहीं है। यह बड़ी कठिन बात है समझनी।

अस्तित्व निरुद्देश्य है। निरुद्देश्य ही खिलते हैं फूल। निरुद्देश्य ही गीत गाते हैं पक्षी। निरुद्देश्य ही चलते हैं चांद-तारे। निरुद्देश्य ही पैदा होता है जीवन और विलीन। हमें बहुत कठिन हो जाएगा!

ह्यूमन माइंड, मनुष्य का मन उद्देश्य के बिना कुछ भी नहीं समझ पाता। हमें लगता है, बिना उद्देश्य! फिर किसलिए? यानी मतलब, हम फिर से पूछते हैं कि फिर उद्देश्य क्या? निरुद्देश्य है जीवन। इसका दूसरा अगर पर्याय बनाएं, तो होगा जीवन आनंद है अपने में, उसके बाहर कहीं कोई पहुंचने की बात नहीं है।

कृष्ण यही कहते हैं, परपजलेसनेस। कहते हैं, मेरे लिए कोई ऐसा नहीं है कि जो मैं कर रहा हूं, उसमें कोई मजबूरी, कोई कंपल्शन नहीं है; आनंद है। सुबह बच्चे उठकर खेल रहे हैं, नाच रहे हैं—बस, ऐसे ही। बस, ऐसे ही सारा अस्तित्व आनंदमग्न है, आनंद के लिए ही।

इसलिए कृष्ण के जीवन को हम लीला कहते हैं। राम के जीवन को चरित्र कहते हैं। राम का जीवन बड़ा गंभीर है। बड़े उद्देश्यपूर्ण चलते मालूम पड़ते हैं। एक-एक बात का चुनाव है। यह करेंगे और यह न करेंगे। ऐसा ठीक है और ऐसा गलत है।

राम के जीवन में उद्देश्य की बड़ी स्पष्टता है। कृष्ण के जीवन में उद्देश्य बिलकुल ही मटियामेट हो जाते हैं। कृष्ण के जीवन में बड़ी निरुद्देश्यता है। इसलिए राम को हम आंशिक अवतार ही कह पाए; पूर्ण अवतार न कह सके। कृष्ण को हम पूर्ण अवतार कह सके, क्योंकि परमात्मा जिस तरह पूरा निरुद्देश्य है, ऐसा ही यह व्यक्ति भी पूरा निरुद्देश्य है। एक-एक कृत्य खेल की तरह है, काम की तरह नहीं है।

पर कृष्ण जो यह वक्तव्य देते हैं, फल की स्पृहा नहीं है। हमें समझना बहुत कठिन हो जाएगा। क्योंकि हम तो कहेंगे, फल की स्पृहा न हो, तो हम कदम ही न उठाएंगे। अगर फल न पाना हो, तो हम कुछ करेंगे ही क्यों? हमें तो सारा कर्म फल प्रेरित है, रिजल्ट ओरिएंटेड है। फल आता हो, तो हम करेंगे। फल न आता हो तो? फल न आता हो, तो हम क्यों करेंगे? हमारा जीवन वर्तमान में नहीं, सदा भविष्य में है। हम आज नहीं जीते; सदा कल जीते हैं।

कल कभी जी नहीं सकते, सिर्फ खयाल में ही रहते हैं। इसलिए हम जीते कम, मरते ही ज्यादा हैं। हम कहते हैं, कल। फल सदा कल है। फल का मतलब, कल।

फल कभी आज नहीं है। फल आज हो नहीं सकता। आज तो कर्म ही हो सकता है; फल तो कल ही होगा। कल भी आ जाएगा, तब भी फल आगे कल पर सरक जाएगा। कल फिर जब आज बनेगा, तो कर्म ही होगा।

आज सदा कर्म है; फल सदा कल है। आज, वर्तमान। कल, भविष्य। फल सदा कल्पना में है। फल का कोई अस्तित्व नहीं है; अस्तित्व तो कर्म का है। परमात्मा भविष्य में नहीं जीता, क्योंकि परमात्मा कल्पना में नहीं जीता।

कल्पना में कौन जीते हैं? इसे समझ लें, तो कृष्ण की यह बात समझ में आ जाएगी। कल्पना में कौन जीते हैं? जो फ्रस्ट्रेटेड हैं, वे कल्पना में जीते हैं। जिनका जीवन विषाद से भरा है, दुख से भरा है, वे कल्पना में जीते हैं। क्यों? क्योंकि कल्पना से वे अपने विषाद की परिपूर्ति करते हैं, सब्स्टीटयूट करते हैं।

आज जिंदगी इतनी उदास है कि कल के फल की आशा से उस उदासी को हम मिटाए चले जाते हैं। आज तो जिंदगी में कुछ भी नहीं है। कल के फूलों की आशा में आज को सजाए चले जाते हैं। आज तो सब खाली और रिक्त है। कल का श्रृंगार, कल की आशा, आज पैरों को गति देती है।

कल भी यही हुआ था; कल भी यही होगा। आज होगा सदा खाली, और कल होगा सदा भरा हुआ! और अंत में जब जिंदगी का जोड़ लगाइएगा, तो ध्यान रखें, जिंदगी कल का जोड़ नहीं है, जिंदगी आज का जोड़ है। सब खाली आज

जब आखिर में जुड़ेंगे, तो पता चलेगा, हाथ खाली के खाली रह गए। क्योंकि जिंदगी आज का जोड़ है, कल का जोड़ नहीं है।

आज अस्तित्व है; कल तो सिर्फ कल्पना है, इमेजिनेशन है। कल कभी आता नहीं। पर आज है पीड़ा से भरा। अगर कल भी न रह जाए, तो बहुत मुश्किल हो जाए; पैर का उठना मुश्किल हो जाए।

यह जो हमारी दुख से भरी स्थिति है, इसके लिए हम फलातुर हैं। परमात्मा आनंदमग्न है। फलातुर होने की जरूरत नहीं है। सिर्फ दुखी आदमी फलातुर होता है; दुखी चित्त फलातुर होता है। आनंदित चित्त फलातुर नहीं होता। आप भी जब कभी आनंद में होते हैं, तो भविष्य मिट जाता है और वर्तमान रह जाता है। जब भी!

अगर आप किसी के प्रेम में पड़ गए, तो भविष्य मिट जाता है। अगर आपका प्रेमी आपके पास बैठा है, तो वर्तमान ही रह जाता है। फिर आप यह नहीं सोचते, कल क्या होगा? फिर आप वही जानते हैं, जो अभी हो रहा है। कल खो जाता है।

जब आप संगीत में डूब जाते हैं, तो कल खो जाता है। फिर आप यह नहीं सोचते, कल क्या होगा? फिर आज ही, अभी, दिस वेरी मोमेंट, यही क्षण काफी हो जाता है। जब कोई भजन में लीन हो गया, कीर्तन में डूब गया, तब यही क्षण सब कुछ हो जाता है। सारा अस्तित्व इसी क्षण में समाहित हो जाता है। सब सिकुड़कर, सारा अस्तित्व इसी क्षण में केंद्रित हो जाता है। इस क्षण के बाहर फिर कुछ भी नहीं है।

जीवन के जो भी आनंद के क्षण हैं, वे वर्तमान के क्षण हैं। परमात्मा तो प्रतिपल आनंद में है। इसलिए उसकी कोई फलाकांक्षा नहीं हो सकती।

कृष्ण कहते हैं, जिस दिन कोई इस सत्य को समझ लेता है, उस दिन वह भी फलातुर नहीं रह जाता।

अब मैं दूसरी बात आपसे कहूं। मैंने कहा, दुखी आदमी फलातुर होता है। और अब मैं आपसे यह भी कहूं कि फलातुर आदमी दुखी होता चला जाता है। यह विसियस सर्किल है, यह दुष्टचक्र है। दुखी होंगे, तो फल की आकांक्षा

करेंगे। फल की आकांक्षा करेंगे, दुखी होंगे। ये जुड़ी हुई बातें हैं दोनों। क्यों? दुखी होंगे, तो मैंने समझाया, फल की आकांक्षा क्यों करेंगे! क्योंकि इस क्षण के दुख को मिटाने का भविष्य की कल्पना के अतिरिक्त आपके पास कोई भी उपाय नहीं है। दिखाई नहीं पड़ता, उपाय तो है।

कृष्ण उसी उपाय को बताते हैं, लेकिन वह हमें दिखाई नहीं पड़ता। हमें यही दिखाई पड़ता है कि कल्पना में भूल जाओ। इस क्षण को भूल जाओ। भरोसा रखो, कल सब ठीक हो जाएगा। आज जिंदगी अभिशाप है, कल वरदान बन जाएगी। आज कांटे हैं, कल फूल हो जाएंगे। भरोसा रखो! कल तो आने दो; कल सब ठीक हो जाएगा। कल तक प्रतीक्षा करने में इससे सहारा मिल जाता है। कंसोलेशन, सांत्वना बन जाती है। फिर कल आ जाता है।

लेकिन दुख के कारण फल के तीर हमने भविष्य में पहुंचाए। दुख के कारण कामना के सेतु बनाए—इंद्रधनुष के सेतु, रेनबो ब्रिजेज—जिन पर चल नहीं सकते, जो सिर्फ दिखाई पड़ते हैं। पास जाओ, खो जाते हैं। इसलिए कभी इंद्रधनुष के पास नहीं जाना चाहिए। खो जाता है। दूर से लगता है कि बड़ा सेतु बना है। चाहो तो जमीन से आकाश में चले जाओ चढ़ कर। पास भर न जाना। जाना खतरनाक है।

तो इच्छाओं के सेतु बनाते हैं कल में। बड़े प्रीतिकर लगते हैं। इंद्रधनुष के सब रंग होते हैं उनमें। शायद इंद्रधनुष से भी ज्यादा रंग होते हैं। फिर कल आता है और इंद्रधनुष दिखाई नहीं पड़ता कि कहां है। तब दुख पैदा होता है। दुख था, इसलिए इंद्रधनुष बनाया; फिर इंद्रधनुष नहीं मिलता, तो दुख पैदा होता है। फिर और बड़े इंद्रधनुष बनाते हैं। लगता है, शायद छोटे बनाए थे, इसलिए मिल नहीं सके। लगता है, शायद थोड़ी कम मेहनत की, इसलिए कल्पनाएं अधूरी रह गईं। लगता है, शायद थोड़ा दौड़ने में कंजूसी हुई, इसलिए पहुंच नहीं पाए। और जोर से दौड़ो, और बड़े धनुष बनाओ, और फैलाओ कल्पना के जाल को, तो कल तृप्ति होगी।

फिर वह कल भी आ जाता है। फिर वे कल्पना के जाल भी अधूरे और टूटे के टूटे रह जाते हैं। टूटे हुए इंद्रधनुष फिर बड़ा दुख देते हैं। फिर और बड़ा

करो। फिर जीवन से मृत्यु तक यही करते रहो। बनाओ इंद्रधनुष और खंडों को बटोरो। टूटे हुए इंद्रधनुषों को इकट्ठे करते चले जाओ। फिर आखिर में जिंदगी एक खंडहर, आर्चिओलॉजी के काम का, और किसी काम का नहीं। खंडहर—पुरातत्व के शोधियों के काम का। हाथ में कुछ भी नहीं; सिर्फ आशाओं के खंडहर; भग्न आशाओं के सेतु; खो गए सब! और मौत सामने है। फिर सेतु बनाना भी मुश्किल हो जाता है।

इसलिए मौत से हम डरते हैं। मौत से डरने का कारण यह नहीं है कि मौत से हम डरते हैं। क्योंकि जिससे हम परिचित नहीं हैं, उससे डरेंगे कैसे! जिसे हम जानते नहीं हैं, उससे डरेंगे कैसे! जिसे हमने कभी देखा नहीं, उससे डरेंगे कैसे! डरने के लिए भी थोड़ा परिचय जरूरी है। मौत से हम नहीं डरते। डरते हम इससे हैं कि मौत का मतलब है, कल अब नहीं होगा। मौत का मतलब है, नो टुमारो नाउ। मौत का मतलब है, अब आगे कल नहीं है। फिर हमारे इंद्रधनुषों का क्या होगा? फिर हमारी कल्पनाओं के जाल का क्या होगा? हम तो सदा कल में ही जीए थे; आज तो कभी जीए नहीं थे। मौत कहती है, बस, अब आज है; कल नहीं। तो हम क्या करें?

इसलिए मौत उदास कर जाती है। मौत नहीं करती उदास, कल का अभाव, कल का समाप्त हो जाना। अब कोई कल नहीं है; अब आज ही है। अब हम मरे! अब हम अपने पर ही फेंक दिए गए। थ्रोन बैक टु वनसेल्फ। अब कोई कल का उपाय न रहा, जिसमें हम भरोसे खोज लें। अब कल का कोई उपाय न रहा, जिसमें हम सहारे बना लें। अब कल न रहा, जिसमें हम सपने गूंथ लें, सपने बुन लें। अब ड्रीम की कोई जगह न रही। अब रिअलिटी है; अब तथ्य ही सामने रह गया। अब आज ही बचा।

आज के साथ जीने की हमारी कोई आदत नहीं है। कल के साथ ही सदा जीए थे। अब जीना बहुत मुश्किल है। इसलिए हम मौत से डरते और भयभीत होते हैं। मौत, कल की मौत है; इससे हम डरते हैं।

कृष्ण कहते हैं—वह जो परम सत्ता है, उसकी तरफ से—कि मैं आज ही जीता हूं, अभी और यहीं। फल की स्पृहा नहीं है। कल की आकांक्षा नहीं है। टुडे इज़ इनफ, आज काफी है।

जीसस अपनी प्रार्थना में कहते हैं, गिव मी टुडेज ब्रेड, आज की रोटी पर्याप्त है।

न्यू मैन ने अपने गीत में लिखा है, आई डू नाट लांग फार दि डिस्टेंट सीन, दूर के दृश्यों की आकांक्षा नहीं है मुझे। वन स्टेप इज़ इनफ फॉर मी, एक कदम काफी है। दूर के दृश्यों की आकांक्षा नहीं मुझे; एक कदम काफी है।

कृष्ण कहते हैं, अभी और यहीं–हियर एंड नाउ–सब है। फल की स्पृहा नहीं है मुझे। दो कारणों से।

एक तो आनंदमग्न चित्त अभी और यहीं होता है। और जैसा मैंने कहा कि दुख से कल की आकांक्षा पैदा होती; कल की आकांक्षा से दुख घना होता; ऐसे ही यह भी आपसे कहूं, आनंदित चित्त में कल की आकांक्षा पैदा नहीं होती। और कल की आकांक्षा जिस चित्त में पैदा नहीं होती, उसका आनंद सघन होता है। उसका भी अपना एक वर्तुल है।

जितना-जितना कल की आकांक्षा नहीं होती, उतना-उतना आज सघन आनंद से भरता चला जाता है। अनंत आनंद आज ही सिकुड़ कर मिलने लगता है।

परमात्मा क्षणजीवी है। लेकिन उसका क्षण इटरनिटी है; उसका क्षण अनंत है। एक क्षण ही अनंत है। हम भविष्यजीवी हैं। लेकिन हमारा भविष्य सिवाय मृत्यु के और कुछ नहीं लाता। हमारा भविष्य अमावस की रात के अतिरिक्त और कुछ भी नहीं निर्मित करता। हमारा भविष्य प्राणों में सिर्फ घाव छोड़ जाता है; अनजीए घाव। घाव उस जीवन के, जो हमने जीया नहीं और जिसे हम चूक गए हैं।

कृष्ण कहते हैं, जो इस बात को समझ लेता, जो मेरे इस स्वरूप को समझ लेता, वह भी मेरे जैसा हो जाता है।

आनंद की जिन्हें भी तलाश है, वे कल से मुक्त हो जाएं। सत्य की जिन्हें भी खोज है, वे भविष्य को विदा कर दें। हां, दुख की जिन्हें तलाश है, वे कल को खोजें। नरक के द्वार पर जिनको खटखटाना है, वे भविष्य में सेतु बनाएं स्वप्नों के। स्वर्ग के द्वार को जिन्हें खोल लेना है, उनके लिए द्वार अभी और यहीं है।

लेकिन अभी और यहीं होने का राज क्या है, सीक्रेट क्या है? सीक्रेट है—फल की स्पृहा नहीं; कर्म काफी है। जो कर रहे हैं, उतना ही काफी है। लेकिन वह कब होगा काफी? जब कर्म खेल बन जाए, लीला बन जाए।

लेकिन हम तो खेल को भी कर्म बना लेते हैं। हम तो इतने कुशल हैं कि हम खेल को कर्म बना लेते हैं। कृष्ण कहते हैं, कर्म को खेल बनाओ। हम दूसरे छोर हैं, ठीक उलटे। हम खेल को कर्म बना लेते हैं! कृष्ण कहते हैं, जीवन नाटक हो जाए। हमने उलटी कुशलता अर्जित की है। हम नाटक को जीवन बना लेते हैं।

देखा है, सिनेमागृह में बैठे लोगों को? रूमाल गीले कर रहे हैं; आंसू पोंछ रहे हैं। पर्दे पर कुछ भी नहीं है, सिवाय छायाओं के। सिवाय प्रकाश के और छायाओं के मेल-जोल के, पर्दे पर कुछ भी नहीं है। खाली पर्दा है। आंसू पोंछ रहे हैं! हृदय की धड़कन बढ़ गई है। कोई का ब्लडप्रेशर बढ़ गया होगा! निकलते हैं सिनेमागृह से, देखें लोगों के चेहरे, तो पता चलेगा, नाटक जिंदगी बन गई है। वह तो सिनेमागृह में अंधेरा रहता है, यह बड़ा अच्छा है। आदमी अपना चुपचाप रो लेता है; पोंछ लेता है; बैठ जाता है। देखें सिनेमागृह में! अब की बार सिनेमा न देखें, जाएं तो देखने वालों को देखें। अच्छा तो यह हो, अपने को देखें, तो और मजा आएगा कि क्या कर रहे हैं! यह क्या हो रहा है!

कृष्ण कहते हैं, यह पूरा जीवन ही नाटक है। हम कहते हैं, नाटक! नाटक खुद ही जीवन है। अगर यह बात दिखाई पड़ जाए कि फिल्म के पर्दे पर सिवाय विद्युत के किरणों के जाल के और कुछ भी नहीं, तो किसी दिन यह भी पता चल जाएगा कि इस पृथ्वी पर भी विद्युत की किरणों के जाल के अतिरिक्त और कुछ भी नहीं है। यहां भी कुछ भी नहीं है। तब यह सब नाटक हो जाता है, तब एक अभिनय हो जाता है।

इसलिए कृष्ण एक कुशल अभिनेता हैं। बांसुरी भी बजा सकते हैं, सुदर्शन भी उठा सकते हैं। परम ज्ञान की बात भी कर सकते हैं, गंवार ग्वालों के साथ नाच भी सकते हैं। गीता का उपदेश भी दे सकते हैं, स्त्रियों के वस्त्र उठा कर वृक्ष पर भी बैठ सकते हैं। ऐसा इनकंसिस्टेंट, ऐसा असंगत आदमी पृथ्वी पर दूसरा नहीं हुआ है।

लेकिन उस असंगति में एक राज है। इतना असंगत वही हो सकता है, जो बिलकुल गंभीर नहीं है। सिर्फ खेल समझ रहा है। इसलिए ठीक है।

उसे राम का पार्ट दे दो, तो भी पूरा कर देगा; रावण का दे दो, तो भी पूरा कर देगा। वह यह नहीं कहेगा कि रावण का पार्ट हम पूरा नहीं करते! खेल ही है, तो झंझट क्या है; चलेगा। राम का दे दो, तो वह कहेगा, चलेगा। राम और रावण में उसे असंगति नहीं दिखाई पड़ेगी। इसलिए कि वह कहता है, पर्दे के पीछे न कोई राम है, न कोई रावण है। वह पर्दे के बाहर खेल है, जो मर्जी; हम पूरा किए देते हैं। गंभीर नहीं है, क्योंकि खेल है जिंदगी। स्पृहा नहीं है भविष्य की, फल की, क्योंकि खेल है जिंदगी। परम अस्तित्व के लिए तो सभी कुछ खेल है; भविष्य है ही नहीं।

यह आखिरी बात इस सूत्र में आपसे कहूं। हम समय को तीन हिस्सों में बांटते हैं—हम, ह्यूमन माइंड, मनुष्य का मन समय को तीन हिस्सों में बांटता है—भविष्य, वर्तमान, अतीत; पास्ट, प्रेजेंट, फ्यूचर। समय बंटा हुआ नहीं है। परमात्मा से अगर जाकर पूछेंगे, तो वह कहेगा, तीन? समय तो सदा वर्तमान है। समय न तो पास्ट है, और न फ्यूचर है। समय सिर्फ वर्तमान ही है। हम बांटते हैं।

सच तो यह है कि अगर हम और थोड़ी बुद्धिमानी करें, तो हमें वर्तमान को अलग कर देना चाहिए, क्योंकि वर्तमान का हमें कोई अनुभव ही नहीं है। हमें या तो अतीत का अनुभव है या भविष्य का। या तो हमें उस राख के ढेर का पता है, जो हमारी आकांक्षाओं की हमारे पीछे लग गई है। या तो हमें उस सबका पता है, जो बीत गया—अतृप्ति के ढेर। और या हमें पता है वह, जो अभी नहीं बीता; होना चाहिए, होगा—आकांक्षाओं के इंद्रधनुष। वर्तमान का हमें कोई भी पता नहीं है। हमारे लिए समय अतीत और भविष्य है।

वर्तमान हम किसे कहते हैं? हम वर्तमान उस क्षण को कहते हैं, जिस क्षण में हमारा भविष्य अतीत बनता है, दि फ्यूचर पासेस इनटु दि पास्ट। हम उस संक्रमण के क्षण को, ट्रांजीशन को, उस दरवाजे को वर्तमान कहते हैं, जिससे भविष्य अतीत बनता है; जिससे जीवन मृत्यु बनती है; जिससे जो नहीं था, वह नहीं था में वापस चला जाता है।

हमारे लिए वर्तमान सिर्फ एक द्वार है, बहुत बारीक, जिसे हम कभी नहीं पकड़ पाते हैं कि वह कहां है। जब हम पकड़ पाते हैं, तब तक अतीत हो चुका होता है। जब तक हम नहीं पकड़ पाते हैं, तब तक वह भविष्य रहता है। लेकिन परमात्मा की स्थिति बिलकुल और है। परमात्मा के लिए भविष्य है ही नहीं। और कोई अतीत भी नहीं है। परमात्मा के लिए सिर्फ वर्तमान है; मात्र वर्तमान। इसलिए परमात्मा के लिए समय इटरनिटी है, एक अनंतता है। बहाव नहीं है, एक अनंतता है; एक ठहरी हुई अनंतता। सब ठहरा हुआ है, सरोवर की भांति।

परमात्मा के लिए काज और इफेक्ट नहीं हैं, कार्य और कारण नहीं हैं। हमारे लिए हैं। कार्य का मतलब, भविष्य; कारण का मतलब, अतीत। वर्तमान, जिसमें से कारण कार्य बनता है या कार्य पुनः कारण बनता है। परमात्मा के लिए कार्य-कारण नहीं हैं।

हमारी स्थिति करीब-करीब ऐसी है, पूरे हमारे दिमाग की, चाहे वह वैज्ञानिक का दिमाग हो, चाहे दार्शनिक का हो, चाहे गहरे से गहरे सोचने वाले का हो। मनुष्य के मस्तिष्क के सोचने का ढंग करीब-करीब ऐसा है, जैसे कि एक छोटा-सा छेद हो दीवाल में और एक बिल्ली कमरे के भीतर बंद हो। धुंधला प्रकाश हो। और हम छेद से देख रहे हों।

बिल्ली निकले छेद के सामने से। पहले उसका चेहरा दिखाई पड़े। छेद छोटा है। चेहरा दिखाई पड़ता है। फिर उसकी पीठ दिखाई पड़ती है। फिर उसकी पूंछ दिखाई पड़ती है। फिर बिल्ली लौटती है; फिर उसका चेहरा पहले दिखाई पड़ता है, फिर उसकी पीठ दिखाई पड़ती है, फिर उसकी पूंछ दिखाई पड़ती है। फिर हम कहते हैं, हेड मस्ट बी दि काज एंड टेल मस्ट बी दि इफेक्ट। क्योंकि हमेशा सिर के पीछे पूंछ है। कहीं से भी बिल्ली घूमती हो कमरे में, हमारे छेद में से दिखाई पड़ता है पहले सिर, फिर पीठ, फिर पूंछ। निश्चित ही सिर कारण है, पूंछ कार्य है।

बेचारी बिल्ली को पता ही नहीं। वहां हेड, टेल एक ही हैं; वहां कोई कार्य-कारण नहीं हैं। वहां दोनों ही एक हैं। वहां बिल्ली के लिए सिर और पूंछ एक ही चीज के दो हिस्से हैं।

परमात्मा के लिए बीज और वृक्ष, कार्य और कारण नहीं हैं; एक ही चीज के दो हिस्से हैं। परमात्मा के लिए जन्म और मृत्यु, अतीत और भविष्य नहीं हैं; एक ही चीज के दो छोर हैं। हेड एंड टेल, सिर और पूंछ। हमारे लिए सब दिक्कत है। हमारे देखने के ढंग की वजह से सारी दिक्कत है। बहुत छोटा छेद है हमारे सोचने का। वह छोटा छेद क्यों है? क्योंकि वर्तमान बहुत छोटा है हमारा, इसलिए छेद छोटा है। वर्तमान बड़ा हो जाए, छेद बड़ा हो जाए। वर्तमान ही रह जाए, तो सब दीवाल गिर जाती है। फिर अस्तित्व को हम वैसा ही जानते हैं, जैसा वह है। अस्तित्व में न तो कुछ बीता है, न कुछ होने वाला है। सब है। सब मौजूद है।

कृष्ण इसलिए कहते हैं, फल की कोई स्पृहा नहीं। भविष्य ही नहीं, फल की स्पृहा कैसे करेंगे! यही क्षण सब कुछ है। ऐसा जो जान लेता है, वह भी इसी स्थिति को उपलब्ध हो जाता है।

इस सूत्र को गहरे में अनुभव करने की जरूरत है। यह सार सूत्रों में से एक है।

प्रश्न : बारहवें श्लोक में कहा गया है कि कर्मफलों को चाहने वाले लोग देवताओं को पूजते हैं और उनके कर्मों की सिद्धि भी शीघ्र ही होती है। परंतु उनको मेरी प्राप्ति नहीं होती। इसलिए तू मेरे को ही सब प्रकार से भज। कृपया इसका अर्थ स्पष्ट करें। और दूसरी बात, आठवें श्लोक में है, कि धर्म के संस्थापन के लिए मैं आता हूं। धर्म के संस्थापन का अर्थ भी कृपया समझाएं।

कर्मफलों की चाहना करने वाले लोग देवताओं को भजते हैं! कर्मफल की चाहना करने वाला व्यक्ति परमात्मा को नहीं भज सकता। कर्मफल की चाहना करने वाला व्यक्ति देवताओं को ही भज सकता है। क्यों? क्योंकि परमात्मा के भजने की शर्त है, कर्मफल की चाहना न करना। परमात्मा के भजन का एक ही अर्थ है, कर्मफल की चाहना छोड़ देना; फल की आकांक्षा छोड़ देना।

तो फल के लिए तो परमात्मा को भजा ही नहीं जा सकता। वह कंडीशन में ही नहीं आता। वह बेशर्त! परमात्मा की शर्त ही यही है कि तू मेरे पास आएगा तभी, जब बिना कुछ मांगता हुआ आएगा। कुछ मांगा, तो मुझसे दूरी हो जाएगी। तेरी मांग ही दूरी बन जाएगी।

असल में मांग बताती है कि परमात्मा की हमें जरूरत नहीं है। परमात्मा की सेवाओं की जरूरत है। सर्विसेस आर नीडेड; परमात्मा की कोई जरूरत नहीं है। एक आदमी को अपनी दुकान में सफलता पानी है; चुनाव में जीत जाना है। किसी को धन कमाना है; किसी को बीमारी से मुक्ति पानी है। किसी को चाहे गए व्यक्ति से विवाह करना है। परमात्मा की सेवाओं की जरूरत है, कि उससे विवाह करा दो, जिससे करना चाहता हूं; उस कुर्सी पर पहुंचा दो, जहां चढ़ना चाहता हूं। लेकिन मांग बताती है कि परमात्मा की जरूरत नहीं है। मांग ही फासला है। फल की जरूरत है! और परमात्मा मिलता है उसको, जिसको फल की आकांक्षा नहीं है।

इसलिए कर्मों के फल की चाहना करने वाला मेरे निकट नहीं आता, कृष्ण कहते हैं, मेरे निकट आएगा ही नहीं। क्योंकि मेरी शर्त ही पूरी नहीं करता। दि कंडीशन इज़ नाट फुलफिल्ड। शर्त ही यही है कि बिना कुछ चाहे मेरे पास आओ, तो ही मेरे पास आ सकते हो।

अस्तित्व की भी शर्तें हैं। सौ डिग्री तक पानी गर्म हो जाए, तो भाप बन जाता है। निन्यानबे डिग्री तक गर्म हो, तो भी भाप नहीं बनता; तो भी पानी ही रहता है। तो भाप कह सकती है कि सौ डिग्री तक बनो तुम, तो आ जाओगे मेरे पास। आकाश कह सकता है कि सौ डिग्री तक गर्म हो जाओ, तो बदलियां बन जाओगे, मुझमें तैर सकोगे। लेकिन अगर सौ डिग्री तक गर्म नहीं होते, तो फिर पानी ही रहो और पृथ्वी पर ही चलो। फिर पानी ही रहो और नीचे की तरफ बहो।

कभी खयाल किया है आपने? पानी नीचे की तरफ बहता है, भाप ऊपर की तरफ उठती है! सिर्फ सौ डिग्री की शर्त पूरी हो जाने से ऐसा हो जाता है कि भाप आकाश की तरफ उठने लगती है। समुद्र आकाश की तरफ दौड़ने लगता

है। और पानी हिमालय पर, गौरीशंकर पर भी हो, तो भी गड्ढों की तरफ दौड़ता चला जाता है; नीचे उतरता चला जाता है।

कर्मफलों की आकांक्षा परमात्मा के बीच व्यवधान है।

इसलिए कृष्ण कहते हैं, जो कर्मों के फल के लिए भजता है, वह मुझे नहीं भज सकता। वह मेरी जगह सिर्फ देवताओं को भजता है।

देवताओं का मैंने रात आपको अर्थ किया, वे आत्माएं जो शरीर नहीं ले पातीं, लेकिन अत्यंत शुभ हैं। लेकिन शरीर लेने को आतुर हैं अभी; अभी मुक्त नहीं हो गई हैं।

ध्यान रहे, मुक्त वही होता है, जो न शुभ रह जाता, न अशुभ; न गुड, न बैड। शुभ आत्मा भी मुक्त नहीं होती; अशुभ आत्मा भी मुक्त नहीं होती। अशुभ आत्मा भी बंधी रहती है अपने अशुभ कर्मों से, लोहे की जंजीरों से। शुभ आत्मा बंधी रहती है अपने शुभ कर्मों से, सोने की जंजीरों से। जंजीरों में फर्क है। बुरी आत्मा के पास लोहे की जंजीरें हैं, कुरूप, जंग खाई हुई। शुभ आत्मा के पास चमकदार, पालिश्ड, सुसंस्कृत, सोने की जंजीरें हैं, हीरे-जवाहरातों से जड़ी। बाकी बंधन दोनों के हैं।

शुभ आत्माएं भी मुक्त नहीं होती हैं। मुक्त तो वही होता है, जो शुभ-अशुभ के पार हो जाता है। बंधन के ही पार हो जाता है। कर्म के ही पार हो जाता है। कर्ता के ही पार हो जाता है। इसलिए शुभ आत्माएं जन्म लेने को आतुर हैं और शुभ करने को आतुर हैं। इसलिए जो लोग कर्मों के फल चाहते हैं, वे देवताओं को भजते हैं। वे शुभ आत्माओं से सहायता मांगते हैं। इनसे सहायता मिल सकती है। इसमें कोई कठिनाई नहीं है।

इसलिए कृष्ण कहते हैं कि मुक्ति के लिए तो तू मुझको भज। शक्ति के लिए भजना हो, तो देवताओं को भज। मुक्ति के लिए भजना हो, तो तू मुझको भज।

लेकिन परमात्मा के निकट जाने की शर्त बड़ी कठिन है। सौ डिग्री तक गर्म होना पड़े, भाप बनना पड़े, इवोपरेट होना पड़े। अहंकार जब तक भाप न हो

जाए, हवा-हवा न हो जाए, तब तक आकाश की तरफ उड़ान नहीं होती है। और अहंकार तब तक नहीं मिटता, जब तक फल-आकांक्षा शेष रहती है।

इसलिए वे कहते हैं कि तू अगर मुक्त होना चाहे अर्जुन, अगर तू सब दुखों से, सब संतापों से, सब पीड़ाओं से, सब बंधनों से मुक्त होना चाहे, तो तू मुझे भज।

लेकिन मुझे भजने का मतलब क्या? मुझे भजने का मतलब यह है कि जैसे मैं कर्म की स्पृहा से, फल की स्पृहा से, भविष्य की आकांक्षा से, फलाकांक्षा से मुक्त हूं, ऐसा ही तू भी फलाकांक्षा से मुक्त हो जा। मेरे भांति बर्त। कर्म कर, कर्ता न रह जा। चल, चलने वाला न रह जा। उठ-बैठ, उठने-बैठने वाला न रह जा। कर, लेकिन भीतर से कर्ता को विदा कर दे। होने दे, जो होता है। परम शक्ति के हाथों में साधन मात्र हो जा—समर्पित, निमज्जित। अपने को छोड़। तो तू समस्त दुखों से, समस्त बंधनों से मुक्त हो सकता है।

और दूसरी बात पूछी है, धर्म-संस्थापना के लिए, इसका क्या अर्थ है?

धर्म नष्ट कभी नहीं होता। कुछ भी नष्ट नहीं होता, तो धर्म तो नष्ट होगा ही नहीं! धर्म कभी नष्ट नहीं होता, लेकिन लुप्त होता है। लुप्त होने के अर्थों में नष्ट होता है। उसकी पुनर्संस्थापना की निरंतर जरूरत पड़ जाती है। उसकी पुनर्प्रतिष्ठा की निरंतर जरूरत पड़ जाती है।

अधर्म कभी अस्तित्ववान नहीं होता। जैसे धर्म कभी अस्तित्वहीन नहीं होता, अधर्म कभी अस्तित्ववान नहीं होता। लेकिन बार-बार, फिर भी उस अस्तित्वहीन अधर्म को हटाने की जरूरत पड़ जाती है।

इसे थोड़ा समझें। क्योंकि यह बड़ी उलटी बात मालूम पड़ेगी! जो धर्म कभी नष्ट नहीं होता, उसकी संस्थापना की क्या जरूरत है? और जो अधर्म कभी होता ही नहीं, उसके मिटाने की क्या जरूरत है? लेकिन ऐसा भी है।

अंधेरा है। अंधेरा है नहीं। रोज मिटाना पड़ता है, और है बिलकुल नहीं! अंधेरे का कोई अस्तित्व नहीं है। अंधेरा एक्झिस्टेंशियल नहीं है। अंधेरा कोई चीज नहीं है। फिर भी है।

यह मजा है, यह पैराडाक्स है जिंदगी का, अंधेरा है नहीं, फिर भी है। काफी है। घना होता है। डरा देता है। प्राण कंपा देता है। और नहीं है! अंधेरा सिर्फ प्रकाश की अनुपस्थिति है। सिर्फ एब्सेंस है। जैसे कमरे में आप थे और बाहर चले गए; तो हम कहते हैं, अब आप कमरे में नहीं हैं। अंधेरा इसी तरह है। अंधेरे का मतलब इतना ही है कि प्रकाश नहीं है।

इसलिए अंधेरे को तलवार से काट नहीं सकते। अंधेरें को गठरी में बांध कर फेंक नहीं सकते। दुश्मन के घर में जाकर अंधेरा डाल नहीं सकते, कि डाल दो इसके घर में अंधेरा, दुश्मन के। अंधेरा डाल नहीं सकते। अंधेरा घर के बाहर निकालना हो, तो धक्का देकर निकाल नहीं सकते। धक्का देते-देते आप घर के बाहर निकल जाओगे, अंधेरा पीछे ही रहेगा।

अंधेरा है नहीं। सब्स्टेंशियल नहीं है। अंधेरे में कोई सब्स्टेंस नहीं है। कोई कंटेंट नहीं है। अंधेरे में कोई वस्तु नहीं है। अंधेरा अवस्तु है, नो-थिंग है, नथिंग है। अंधेरे में कुछ है नहीं। लेकिन फिर भी है। रात प्राण कंप जाते हैं अंधेरे में। डर लगता है जाने में। इतना तो है कि डरा दे। इतना तो है कि कंपा दे। इतना तो है कि गड्ढे में गिरा दे। इतना तो है कि हाथ-पैर टूट जाएं।

अब यह बड़ी मुश्किल की बात है। जो नहीं है, उसके होने से आदमी गड्ढे में गिर जाता है। अब यह कहना नहीं चाहिए, क्योंकि एब्सर्ड है। जो नहीं है, उसके होने से आदमी गड्ढे में गिर जाता है! जो नहीं है, उसके होने से हाथ-पैर टूट जाते हैं! जो नहीं है, उसके होने से चोर चोरी कर ले जाते हैं! जो नहीं है, उसके होने से हत्यारा हत्या कर देता है!

नहीं तो है बिलकुल। वैज्ञानिक भी कहते हैं, नहीं है। उसका कोई अस्तित्व नहीं है। अस्तित्व है प्रकाश का। अब जिसका अस्तित्व है, उसको रोज लाना पड़ता है। रोज सांझ दीया जलाओ। न जलाओ, तो अंधेरा खड़ा है।

तो कृष्ण कहते हैं, धर्म संस्थापनार्थाय! धर्म की संस्थापना के लिए; दीये को जलाने के लिए, अधर्म के अंधेरे को हटाने के लिए। अधर्म, जो नहीं है; धर्म, जो सदा है।

सूरज स्रोत है प्रकाश का। अंधेरे का स्रोत पता है, कहां है? कहीं भी नहीं है। सूरज से आ जाती है रोशनी। अंधेरा कहां से आता है? फ्रॉम नो व्हेयर। कोई सोर्स नहीं है।

कभी आपने पूछा, अंधेरा कहां से आता है? कौन डाल देता है इस पृथ्वी पर अंधेरे की चादर? कौन आपके घर को अंधेरे से भर देता है? प्रकाश का तो स्रोत है—सूरज। अंधेरे का स्रोत कहां है?

स्रोत नहीं है, क्योंकि है ही नहीं अंधेरा, नहीं तो स्रोत भी होता। कहीं से आता, कहीं जाता। जब सुबह सूरज आ जाता है, तो अंधेरा कहां चला जाता है? कहीं सिकुड़ कर छिप जाता है? कहीं नहीं सिकुड़ता, कहीं नहीं जाता। है ही नहीं; कभी था नहीं। अंधेरा कभी नहीं है, फिर भी रोज उतर आता है! प्रकाश सदा है, फिर भी रोज सांझ जलाना पड़ता और खोजना पड़ता है।

ऐसा ही धर्म और अधर्म है। अंधेरे की भांति है अधर्म; प्रकाश की भांति है धर्म। रोज, प्रतिदिन खोजना पड़ता है।

युग-युग में, कृष्ण कहते हैं, लौटना पड़ता है। मूल स्रोत से धर्म को फिर वापस पृथ्वी पर लौटना पड़ता है। सूर्य से फिर प्रकाश को वापस लेना पड़ता है। यद्यपि जब प्रकाश नहीं रह जाता सूर्य का, तो हम मिट्टी के दीये जला लेते हैं। केरोसिन की कंदील जला लेते हैं। उससे काम चलाते हैं। लेकिन काम ही चलता है। कहां सूरज! कहां कंदीलें! बस, काम ही चलता है।

तो जब कृष्ण जैसे व्यक्तित्व नहीं होते पृथ्वी पर, तब छोटे-मोटे दीये, कंदीलें केरोसिन की, धुआं भी काफी निकलता है उनमें—रोशनी कम ही निकलती है, धुआं ही ज्यादा निकलता है—लेकिन उनसे भी काम चलाना पड़ता है। तथाकथित साधु-संतों की भीड़ ऐसी है, केरोसिन आयल, मिट्टी का तेल। मगर रात में बड़ी कृपा है उसकी। रात में बड़ी कृपा है उसकी, थोड़ा-सा धीमा-धीमा, दो-चार-दस फीट पर रोशनी पड़ती रहती है। लेकिन बार-बार अंधेरा सघन हो जाता है, और बार-बार करुणावान चेतनाओं को लौट आना पड़ता है, जो आकर फिर सूरज से भर दें। कई बार ऐसा भी होता है कि सूरज जैसी चेतनाओं को आमने-सामने नहीं देखा जा सकता।

आपने कभी खयाल किया, सूरज को कभी आप आमने-सामने नहीं देखते, दीये को मजे से देखते हैं। इसलिए साधु-संतों से सत्संग चलता है, कृष्ण जैसे लोगों के आमने-सामने मुश्किल हो जाती है। एनकाउंटर हो जाता है, झंझट हो जाती है, कई दफे तो आंखें चौंधिया जाती हैं। सच, सूरज की तरफ देखें, तो रोशनी कम मिलेगी, आंखें बंद हो जाएंगी, अंधेरा हो जाएगा। सूरज को आदमी तभी देखता है, जब ग्रहण लगता है, अन्यथा नहीं देखता कोई।

अब यह बड़े मजे की बात है! ग्रहण लगे सूरज को लोग देखते हैं। पागल हो गए हैं? सूरज बिना ग्रहण के रोज अपनी पूरी ताकत से मौजूद है; कोई नहीं देखता। ग्रहण लगा कि लोग देखते हैं। क्या बात है? ग्रहण लगने से थोड़ा भरोसा आता है, अपन भी देख सकते हैं। थोड़ा सूरज कम है। अधूरा है। शायद इतने जोर से हमला नहीं करेगा।

इसलिए कृष्ण जैसे व्यक्तियों को कभी भी समझा नहीं जाता; हमेशा मिसअंडरस्टैंड किया जाता है। और जिनको आप समझ लेते हैं, समझ लेना, केरोसिन की कंदील। अपने घर में जलाई-बुझाई; अपने हाथ से बत्ती नीची-ऊंची की। जैसी चाही, वैसी की। जब जैसी चाही, वैसी की। जिनको आप समझ पाते हैं, समझ लेना कि घर के मिट्टी के दीए। जिनको आप कभी नहीं समझ पाते, आंखें चौंधिया जाती हैं, हजार सवाल उठ जाते हैं, मुश्किल पड़ जाती है—समझना कि सूरज उतरा।

इसलिए कृष्ण को हम अभी तक नहीं समझ पाए। न क्राइस्ट को समझ पाए। न बुद्ध को, न महावीर को, न मोहम्मद को। इनको हम किसी को नहीं समझ पाते। इस तरह के व्यक्ति जब भी पृथ्वी पर आते हैं, हमारी आंखें चौंधिया जाती हैं। फिर नहीं समझ पाते, तो फिर हजारों साल तक समझने की पीछे कोशिश करनी पड़ती है। जब वे हट जाते हैं, तब हजारों साल तक; जब आंख के सामने नहीं रहते, तब हम अपने-अपने मिट्टी के दीये जला कर और समझने की कोशिश करते हैं।

पुनः संस्थापना के लिए!

नष्ट नहीं होता धर्म कभी, खो जरूर जाता है। अधर्म कभी स्थापित नहीं होता, छा जरूर जाता है। ऐसा समझ में आ सके, तो ठीक। अधर्म कभी स्थापित नहीं होता, छा जरूर जाता है। धर्म कभी नष्ट नहीं होता, खो जरूर जाता है। उसे पुनः-पुनः खोजना पड़ता है। पुनः-पुनः स्थापित करना पड़ता है।

एक श्लोक और ले लें।

**एवं ज्ञात्वा कृतं कर्म पूर्वैरपि मुमुक्षुभिः।**
**कुरु कर्मैव तस्मात्त्वं पूर्वैः पूर्वतरं कृतम्।। 15।।**

पहले होने वाले मुमुक्षु पुरुषों द्वारा भी इस प्रकार जान कर कर्म किया गया है; इससे तू भी पूर्वजों द्वारा सदा से किए हुए कर्म को ही कर।

कृष्ण कहते हैं, ऐसा जान कर, ऐसा स्पृहा से फल की मुक्त होकर, कर्ता से शून्य होकर, अहंकार से बाहर होकर, पहले भी पूर्वपुरुषों ने भी कर्म किया है, ऐसा ही तू भी कर्म कर।

पूर्वपुरुषों ने भी ऐसा ही कर्म किया है, कर्ता से मुक्त होकर। जैसे, जनक। कहीं जनक का नाम भी कृष्ण ने पहले लिया है—जनकादि। वे कर्म करते रहे हैं कर्ता से मुक्त होकर। यह क्यों याद दिलाते हैं कृष्ण? क्योंकि अक्सर ऐसा होता है कि जब तक हम फल की स्पृहा करते हैं, तब तक कर्म करते हैं। और जब हम कहते हैं फल की स्पृहा नहीं करते, तो हम फिर अकर्म करते हैं। फिर हम कहते हैं, अब हम जाते हैं।

दो बातें हमारे लिए संभव मालूम पड़ती हैं। या तो हम फल की आकांक्षा करेंगे, तो कर्म करेंगे; या फल की आकांक्षा छोड़ेंगे, तो कर्म भी छोड़ेंगे।

इसलिए दो तरह के नासमझ पृथ्वी पर हैं। फल की आकांक्षा करने वाले गृहस्थ और फल की आकांक्षा के साथ कर्म छोड़ देने वाले संन्यासी। दो तरह के नासमझ पृथ्वी पर हैं। फल की आकांक्षा के साथ कर्म करने वाले गृहस्थ; फल की आकांक्षा के साथ कर्म भी छोड़ देने वाले संन्यासी—ये एक ही

चीज के दो पहलू हैं। गृहस्थ कहता है कि हम कर्म कैसे करें बिना फल की आकांक्षा के? तो छोड़ देता है।

कृष्ण बहुत तीसरी बात कह रहे हैं। वे कह रहे हैं, तू कर्म तो कर और फल की आकांक्षा छोड़ दे। आर्डुअस है, बड़ा सूक्ष्म है; पर बड़ा रूपांतरकारी है; बड़ा ट्रांसफार्मिंग है।

अगर एक आदमी ने फल की आकांक्षा के साथ कर्म भी छोड़ दिया, तो कुछ भी तो नहीं किया। यह तो कोई भी कर सकता था। फल की आकांक्षा के साथ कर्म के छोड़ने में, कुछ भी तो खूबी नहीं है। जैसे फल की आकांक्षा के साथ कर्म करने में कुछ खूबी नहीं है, वैसे ही फल की आकांक्षा के साथ कर्म छोड़ देने में भी कुछ भी खूबी नहीं है। कोई भी विशेषता नहीं है। कोई भी साधना नहीं है। यह तो बड़ी आसान बात है। इसमें तो कुछ कठिनाई नहीं है। यह तो गृहस्थ ही पीठ करके खड़ा हो गया; मन जरा भी नहीं बदला।

कृष्ण कहते हैं, कर्म तो तू कर, कर्ता मत रह जा। कृष्ण कहते हैं, गृहस्थ तो तू रह, और संन्यासी हो जा। और कहते हैं, ऐसा पूर्वपुरुषों ने भी किया है। यह सिर्फ भरोसे के लिए, आश्वासन के लिए—कि तू घबड़ा मत! ऐसा मत सोच कि ऐसा कभी नहीं किया गया है। ऐसा पहले भी किया गया है।

सच में ही इस पृथ्वी पर जो लोग ठीक से जाने हैं, उन्होंने कर्ता को छोड़ दिया और कर्म को जारी रखा है।

ठीक संन्यासः कर्ताहीन, कर्म-सहित। ठीक संन्यासः अहंकार-मुक्त, कर्म-संयुक्त। ठीक संन्यासः स्वयं को छोड़ देता, शेष सबको जारी रखता है। ऐसे ठीक-ठीक संन्यास की, सम्यक संन्यास की, ऐसे राइट रिनंसिएशन की कृष्ण अर्जुन को शिक्षा देते हैं।

शेष हम रात बात करेंगे। पांच मिनट आप रुकेंगे। पांच मिनट कीर्तन में सम्मिलित हों। कर्ता को छोड़ कर नाचें। पांच मिनट आनंद से भरें। और विदा हो जाएं।

छठवां प्रवचन

# वर्ण-व्यवस्था का मनोविज्ञान

**किं कर्म किमकर्मेति कवयोऽप्यत्र मोहिताः।**
**तत्ते कर्म प्रवक्ष्यामि यज्ज्ञात्वा मोक्ष्यसेऽशुभात्।। 16।।**

कर्म क्या है और अकर्म क्या है, ऐसे इस विषय में बुद्धिमान पुरुष भी मोहित हैं, इसलिए मैं वह कर्म अर्थात कर्मों का तत्व तेरे लिए अच्छी प्रकार कहूंगा, जिसको जान कर तू अशुभ अर्थात संसार-बंधन से छूट जाएगा।

कर्म क्या है और अकर्म क्या है, बुद्धिमान व्यक्ति भी निर्णय नहीं कर पाते हैं। कृष्ण कहते हैं, वह गूढ़ तत्व मैं तुझसे कहूंगा, जिसे जान कर व्यक्ति मुक्त हो जाता है।

अजीब-सी लगेगी यह बात; क्योंकि कर्म क्या है और अकर्म क्या है, यह तो मूढ़जन भी जानते हैं। कृष्ण कहते हैं, कर्म क्या है और अकर्म क्या है, यह बुद्धिमानजन भी नहीं जानते हैं।

हम सभी को यह खयाल है कि हम जानते हैं, क्या है कर्म और क्या कर्म नहीं है। कर्म और अकर्म को हम सभी जानते हुए मालूम पड़ते हैं। लेकिन कृष्ण कहते हैं कि बुद्धिमानजन भी तय नहीं कर पाते हैं कि क्या कर्म है और क्या अकर्म है। गूढ़ है यह तत्व। तो फिर पुनर्विचार करना जरूरी है। हम जिसे कर्म समझते हैं, वह कर्म नहीं होगा; हम जिसे अकर्म समझते हैं, वह अकर्म नहीं होगा।

हम किसे कर्म समझते हैं? हम प्रतिकर्म को कर्म समझे हुए हैं, रिएक्शन को एक्शन समझे हुए हैं। किसी ने गाली दी आपको, और आपने भी उत्तर में गाली दी। आप जो गाली दे रहे हैं, वह कर्म न हुआ; वह प्रतिकर्म हुआ, रिएक्शन हुआ। किसी ने प्रशंसा की, और आप मुस्कुराए, आनंदित हुए; वह आनंदित होना कर्म न हुआ; प्रतिकर्म हुआ, रिएक्शन हुआ।

आपने कभी कोई कर्म किया है! या प्रतिकर्म ही किए हैं?

चौबीस घंटे, जन्म से लेकर मृत्यु तक, हम प्रतिकर्म ही करते हैं; हम रिएक्ट ही करते हैं। हमारा सब करना हमारे भीतर से सहज-जात नहीं होता, स्पांटेनियस नहीं होता। हमारा सब करना हमसे बाहर से उत्पादित होता है, बाहर से पैदा किया गया होता है।

किसी ने धक्का दिया, तो क्रोध आ जाता है। किसी ने फूलमालाएं पहनाईं, तो अहंकार खड़ा हो जाता है। किसी ने गाली दी, तो गाली निकल आती है। किसी ने प्रेम के शब्द कहे, तो गदगद हो प्रेम बहने लगता है। लेकिन ये सब प्रतिकर्म हैं।

ये प्रतिकर्म वैसे ही हैं, जैसे बटन दबाई और बिजली का बल्ब जल गया; बटन बुझाई और बिजली का बल्ब बुझ गया। बिजली का बल्ब भी सोचता होगा कि मैं कर्म करता हूं जलने का, बुझने का। लेकिन बिजली का बल्ब जलने-बुझने का कर्म नहीं करता है। कर्म उससे कराए जाते हैं। बटन दबती है, तो उसे जलना पड़ता है। बटन बुझती है, तो उसे बुझना पड़ता है। यह उसकी स्वेच्छा नहीं है।

इसको ऐसा लें, किसी ने आपको गाली दी। और अगर आप गाली का उत्तर देते हैं, तो थोड़ा सोचें, यह गाली का उत्तर आपने दिया या देना पड़ा? अगर दिया, तो कर्म हो सकता है; देना पड़ा, तो प्रतिकर्म होगा।

आप कहेंगे, दिया, चाहते तो न देते। तो फिर चाह कर कोशिश करके देखें, तब आपको पता चलेगा। हो सकता है, ओंठों को रोक लें, तो भीतर गाली दी जाएगी। तब आपको पता चलेगा, गाली मजबूरी है; बटन दबा दी है किसी ने। और अगर कोई गाली दे, और आपके भीतर गाली न उठे, तो कर्म हुआ। तो आप कह सकते हैं, मैंने गाली न देने का कर्म किया।

कर्म का अर्थ है, सहज। प्रतिकर्म का अर्थ है, प्रेरित, इंस्पायर्ड। कारण है जहां बाहर, और कर्म आता है भीतर से, वहां कर्म नहीं है।

हम चौबीस घंटे प्रतिकर्म में ही जीते हैं। बुद्ध, या महावीर, या कृष्ण, या क्राइस्ट जैसे लोग कर्म में जीते हैं। उनके जीवन में प्रतिकर्म खोजे से भी नहीं मिलेगा।

एक आदमी बुद्ध के ऊपर आकर थूक गया है। तो वे मुस्कुराए। उन्होंने अपनी चादर से थूक को पोंछ लिया। और उस आदमी से पूछा, और कुछ कहना है?

वह आदमी भी विचलित हुआ होगा। क्योंकि जब किसी के ऊपर थूकें, तो शायद पृथ्वी पर इसके पहले किसी ने भी नहीं कहा होगा कि और कुछ कहना है!

वह आदमी थोड़ा झिझका। उत्तर उसे सूझा नहीं। क्योंकि बुद्ध ने बड़ी अड़चन में डाल दिया। बुद्ध कोई प्रतिकर्म करते, तो वह आदमी उत्तर तैयार लेकर आया होगा। प्रतिकर्म की हम सब की तैयारी है। बुद्ध अगर पूछते, क्यों थूका? तो शायद वह उत्तर तैयार करके लाया हो। जैसे परीक्षा में लोग अपने उत्तर तैयार करके ले जाते हैं, ऐसे हम जिंदगी में एक-एक कदम रिहर्सल पहले कर लेते हैं। पहले तैयारी कर लेते हैं कि अगर थूकूंगा, तो कोई यह कहेगा, तो मैं यह कहूंगा। लेकिन जो तैयारी होती है, वह प्रतिकर्म की होती है।

बुद्ध जैसा आदमी तो कभी-कभी हजारों वर्षों में मिलता है। तो बुद्ध जैसे आदमी की तो तैयारी नहीं होती। दो-तीन-चार साल के, परीक्षार्थी, प्रश्नपत्र देख लेते हैं; क्वेश्चंस देख लेते हैं। तैयारी कर लेते हैं। लेकिन बुद्ध जैसा प्रश्न तो

कभी लाखों-करोड़ों वर्ष में एक बार उठता है। क्योंकि कर्म ही कभी करोड़ों वर्षों में एक आदमी करता है; बाकी सारे लोग प्रतिकर्म करते हैं।

वह आदमी मुश्किल में पड़ गया। उसने कहा, आप भी क्या पूछते हैं! उसे कुछ और न सूझा।

बुद्ध ने कहा, मैं ठीक ही पूछता हूं। कुछ और कहना है? उसने कहा, लेकिन मैंने कुछ कहा नहीं, आपके ऊपर थूका है!

बुद्ध ने कहा, तुमने थूका, लेकिन मैं समझा कि तुमने कुछ कहा है। क्योंकि थूकना भी कहने का एक ढंग है। शायद मन में इतना क्रोध है तुम्हारे कि शब्दों से नहीं कह पाते, इसलिए थूककर कहा है।

कई बार शब्द असमर्थ होते हैं, बुद्ध ने कहा। मैं ही कई बार बहुत-सी बातें कहना चाहता हूं, शब्दों में नहीं कह पाता, तो फिर इशारों में कहनी पड़ती हैं। तुमने इशारा किया; मैं समझ गया।

उस आदमी ने कहा, लेकिन आप कुछ नहीं समझे! मैंने क्रोध किया है! बुद्ध ने कहा, मैंने बिलकुल ठीक समझा कि तुमने क्रोध किया है। तो उस आदमी ने पूछा, आप क्रोध क्यों नहीं करते हैं?

बुद्ध ने कहा, तुम मेरे मालिक नहीं हो। तुमने क्रोध किया, इसलिए मैं भी क्रोध करूं, तो मैं तुम्हारा गुलाम हो गया। मैं तुम्हारे पीछे नहीं चलता हूं। मैं तुम्हारी छाया नहीं हूं। तुमने क्रोध किया, बात खतम हो गई। अब मुझे क्या करना है, वह मैं करूंगा।

बुद्ध ने कुछ भी न किया। वह आदमी चला गया। दूसरे दिन क्षमा मांगने आया, और बुद्ध से कहने लगा, क्षमा कर दो! सिर रख दिया पैरों पर; आंसू गिराए आंखों से। जब सिर उठाया, बुद्ध ने कहा, और कुछ कहना है?

उस आदमी ने कहा, आप आदमी कैसे हो!

बुद्ध ने कहा, मैं समझ गया। मन में कोई भाव इतना घना है कि नहीं कह पाते शब्दों से, आंसुओं से कहते हो; सिर को पैर पर रख कर कहते हो—गेस्चर्स, मुद्राओं से। कल भी, कल भी कुछ कहना चाहते थे, नहीं कह पाए; आज भी कुछ कहना चाहते हो, नहीं कह पाए।

उस आदमी ने कहा, मैं क्षमा मांगने आया हूं। मुझे क्षमा कर दें।

बुद्ध ने कहा, मैंने तुम पर क्रोध ही नहीं किया, इसलिए क्षमा करने का तो कोई उपाय ही नहीं है। जैसे कल मैंने देख लिया था कि तुमने थूका, ऐसे आज देखता हूं कि तुमने पैरों पर सिर रखा। बात समाप्त हो गई है। इससे ज्यादा इस कर्म में मैं नहीं पड़ता हूं।

बुद्ध ने कहा कि मैं तुम्हारा गुलाम नहीं हूं।

प्रतिकर्म गुलामी है, स्लेवरी है; दूसरा आपसे करवा लेता है। जब दूसरा आपसे कुछ करवा लेता है, तो आप गुलाम हैं, मालिक नहीं। कर्म तो वे ही कर सकते हैं, जो गुलाम नहीं हैं।

इसलिए कृष्ण अगर कहते हैं, तो ठीक ही कहते हैं, कि बुद्धिमान भी नहीं समझ पाते हैं कि क्या कर्म है और क्या अकर्म है।

अकर्म तो और भी कठिन है फिर। कर्म ही नहीं समझ पाते। प्रतिकर्म को हम कर्म समझते हैं; और अकर्मण्यता को हम अकर्म समझते हैं। अकर्मण्यता को, कुछ न करने को, बैठे-ठालेपन को, इनएक्शन को हम नॉन-एक्शन समझ लेते हैं। कुछ न करने को हम समझते हैं, अकर्म हो गया। एक आदमी कहता है कि हम कुछ नहीं करते, तो सोचता है, अकर्म हो गया।

लेकिन अकर्म बहुत बड़ी क्रांति-घटना है, म्यूटेशन है। सिर्फ न करने से अकर्म नहीं होता। क्योंकि जब आप बाहर नहीं करते, तो मन भीतर करता रहता है। जब आप बाहर करना बंद कर देते हो, मन भीतर करना शुरू कर देता है।

आपने देखा होगा, आरामकुर्सी पर बैठ जाएं, हाथ-पैर ढीले कर दें— अकर्म में हो गए; हम सब की परिभाषा में। कुछ भी नहीं कर रहा है आदमी, इनएक्टिव है, आरामकुर्सी पर लेटा है। लेकिन उस आदमी की खोपड़ी में एक खिड़की बनाई जा सके, तो पता चले कि वह आदमी कितने कामों में लगा हुआ है!

हो सकता है, इलेक्शन लड़ रहा हो; जीत गया हो; दिल्ली पहुंच गया हो। न मालूम क्या-क्या कर रहा हो! जितना वह कुर्सी पर से दौड़ कर भी नहीं कर

सकता था, उतना कुर्सी पर लेट कर कर सकता है। कुर्सी पर से दौड़ कर कुछ करता, तो समय बाधा डालता। दिल्ली इतनी जल्दी नहीं पहुंच सकता था। लेकिन कुर्सी पर लेट कर दिल्ली पहुंचने में समय का कोई व्यवधान नहीं; स्थान की कोई बाधा नहीं; न कोई ट्रेन पकड़नी पड़ती है, न कोई हवाई जहाज पकड़ना पड़ता है; न वोटर्स के सिरों की सीढ़ियां बनानी पड़ती हैं—कुछ नहीं करना पड़ता है। आरामकुर्सी पर लेटा, दिल्ली पहुंचा! इच्छा ही कर्म बन जाती है।

जो बाहर से काम रोक कर बैठ जाते हैं, वे अकर्मण्य तो हो जाते हैं, कर्महीन दिखाई पड़ते हैं; लेकिन भीतर बड़ी सक्रियता, बड़े गहन कर्म का जाल चलने लगता है।

रात आप पड़े हैं, सोए हैं। दिखता है ऊपर से, बिलकुल ही अकर्म में पड़े हैं; लेकिन भीतर सपनों का जाल बुन रहे हैं। दिनभर भी जो नहीं बुन पाए, वह रात भर बुनेंगे। दिन में जो हत्याएं नहीं कर पाए, रात में करेंगे। दिन में जो व्यभिचार नहीं कर पाए, रात में करेंगे। दिन में जो नहीं हो सका, वह रात में पूरा किया जाएगा। रात भर गहन कर्म से चेतना गुजरेगी।

तो कृष्ण तो सोए हुए आदमी को भी नहीं कहेंगे कि यह अकर्म में है। वे कहेंगे, अकर्म का पता तो तब चलेगा, जब भीतर गहरे में कर्म की वासना न रह जाए, जब भीतर गहरे में मन शून्य और मौन हो जाए, जब भीतर गहरे में कर्म की सूक्ष्म तरंगें न उठें—तब होगा अकर्म।

और यह बड़े मजे की बात है, यह बहुत ही मजे की बात है कि जिसके भीतर अकर्म होगा, उसके बाहर प्रतिकर्म कभी नहीं होता। जिसके भीतर अकर्म होता है, उसके बाहर कर्म होता है।

कर्म सहज है—दूसरे की प्रतिक्रिया में नहीं, दूसरे के प्रत्युत्तर में नहीं—सहज, अपने से भीतर से आया हुआ, जन्मा हुआ।

जिस व्यक्ति के भीतर अकर्म होता है, उसके बाहर कर्म होता है। और जिस व्यक्ति के भीतर गहन कर्म होता है, उसके बाहर प्रतिकर्म होता है, रिएक्शन होता है।

इसलिए कृष्ण अगर यह कहते हैं, तो ठीक ही कहते हैं, गहन है यह राज, गूढ़ है यह रहस्य, बुद्धिमान भी तय नहीं कर पाते कि कर्म क्या है, अकर्म क्या है! अर्जुन, तुझे मैं कहूंगा वह गूढ़ रहस्य; क्योंकि उसे जो जान लेता, वह मुक्ति को उपलब्ध हो जाता है।

जो व्यक्ति भी कर्म और अकर्म के बीच की बारीक रेखा को पहचान लेता है, वह स्वर्ग के पथ को पहचान लेता है। जो व्यक्ति भी कर्म और अकर्म के बीच के बहुत नाजुक और सूक्ष्म विभेद को देख लेता है, उसके लिए इस जगत में और कोई सूक्ष्म बात जानने को शेष नहीं रह जाती।

तो दो बातें स्मरण रख लें। हम जिसे कर्म कहते हैं, वह प्रतिकर्म है, कर्म नही। हम जिसे अकर्म कहते हैं, वह अकर्मण्यता है, अकर्म नहीं। कृष्ण जिसे अकर्म कहते हैं, वह आंतरिक मौन है; वह अंतर में कर्म की तरंगों का अभाव है; लेकिन बाहर कर्म का अभाव नहीं है।

जब अंतर में कर्म की तरंगों का अभाव होता है, तो कर्ता खो जाता है। क्योंकि कर्ता का निर्माण अंतर में उठी हुई कर्म की तरंगों का संघट है, जोड़ है। भीतर जो कर्म की वासना है, वही इकट्ठी होकर कर्ता बन जाती है। अगर भीतर कर्म की कोई तरंगें नहीं हैं, तो भीतर का कर्ता भी विदा हो जाता है। तब बाहर कर्म रह जाते हैं। लेकिन वे कर्म कर्ता-शून्य होते हैं। उनके पीछे अकर्ता होता है, अकर्म होता है। और चूंकि पीछे अकर्ता होता है, इसलिए प्रत्युत्तर से नहीं पैदा होते वे। वे सहज-जात होते हैं। जैसे वृक्षों में फूल आते हैं, ऐसे उस व्यक्ति में कर्म लगते हैं। आप में कर्म लगते नहीं; दूसरों के द्वारा खींचे जाते हैं।

आप थोड़ा सोचें। अगर राबिन्सन क्रूसो की तरह आप एक निर्जन द्वीप पर छोड़ दिए जाएं, तो आपके कितने कर्म एकदम से बंद नहीं हो जाएंगे? अकेले हैं आप। आपका प्रेम बंद हो जाएगा; आपकी घृणा बंद हो जाएगी। आपका क्रोध बंद हो जाएगा। अहंकार किसको दिखाइएगा? साज-शृंगार किसके सामने करिएगा? सब बंद हो जाएगा। किसके सामने अकड़ कर चलिएगा? सब बंद हो जाएगा। बाहर से सब गिर जाएगा।

सुना है मैंने, राबिन्सन क्रूसो की नाव जब डूबी, और वह एक निर्जन द्वीप पर लगा; द्वीप पर लगने के बाद उसे खयाल आया, नाव आधी डूबी हुई अभी भी दिखाई पड़ रही है। उसने सोचा, कुछ जरूरत की चीजें हों तो उठा लाऊं। खयाल आया, निर्जन द्वीप है, अकेला हूं; कुछ बच जाए सामान साथ, तो ले आऊं।

वापस गया। एक पेटी उठाई। खोली, मन प्रसन्न हो गया, स्वर्ण की अशर्फियां ही अशर्फियां थीं। फिर एकदम से खुशी खो गई, फिर मन उदास हो गया। फिर पेटी बंद करके उसने वहीं छोड़ दी।

क्या हुआ? स्वर्ण-अशर्फियां दिखाई पड़ीं, तो बड़ा प्रसन्न हुआ कि अच्छा हुआ, स्वर्ण-अशर्फियां मिल गईं। लेकिन पीछे खयाल आया क्षण भर बाद, निर्जन है द्वीप; न हैं बाजार, न है कोई और; स्वर्ण की अशफियों का करूगा क्या? फिर वे स्वर्ण की अशर्फियां, जो बड़ी बहुमूल्य थीं, वहीं छोड़ दीं उसने, उसी डूबती नाव में छोड़ दीं; और तट पर बैठ कर डूबती हुई नाव को, और अशर्फियों को डूबता हुआ देखता रहा। उन्हें बचा कर लाने की इच्छा ही न रही।

आप, पूना के पास नाव डूब रही हो, तो स्वर्ण की अशर्फियां ऐसे छोड़ पाएंगे? नहीं छोड़ पाएंगे। जब आप स्वर्ण की अशर्फियां बचा कर लौट रहे हों नदी से, और मैं आपसे पूछूं कि आपने स्वर्ण की अशर्फियां बचाने का कर्म किया? तो आप कहेंगे, हां। लेकिन कृष्ण कहेंगे, सिर्फ प्रतिकर्म किया। स्वर्ण की अशर्फियां बचाना भी आपका प्रतिकर्म है, क्योंकि वह एक बड़े बाजार की अपेक्षा में हो रहा है। अगर निर्जन द्वीप पर होता, तो आप न कर पाते। वह कर्म नहीं है।

इसलिए बुद्ध जैसे आदमी स्वर्ण की अशर्फियां यहीं बाजार की भीड़ में भी नहीं बचाएंगे। अगर बुद्ध और महावीर सारी धन-संपत्ति को छोड़ कर, इस बड़े संसार में सड़कों पर भिखारी की तरह खड़े हो गए, तो उसका कारण है। क्योंकि धन और संपत्ति को बचाना प्रतिकर्म है, कर्म नहीं है। क्योंकि राबिन्सन क्रूसो ने एकांत द्वीप पर नहीं बचाई, तो बुद्ध इस भरी हुई भीड़ के महासागर में भी नहीं बचाएंगे। वे जानते हैं कि अशर्फियां किसी और को दृष्टि में रख कर बचाई जा

रही हैं। बेकार हो गईं। बुद्ध तो वही बचाएंगे, जो निर्जन एकांत द्वीप पर भी बचाने जैसा है। बुद्ध तो अपने को ही बचाएंगे, बाकी सबकी फिकर छोड़ देंगे।

हमारा सारा कर्म प्रतिकर्म है, इसे अगर ठीक से देख लिया, तो हमारा सारा अकर्म भीतरी कर्म बन जाता है—यह भी दिखाई पड़ जाएगा।

और कृष्ण कहते हैं, इसकी ठीक मध्यम रेखा को देख लेने से व्यक्ति मुक्त होता है। इसलिए अर्जुन, मैं तुझसे कर्म और अकर्म की विभाजक रेखा की बात करूंगा।

वे अगले सूत्रों में उसकी बात करेंगे।

प्रश्न : पिछली चर्चा के संबंध में एक प्रश्न है। कहा गया है, गुण और कर्म के अनुसार मानव के चार मोटे विभाग बनाए गए। अब यदि शूद्र घर में जन्म पाया हुआ आदमी ब्राह्मणों के लक्षणों से युक्त हो, तो उसे अपना निजी कर्तव्य निभाना चाहिए या ज्ञान-मार्ग और ब्राह्मण जैसा जीवन ही उसके लिए हितकर हो सकता है, कृपया इसे स्पष्ट करें।

इसमें दो-तीन बातें खयाल में ले लें। एक तो, आज से अगर हम तीन हजार साल पीछे लौट जाएं और यही सवाल मुझसे पूछा जाए, तो मैं कहूंगा कि शूद्र के घर पैदा हुआ हो, तो उसे शूद्र का काम ही निभाना चाहिए। लेकिन आज यह न कहूंगा। कारण? कारण है।

जब भारत ने वर्ण की इस व्यवस्था को वैज्ञानिक रूप से बांटा हुआ था, विभाजन स्पष्ट थे। शूद्र, क्षत्रिय, वैश्य और ब्राह्मण के बीच कोई आवागमन न था, कोई विवाह न था, कोई यात्रा न थी। खून अमिश्रित, अलग-अलग था। तो जैसे ही कोई आत्मा मरती, उसे चुनने के लिए स्पष्ट मार्ग थे मरने के बाद। एक आत्मा जैसे ही मरती, वह अपने गुण-कर्म के अनुसार शूद्र के घर पैदा होती, या ब्राह्मण के घर पैदा होती।

भारत ने आत्मा को नया जन्म लेने के लिए चैनेल्स दिए हुए थे, जो पृथ्वी

पर कहीं भी नहीं दिए गए। इसलिए भारत ने मनुष्य की आत्मा और जन्म की दृष्टि से गहरे मनोवैज्ञानिक प्रयोग किए, जो पृथ्वी पर और कहीं भी नहीं हुए।

जैसे कि एक नदी बहती है। नदी का बहना और है, अनियंत्रित। फिर एक नहर बनाते हैं हम। नहर का बहना और है, नियंत्रित और व्यवस्थित। भारत ने समाज के गुण-कर्म के आधार पर नहरें बनाईं नदियों की जगह, बहुत व्यवस्थित। उन व्यवस्थित नहरों का विभाजन इतना साफ किया कि आदमी मरे, तो उसकी आत्मा को चुनाव का सीधा-स्पष्ट मार्ग था कि वह अपने योग्य जन्म को ग्रहण कर ले। इसलिए बहुत कभी-कभी ऐसा होता कि करोड़ में एक शूद्र ब्राह्मण के गुण का पैदा होता। कभी ऐसा होता कि करोड़ में एक ब्राह्मण शूद्र के गुण का पैदा होता। अपवाद! अपवाद के लिए नियम नहीं बनाए जाते। और जब कभी ऐसा होता, तो उसके लिए नियम की चिंता करने की जरूरत नहीं होती थी।

कोई विश्वामित्र क्षत्रिय से ब्राह्मण में प्रवेश कर जाता। कोई नियम की चिंता न थी। क्योंकि जब कभी ऐसा अपवाद होता, तो प्रतिभा इतनी स्पष्ट होती कि उसे रोकने का कोई कारण न होता था। लेकिन वह अपवाद था; उसके लिए नियम बनाने की कोई जरूरत न थी। वह बिना नियम के काम करता था।

लेकिन आज स्थिति वैसी नहीं है। भारत की वह जो विभाजन की व्यवस्था थी आत्मा के चुनाव के लिए, वह बिखर गई। अच्छे-भले लोगों ने बिखरा दी! कई दफे भले लोग ऐसे बुरे काम करते हैं, जिसका हिसाब लगाना मुश्किल है। क्योंकि जरूरी नहीं है कि भले लोगों की दृष्टि बहुत गहरी ही हो। और जरूरी नहीं है कि भले लोगों की समझ बहुत वैज्ञानिक ही हो। भला आदमी भी छिछला हो सकता है।

उखड़ गई सारी व्यवस्था। अब नहरें साफ नहीं हैं। हालत नदियों जैसी हो गई है। नहरें भी हैं, खंडहर हो गई हैं; उनमें से पानी इधर-उधर बह जाता है। अब कोई व्यवस्था साफ नहीं है। अब इतनी साफ नहीं कही जा सकती यह बात।

लेकिन नियम वही है। नियम में अंतर नहीं पड़ता। जो अंतर पड़ा है, वह व्यवस्था के जीर्ण-जर्जर हो जाने की वजह से है। आज भी, मौलिक रूप से,

सिद्धांततः, जो व्यक्ति जहां पैदा हुआ हो, बहुत संभावना है, सौ में नब्बे मौके यही हैं कि अपने जीवन की व्यवस्था को वह उन्हीं मार्गों से खोजे, तो शीघ्रता से शांति को और विश्राम को उपलब्ध हो सकेगा; अन्यथा बेचैनी में और तकलीफ में पड़ेगा।

आज समाज में जो इतनी बेचैनी और तकलीफ है, उसके पीछे वर्ण का टूट जाना भी एक कारण है।

एक सुनियोजित व्यवस्था थी। चीजें अपने-अपने विश्राम से अपने मार्ग को पकड़ लेती थीं। अब हरेक को मार्ग खोजना पड़ेगा, निर्णायक बनना पड़ेगा, निर्णीत करना पड़ेगा। उस निर्णय में बड़ी बेचैनी, बड़ी प्रतिस्पर्धा, बड़ा कांप्टीशन, बड़ी स्पर्धा होगी। बड़ी चिंता और बड़ी बेचैनी पैदा होगी।

कुछ भी तय नहीं है। सब तय करना है। और आदमी की जिंदगी करीब-करीब तय करने में नष्ट हो जाती है। फिर भी कुछ तय नहीं हो पाता। कुछ तय नहीं हो पाता। लेकिन टूट गई व्यवस्था। और मैं समझता हूं कि लौटानी करीब-करीब मुश्किल है। क्यों?

क्योंकि भारत ने जो एक छोटा-सा प्रयोग किया था, वह लोकल था, स्थानिक था; भारत की सीमा के भीतर था। आज सारी सीमाएं टूट गई हैं। आज सारी जमीन इकट्ठी हो गई है। जिन कौमों ने कोई प्रयोग नहीं किए थे वर्ण के, वे सारी कौमें आज भारत की कौम और उन सब की दृष्टियां हमारी दृष्टियों के साथ इकट्ठी हो गई हैं। आज सारी दुनिया, गैर-वर्ण वाली दुनिया, बहुत बड़ी है। और वर्ण का प्रयोग करने वाले लोग बहुत छोटे रह गए।

और उन छोटे लोगों में भी, जो वर्ण के समर्थक हैं, वे नासमझ हैं; और जो वर्ण के विरोधी हैं, बड़े समझदार हैं। वर्ण के समर्थक बिलकुल नासमझ हैं। वे इसीलिए समर्थन किए जाते हैं कि उनके शास्त्र में लिखा है। लेकिन समर्थकों के पास भी बहुत वैज्ञानिक दृष्टि नहीं है। और न उनके पास कोई मनोवैज्ञानिक पहुंच है कि वे समझें कि बात क्या है! वे सिर्फ इसलिए दोहराए चले जाते हैं कि बाप-दादों ने कहा था। उनकी अब कोई सुनेगा नहीं। अब कोई चीज इसलिए सही नहीं होगी भविष्य में, कि बाप-दादों ने कही थी।

डर तो यह है कि अगर बाप-दादों का बहुत नाम लिया, तो चीज सही भी हो, तो गलत हो जाएगी। बाप-दादों ने कहा था, तो जरूरत कुछ गलत कहा होगा; आज हालत ऐसी है।

और जो आज विरोध में हैं वर्ण की व्यवस्था के, वे बड़े समझदार हैं। समझदार मतलब, ज्ञानी नहीं; समझदार मतलब, बड़े तर्कयुक्त हैं। वे हजार तर्क उपस्थित करते हैं। उनके तर्कों का जवाब पुरानी परंपरा के लोगों के पास बिलकुल नहीं है। और ऐसे लोग आज न के बराबर हैं, जिनके पास आधुनिक तर्क की चिंतना हो और पुरानी अंतर्दृष्टि हो। ऐसे लोग न के बराबर हैं। इसलिए कठिनाई में पड़ गई है बात।

अगर मेरा वश चले, तो मैं चाहूंगा कि वह जीर्ण-जर्जर व्यवस्था फिर से सुस्थापित हो जाए। उदाहरण के लिए एक-दो बात आपसे कहूं कि कई दफे कैसी कठिनाई होती है।

आज से पचास साल पहले सारे यूरोप और अमेरिका ने बाल-विवाह की व्यवस्था तोड़ी। हिंदुस्तान में भी हिंदुस्तान के जो समझदार थे, और हिंदुस्तान के समझदार सौ साल से पिछलग्गू समझदार हैं। उनके पास कोई अपनी प्रतिभा नहीं है। जो पश्चिम में होता है, वे उसकी दुहाई यहां देने लगते हैं। लेकिन पश्चिम में जो होता है, पश्चिम के लोग तर्क का पूरा इंतजाम करते हैं। इन्होंने भी दुहाई दी कि बाल-विवाह बुरा है। फिर हमने भी बाल-विवाह के खिलाफ कानून बनाए। व्यवस्था तोड़ी। अब अगर आज कोई बाल-विवाह करता भी होगा, तो अपराधी है!

लेकिन आप जान कर हैरान होंगे कि विगत पंद्रह वर्षों...। अमेरिका के सौ बड़े मनोवैज्ञानिकों के एक आयोग ने रिपोर्ट दी है, और रिपोर्ट में कहा है कि अगर अमेरिका को पागल होने से बचाना है, तो बाल-विवाह पर वापस लौट जाना चाहिए।

अभी हिंदुस्तान के समझदारों को पता नहीं चला। इनको पता भी पचास साल बाद चलता है! क्यों लौट जाना चाहिए बाल विवाह पर? पचास साल में ही अनुभव विपरीत हुए। सोचा था कुछ और, हुआ कुछ और।

पहला अनुभव तो यह हुआ कि बाल-विवाह ही थिर हो सकता है। चौबीस साल के बाद किए गए विवाह थिर नहीं हो सकते। क्योंकि चौबीस साल की उम्र तक दोनों ही व्यक्ति, स्त्री और पुरुष, इतने सुनिश्चित हो जाते हैं कि फिर उन दो के बीच तालमेल नहीं हो सकता। वे दोनों अपने-अपने ढंग में इतने ठहर जाते हैं, फिक्स्ड हो जाते हैं, कि फिर समझौता नहीं हो सकता।

इसलिए पश्चिम में तलाक बढ़ते चले गए। आज अमेरिका में पैंतालीस प्रतिशत तलाक हैं। करीब-करीब आधे तलाक हैं। जितनी शादियां होती हैं हर साल, उससे आधी शादियां हर साल टूटती भी हैं। यह संख्या बढ़ती चली जाएगी।

बाल-विवाह एक बहुत मनोवैज्ञानिक तथ्य था। तथ्य यह था कि छोटे बच्चे झुक सकते हैं; लोच है उनमें। एक युवक और एक युवती, जब पक गए, तब उनमें झुकना असंभव हो जाता है। तब वे लड़ ही सकते हैं, झुक नहीं सकते। टूट सकते हैं, झुक नहीं सकते। इसलिए आज पश्चिम में पुरुष और स्त्री दुश्मन की भांति खड़े हैं। पति और पत्नी, एक तरह का युद्ध है, एक तरह की लड़ाई है।

एक अमेरिकी मनोवैज्ञानिक ने किताब लिखी है, इंटीमेट वॉर। आंतरिक युद्ध, प्रेमपूर्ण युद्ध—ऐसा कुछ अर्थ करें। और प्रेमपूर्ण युद्ध, यानी विवाह। इंटीमेट वार जो है, विवाह के ऊपर किताब है; कि दो आदमी प्रेम का बहाना करके साथ-साथ लड़ते हैं, चौबीस घंटे! इसका कारण?

इसका कारण कुल इतना है। कोई बेटा अपनी मां को बदलने का कभी नहीं सोचता कि दूसरी मां मिल जाती, तो अच्छा होता। कोई बेटा अपने बाप को बदलने का नहीं सोचता कि दूसरा बाप मिल जाता, तो बहुत अच्छा होता। कोई भाई अपनी बहन को बदलने का नहीं सोचता कि दूसरी बहन मिल जाती, तो अच्छा होता। क्यों? क्या दूसरी बहनें अच्छी नहीं मिल सकतीं? क्या दूसरे बाप अच्छे नहीं मिल सकते? क्या दूसरी मां के अच्छे होने में कोई असुविधा है इतनी बड़ी पृथ्वी पर? नहीं; यह खयाल नहीं आता। क्योंकि इतने बचपन में जब कि मन बहुत नाजुक और कोमल होता है, बच्चा मां से राजी हो जाता है।

बाल-विवाह के पीछे एक मनोवैज्ञानिक प्रक्रिया थी कि जिस तरह मां से

बच्चा राजी हो जाता है, उसी तरह वह पत्नी से भी राजी हो जाता है। फिर वह सोचता ही नहीं कि दूसरी पत्नी भी हो। जैसे मां दूसरी हो, ऐसा नहीं सोचता; पिता दूसरा हो, ऐसा नहीं सोचता; ऐसे ही पत्नी भी, पत्नी भी उसके साथ-साथ इतनी निकटता से बड़ी होती है कि स्वभावतः, दूसरी पत्नी हो या दूसरा पति हो, यह खयाल ही नहीं उठता।

लेकिन चौबीस साल या पच्चीस साल या तीस साल की उम्र में शादी होगी, तो यह बात बिलकुल असंभव है कि यह खयाल न उठे। जिसमें न उठे, वह आदमी बीमार होगा, उसका दिमाग खराब होगा। तीस साल की उम्र तक जिस युवक ने हजार स्त्रियों को देखा-पहचाना, हजार बार सोचा कि इससे शादी करूं कि उससे करूं; इससे करूं कि उससे करूं! तीस साल के बाद शादी की, फिर कलह और उपद्रव शुरू हुआ। उसे खयाल नहीं आएगा कि पड़ोस की स्त्री से शादी हो जाती तो ज्यादा बेहतर होता?

मैंने सुना है, एक पत्नी अपने पति को सुबह दफ्तर विदा करते वक्त कह रही है कि आपका व्यवहार ठीक नहीं है। सामने देखो; सामने की पोर्च में देखो। पति ने उस तरफ आंख उठा कर देखा। पत्नी ने कहा, देखते हैं! पति अपनी पत्नी से विदा ले रहा है, तो कितना गले लग कर चुंबन दे रहा है। ऐसा तुम कभी नहीं करते! उसके पति ने कहा, मेरी उस औरत से कोई पहचान ही नहीं है। वैसा करने का तो मेरा भी मन होता है, पर उस औरत से मेरी कोई पहचान ही नहीं है।

यह अमेरिका में मजाक घट सकती है। कल भारत में भी घटेगी। लेकिन भारत ऐसा पहले कभी सोच नहीं सकता था; इसको मजाक भी नहीं सोच सकता था। यह सिर्फ बेहूदगी मालूम पड़ती। यह मजाक भी नहीं मालूम पड़ सकती थी। इसके कारण थे। कारण बहुत साइकोलॉजिकल थे, बहुत गहरे थे।

फिर एक और ध्यान लेने की बात है कि बाल-विवाह का मतलब है, दो बच्चों में सेक्स का तो खयाल नहीं उठता, सेक्स का कोई सवाल नहीं होता, कामवासना का कोई सवाल नहीं होता। दो छोटे बच्चों की शादी कर दी, तो उनके बीच कोई कामवासना नहीं होती। कामवासना आने के पहले उनके बीच मैत्री बन जाती है।

लेकिन जब दो बच्चे बच्चे नहीं होते, जवान होते हैं; और उनकी हम शादी करते हैं, मैत्री नहीं बनती पहले, पहले कामवासना आती है। और जब कामवासना पहले आएगी, तो संबंध बहुत जल्दी विकृत और घृणित हो जाएंगे। उनमें कोई गहराई नहीं होगी; छिछले होंगे। और जब कामवासना चुक जाएगी, तो संबंध टूटने के करीब पहुंच जाएंगे। क्योंकि और तो कोई संबंध नहीं है।

जिन दो बच्चों ने कामवासना के जगने के पहले मित्रता स्थापित कर ली, कल कामवासना भी विदा हो जाएगी, तो भी मित्रता बचेगी। लेकिन जिन दो जवानों ने कामवासना के बाद मित्रता स्थापित की, उनकी मित्रता स्थापित होती नहीं, मित्रता सिर्फ कामवासना का बहाना होती है। जब कल कामवासना क्षीण हो जाएगी, तब मित्रता भी टूट जाएगी।

आज अमेरिका में किन्से जैसा मनोवैज्ञानिक कहता है कि बाल-विवाह पर वापस लौट जाना चाहिए। अन्यथा पूरा समाज रोगग्रस्त हो जाएगा।

मैं आपसे कहता हूं, पचास साल बाद दुनिया के मनोवैज्ञानिक कहेंगे कि वर्ण-व्यवस्था पर वापस लौट जाना चाहिए। लेकिन पचास साल बाद कहेंगे वे। और हिंदुस्तान के विचारक तो सौ साल बाद! जब वे कह चुकेंगे, तब इनकी बुद्धि में थोड़ा-सा हलन-चलन होगा।

वर्ण-व्यवस्था बहुत गहरी मनोवैज्ञानिक व्यवस्था है। आप जानकर हैरान होंगे, अगर आज के भी मनोविज्ञान के सारे तथ्य आपके खयाल में आ जाएं, तो बहुत हैरान होंगे। मनोवैज्ञानिक कहते हैं कि तीन वर्ष की उम्र में बच्चा अपनी जिंदगी का पचास प्रतिशत ज्ञान सीख चुका होता है। पचास प्रतिशत! तीन वर्ष की उम्र का बच्चा पचास प्रतिशत बातें सीख चुका जिंदगी की। अब बाकी जिंदगी में, सत्तर साल में पचास प्रतिशत ही सीखेगा।

और यह भी मजे की बात है कि यह जो पचास प्रतिशत तीन साल की उम्र में सीखा गया है, यह फाउंडेशन है, यह बुनियाद है। इसको अब कभी नहीं बदला जा सकता। बाद में जो सीखेगा, वह इसके ऊपर बनाया हुआ भवन है, जो बदला जा सकता है। जिसे बदला जा सकता है, वह बुनियाद नहीं है। और अगर इसकी बुनियाद बदली, तो यह बच्चा विक्षिप्त हो जाएगा।

इसलिए अगर वर्ण की व्यवस्था यह कहती है कि शूद्र के घर में पैदा हुआ बच्चा अपने ही परिवार की व्यवस्था, अपने ही जीवन के ढंग से अपने जीवन की नियति को पाने के प्रयास में लगे; ब्राह्मण का बच्चा अपनी ही नियति से, अपनी व्यवस्था से अपनी खोज में लगे, तो बहुत मनोवैज्ञानिक है यह बात। क्योंकि तीन साल की उम्र में आधा ज्ञान पूरा हो जाता है। और तेरह-चौदह साल की उम्र तक सारा ज्ञान करीब-करीब पूरा हो जाता है।

यह जानकर आप चकित होंगे, पिछले महायुद्ध में अमेरिका में मिलिट्री में भर्ती होने वाले स्नातकों, ग्रेजुएट्स की मानसिक परीक्षाएं ली गईं, तो जो औसत उम्र मिली ग्रेजुएट्स की, वह साढ़े तेरह साल-मानसिक उम्र! फौज में भर्ती होने वाले, युनिवर्सिटी से निकले हुए स्नातकों की मानसिक उम्र इतनी निकली, जितनी साढ़े तरह साल के बच्चे की होती है। उनकी उम्र किसी की बाइस होगी, किसी की चौबीस, किसी की बीस--शारीरिक उम्र। लेकिन मानसिक उम्र साढ़े तेरह वर्ष निकली! तब तो सारी दुनिया के मनोवैज्ञानिक चिंतित हो गए। इसका मतलब क्या हुआ?

इसका मतलब यह हुआ कि अगर हम सारी दुनिया की मानसिक उम्र निकालें, तो दस साल, नौ-दस साल से ज्यादा नहीं निकलेगी। इसका यह मतलब हुआ कि तेरह-चौदह साल की उम्र तक आदमी का मन करीब-करीब पक्का और मजबूत हो जाता है। अगर इस मन के विपरीत कुछ मार्ग उसने चुना, तो उसकी जिंदगी एक फ्रस्ट्रेशन और विषाद का मार्ग होगी।

लेकिन कठिनाई क्या है?

कठिनाई इसमें नहीं थी। शूद्र होने में कठिनाई नहीं है। ब्राह्मण होने में कठिनाई नहीं है। कठिनाई पैदा हुई जिस दिन हमने समझा, ब्राह्मण ऊपर है और शूद्र नीचे है। उस दिन शूद्र के मन में भी वासना जगी कि मैं ऊपर जाऊं। उस दिन ब्राह्मण के मन में भी डर जगा कि मुझे कोई नीचे न उतार दे। तब चीजें स्वस्थ न रह गईं। सब बीमार हो गया।

अगर वर्ण की व्यवस्था कभी लौटेगी--और मुझे लगता है, मनुष्य की जाति को अगर स्वस्थ होना हो, तो लौटेगी--अगर कभी लौटेगी, तो ऊपर-नीचे की तरह नहीं लौटेगी।

चार सीढ़ियों पर चार आदमी खड़े हो जाते हैं। एक ऊपर की सीढ़ी पर, एक नीचे की सीढ़ी पर, दो बीच की सीढ़ियों पर। ऐसी सीढ़ी दर सीढ़ी वर्ण की व्यवस्था नहीं लौटेगी। कृष्ण के मन में भी वैसी व्यवस्था नहीं है। किसी समझदार के मन में वैसी व्यवस्था नहीं रही।

चार आदमी एक ही जमीन पर खड़े हैं, एक समतल भूमि पर—ऐसी व्यवस्था लौटेगी। वर्ण समतल भूमि पर खड़े हो सकें, तो लौट सकते हैं। और तब प्रत्येक व्यक्ति को, उसकी जिंदगी जहां बड़ी हुई, जैसी बड़ी हुई, उसी मार्ग से खोज लेना शांति की दृष्टि से, आनंद की दृष्टि से, संतोष की दृष्टि से, अंततः चेतना की उपलब्धि की दृष्टि से उपयोगी है। और अगर वह यहां-वहां जाता है...।

यह प्रश्न करीब-करीब ऐसा है—अगर हम टेक्नॉलाजिकली, तकनीकी ढंग से समझें—तो यह ऐसा है कि कोई हमसे पूछे कि एक डाक्टर अगर वकालत करना चाहे, तो हर्ज तो नहीं है कोई?

एब्सर्ड है! क्योंकि अगर उसने डाक्टर होने की शिक्षा ली है और जिंदगी के कीमती समय को डाक्टर होने में गंवाया है, तो अब वकालत करने वह जाएगा, तो उपद्रव ही होने वाला है। कोई अदालत उसको आज्ञा न देगी कि आप वकालत करें। अदालत कहेगी कि फिर वकील होने की ट्रेनिंग लें फिर से, तब लौटें। और तब भी, तब भी कठिनाई होगी। क्योंकि जो भी ट्रेनिंग हमने ले ली, उसको अनट्रेंड नहीं किया जा सकता। जो भी हमने जान लिया, उसको भुलाया नहीं जा सकता।

वर्ण की व्यवस्था एक बहुत तकनीकी व्यवस्था थी। उसमें शूद्र के जीवन का अपना ढंग है, अपनी व्यवस्था है। ब्राह्मण के जीवन का अपना ढंग, अपनी व्यवस्था है। क्षत्रिय के जीवन का अपना ढंग, अपनी व्यवस्था है। वह सारी की सारी व्यवस्था एक प्रशिक्षण है। वह बचपन से घर में मिल रहा है। बच्चा बड़ा हो रहा है और प्रशिक्षण मिल रहा है। बच्चा बड़ा हो रहा है बाप के साथ, मां के साथ, भाइयों के साथ, और प्रशिक्षण जारी है। उसकी ट्रेनिंग हो रही है; उसके

खून, हड्डी, मांस, मज्जा में चीजें डाली जा रही हैं, पहुंच रही हैं। जब वह जवान होता है, तब वह निर्मित हो चुका। अब उचित है कि जो उसके भीतर निर्मित हुआ है, वह उस दिशा से ही खोजे।

कठिनाई तो तब है, जब उस दिशा से पाया न जा सके। पाया जा सकता है। कोई ब्राह्मण ऐसे किसी सत्य को नहीं पा लिया है, जो शूद्र शूद्र रहकर न पा सकता हो। कोई शूद्र ऐसी किसी शांति को नहीं पा लिया है, जो कि ब्राह्मण ब्राह्मण होकर न पा सकता हो। कोई क्षत्रिय किसी ऐसी चीज को नहीं पा लिया है, जो कि शूद्र शूद्र रहकर न पा सकता हो।

न पा सकता हो, तब सवाल उठता है। लेकिन जहां तक आत्मिक अनुभव का संबंध है, जहां तक परमात्मा के द्वार की खोज की बात है, वहां तक कहीं से भी उसे पाया जा सकता है। और अपने ही कर्म में और अपने ही गुण के अनुसार बर्तते हुए सरलता से पाया जा सकता है, अन्यथा चीजें अकारण ही जटिल हो जाती हैं।

प्रश्न: प्रश्न का दूसरा हिस्सा रह गया है, जिसमें आप यह कहना चाहते थे कि आज के युग में शूद्र के घर में उत्पन्न हुआ ब्राह्मण क्या करेगा?

व्यवस्था विकृत हुई है। चीजें अस्तव्यस्त हो गई हैं। आज शूद्र के घर में उत्पन्न हुआ बेटा, पहली तो बात, मुझसे पूछने नहीं आएगा कि मैं क्या करूं। हमारे उत्तरों पर निर्भर नहीं रहेगा। शूद्र का बेटा, शूद्र का बेटा है, यह मानने को ही राजी नहीं है, पहली बात। इनकार कर चुका है। उसने ब्राह्मण होने की कोशिश शुरू कर दी है। ब्राह्मण ने वैश्य होने की कोशिश शुरू कर दी है। वैश्य ने कुछ और होने की कोशिश शुरू कर दी है। सब किसी और कोशिश में लगे हैं। वे सब कोशिश में लगे हैं कुछ और होने की।

पूरा समाज, जो जहां खड़ा है, वहां खड़े होने को राजी नहीं है। कहीं और जाने के लिए आतुर है। एक विक्षिप्तता है समाज में आज। आज तो

कोई भी जहां है, वहां रहने को राजी नहीं है, दौड़ ही रहा है। उस दौड़ के दुष्परिणाम दिखाई पड़ रहे हैं।

मैं उन ब्राह्मणों के पक्ष में नहीं हूं, जो इसलिए भयभीत हैं कि अगर शूद्र ब्राह्मण हो जाएं, अगर शूद्र भी ज्ञानवान हो जाएं, तो उनकी कोई बपौती छिन जाएगी। उनके पक्ष में नहीं हूं। जिन ब्राह्मणों को ऐसा डर है कि उनकी बपौती छिन जाएगी, उनके पास कोई बपौती ही नहीं है। जिन ब्राह्मणों को यह डर है कि कोई और जान लेगा, तो उनका कुछ छिन जाएगा, उन्होंने कुछ जाना ही नहीं है। ब्रह्म किसी की बपौती नहीं है। ज्ञान और सत्य किसी की बपौती नहीं है।

ब्राह्मण को भयभीत होने की जरूरत नहीं है। भयभीत इसीलिए है कि वह ब्राह्मण नहीं है। शूद्र को भी भयभीत होकर कुछ और होने की जरूरत नहीं है। जरूरत इसीलिए पड़ रही है कि वह भी नहीं समझ पा रहा है कि शूद्र होने का क्या अर्थ है! शूद्र शब्द ही निंदा का हो गया है। ब्राह्मण शब्द ही पूजा का हो गया है। जब ऐसी विकृति हो गई है, तो शूद्र रोके नहीं जा सकते; वे तो दौड़ेंगे और ब्राह्मणों की पंक्ति में सम्मिलित होंगे। दौड़ेंगे, वैश्य बनेंगे। दौड़ेंगे, क्षत्रिय बनेंगे। और यह सारी की सारी दौड़ पूरे समाज को एक मिश्रित ढंग दे देगी। जैसा कि सारी दुनिया में है। सिर्फ भारत में एक अमिश्रित व्यवस्था थी, जहां चीजें बंटी थीं—पैरेलल, समानांतर। और हमने एक गहरा प्रयोग किया था।

मैं तो अपनी तरफ से यही सुझाव दूंगा कि शूद्र शूद्र होने के गुण और कर्म के अर्थ को समझे। वह बहुत मीनिंगफुल है। और अगर उसे ऐसा लगे कि नहीं, उसकी जीवन की नियति वह नहीं है। लेकिन ध्यान रहे, उसे ऐसा लगे भीतर से कि उसकी नियति यह नहीं है, तो उसे जो लगे नियति, वह उस तरफ जाए। लेकिन दूसरे की स्पर्धा में न जाए। इसलिए ब्राह्मण न होना चाहे कि ब्राह्मण बहुत मजे लूट रहे हैं, इसलिए मैं ब्राह्मण हो जाऊं। तब वह अपने गुण-कर्म का विचार नहीं कर रहा है।

कोई ब्राह्मण इसलिए शूद्र न हो जाए कि शूद्र आज बड़ी प्रिफरेंस पा रहे हैं! प्रिविलेज्ड क्लास है इस वक्त शूद्रों की। इस वक्त शूद्र जो हैं, जैसे कभी

ब्राह्मण प्रिविलेज्ड थे, ऐसे आज शूद्र हैं। आज, मुझे पता है भलीभांति कि न मालूम कितनी युनिवर्सिटीज में, न मालूम कितने कालेजों और स्कूलों में, न मालूम कितने लड़कों ने अपने को शूद्र गिनाया हुआ है, जो कि शूद्र नहीं हैं। क्योंकि शूद्र को स्कालरशिप भी है; शूद्र को नौकरी में भी स्थान नियत है। आज नहीं कल, ब्राह्मण भी शूद्र होने को आतुर हो सकता है।

क्योंकि शूद्र किसलिए आतुर है ब्राह्मण होने को? क्योंकि ब्राह्मण कल तक प्रिविलेज्ड क्लास थी; महत्वपूर्ण थी। उसका ब्राह्मण होना ही पर्याप्त था। कल शूद्र होना भी महत्वपूर्ण हो सकता है। और जैसी हालत चल रही है, उसमें हो जाएगा। और जो शूद्र के घर में पैदा नहीं होगा, वह भगवान को कोसेगा कि एकदम गलत बात की। शूद्र के घर में पैदा करते, तो इलेक्शन में भी सुनिश्चित सीट थी। जगजीवनराम से पूछिए! शूद्र होना गुण है! और कोई भी गुण न हो, तो शूद्र होना भी गुण है अब! जैसा कभी ब्राह्मण होना गुण था!

तो मैं तो कहूंगा, जरा जल्दी मत करो शूद्रों से, ब्राह्मण होने की। ब्राह्मण शूद्र हो जाएंगे। जगजीवनराम कौन न होना चाहेगा? जगजीवनराम में वैसे कोई भी गुण न हों, लेकिन शूद्र होना बड़ा गुण है!

यह आज की जो विकृत स्थिति है, इसमें कोई मेरी सलाह से नहीं रुकने वाला है। लेकिन मेरी अपनी समझ यही है। आज तो दौड़ शुरू हो गई है। बीमारी चल चुकी है। रोकना करीब-करीब असंभव है। लेकिन जो मुझे ठीक लगता है, वही मुझे कहना चाहिए। मुझे तो ठीक यही लगता है कि प्रत्येक व्यक्ति अपने गुण-कर्म को ठीक से जांच-पड़ताल कर ले, फिर आगे बढ़े।

अभी पश्चिम के मनोवैज्ञानिक सलीवान या पर्ल्स या और दूसरे मनोवैज्ञानिक इस सुझाव पर खड़े हैं कि प्रत्येक स्कूल में एक-एक मनोवैज्ञानिक होना चाहिए अनिवार्य रूप से, प्रत्येक प्राइमरी स्कूल में। क्यों? क्योंकि वे कहते हैं कि जब तक बच्चे का गुणधर्म न समझा जा सके, तब तक तय नहीं करना चाहिए कि उसे क्या शिक्षा दी जाए। बाप तय नहीं करे; क्योंकि बाप को क्या पता कि बच्चे का गुणधर्म क्या है? यह बच्चा गणितज्ञ बन सकता है कि संगीतज्ञ, यह

बाप कैसे तय करेगा? रुझान से, कि बाप को संगीत अच्छा लगता है, इसलिए तय कर ले कि मेरा लड़का संगीतज्ञ हो जाए? लेकिन लड़के में गुणधर्म है या नहीं? या बाप तय कर ले कि लड़का इंजीनियर हो जाए, क्योंकि इंजीनियर की बाजार में कीमत है, मार्केट वैल्यू है! तो फिर, लेकिन लड़का इंजीनियर होने का गुणधर्म लिए है या नहीं?

पश्चिम का मनोवैज्ञानिक कह रहा है कि आज जगत में जो इतना संताप है, उसका कुल कारण यह है कि कोई भी अपनी जगह पर नहीं है। इसका क्या मतलब हुआ? इसलिए वे कहते हैं, एक-एक मनोवैज्ञानिक बिठा दो हर प्राइमरी स्कूल में, जो चार साल बच्चों का निरीक्षण करके लिखे कि यह बच्चा क्या हो सकता है, इसका झुकाव क्या है, इसका एप्टिटयूड क्या है!

यह वही बात हो गई। अगर मनोवैज्ञानिक तय कर दे कि एप्टिटयूड क्या है, और वह कह दे कि इस बच्चे को शूद्र होना है, इसको मजदूर होना चाहिए; तो फिर क्या हुआ? फिर वापस वर्ण लौटा!

हमने जन्म से तय किया था; अब जन्म से तय न हुआ। जन्म से तय करना परमात्मा के हाथों में छोड़ना था। प्राइमरी स्कूल में एक मनोवैज्ञानिक के हाथ में छोड़ना है, जो कि परमात्मा जैसे कुशल हाथ नहीं हो सकते। कम से कम मनोवैज्ञानिक के हाथ, मनोवैज्ञानिक खुद आधे पागल हैं, इनके हाथ में तय करवाना कि बच्चा क्या बने—शूद्र, कि ब्राह्मण, कि क्षत्रिय, कि वैश्य—क्या बने? कहां जाए? इसकी जीवन-यात्रा क्या हो? एक मनोवैज्ञानिक तय करे!

हमने जो सोचा था, वह ज्यादा गहरा था। हमने सोचा था कि यह जीवन की व्यवस्था आत्मा का अपना झुकाव है। और परमात्मा के नियमों के अनुसार, जन्म के साथ ही क्यों न तय हो जाए? आत्मा क्यों न अपने ही चुनाव से उस घर में पैदा हो जाए, जहां उसका एप्टिटयूड हो, जहां उसका झुकाव हो।

यह बहुत आश्चर्य की बात है। हिंदुस्तान में शूद्रों को हुए कोई दस हजार वर्ष होते हैं। दस हजार वर्षों में शूद्रों ने कोई बगावत नहीं की, कोई विद्रोह नहीं किया। अगर शूद्र अपने भाग्य से बहुत नाखुश थे, तो बगावत हो जानी

चाहिए थी। लेकिन वे नाखुश नहीं थे। उनका एप्टिटयूड मेल खा रहा था; वे नाखुश नहीं थे, असंतुष्ट नहीं थे।

इधर दो सौ वर्षों में अंग्रेजी-व्यवस्था के बाद नाखुश होने शुरू हुए। पहली बार एक ऐसी समाज-व्यवस्था सत्ता में आई इस मुल्क में, जिसको वर्ण की आंतरिक धारणा का कोई भी पता नहीं था। उसने चीजों को तोड़ना शुरू किया। उसने वर्णों और वर्गों को लड़ाना शुरू किया। उसने हिंदू को मुसलमान से लड़ाया, इतना ही नहीं; उसने शूद्र को ब्राह्मण से लड़ाया। उसने सारा अस्तव्यस्त कर दिया। उसने भारत की बहुत गहरी जड़ें, जो हजारों सालों में हमने आरोपित की थीं, सब हिला डालीं। आज तो सब अव्यवस्थित है।

फिर भी मैं यही कहूंगा कि व्यक्ति अपने गुणधर्म को ही सोचे। जन्म की बहुत फिकर न भी करे, तो भी बहुत आंतरिक सोच-समझ, इंट्रास्पेक्शन से सोचे कि मैं क्या हो सकता हूं! अगर उसे लगता हो कि वह ब्राह्मण हो सकता है, तो ब्राह्मण की यात्रा पर निकल जाए। अगर उसे लगे कि वह शूद्र हो सकता है, तो शूद्र की यात्रा पर निकल जाए। नहीं तो मनोवैज्ञानिक से पूछे। मगर राजनीतिज्ञ से न पूछे। अभी वह राजनीतिज्ञ से पूछ रहा है। अंधे अंधों को मार्गदर्शन दें, तो जो हो सकता है, वह हो रहा है।

प्रश्नः एक छोटा प्रश्न, उस पर कुछ कहिए। आधुनिक युग में डाक्टर, इंजीनियर और पोलिटीशियन को आप कौन-से वर्ण में रखेंगे?

डाक्टर, इंजीनियर इनको किस वर्ण में रखेंगे!

पोलिटीशियन?

**पोलिटीशियन? वर्णसंकर! पोलिटीशियन का कोई वर्ण होता है? पोलिटीशियन का कोई वर्ण नहीं होता; वर्णसंकर! क्योंकि पोलिटीशियन कोई धंधा नहीं है; जैसे प्रास्टीटयूशन कोई धंधा नहीं है।**

टेक्नीशियन जो है, वह शूद्र के वर्ण में जाएगा, किसी भी भांति का टेक्नीशियन। शूद्र, सब तरह के शिल्प शूद्र में जाएंगे। इंजीनियर शूद्र में जाएगा। सब तरह के टेक्नीशियन; जो किसी टेक्नीक पर जीते हैं, तकनीक पर जीते हैं, शिल्प पर जीते हैं, कार्य की कुशलता और क्राफ्ट पर जीते हैं, वे सब शूद्र में जाएंगे।

शूद्र छोटा वर्ण नहीं है, बहुत अदभुत है, और बहुत बड़ा है; और बहुत बहुमूल्य है। उसकी अपनी महत्ता है। समस्त शिल्पी शूद्र में जाएंगे।

लेकिन अगर कोई इंजीनियर इंजीनियरिंग न करता हो, प्योर इंजीनियर हो–जैसा प्योर मैथमेटीशियन होता है। एप्लाइड मैथमेटीशियन तो शूद्र में जाएगा; प्योर मैथेमेटीशियन ब्राह्मण में जाएगा। एक इंजीनियर, जो कि कोई मकान न बनाता हो, कोई सड़क न बनवाता हो, कुछ करता न हो, लेकिन इंजीनियरिंग के संबंध में केवल मानसिक शोध और खोज करता हो, तो फिर वह ब्राह्मण में चला जाएगा।

एक डाक्टर अगर चीरा-फाड़ी करता हो, मलहम-पट्टी करता हो, तो शूद्र में जाएगा। शिल्पी है। लेकिन एक डाक्टर, न तो चीरा-फाड़ी करता हो, न मलहम-पट्टी करता हो, लेकिन मेडिसिन की खोज करता हो, सिर्फ औषधियों की खोज करता हो, तो फिर ब्राह्मण में चला जाएगा। एक डाक्टर अगर न औषधियों की खोज करता हो, न मलहम-पट्टी करता हो, सिर्फ दवाइयां बेचता हो, तो वैश्य में चला जाएगा।

यह निर्भर करेगा, इट डिपेंड्स कि वह आदमी क्या करता है। उसके करने से तय होगा कि वह किस वर्ण में जाता है। अगर वह शिल्पी है, काम महत्वपूर्ण है, तो वह शूद्र में चला जाएगा। अगर वह व्यवसायी है और धन महत्वपूर्ण है, तो वह वैश्य में चला जाएगा। अगर वह सिर्फ शक्ति की खोज में है, सत्ता की खोज में है; जो भी वह कर रहा है, उसके करने के माध्यम से वह शक्ति की ही पूजा कर रहा है...। अगर एक फिजिसिस्ट, एक भौतिकी वैज्ञानिक इसलिए अणु का विस्फोट कर रहा हो कि अणु के विस्फोट से वह प्रकृति पर विजय पा लेगा, तो वह क्षत्रिय है। लेकिन अगर वह अणु-विस्फोट सिर्फ इसलिए

कर रहा हो कि अणु के विस्फोट से वह विश्व की मूल शक्ति के निकट पहुंच जाएगा, जिज्ञासा कर रहा हो, तो वह ब्राह्मण है।

ये जो चार वर्ण हैं, ये एप्टिटयूड हैं, ये झुकाव हैं। फिर मिश्रित वर्ण के लोग भी होंगे, कि जो दो काम कर रहे हैं, तीन काम कर रहे हैं, चार काम कर रहे हैं। तो वे मिश्रित होंगे; उनमें सब वर्णों के झुकाव होंगे। लेकिन फिर भी एक वर्ण उनमें महत्वपूर्ण होगा, जो केंद्रीय होगा।

पोलिटीशियन के लिए मैंने कहा कि वह वर्ण में नहीं होगा। उसके वर्ण में होने का उपाय नहीं है।

मैंने सुना, एक बहुत बड़े राजनीतिज्ञ से किसी ने पूछा...। चुनाव था और वह खड़ा था मंच पर। बड़ी मुश्किल में पड़ा था। बड़ी मुश्किल में इसलिए पड़ा था, जैसा कि राजनीतिज्ञ हमेशा पड़े रहते हैं। बड़ी मुश्किल में पड़ा था, मुश्किल यह थी कि चुनाव की कांस्टिटयूएंसी, चुनाव का क्षेत्र और जो लोग मौजूद थे, वे आधे-आधे बंटे थे; आधे लेफ्टिस्ट थे, आधे राइटिस्ट थे। आधे वामपंथी थे, आधे वामपंथी नहीं थे; विरोधी थे। एक आदमी ने खड़े होकर पूछा कि आप लेफ्टिस्ट हैं? दक्षिणपंथी हैं, वामपंथी हैं—कौन हैं? वह मुश्किल में पड़ा। क्योंकि वह कहे कि वामपंथी है, तो दक्षिणपंथी नाराज हो जाएं; वह कहे दक्षिणपंथी है, तो वामपंथी नाराज हो जाएं। उसने टालने की कोशिश की। फिर किसी ने पूछा कि ठीक से जवाब दो, आप बाएं जाओगे कि दाएं? उसने कहा, मैं तो सीधा जाऊंगा। बाएं-दाएं बिलकुल जाता ही नहीं।

लायड जार्ज एक चुनाव में खड़ा था। पिछले चुनाव में वह किसी और दल की तरफ से लड़ा; इस चुनाव में किसी और दल की तरफ से लड़ रहा था। किसी ने खड़े होकर पूछा कि आप क्या हैं? आप कंजरवेटिव हैं? लिबरल हैं? सोशलिस्ट हैं, कम्युनिस्ट हैं—क्या हैं? उसने कहा, मैं पोलिटीशियन हूं; मैं सिर्फ राजनीतिज्ञ हूं। मैं और कोई नहीं हूं।

राजनीतिज्ञ का कोई धंधा नहीं है। असल में गैर-धंधी लोगों का धंधा है। जिनके पास कोई धंधा नहीं है, जिनके वर्ण का कोई ठिकाना नहीं है, कोई एप्टिटयूड नहीं है। जिंदगी में जिन्हें कुछ और करने योग्य नहीं लगता...।

लेकिन अगर ठीक व्यवस्था हो, अगर ठीक व्यवस्था हो तो जो लोग राजनीति पर सोचते हैं, पोलिटीशियंस नहीं, पोलिटिकल थिंकर्स—वे तो ब्राह्मण होंगे। लेकिन जो राजनीति को चलाते हैं, अगर ठीक व्यवस्था हो, सुसंगत व्यवस्था हो, तो वे टेक्नीशियन होंगे! तो वे शूद्र में जाएंगे।

लेकिन अभी उनकी कोई स्थिति नहीं है। अभी वे वर्णसंकर हैं। इसलिए मैंने वर्णसंकर कहा है।

**कर्मणो ह्यपि बोद्धव्यं बोद्धव्यं च विकर्मणः।**
**अकर्मणश्च बोद्धव्यं गहना कर्मणो गतिः।।17।।**

कर्म का स्वरूप भी जानना चाहिए और अकर्म का स्वरूप भी जानना चाहिए तथा निषिद्ध कर्म का स्वरूप भी जानना चाहिए, क्योंकि कर्म की गति गहन है।

कहते हैं कृष्ण, कर्म का स्वरूप, अकर्म का स्वरूप और निषिद्ध कर्म का स्वरूप जानना चाहिए, क्योंकि कर्म की गति गहन है।

निषिद्ध कर्म, वे कर्म जो करने योग्य नहीं हैं, उनका स्वरूप भी जानना चाहिए।

पहले सूत्र में कर्म और अकर्म की बात की। अब वे तीसरा एक और तत्व जोड़ते हैं। वे कहते हैं, निषिद्ध कर्म, उसका स्वरूप भी जानना चाहिए, क्योंकि कर्म की गति गहन है। गहन मतलब, सूक्ष्म, बारीक। पता नहीं चलता, रहस्यपूर्ण है। कब कर्म कर्म होता, कब अकर्म होता, यह तो है ही कठिनाई। कर्म कभी-कभी निषिद्ध कर्म भी होता है, तब और कठिनाई है। निषिद्ध कर्म के संबंध में थोड़ी बात खयाल में ले लेनी चाहिए।

निषिद्ध कर्म को दो ढंग से सोचा जा सकता है। एक तो, कि हम कुछ कर्मों को तय कर लें कि ये निषिद्ध हैं, जैसा कि अदालत करती है, कानून करता है। कानून, कर्म तय कर लेता है कि ये निषिद्ध हैं। चोरी करना निषिद्ध है; हत्या

करना निषिद्ध है; आत्महत्या करना निषिद्ध है। कुछ कर्म तय कर लिए हैं। ये निषिद्ध हैं, ये नहीं करने चाहिए।

लेकिन कानून बहुत बारीक नहीं होता। धर्म और भी बारीक खोज करता है। धर्म जानता है कि कभी-कभी कोई कर्म किसी परिस्थिति में निषिद्ध हो जाता है और किसी परिस्थिति में निषिद्ध नहीं होता। हत्या साधारणतया निषिद्ध है, युद्ध के मैदान पर निषिद्ध नहीं होती है।

निषिद्ध निर्णीत चीज नहीं है; परिस्थिति के साथ बदल जाती है। और कभी-कभी तो ऐसा होता है कि दो निषिद्ध कर्मों के बीच विकल्प खड़ा हो जाता है, ऑल्टरनेटिव हो जाता है। क्या करो? सच बोलो, तो हिंसा हो जाती है। हिंसा बचाओ, तो झूठ बोलना पड़ता है। फिर क्या करो? दो निषिद्ध कर्म आड़े खड़े हो जाते हैं। एक को बचाओ, तो दूसरा निषिद्ध कर्म होता है। दूसरे को बचाओ, तो पहला हो जाता है।

बहुत पुरानी एक तार्किक गुत्थी है। एक आदमी अपने रास्ते से गुजर रहा है, एक ब्राह्मण। सीधा-सादा आदमी है। एक कसाई भागा हुआ आया है। वह अपनी गाय को खोज रहा है, जो उसके हाथ से छूटकर भाग गई है। वह उस आदमी से पूछता है, ब्राह्मण से कि यहां से एक गाय भागी गई है? हाथ में उसके काटने की कुल्हाड़ी है। ब्राह्मण देखता है, कसाई है। आंखें बताती हैं, हाथ की कुल्हाड़ी बताती है, खून के धब्बे बताते हैं। वह कहता है, गाय यहां से गई है? गाय किस तरफ गई है?

वह ब्राह्मण मुश्किल में पड़ गया। बड़ी मुश्किल में पड़ गया। उसने किताब में पढ़ा है कि झूठ बोलना निषिद्ध कर्म है। लेकिन सच बोले, तो यह कसाई गाय को पकड़ लेगा और हत्या करेगा। तो मैं भी भागीदार हो जाऊंगा। और गोहत्या तो निषिद्ध है ही। सभी हत्याएं निषिद्ध हैं। फिर हत्या में भागीदार होना निषिद्ध है। अब अगर झूठ बोलूं, तो भी निषिद्ध कर्म हो जाएगा; सच बोलूं, तो भी निषिद्ध कर्म होकर रहेगा। वह ब्राह्मण मुश्किल में पड़ गया।

उस कसाई ने कहा कि जल्दी बोलो। पता हो, तो बोलो; नहीं पता हो, तो कहो कि नहीं पता है। उस ब्राह्मण ने कहा, मैं बहुत मुश्किल में पड़ गया हूं। जरा

मुझे सोचने दो। निषिद्ध कर्मों का सवाल है। उस कसाई ने कहा, पागल, मैं पूछता हूं, मेरी गाय कहां है? निषिद्ध कर्मों का कोई सवाल नहीं है। सिर्फ गाय का सवाल है। गाय कहां गई है? तू जानता हो, देखा हो, बोल! न जानता हो, न देखा हो, वैसा बोल! उसने कहा कि अभी ठहरो। सवाल निषिद्ध कर्मों का है।

जिंदगी जटिल है। उसमें चीजें ऐसी नहीं होतीं, जैसी शास्त्रों में होती हैं। शास्त्र सरल है, हालांकि लोग शास्त्रों को जटिल समझते हैं और जिंदगी को सरल समझते हैं। शास्त्र बिलकुल सरल हैं; जिंदगी बहुत जटिल है। क्योंकि शास्त्रों के सब सवाल निर्णीत सवाल हैं; जिंदगी के सब सवाल अनिर्णीत हैं। वहां प्रतिपल तय करना पड़ता है कि क्या करूं? और ऐसे क्षण रोज आ जाते हैं, जब कोई शास्त्र साथ नहीं देता, स्वयं ही निर्णय करना पड़ता है।

इसलिए कृष्ण कहते हैं, जटिल है, गहन है कर्म की गति। उस कर्म की गहन गति को ठीक समझने के लिए पहले तो निषिद्ध कर्म के तत्व को ठीक से समझ लेना चाहिए। कर्म और अकर्म को तो समझना ही चाहिए, निषिद्ध कर्म को भी ठीक से समझ लेना चाहिए। क्योंकि कर्म और अकर्म तो अल्टिमेट है, आखिरी सवाल है। लेकिन निषिद्ध कर्म, डे टु डे, इमीजिएट है, रोज का सवाल है। उठे नहीं, कि तय करना पड़ता है कि क्या करें!

रात आप करवट बदलते हैं। निषिद्ध कर्म करते हैं करवट बदल कर! आप कहेंगे, क्या पागलपन की बात करते हैं! रात करवट नहीं बदलेंगे, तो क्या होगा? महावीर की किताब पढ़ें। महावीर का शास्त्र कहता है कि रात करवट बदलना निषिद्ध है। महावीर ने करवट नहीं बदली। रातों-रात एक ही करवट सोए। क्योंकि रात करवट बदलें, पास में कोई कीड़ा-मकोड़ा दब जाए, तो उसकी हत्या हो जाए। संभावना है, रात है, अंधेरा है, करवट बदली, कीड़ा-मकोड़ा दब जाए। तो एक ही करवट सोना, कम से कम हिंसा की संभावना रहेगी। एक करवट तो सोना ही पड़ेगा। जितने मर गए, मर गए। दूसरी करवट से बचो; निषिद्ध कर्म है।

महावीर जमीन पर पैर भी फूंक कर रखेंगे। सूखी जमीन पर पैर रखेंगे; इसलिए महावीर वर्षा में यात्रा नहीं करेंगे। क्योंकि गीली जमीन में कीटाणु पैदा हो

जाते हैं। पानी पड़ जाए, गीली जमीन हो, कीटाणु पैदा हो जाए। तो वर्षा में पैर ही मत रखो; निषिद्ध कर्म है।

किस चीज को निषिद्ध कहें? जीसस से पूछो, मोहम्मद से पूछो, महावीर से पूछो, राम से पूछो, कनफ्यूशियस से पूछो। अगर सबकी बातें सुन लो, तो आदमी हिल भी न सके, सांस भी न ले सके। देखा है न, जैन साधु-साध्वी मुंह पर पट्टी बांधे हुए हैं! वह सांस से बचाने के लिए, कि सांस की गर्म हवा आस-पास के कीटाणुओं को मार देगी, तो निषिद्ध कर्म हो जाए! तो नाक पर पट्टी बांधे हुए हैं। गर्म हवा पट्टी में रुक जाए, तो थोड़ी हवा के कीटाणुओं को बचाने की सुविधा हो जाएगी। मुश्किल है!

और ऐसा नहीं है कि इन बड़े तीर्थंकरों, अवतारों, समझदारों, बुद्धिमानों, ज्ञानियों की बात से मुश्किल होती है। जिंदगी जटिल है। वे जो भी कह रहे हैं, सब ठीक कह रहे हैं। लेकिन सभी की बातें जिंदगी के निश्चित पहलू को छू पाती हैं! और जिंदगी रोज अनिश्चित है। सब बदल जाता है।

महावीर ने कहा कि खेती मत करो, क्योंकि खेती निषिद्ध कर्म है; क्योंकि खेती में बहुत हिंसा होती है। होगी ही। इसलिए महावीर को मानने वाले लोगों ने खेती बंद कर दी। खेती बंद कर दी, लेकिन महावीर ने कभी सोचा न होगा कि खेती बंद करके ये और भी निषिद्ध कर्म न करने लगें! खेती तो बंद कर दी—और महावीर के अधिकतम मानने वाले क्षत्रिय थे, क्योंकि महावीर क्षत्रिय थे। अधिकतम मानने वाले क्षत्रिय थे, तलवार उठा नहीं सकते; क्योंकि जब खेती नहीं कर सकते, तो तलवार उठाना तो बहुत निषिद्ध हो जाएगा। युद्ध में जा नहीं सकते; सैनिक का काम कर नहीं सकते; क्षत्रिय रहे नहीं। खेती कर नहीं सकते; किसान रहे नहीं। अब क्या उपाय है? शूद्र होने की हिम्मत नहीं है। ब्राह्मण दरवाजे बंद किए बैठे हैं; वे भीतर घुसने न देंगे। सिवाय वैश्य होने के उन्हें कोई रास्ता नहीं रह गया। इसलिए समस्त महावीर के मानने वाले व्यापारी हो गए, वैश्य हो गए।

लेकिन वैश्य होकर उन्होंने इतनी हिंसा की, जितनी कि वे किसान होकर कभी न करते! कभी न करते इतनी हिंसा। लेकिन दिखाई नहीं पड़ती है। रुपये

को आप हाथ में लो, हिंसा का बिलकुल पता नहीं चलता। रुपया बिलकुल साफ मालूम पड़ता है। उसमें कहीं खून का धब्बा नहीं होता। हालांकि रुपये में जितने खून के धब्बे होते हैं, किसी और चीज में नहीं होते। लेकिन वह दिखाई नहीं पड़ता। एकदम साफ है।

कहना चाहिए, स्वच्छ हिंसा है; एकदम साफ-सुथरी, क्लीन वायलेंस! कहीं कोई धब्बा नहीं, दाग नहीं। धुला हुआ रुपया है; तिजोरी में सम्हाल कर रखा है। कहीं कुछ पता नहीं चलता कि किसकी गर्दन कटी इसमें; किसके प्राण गए इसमें; कौन सूली लटका; किसकी जमीन बिकी; किसका मकान मिटा; कौन विधवा हुई; क्या हुआ—इसका कुछ पता नहीं चलता।

रुपया बड़ा अदभुत है। वह सब तरह के खून से गुजरे, सब तरह के अपराध से गुजरे, हमेशा ताजा बाहर आता है। वह कभी बासा नहीं होता। कितने ही हाथों से गुजरे, कुछ भी उपद्रव उस पर बीते, वह हमेशा साफ धुला बाहर निकल आता है। जब आपके हाथ में आता है, तब उसके पास कोई इतिहास नहीं बचता। इतिहास खतम हो जाता है। रुपया सीधा-साफ होता है। रुपये का कोई इतिहास नहीं बचता।

फिर रुपये इकट्ठे किए। इसलिए महावीर को मानने वाले—महावीर ने खुद कभी न सोचा होगा कि मेरे मानने वाले! महावीर नग्न खड़े हैं रास्तों पर; धन-दौलत छोड़ दी है सब; सोचा भी न होगा कि मेरे मानने वालों के पास इस मुल्क में सबसे ज्यादा धन-दौलत इकट्ठी हो जाएगी। मगर निषिद्ध कर्म से हो गई। कहा तो ठीक ही था; निषिद्ध कर्म बताया था, ठीक बताया था; लेकिन यह सोचा न था कि एक तरफ से निषिद्ध कर्म बचे, तो दूसरी तरफ से प्रकट हो सकता है।

इसलिए कृष्ण कहते हैं, कर्म की गति गहन है। इधर से छोड़ो, उधर से पकड़ लेती है। उधर से छोड़ो, इधर से पकड़ लेती है। तो निषिद्ध कर्म क्या है, इसे ठीक से जान लेना जरूरी है। और जो इसे ठीक से नहीं जान पाए, तो कर्म-अकर्म को जानना तो बहुत दूर है; अक्सर वह निषिद्ध कर्मों में ही जीवन को गंवा देता है। एक से बचता है, दूसरे में उलझ जाता है। जिंदगी का रास्ता कुएं और

खाई के बीच है। इधर गिरो तो कुआं है, उधर गिरो तो खाई है। और बीच में चलना बहुत कठिन है। बारीक है; तलवार की धार जैसा है। इतना बारीक है कि सम्हलना मुश्किल है बीच में।

किस चीज को कृष्ण निषिद्ध कहेंगे, वह उनके आगे के सूत्र में हम उनकी व्याख्या को समझें।

आखिरी सूत्र ले लें; फिर हम सुबह बात करेंगे।

**कर्मण्यकर्म यः पश्येदकर्मणि च कर्म यः।**
**स बुद्धिमान्मनुष्येषु स युक्तः कृत्स्नकर्मकृत्।।18।।**

जो पुरुष कर्म में अकर्म को देखे, और जो पुरुष अकर्म में कर्म को देखे, वह पुरुष मनुष्यों में बुद्धिमान है और वह योगी संपूर्ण कर्मों का करने वाला है।

थोड़ी-सी बात इस संबंध में समझ लें।

कृष्ण कहते हैं, जो कर्म में अकर्म को देखे और अकर्म में कर्म को देखे, वह व्यक्ति ज्ञानवान है।

कर्म में अकर्म को देखे, उलटा। कर्म में अकर्म को देखने का अर्थ हुआ, करते हुए भी जाने कि मैं कर्ता नहीं हूं। करते हुए भी जाने कि मैं कर्ता नहीं हूं। करते हुए भी ऐसा तभी जाना जा सकता है, जब साक्षी का भाव हो।

आप भोजन कर रहे हैं। भोजन करते हुए भी जाना जा सकता है कि आप भोजन नहीं कर रहे हैं। अगर साक्षी हों, तो आप देखेंगे कि शरीर को ही भूख लगी है, शरीर ही भोजन कर रहा है, मैं देख रहा हूं। कठिन नहीं है। थोड़े से जागकर देखने की बात है।

स्वामी राम अमेरिका की एक सड़क से गुजर रहे हैं। कुछ लोगों ने गालियां दीं; और कुछ लोगों ने मजाक किया। हंसते हुए लौटे। जहां ठहरे थे, वहां खिलखिला कर आकर हंसने लगे। तो घर के लोग चिंतित हुए। उन्होंने कहा, क्या हो गया? अकारण हंसते हैं! राम ने कहा, अकारण नहीं हंसता। आज बड़ा ही मजा आया। रास्ते में ऐसा हुआ कि कुछ लोग राम को मिल गए।

घर के लोग थोड़े हैरान हुए। वे राम की भाषा से परिचित न थे। राम को मिल गए! ऐसा खुद राम कह रहे हैं?

और फिर वे लोग राम को गालियां देने लगे और हंसी-मजाक करने लगे। राम बड़ी मुश्किल में पड़े। राम बड़ी दिक्कत में पड़ गए। उनकी हंसी-मजाक और उनकी गाली के बीच—ऐसा राम कहने लगे—कि राम बड़ी मुश्किल में पड़े। हम भी खड़े देखते थे। राम बड़ी मुश्किल में पड़े। वे लोग गाली देने लगे। तो घर के लोगों ने कहा, आप बातें कैसी कर रहे हैं! होश में तो हैं? नशा वगैरह तो नहीं किया है!

राम ने कहा, नशे में तुम हो! मैं होश में हूं, इसीलिए ऐसी बात कर रहा हूं। नशे में होता, तो मेरी आंख से आग निकल रही होती और मुंह से गालियां निकल रही होतीं। नशे में होता, तो मैं समझ जाता कि वे मुझे ही गाली दे रहे हैं, मुझ पर ही हंस रहे हैं। होश में था, इसलिए मैंने देखा, राम को गाली पड़ रही है, राम पर हंस रहे हैं। हम खड़े देखते रहे।

राम, और हम खड़े देखते रहे, ये दो चीजें हो गईं।

जब आप भोजन कर रहे हैं, तो राम भोजन कर रहे हैं; आप जरा खड़े होकर देखें। आप जरा पीछे खड़े हो जाएं और देखें कि राम भोजन कर रहे हैं। राम को भूख लगी, राम को नींद लगी—आप खड़े पीछे देख रहे हैं। यह पीछे खड़े होकर देखने की कला ही कर्म को अकर्म बना देती है। तब व्यक्ति करते हुए न करने जैसा हो जाता है।

और इससे भी जटिल बात दूसरी कृष्ण कहते हैं कि तब न करते हुए भी कर्ता जैसा हो जाता है। वह और भी कठिन है बात समझनी। यह तो पहली बात समझ में आ सकती है कि अगर साक्षी-भाव हो, तो कर्म होते हुए भी ऐसा नहीं लगता कि मैं कर रहा हूं; देख रहा हूं कि हो रहा है। दूसरी बात और भी गहरी है कि न करते हुए भी कर रहा हूं। इसका क्या मतलब हुआ?

असल में जब कोई व्यक्ति पहली घटना को उपलब्ध हो जाता है कि करते हुए न करने को अनुभव करने लगता है, तब अनिवार्य रूप से दूसरी गहराई भी उपलब्ध हो जाती है कि वह न करते हुए भी अनुभव करता है कि कर रहा हूं।

क्यों? क्योंकि जो व्यक्ति ऐसा जान लेता है कि मैं साक्षी हूं, वह व्यक्ति अपने को स्वयं से तो तोड़ लेता है और सर्व से जो ड देता है। जो व्यक्ति ऐसा जान लेता है कि मैं नहीं कर रहा हूं, सब हो रहा है, मैं देख रहा हूं, उसका परमात्मा और उसके बीच तादात्म्य हो जाता है।

फिर वह कुछ भी नहीं करता। हवाएं चल रही हैं, तो भी वह जानता है, मैं ही चला रहा हूं। चांद-तारे घूम रहे हैं, तो वह जानता है, मैं ही चला रहा हूं।

राम कभी एक दिन बहुत खुशी में आ गए, तो उन्होंने हंसकर कहा कि तुम्हें पता है, मैंने ही सबसे पहले चांद-तारों को गति दी थी। मैंने ही सबसे पहले चांद-तारों को इशारा किया और चला दिया। लोगों ने कहा, आप? आपने? भरोसा नहीं आता। तो राम ने कहा, अगर तुम समझते हो कि राम ने चला दिया, तो ठीक समझते हो, भरोसे के लायक बात नहीं है। लेकिन मैं कह रहा हूं, मैंने चला दिया, राम ने नहीं। फिर वही बात।

वह जो भीतर है, अगर जान ले कि मैं साक्षी हूं, तो परमात्मा के साथ एक हो जाता है। फिर जो भी हो रहा है, वही कर रहा है। फिर वह अगर खाली भी बैठा हुआ है, तो भी वही कर रहा है। हवाएं भी वही चला रहा है, वृक्ष भी वही उगा रहा है, फूल भी वही खिला रहा है। वह जो बैठा हुआ है वृक्ष के नीचे आंखें मूंदे हुए, वही चांद-तारे और सूरज भी चला रहा है।

लेकिन वह दूसरी घटना है। पहले तो कर्म में अकर्म का अनुभव हो, तो फिर अकर्म में कर्म का अनुभव होता है।

और जो इस गहन प्रतीति को उपलब्ध हो जाता है, कृष्ण कहते हैं, वह ज्ञान को, सत्य को, सत्य के अनुभव को उपलब्ध हो जाता है।

और साथ ही आपसे यह भी कह दूं कि जो व्यक्ति साक्षी बन जाता है, उसे निषिद्ध कर्म क्या है, यह पहले से तय नहीं करना पड़ता। जब भी जरूरत होती है, जैसे ही वह साक्षी होता है, दिखाई पड़ जाता है कि यह निषिद्ध है और यह निषिद्ध नहीं है। इसे सोचना नहीं पड़ता। उसकी हालत ठीक ऐसे हो जाती है...।

जैसे एक कमरा है अंधेरा। एक अंधा आदमी है; उसे कमरे के बाहर जाना है, तो वह पूछता है, दरवाजा कहां है? स्वभावतः, अंधे आदमी को दरवाजे

का पता नहीं है। वह पूछता है, दरवाजा कहां है? अगर कोई बता दे, बता भी दे, तो भी कुछ फर्क नहीं पड़ता। अंदाज हो जाता है, अनुमान हो जाता है; फिर भी लकड़ी से टटोलता है कि दरवाजा कहां है! बता दिया, तो भी टटोलता है! टटोलता है, तो भी सीधे दरवाजे पर थोड़े ही पहुंच जाता है। कौन टटोलने वाला सीधा पहुंच सकता है? कभी खिड़की को छूता है, कभी कुर्सी को छूता है। फिर टटोल-टटोल कर कहां दरवाजा है, पता लगाता है।

लेकिन आंख वाला आदमी? आंख वाला आदमी पूछता नहीं, दरवाजा कहां है? निकलना है; उठता है और निकल जाता है। आपने कभी खयाल किया, जब आप दरवाजे से निकलते हैं, पहले सोचते हैं, दरवाजा कहां है! फिर देखते हैं कि यह रहा दरवाजा। फिर सोचते हैं, इसी से निकल जाएं। फिर निकल जाते हैं। ऐसी कोई प्रक्रिया होती है? नहीं; आपको पता ही नहीं चलता कि दरवाजा कहां है और आप निकल जाते हैं। दिखता है, तो दरवाजे से निकल जाते हैं।

ठीक ऐसे ही जिस व्यक्ति की साक्षी-भावना गहरी हो जाती है, उसे दिखाई पड़ता है, निषिद्ध कर्म क्या है। दिखाई पड़ता है। टटोलना नहीं पड़ता, पूछना नहीं पड़ता, सोचना नहीं पड़ता, शास्त्र नहीं खोलने पड़ते। बस, दिखाई पड़ता है कि निषिद्ध कर्म क्या है। और जो निषिद्ध है, वह फिर नहीं किया जा सकता। और जो निषिद्ध नहीं है, वही किया जा सकता है। बस, वह निकल जाता है। आप उससे पूछेंगे, तो उसको पीछे पता चलेगा कि मैंने वह कर्म नहीं किया। उसे पता नहीं चलता कि मैंने नहीं किया, क्योंकि इतना पता चलना भी सिर्फ अंधों के लिए है। साक्षी-भाव आंख बन जाता है।

इस संबंध में हम सुबह और बात करेंगे।

पांच मिनट आप रुकेंगे। संन्यासी पांच मिनट परमात्मा के लिए समर्पण का गीत गाएंगे, नाचेंगे। कोई मित्र उसमें सम्मिलित होना चाहें, उनके साथ सम्मिलित हो जाएं। अन्यथा पांच मिनट बैठे रहें; देखें; और फिर विदा हो जाएं।

सातवां प्रवचन

# कामना-शून्य चेतना

**यस्य सर्वे समारम्भाः कामसंकल्पवर्जिताः।**
**ज्ञानाग्निदग्धकर्माणं तमाहुः पण्डितं बुधाः।। 19।।**

और हे अर्जुन, जिसके संपूर्ण कार्य कामना और संकल्प से रहित हैं, ऐसे उस ज्ञान—अग्नि द्वारा भस्म हुए कर्मों वाले पुरुष को ज्ञानीजन भी पंडित कहते हैं।

कामना और संकल्प से क्षीण हुए, कामना और संकल्प की मुक्तिरूपी अग्नि से भस्म हुए...। चेतना की ऐसी दशा में जो ज्ञान उपलब्ध होता है, ऐसे व्यक्ति को ज्ञानीजन भी पंडित कहते हैं। इसमें दो-तीन बातें गहरे से देख लेने की हैं।

एक तो, ज्ञानीजन भी उसे पंडित कहते हैं।

अज्ञानीजन तो पंडित किसी को भी कहते हैं। अज्ञानीजन तो पंडित उसे कहते हैं, जो ज्यादा सूचनाएं संगृहीत किए हुए है। अज्ञानीजन तो पंडित उसे

कहते हैं, जो शास्त्र का जानकार है। अज्ञानीजन तो पंडित उसे कहते हैं, जो तर्कयुक्त विचार करने में कुशल है।

ज्ञानीजन उसे पंडित नहीं कहते। ज्ञानीजन तो उसे पंडित कहते हैं, जो कामना और संकल्प को छोड़ कर चेतना की उस शुद्ध अवस्था को उपलब्ध होता है, जहां ज्ञान का सीधा साक्षात्कार है, इमीजिएट रिअलाइजेशन है। अज्ञानीजन पंडित उसे कहते हैं, जो कि ज्ञानीजनों ने जो कहा है, उसका संग्रह रखकर बैठा है। ज्ञानीजन उसे पंडित कहते हैं, जो उधार नहीं है; जिसका सत्य से सीधा, बिना मध्यस्थ के, संपर्क है, संस्पर्श है। यह संस्पर्श उसका ही हो सकता है, जिसकी चेतना से कामना और संकल्प क्षीण हुए हों। इसलिए दूसरी बात खयाल में ले लेनी जरूरी है कि कामना और संकल्प के क्षीण होने का क्या अर्थ है?

कामना का क्षीण होना तो हमारी समझ में आ सकता है—जहां वासनाएं गिर गईं, इच्छाएं गिर गईं; जहां कुछ पाने का खयाल गिर गया। कामना के विरोध में तो बहुत वक्तव्य हैं; पर थोड़ा उसे भी ठीक से समझ लें। फिर संकल्प भी क्षीण हो जाए! उसे समझना थोड़ा कठिन पड़ेगा।

कामना का अर्थ है, जो नहीं है, उसकी चाह। कामना के क्षीण होने का अर्थ है, जो है, उस पर पूर्णताः। जो नहीं है, उसकी चाह कामना है। जो है, उसके साथ पूरी तृप्ति, कामना से मुक्ति है।

कामना का अर्थ है, दौड़। जहां मैं खड़ा हूं, वहां नहीं है आनंद। जहां कोई और खड़ा है, वहां है आनंद। वहां मुझे पहुंचना है। और मजे की बात यह है कि जहां कोई और खड़ा है, और जहां मुझे आनंद मालूम पड़ता है, वह भी कहीं और पहुंचना चाहता है! वह भी वहां होने को राजी नहीं है। उसे भी वहां आनंद नहीं है। उसे भी कहीं और आनंद है।

कामना का अर्थ है, आनंद कहीं और है, समव्हेयर एल्स। उस जगह को छोड़ कर जहां आप खड़े हैं, और कहीं भी हो सकता है आनंद। उस जगह नहीं है, जहां आप हैं। जो आप हैं, वहां आनंद नहीं है। कहीं भी हो

सकता है पृथ्वी पर; पृथ्वी के बाहर, चांद-तारों पर; लेकिन वहां नहीं है, जिस जगह को आप घेरते हैं। जिस होने की स्थिति में आप हैं, वह जगह आनंदरिक्त है—कामना का अर्थ है।

कामना से मुक्ति का अर्थ है, कहीं हो या न हो आनंद, जहां आप हैं, वहां पूरा है; जो आप हैं, वहां पूरा है। संतृप्ति की पराकाष्ठा कामना से मुक्ति है। इंचभर भी कहीं और जाने का मन नहीं है, तो कामना से मुक्त हो जाएंगे।

कामना के बीज, कामना के अंकुर, कामना के तूफान क्यों उठते हैं? क्या इसलिए कि सच में ही आनंद कहीं और है? या इसलिए कि जहां आप खड़े हैं, उस जगह से अपरिचित हैं?

अज्ञानी से पूछिएगा, तो वह कहेगा, कामना इसलिए उठती है कि सुख कहीं और है। और अगर वहां तक जाना है, तो बिना कामना के मार्ग से जाइएगा कैसे? ज्ञानी से पूछिएगा, तो वह कहेगा, कामना के अंधड़ इसलिए उठते हैं कि जहां आप हैं, जो आप हैं, उसका आपको कोई पता ही नहीं है। काश, आपको पता चल जाए कि आप क्या हैं, तो कामना ऐसे ही तिरोहित हो जाती है, जैसे सुबह सूरज के उगने पर ओस-कण तिरोहित हो जाते हैं।

जोसुआ लिएबमेन ने एक छोटी-सी कहानी लिखी है। लिखा है, एक यहूदी फकीर बहुत परेशान है, बहुत कष्ट में है। जैसे कि सभी लोग हैं। आदमी खोजना मुश्किल है, जो परेशान न हो। अब तक मैंने तो ऐसा आदमी नहीं देखा, जो परेशान न हो। गृहस्थ भी परेशान हैं, संन्यस्त भी परेशान हैं। गृहस्थ भी कहीं और पहुंचना चाहते हैं, कहीं और—धन की यात्रा में, यश की यात्रा में। संन्यस्त भी कहीं और पहुंचना चाहते हैं—आत्मा की यात्रा में, परमात्मा की यात्रा में, मोक्ष की यात्रा में। लेकिन कहीं और पहुंचने की दौड़ जारी है।

और जो कहीं और पहुंचना चाहता है, वह तनाव में होगा, परेशान होगा। वह शांत नहीं हो सकता। अगर मोक्ष भी पाना है, तो वासना काम कर रही है, कामना काम कर रही है। अगर परमात्मा को भी पाना है, तो फिर वासना काम कर रही है। फिर कामना काम कर रही है। फिर कामना दग्ध नहीं हुई।

और मजा तो यह है कि परमात्मा उसे ही मिलता है, जिसकी कामना दग्ध हो। उसे ही मिलता है कि जिसके द्वार पर परमात्मा भी दस्तक दे, तो वह कहे, विश्राम करो; जल्दी न करो; ऐसी कोई जल्दी नहीं है। हम यहां भी काफी मजे में हैं! मोक्ष भी दरवाजे खोले और वह आदमी कह सके कि हम यहीं मोक्ष में हैं, दरवाजे खोलने की कोई भी जरूरत नहीं है। ऐसे ही व्यक्ति के लिए मोक्ष उपलब्ध होता है। ऐसे ही व्यक्ति की तरफ परमात्मा आता है, जो परमात्मा से भी कह दे कि ठहरो।

संन्यासी भी परेशान और पीड़ित है। कामना ने रूप बदला, कामना नहीं बदली। कामना ने आब्जेक्ट बदला, विषय बदला, कामना नहीं बदली। धन की जगह धर्म हुआ; सुख की जगह स्वर्ग हुआ; पदार्थ की जगह परमात्मा हुआ; मकान की जगह मंदिर हुआ। विषय बदला, आब्जेक्ट बदला, रूप बदला, ढंग बदला; कामना नहीं बदली। कामना फिर नए रूपों पर, नए विषयों पर दौड़ने लगी। कामना अपनी जगह है।

जब तक कोई आदमी कहीं पहुंचना चाहता है, जब तक किसी आदमी का कोई लक्ष्य है, तब तक वह कामना के बाहर नहीं है। जब तक उद्देश्य है, तब तक कामना के बाहर नहीं है।

लिएबमेन ने यह जो फकीर की कहानी लिखी, फकीर भी परेशान है! मैंने कहा, संन्यासी भी परेशान है; बहुत दुखी है, बहुत पीड़ित है। जीवन बीत गया प्रार्थना करते, अब तक स्वर्ग से कोई खबर नहीं मिली! जीवन बीत गया प्रभु के द्वार पर हाथ जोड़े, अब भी हाथ खाली हैं!

एक रात सोते समय उस बूढ़े फकीर ने परमात्मा से कहा, बहुत हो चुका! कितनी प्रार्थना करूं? और कितनी पूजा करूं? और कब तक तुम्हें पुकारूं? अब थक गया। अब तक तुम से सुख मांगे, अब तुमसे सुख नहीं मांगता। अब तुम से इतना ही मांगता हूं कि कम से कम मेरे दुख किसी और को दे दो और किसी दूसरे के दुख मुझे दे दो, तो भी चलेगा। मुझसे ज्यादा दुखी आदमी पृथ्वी पर दूसरा नहीं है।

सभी को ऐसा खयाल है कि उससे ज्यादा दुखी आदमी पृथ्वी पर दूसरा नहीं है। क्यों? खयाल के कारण हैं। क्योंकि हमें अपने भीतर के, हृदय के दुख के कांटे दिखाई पड़ते हैं। दूसरों के हृदय के तो दुख के कांटे दिखाई नहीं पड़ते। दूसरों के हृदय तक पहुंचने का हमारे पास कोई उपाय नहीं है। दूसरों के चेहरे दिखाई पड़ते हैं।

और चेहरे से ज्यादा धोखे की और कोई चीज नहीं है। चेहरा फसाड है, धोखा है। चेहरा बनाया हुआ है। ओरिजिनल फेस तो कम लोगों के पास होते हैं, पेंटेड फेस होते हैं। मौलिक चेहरा तो बहुत कम लोगों के पास होता है। कभी किसी कृष्ण, कभी किसी बुद्ध के पास मौलिक चेहरा होता है; वही जो चेहरा उनका है। अन्यथा चेहरे तैयार किए होते हैं। दिखाने के लिए तैयार किए होते हैं। मास्क, मुखौटे होते हैं। और एक-एक आदमी बहुत-से चेहरे अपने पास रखता है। जब जैसी जरूरत पड़ी, चेहरा लगा लेता है।

दूसरे का चेहरा दिखाई पड़ता है, मुस्कुराहटें दिखाई पड़ती हैं दुनिया में। दूसरों के हृदय तो दिखाई नहीं पड़ते, नहीं तो आंसुओं के ढेर लग जाएं। सच तो यह है कि लोग मुस्कुराते ही इसलिए हैं, ताकि भीतर के आंसुओं को छिपा सकें।

चेहरे बड़े प्रसन्न मालूम होते हैं, बड़े ताजे! हृदय बिलकुल बासे। चेहरों पर जो दिखाई पड़ता है, उससे धोखे में मत आ जाना। वे ड्राइंगरूम की तरह हैं, घरों में बैठकखाने की तरह हैं। जो बाहर से आते हैं, उनको दिखाने के लिए बैठकखाना होता है। रहने के लिए नहीं होता है बैठकखाना। घर के लोग उसमें रहते नहीं हैं। सिर्फ दिखाई पड़ते हैं। जब बाहर से कोई आता है, तो बैठकखाने में दिखाई पड़ते हैं। रहते घर के दूसरे हिस्सों में हैं, दिखाई पड़ते हैं बैठकखानों में! चेहरे बैठकखाने हैं।

वह फकीर भी धोखे में आ गया। लोगों के चेहरे देखे। उसने देखा, लोग हंसते हैं, मुस्कुराते हैं। और मैं अपने भीतर देखता हूं, तो सिवाय दुख के कुछ और नहीं है। तो उसने परमात्मा से कहा, छोड़ो यह फिकर सुख देने की। अब तो मैं इसके लिए भी राजी हूं कि किसी दूसरे का दुख मुझे दे दो। मेरा दुख किसी और को दे दो। फिर वह सो गया।

रात उसने एक स्वप्न देखा कि कोई आकाश से आवाज गूंजती है कि सब लोग अपने दुखों को गठरियों में बांधकर नगर के केंद्रीय हाल में पहुंच जाएं। फकीर समझा कि सुन ली गई मेरी प्रार्थना। बांधे अपने दुख; बांधी गठरी; भागा। रास्ते पर देखा कि सारा गांव अपनी-अपनी गठरी लेकर भागा जा रहा है। लोगों की गठरियों की तरफ देखा, तो थोड़ा घबड़ाया। क्योंकि कोई गठरी अपने से छोटी नहीं दिखाई पड़ती थी। लेकिन फिर भी गठरियां बंद थीं और दुख भीतर थे। हो सकता है, दुख ज्यादा सहने योग्य हों।

अपरिचित का भी तो आकर्षण होता है। जिसे नहीं जानते, उसका भी तो आकर्षण होता है। अपने सुख से भी आदमी ऊब जाता है; दूसरे के दुख में भी आकर्षण होता है। साथ रहते-रहते अपने सुख से भी ऊब जाता है। सच तो यह है कि सुख जितना उबाने वाला, बोर्डम पैदा करने वाला होता है, उतना दुख नहीं होता। दुखी आदमी ऊबे हुए नहीं दिखाई पड़ते; सुखी आदमी ऊबे हुए दिखाई पड़ते हैं—बोर्ड!

सोचा कि ठीक है, कोई हर्जा नहीं। गठरियों में, पता नहीं, किस-किस तरह के नए दुख तो होंगे कम से कम। दुख की बदलाहट भी बड़ी राहत देती है।

अक्सर हम यही करते रहते हैं, खुद बदलते रहते हैं। एक दुख को छोड़ते हैं, दूसरे को पकड़ लेते हैं। एक को डायवोर्स दिया, दूसरे से मैरिज की। एक दुख को छोड़ा, दूसरे से विवाह किया। पर दुख के बदलने के बीच में जो थोड़ा-सा खाली वक्त मिलता है, वह काफी सुख देता है। एक दुख उतारने में, दूसरा चढ़ाने में बीच में जो ट्रांजीशन का पीरियड है, वह जो थोड़ी-सी राहत का वक्त है, वह भी काफी सुख देता है।

सोचा कि चलो, बदल ही लें।

भवन में पहुंच गए। फिर दूसरी आवाज गूंजी कि सब अपनी गठरियों को भवन की खूंटियों पर टांग दें। सभी ने दौड़कर खूंटियों पर अपनी गठरियां टांग दीं। सभी तेजी से दौड़े कि कहीं ऐसा न हो कि खूंटियां समाप्त हो जाएं; कहीं ऐसा न हो कि अपनी गठरी अपने हाथ में ही रह जाए। बड़ी तेजी थी। लेकिन खूंटियां काफी थीं और सबके दुख टंग गए।

और फिर आवाज गूंजी कि अब जिसे जो गठरी चुननी हो, वह चुन ले। फकीर भागा तेजी से। लेकिन आप हैरान होंगे, फकीर दूसरे की गठरी उठाने नहीं भागा; अपनी गठरी ही उठाने भागा। क्योंकि जब सिरों से गठरियां उतरीं और खूंटियों से लटकीं और उनके दुख उनके बाहर भी झांकते हुए दिखाई पड़ने लगे, तब वह घबड़ाया कि कोई मेरी गठरी न उठा ले। वह भागा। और उसने जल्दी से अपनी गठरी उठाई कि कहीं ऐसा न हो कि कोई अपनी गठरी उठा ले और झंझट में पड़ जाएं।

जब खूंटियों पर गठरी टांगी उसने, तब उसे पता चला कि दुख हैं, तो भी अपने हैं, परिचित हैं। इतने दिन से परिचित रहने की वजह से आदी भी हो गए हैं। पता नहीं, अपरिचित दुख कौन-सा दुख ले आएं। और गठरियां काफी लंबी और बड़ी थीं। अपनी ही गठरी उस भवन में सबसे छोटी मालूम पड़ती थी।

अपनी गठरी उठा कर फकीर थोड़ा संतृप्त हुआ, उसने चारों तरफ देखा, लेकिन बड़ा हैरान हुआ, सभी ने अपनी गठरियां वापस उठा ली थीं! पूछा भी लोगों से उसने कि बदल क्यों नहीं लेते? दौड़े तो बहुत तेजी से थे। उन्होंने कहा, अपनी ही गठरी छोटी दिखाई पड़ी!

चेहरे उखड़ गए। हृदय दिखाई पड़ते हैं, तो ऐसा ही हो जाता है।

दूसरे की तरफ हम दौड़ते हैं, क्योंकि लगता है, दूसरा सुखी है, हम दुखी हैं। कामना का बीज यही है। दूसरे जैसे होना चाहते हैं, क्योंकि लगता है, दूसरा सुखी है, हम दुखी हैं। कामना का बीज यही है।

अज्ञानी से पूछें, तो वह कहेगा, नहीं; दूसरी जगह सुख है, इसलिए दौड़ते हैं। ज्ञानी से पूछें, तो वह कहेगा, इसलिए दौड़ते हैं, क्योंकि हमें पता ही नहीं कि हम अपनी जगह कौन हैं? क्या हैं?

तो जो अपने भीतर डूबे, जो थोड़ा-सा आत्मा को जान ले, वही कामना से मुक्त हो सकता है। अन्यथा नहीं मुक्त हो सकता है। आत्मा को जाना कि कामना तिरोहित हो जाती है; या कामना तिरोहित हो जाए, तो आत्मा जान ली जाती है। ये एक ही सिक्के के दो पहलू हैं।

दूसरी बात और भी कठिन है। कृष्ण कहते हैं, संकल्प भी...।

संकल्प का अर्थ है, विल पावर। संकल्प भी छोड़ दो। साधारणतः, अगर कार्लाइल जैसे विचारकों से पूछें, तो वे कहेंगे, संकल्प तो प्राण है। विल चली जाएगी, विललेस हो जाओगे, संकल्पहीन हो जाओगे, तो इंपोटेंट हो जाओगे, क्लीव हो जाओगे। कुछ बचेगा ही नहीं तुम्हारे पास।

लेकिन कृष्ण कहते हैं, संकल्प से भी...।

संकल्प का उपयोग ही क्या है? जब तक कामना है, तब तक उपयोग है। जब कामना नहीं, तो संकल्प का कोई उपयोग नहीं। जब तक इच्छा पूरी करनी है, तब तक इच्छाशक्ति की जरूरत है। और जब इच्छा ही नहीं है, तो इच्छाशक्ति का क्या करिएगा? वह बोझ हो जाएगी। उसे भी छोड़ दो।

हमें इच्छाशक्ति की जरूरत है, क्योंकि इच्छाएं पूरी करनी हैं, तो पैरों में ताकत चाहिए दौड़ने की। कामना पूरी करनी है, तो शक्ति चाहिए, मंजिल तक पहुंचने की। वही संकल्प है।

संकल्पहीन की हम निंदा करते हैं, कि तुम कुछ डिसीजन नहीं ले पाते, संकल्पहीन हो: तुम कुछ निर्णय नहीं कर पाते, तुम कुछ पक्का नहीं कर पाते, मजबूत नहीं कर पाते। कुछ कर नहीं पाते, हम उसकी निंदा करते हैं। निंदा हम इसीलिए करते हैं कि कामनाएं तो उसके भीतर बहुत हैं और संकल्प नहीं है।

अगर कामनाएं बहुत हों और संकल्प न हो, तो आदमी पागल हो जाएगा। क्योंकि पहुंचने की इच्छा बहुत है और चलने की ताकत बिलकुल नहीं है, तो वह आदमी बड़ी कठिनाई में पड़ जाएगा। वह वैसी ही कठिनाई में पड़ जाएगा, जैसे वृद्धजन कामवासना से तकलीफ में पड़ जाते हैं। वृद्ध हैं; शरीर ने साथ छोड़ दिया; अब कोई शक्ति नहीं है कामवासना को पूरी करने की; लेकिन मन अभी कामवासना के विचार उठाए चला जाता है!

ध्यान रहे, युवा अवस्था में कामवासना उतनी पीड़ा नहीं देती, क्योंकि वासना भी होती है, शक्ति भी होती है। वृद्धावस्था में कामवासना बुरी तरह पीड़ा देती है। क्योंकि शक्ति खो गई होती है; वासना नहीं खोती। वासना अपनी जगह खड़ी रहती है।

संकल्प की हम बात करते हैं कि संकल्प बढ़ाओ, विल पावर बढ़ाओ। क्योंकि वासनाएं अगर पूरी करनी हैं, तो बिना संकल्प के पूरी न होंगी। लेकिन अगर वासनाएं छोड़ देनी हैं, तब संकल्प की कोई भी जरूरत नहीं है; तब तो समर्पित हो जाओ। तब नाहक की शक्ति बोझ बन जाएगी।

ध्यान रहे, शक्ति अगर प्रयोग न की जाए, तो आत्मघाती हो जाती है, स्युसाइडल हो जाती है। इसे मैं फिर दोहराता हूं, शक्ति अगर प्रयुक्त न हो, तो स्वयं का ही विनाश करने लगती है।

इसलिए कृष्ण बहुत मनोवैज्ञानिक सत्य कह रहे हैं। लेकिन क्रम से कह रहे हैं। वे कह रहे हैं, पहले वासना-कामना से क्षीण, संकल्प से क्षीण।

अगर कोई वासनाओं के पहले संकल्प छोड़ दे, तो बहुत कठिनाई में पड़ जाएगा। बहुत-बहुत कठिनाई में पड़ जाएगा, बड़ा दीन और हीन हो जाएगा। पहले वासना चली जाए, तो फिर संकल्प का बचना खतरनाक। क्योंकि फिर शक्ति करेगी क्या? और जब शक्ति बाहर नहीं जा पाती, दौड़ नहीं पाती, जब शक्ति सक्रिय नहीं हो पाती, तो फिर भीतर सक्रिय हो जाती है। और फिर भीतर ही दौड़ने लगती है। शक्ति जब भीतर दौड़ती है, तो आदमी पागल हो जाता है।

शक्ति जब बाहर दौड़ती है, तब भी पागल होता है। लेकिन तब नार्मल पागल होता है, जैसे सभी पागल हैं। इसलिए बहुत दिक्कत नहीं आती। लेकिन जब शक्ति भीतर दौड़ने लगती है, तब एबनार्मली पागल हो जाता है; असाधारण रूप से पागल हो जाता है। क्योंकि सब लोग बाहर की तरफ दौड़ते हैं, वह भीतर ही भीतर दौड़ता है। फिर भीतर दौड़ने से कहीं पहुंच तो सकते नहीं; कोल्हू के बैल बन जाते हैं। वहीं-वहीं वर्तुल की तरह घूमते रहते हैं। फिर जिंदगी बड़ी कठिनाई में हो जाती है।

और यह भी स्मरणीय है कि शक्ति के दो रूप हैं। अगर वह वासनाओं की तरफ दौड़े, तो क्रिएटिव होती है। वह कुछ सृजन करती है; कामनाओं का, वासनाओं का, सपनों का, आकांक्षाओं का सृजन करती है। अगर आकांक्षाएं, वासनाएं, कामनाएं छूट जाएं, तो शक्ति सृजन नहीं करती। संकल्प की शक्ति फिर स्वयं को ही विनाश करने लगती है, डिस्ट्रक्टिव हो जाती है।

इसलिए कृष्ण का दूसरा सूत्र पहले सूत्र से भी बहुमूल्य और स्मरणीय है, संकल्प भी छोड़ देता है जो व्यक्ति...।

वासनाएं छोड़ देता है, संकल्प छोड़ देता है। यह भी छोड़ देता है कि मुझे कहीं पहुंचना है; यह भी छोड़ देता है कि मैं कहीं पहुंच सकता हूं। यह भी छोड़ देता है कि कोई मंजिल है; और यह भी छोड़ देता है कि मैं कोई यात्री हूं! यह भी छोड़ देता है कि मुझे कोई दूर के फल तोड़ लाने हैं; और यह भी छोड़ देता है कि मैं तोड़कर ला सकता हूं।

ऐसा कामना-शून्य, संकल्परिक्त हुआ व्यक्ति ज्ञान को उपलब्ध होता है। क्यों? ऐसा व्यक्ति ज्ञान को उपलब्ध क्यों हो जाता है कि जिसको ज्ञानी भी पंडित कहते हैं?

ऐसा व्यक्ति इसलिए ज्ञान को उपलब्ध हो जाता है कि ऐसा व्यक्ति दर्पण की भांति निर्मल और ठहरा हुआ हो जाता है। कभी देखी है झील आपने? जब लहरें चलती होती हैं, तो झील दर्पण नहीं बन पाती। लेकिन झील पर लहरें न चलें, झील शांत हो जाए—दौड़े न, चले न, रुक जाए; ठहर जाए; मौन हो जाए, विश्राम में चली जाए—तो झील दर्पण बन जाती है। फिर झील की सतह मिरर का काम करती है, दर्पण का काम करती है। फिर चांद-तारे उसमें नीचे झलक आते हैं। फिर आकाश का सूरज उसमें प्रतिबिंबित होता है। पूरा आकाश छोटी-सी झील पकड़ लेती है। अनंत आकाश, विराट आकाश, जिसकी कोई सीमा नहीं, एक छोटी-सी झील की छाती में प्रतिबिंबित हो जाता है।

ठीक ऐसा ही होता है। जब चित्त पर कोई वासना की लहर नहीं होती, और जब चित पर कामना का कोई झंझावात नहीं होता, और जब चित्त अपने ही भीतर घूमती शक्ति से आंदोलित नहीं होता, तब चित्त भी एक झील की भांति मौन, ठहर गया होता है। उस ठहराव में दर्पण बन जाता है। उस दर्पण में विराट परमात्मा इस छोटे-से आदमी के हृदय में भी प्रतिफलित होता है; आमने-सामने हो जाता है। विराट है परमात्मा, हम बड़े छोटे हैं। छोटी है झील, बड़ा है आकाश!

कल एक मुसलमान बहन मुझसे कह रही थी कि कुरान में जब मैंने पढ़ा, अल्ला हू अकबर, बड़ा है परमात्मा, तो कुछ समझ में नहीं आया कि मतलब क्या है!

सच ही बड़ा है परमात्मा। बहुत बड़ा है। जितना हम कंसीव कर सकें, जितना हम सोच सकें, उससे सदा बड़ा है। बड़े का मतलब यह नहीं कि हमने नाप लिया है कि इतना बड़ा है। बड़े का इतना ही मतलब कि हमारे सब नाप बेकार हो गए हैं।

ध्यान रहे, बड़े का मतलब यह नहीं कि हम नाप चुके, मेजर्ड। ऐसा नहीं कि हमने नापा और पाया कि बड़ा है। ऐसा कि हमने नापा और पाया कि कोई मेजरमेंट, कोई नाप काम नहीं आता, बहुत बड़ा है! अल्ला हू अकबर, बहुत बड़ा है! हमारे सब माप बेकार हैं। वह जो इतना बड़ा है, वह इस आदमी के छोटे-से हृदय के साथ कैसे साक्षात्कार हो सकेगा?

कभी आपने देखा कि एक छोटे-से दर्पण में भी बहुत बड़ा साक्षात्कार हो जाता है। छोटे-से दर्पण में विराट सूर्य का प्रतिफलन हो जाता है। दर्पण फिर भी बड़ा है। छोटी-सी आंख गौरीशंकर को भी पकड़ लेती है। विराट एवरेस्ट को छोटी-सी आंख पकड़ लेती है। माना कि होंगे विराट, माना कि आंख बड़ी छोटी है, लेकिन प्रतिफलन की क्षमता अनंत है, दि कैपेसिटी टु रिफ्लेक्ट। छोटी है आंख, लेकिन प्रतिफलन की क्षमता अनंत है। इसलिए आंख एकदम छोटी नहीं है। एक अर्थ में एवरेस्ट छोटा पड़ जाता है। एक अर्थ में एवरेस्ट छोटा पड़ जाता है!

एक अर्थ में भक्त के हृदय के सामने भगवान छोटा पड़ जाता है। इस अर्थ में, अनंत है विराट, लेकिन भक्त के छोटे-से हृदय में भी पूरा प्रतिफलित हो जाता है। असीम पूरा पकड़ लिया जाता है।

लेकिन यह हृदय होना चाहिए मौन, शांत, वासना-संकल्प से रिक्त और खाली। और तब ज्ञानी भी–ज्ञानी अर्थात जो जानते हैं, वे भी–ऐसे व्यक्ति को पंडित कहते हैं। और ध्यान रहे, कृष्ण की यह शर्त बड़ी कीमती है।

क्योंकि जो नहीं जानते, वे किसी को पंडित कहें, इसका कोई भी मूल्य नहीं है। इसका कोई भी मूल्य नहीं है।

जो नहीं जानते हैं, वे किसी को पंडित कहें, इसका क्या मूल्य हो सकता है? वे उसी को पंडित कहते हैं, जो उनसे ज्यादा जानता हुआ मालूम पड़ता है। क्वांटिटेटिव अंतर है। न जानने वाले और ज्यादा जानने वाले में क्वांटिटी का अंतर है। आपने दो किताबें पढ़ी हैं, उसने दस पढ़ी हैं। आप दो क्लास पढ़े हैं, उसने दस क्लास पढ़ी हैं। आपके पास प्राइमरी का सर्टिफिकेट है, उसके पास यूनिवर्सिटी का। लेकिन अंतर क्वांटिटी का है, क्वालिटी का नहीं। अंतर परिमाण का, मात्रा का है, गुण का नहीं।

लेकिन जब कोई व्यक्ति परमात्मा को जान लेता है, तो यह कोई बड़ा सर्टिफिकेट नहीं है छोटे सर्टिफिकेट के मुकाबले। यह कोई प्राइमरी की डिग्री के मुकाबले पीएच.डी. की डिग्री नहीं है। यह कोई डिग्री ही नहीं है।

हमारे पास जो शब्द है डिग्री के लिए, वह बहुत बढ़िया है–उपाधि। उपाधि का मतलब बीमारी भी होता है। असल में उपाधिग्रस्त आदमी, डिग्रीधारी, बीमार ही होता है। क्योंकि सब उपाधियां, सब डिग्रियां अहंकार को और भारी करती चली जाती हैं। और सब उपाधियां, और सब डिग्रियां कामना और वासना को और गतिमान करती हैं। सब उपाधियां संकल्प को और दौड़ाती हैं।

नहीं, जिसे ज्ञानी भी पंडित कहते हैं, यह उपाधिमुक्त है। यह डिग्रीलेस है। इसकी कोई उपाधि नहीं है। इसके पास कोई प्रमाणपत्र नहीं है जानने का। यह स्वयं ही प्रमाणपत्र है जानने का। इसकी स्वयं की आंखें गवाही हैं। इसके हृदय से उठते हुए स्वर गवाही हैं। इसका रोआं-रोआं, इसका उठना-बैठना गवाही है।

एक फकीर रिंझाई के पास जापान का सम्राट गया और उसने कहा कि मैं कैसे जानूं कि तुमने जान लिया? तो उस फकीर ने कहा कि मुझे देखो–मेरे उठने को, मेरे बैठने को, मेरे बोलने को, मेरे चुप होने को, मेरी आंखों को, मेरे जागने को, मेरे सोने को–मुझे देखो। उस सम्राट ने कहा, तुम्हें देखने से क्या होगा? कोई और प्रमाण नहीं है? उस फकीर ने कहा, और कोई भी प्रमाण नहीं है। मैं ही प्रमाण हूं। मैंने अगर उसे जाना है, तो तुम मेरे उठने में उसका उठना जानोगे। मैंने

अगर उसे जाना है, तो तुम मेरे देखने में उसकी आंख को देखता हुआ पाओगे। अगर मैंने जाना है, तो जब मैं तुम्हें हृदय से लगाऊंगा, तो तुम मेरे हृदय में उसकी धड़कन सुन पाओगे। और कोई प्रमाण नहीं है। और अगर यह तुम न पहचान सको, तो और कोई उपाय नहीं है। मैं कोई गवाह खड़े नहीं कर सकता हूं। मैं ही गवाह हूं। और अगर मैं गवाह नहीं बन पाता हूं, तो फिर कोई उपाय नहीं है।

कृष्ण कहते हैं, ज्ञानीजन भी उसे पंडित कहते हैं।

अज्ञानीजन तो किसी को भी पंडित कहते हैं। अंधों में काना भी राजा हो जाता है! नहीं, उसका कोई मूल्य नहीं है।

यह स्मरण में रखना कि इस आखिरी वक्तव्य ने पंडितों की दो कोटियां कर दीं। एक वे पंडित, जिनके पास परिमाण में ज्ञान है; मात्रा है ज्ञान की एक। लेकिन वे कंप्यूटर से ज्यादा नहीं हैं। उनके पास बंधे हुए उत्तर हैं, रटे हुए। उनके अपने उत्तर नहीं हैं। उत्तर किसी और के हैं; वे केवल दोहराने का काम कर रहे हैं। वे केवल दलाल हैं, उससे ज्यादा नहीं हैं। उत्तर उपनिषद के होंगे, कि बुद्ध के होंगे, कि कृष्ण के होंगे, कि महावीर के होंगे। उनके अपने नहीं हैं, इसलिए आथेंटिक नहीं हैं, इसलिए प्रामाणिक नहीं हैं। जब कोई व्यक्ति कहता है अपने से—तब! जान कर—तब!

और यह दुनिया बहुत सुलझी हुई हो सकती है, अगर ये नंबर दो के पंडित थोड़े कम हों। या न हों, तो बड़ा सुखद हो सकता है। जो नहीं जानता, वह जानने वाले की तरह बोलकर भारी नुकसान पहुंचाता है।

जो जानता है, वह चुप भी रह जाए, तो भी लाभ पहुंचाता है। जो नहीं जानता है, वह बोले, तो भी नुकसान पहुंचाता है। सौ में निन्यानबे मौके पर लोग जानते नहीं हैं, सिर्फ जाने हुए की बातों को जानते हैं। सेकेंड हैंड भी नहीं कहना चाहिए; हजारों हाथों से गुजरी हुई बातों को जानते हैं। सब सड़ गया होता है। अज्ञानीजन उनको पंडित कहते हैं।

लेकिन ज्ञानीजन उसे पंडित कहते हैं, जिसने आमना-सामना किया, एनकाउंटर किया; जिसके हृदय और परमात्मा के हृदय के बीच कोई पर्दा न रहा; सब पर्दे गिरे। और जिसके हृदय ने परमात्मा के हृदय का संस्पर्श किया;

जिसने आंखों में आंखें डालकर परमात्मा में झांका; और जिसने परमात्मा को आंखें डालकर अपने भीतर झांकने दिया; जो झील की तरह आकाश से मिला, मौन झील की तरह—उसे पंडित, उसे ही पंडित कहा जा सकता है।

**त्यक्त्वा कर्मफलासङ्गं नित्यतृप्तो निराश्रयः।**
**कर्मण्यभिप्रवृत्तोऽपि नैव किंचित्करोति सः।।20।।**

और जो पुरुष सांसारिक आश्रय से रहित सदा परमानंद परमात्मा में तृप्त है, वह कर्मों के फल और संग अर्थात कर्तृत्व-अभिमान को त्याग कर कर्म में अच्छी प्रकार बर्तता हुआ भी कुछ भी नहीं करता है।

और ऐसा पुरुष, ऐसी चेतना को उपलब्ध पुरुष, ऐसी चेतना को उपलब्ध व्यक्ति संसार के आसरे आनंदित नहीं होता। ऐसे पुरुष का आनंद परमात्मा से ही स्रोत पाता है। ऐसा व्यक्ति संसार के कारण सुखी नहीं होता। ऐसा व्यक्ति सुखी ही होता है—अकारण। जहां तक संसार का संबंध है—अकारण।

अगर कोई रामकृष्ण से पूछे, क्यों नाच रहे हो? तो रामकृष्ण कोई भी सांसारिक कारण न बता सकेंगे। वे यह न कह सकेंगे कि लाटरी जीत गया हूं। वे यह न कह सकेंगे, यश हाथ लग गया है। वे यह न कह सकेंगे कि बहुत लोग मुझे मानने लगे हैं।

अगर कबीर से हम पूछें कि क्यों मस्त हुए जा रहे हो? यह मस्ती कहां से आती है? तो संसार में कारण न बता सकेंगे।

हमारी मस्ती हमेशा सकारण होती है, कंडीशनल होती है। शर्त होती है उसकी। घर में बेटा हुआ है, तो बैंड-बाजे बज रहे हैं। धन-संपत्ति आ गई है, तो फूलमालाएं सजी हैं। हमारा सुख बाहर, हमसे बाहर कहीं से आता है। इसलिए देर नहीं लगती और हमारा सुख तत्काल दुख बन जाता है। बहुत देर नहीं लगती। क्योंकि जिसका भी सुख संसार-आश्रित है, उसका सुख क्षण भर से ज्यादा नहीं हो सकता। क्योंकि संसार ही क्षण भर से ज्यादा नहीं होता है। संसार पर आश्रित जो भी है, वह सभी क्षणभर है।

जैसे कि हवाओं के झोंके में वृक्ष का पत्ता हिल रहा है। यह वृक्ष का पत्ता क्षणभर से ज्यादा एक स्थिति में नहीं हो सकता; क्योंकि जिस हवा में हिल रहा है, वही क्षण भर से ज्यादा एक स्थिति में नहीं रहती है। वह हवा ही तब तक और आगे जा चुकी है। नदी में जो लहर उठ रही है, वह जिस पवन के झोंकों से उठ रही है, क्षण भर से ज्यादा नहीं रह सकती; क्योंकि क्षणभर से ज्यादा वह पवन का झोंका ही नहीं रह जाता है।

संसार क्षणभंगुरता है। वहां सब कुछ क्षणभर है। उस पर आश्रित सुख क्षण से ज्यादा नहीं है। आया नहीं, कि गया! आने और जाने में बड़ा कम फासला है।

मैं अभी एक कवि की दो पंक्तियां देख रहा था, मुझे बहुत प्रीतिकर लगीं। जरा-सा फासला किया है और पंक्तियों का अर्थ बदल गया है। पहली पंक्ति है : वसंत आ गया। और दूसरी पंक्ति है : वसंत आ, गया। पहली पंक्ति है : वसंत आ गया। आ गया वसंत। और दूसरी पंक्ति है : आ, गया वसंत। वह आ गया को तोड़ दिया है दूसरी पंक्ति में, दो टुकड़ों में! आ को अलग कर दिया है, गया को अलग कर दिया है।

इतना ही फासला है, आ गया सुख; आ, गया सुख। पहचान भी नहीं पाते कि आ गया, और दूसरी पंक्ति घटित हो जाती है। सच तो यह है कि जैसे ही हम पहचानते हैं कि सुख आ गया, सुख जा चुका होता है। इतना ही क्षण, क्षण भर की धुन बजती है और चली जाती है।

कृष्ण कहते हैं, संसार-आश्रित ऐसे पुरुष के सुख नहीं हैं।

ऐसे पुरुष का आनंद आश्रित आनंद नहीं है। अनाश्रित, अनकंडीशनल, बेशर्त, अकारण है। ऐसे पुरुष का आनंद कहीं से आता नहीं, इसलिए फिर कहीं जा भी नहीं सकता। ऐसे पुरुष का आनंद परमात्मा पर, ब्रह्म पर, ब्रह्म से ही स्रोत पाता है। ब्रह्म से अर्थात स्वयं से ही। अपनी ही गहराइयों से उठते हैं झरने। अपने ही अंतस से आता है आनंद। फिर खोता नहीं, क्योंकि ब्रह्म क्षणभंगुर नहीं है।

संसार क्षणभंगुर है, इसलिए संसार से आया सुख क्षणभंगुर है। ब्रह्म शाश्वत है, इटरनल है। इसलिए ब्रह्म से जिसके स्रोत जुड़ गए, उसका आनंद

शाश्वत है; लेकिन अकारण। ऐसा व्यक्ति कब हंसने लगेगा, पता नहीं। ऐसा व्यक्ति कब नाचने लगेगा, पता नहीं। ऐसा व्यक्ति कब आनंद के आंसुओं को बरसाने लगेगा, पता नहीं। ऐसे व्यक्ति के भीतर स्रोत हैं, जो अकारण फूटते रहते हैं। और ऐसा व्यक्ति जिसे पा रहा है भीतर से, उसे कभी भी खोता नहीं है।

दो तरह के आश्रय हैं अस्तित्व में। पर-आश्रय; दूसरे के आश्रय से मिला सुख। दूसरे के आश्रय से मिला हुआ सुख, दुख का ही दूसरा नाम है, दुख का ही चेहरा है। उघाड़ेंगे घूंघट और पाएंगे कि दुख आया। एक, स्व-आश्रित। उसे स्व-आश्रित कहें या आश्रयमुक्त कहें। पराश्रित सुख से स्व-आश्रित दुख भी ठीक है; हालांकि स्व-आश्रित दुख होता नहीं। कहता हूं एंफेसिस के लिए, पराश्रित सुख मे स्व-आश्रित दुख भी बेहतर है। क्योंकि उघाड़ेंगे घूंघट और पाएंगे सुख।

इस स्व-आश्रित सुख को ही कृष्ण इस सूत्र में कह रहे हैं। संसार-आश्रित जिसके सुख नहीं हैं, आनंद नहीं है; संसार-आश्रित झंझावातों पर जिसके चित्त की लहरें आंदोलित नहीं होतीं; जो संसार की बांसुरी पर नाचता नहीं—उस पुरुष को कर्म करते हुए कर्म का अभिमान नहीं आता है।

आएगा भी कैसे! कर्म का अभिमान कब आता है, खयाल है आपको? कर्म का अभिमान तब आता है, जब आप दूसरों से सुख निचोड़ने में सफल हो जाते हैं। और कर्म का अभिमान तब आहत हो जाता है, पीड़ित हो जाता है, धूल-धूसरित हो जाता है, जब आप दूसरों से सुख निचोड़ने में सफल नहीं हो पाते; निचोड़ते सुख हैं और दुख निचुड़ आता है।

कर्म का अभिमान सफलता का अभिमान है। सफलता अभिमान है। सफलता किस बात की? दूसरे से सुख निचोड़ लेने की। सारी सफलताएं दूसरों से सुख निचोड़ लेने की सफलताएं हैं। जब आप सफल हो जाते हैं, तब अभिमान भर जाता है; तब आप फूल कर कुप्पा हो जाते हैं; जैसे कि रबर के गुब्बारे में बहुत हवा भर दी गई हो। पर गुब्बारे को बेचारे को पता नहीं कि वह जो फूल रहा है, वह फूटने के रास्ते पर है। ज्यादा फूलेगा, तो फूटेगा।

लेकिन फूलते वक्त किसको पता होता है कि फूटने के रास्ते की यात्रा होती है! फूलते वक्त मन आनंद से भरता जाता है। मन होता है, और हवाएं भर जाएं, और फूल जाऊं; और सफलताएं मिल जाएं, और फूल जाऊं!

लेकिन हमें पता नहीं कि फूलना केवल फूटने का मार्ग है। सफलता अंततः विफलता का द्वार है। तो जो भी सफल होगा, विफल होगा। जो भी सुखी होगा, दुखी होगा। जो भी अभिमान को भरेगा, आज नहीं कल फूटेगा और पंक्चर होगा। और जब अभिमान पंक्चर होता है, जैसे नरक टूट पड़ा सब ओर से! स्वभावतः, जब अभिमान भरता है, तो ऐसा लगता है, स्वर्ग बरस रहा है सब ओर से।

ऐसा पुरुष, कृष्ण कहते हैं, कर्म के अभिमान से नहीं भरता है। भर ही नहीं सकता; क्योंकि ऐसा पुरुष पर से असंबंधित हो जाता है। यह बड़े मजे की बात है और थोड़ी सोच लेने जैसी।

अक्सर अभिमान को हम स्व से संबंधित समझते हैं, अभिमान सदा पर से संबंधित है। अभिमान को हम अक्सर स्वाभिमान तक कह देते हैं। हम उसे स्व से संबंधित समझते हैं कि अभिमान जो है, वह स्वयं की चीज है। अभिमान स्वयं की चीज नहीं है। अभिमान पर की है, पर से संबंधित चीज है। इसलिए अकेले में अभिमान को इकट्ठा करना मुश्किल है। अकेले में अभिमान नहीं हो सकता। अदर ओरिएंटेड है। दूसरा चाहिए।

इसलिए आपने देखा होगा, रास्ते पर अकेले जा रहे हों, तो एक तरह से जाते हैं। सुनसान रास्ता हो, तो एक तरह से चलते हैं। फिर कोई रास्ते पर निकल आया कि रीढ़ सीधी हो जाती है। कोई और आ गया रास्ते पर, तो अकड़ आ जाती है। दूसरे को देखा कि अकड़े! दूसरा मौजूद हुआ कि भीतर कुछ गड़बड़ हुई। दूसरा वहां आया कि इधर भीतर भी कोई और आया। वह दूसरे की मौजूदगी तत्काल भीतर मैं को पैदा कर देती है। और फिर अगर दूसरे ने हाथ जोड़ लिए, तो फिर अभिमान का गुब्बारा फूला! या दूसरा भी अकड़ कर बिना हाथ जोड़े निकल गया, तो अभिमान का गुब्बारा सिकुड़ा। वह सब दूसरे पर निर्भर है। या दूसरा अगर ऐसा हुआ कि आपको ही हाथ जोड़ने पड़े, तो बड़ी पीड़ा है, बड़ी पीड़ा है!

यह जो अभिमान है, यह पराश्रित भाव है; इसका सुख भी, इसका दुख भी।

जो व्यक्ति स्वयं से संबंधित हो जाता है—स्वयं के मूल स्रोतों से, ब्रह्म से, अस्तित्व से—उसका अभिमान खड़ा नहीं होता फिर। अभिमान खो ही जाता है। जो स्वयं है, उसके पास अभिमान नहीं होता। और जो स्वयं नहीं है, सिर्फ दूसरों के खयालों का जोड़ है, और दूसरे क्या कहते हैं, पब्लिक ओपिनियन ही है जिसका जोड़, अखबार की कटिंग को इकट्ठा करके जिसने अपने को बनाया है—कि किस अखबार में क्या बात छपी है उसके बाबत, पड़ोसी क्या कहते हैं, गांव के लोग क्या कहते हैं, दूसरे क्या कहते हैं—दूसरों के ओपिनियन को इकट्ठा करके जो खड़ा है, वह आदमी अभिमान को बढ़ाए जाता है। बढ़ता है, तो रस आता है।

रस वैसा ही, जैसा खुजली को खुजलाने से आता है। और कोई रस नहीं है। खुजली खुजलाने का रस! बड़ा अच्छा लगता है, बड़ा मीठा लगता है। लेकिन उसे पता नहीं है कि वे सब नाखून जो मिठास ला रहे हैं, थोड़ी देर में लहू ले आएंगे। और वे नाखून जो मिठास ला रहे हैं, थोड़ी देर में ही पायजनस हो जाएंगे। उसे पता नहीं कि वे नाखून जो रस ला रहे हैं और मिठास दे रहे हैं, जल्दी ही सेप्टिक हो जाएंगे। उसे पता नहीं है; खुजला रहा है। जितना खुजलाता है, उतनी मिठास मालूम पड़ती है; उतनी खुजली बढ़ती है। खुजली बढ़ती है, तो खुजलाना पड़ता है। खुजली के भी सुख हैं।

अहंकार का सुख, अभिमान का सुख, खुजली का सुख है। बहुत बीमार, बहुत रुग्ण है, लेकिन है। अंततः पीड़ा है, लेकिन प्रारंभ में सुख का भाव है।

कृष्ण कहते हैं, ऐसा पुरुष कर्म के अभिमान से नहीं भरता। भर नहीं सकता। ऐसे पुरुष के पास अभिमान नहीं बचता, जिसको भर सके। गुब्बारा ही खो जाता है, जिसमें कि अभिमान को भरा जा सके।

ऐसा पुरुष करते हुए भी अकर्ता होता। ऐसा पुरुष करते हुए भी न करने जैसा होता। ऐसा पुरुष सब करते हुए भी, करने के बाहर होता। ऐसे

पुरुष के लिए कर्म का जगत अभिनय का जगत हो जाता। एक्शन का जगत, एक्टिंग का जगत हो जाता।

ऐसा पुरुष सब करता है और सांझ जब सोता है, तो ऐसे सो जाता है किए हुए को झाड़ कर, जैसे दिन भर की धूल को वस्त्रों से झाड़ कर सांझ सो जाता है। ऐसे किए हुए को झाड़ कर सो जाता है। सुबह जब उठता है, तो फिर ताजा, फ्रेश। ताजा, कल के कर्मों के भार से बंधा हुआ नहीं; कल जो किया था, उसकी रेखाओं से दबा हुआ नहीं। कल जो हुआ; उसकी धूल से गंदा नहीं, ताजा, फिर ताजा।

असल में कल भी दूर है। हर क्षण ऐसा पुरुष, हर क्षण अतीत के बाहर हो जाता है। हर क्षण, गए हुए क्षण और गए हुए कर्म के बाहर हो जाता है। कुछ उस पर टिकता नहीं है; सब विदा हो जाता है। क्योंकि टिकाने और अटकाने वाला अहंकार नहीं है। अटकाने वाली चीज उसके ऊपर नहीं है, जहां कर्म अटकते हैं और कर्ता निर्मित होता है। ऐसा पुरुष करते हुए न करता हुआ है। ऐसा पुरुष न करते हुए भी करता हुआ है।

ऐसा पुरुष ठीक ऐसा है, जैसा कबीर ने कहा कि बहुत जतन से ओढ़ी चदरिया, बहुत जतन से ओढ़ी। जतन से! बड़ा प्यारा शब्द है जतन। बड़ी होशियारी से, बड़ी क़ुशलता से चादर ओढ़ी; और ज्यों की त्यों धरि दीन्हीं।

कबीर ने मरते वक्त कहा है कि बहुत सम्हाल कर ओढ़ी चादर, जीवन की चादर; और फिर ज्यों कि त्यों धरि दीन्हीं। जैसी मिली थी, वैसी ही रख दी। जरा भी रेखा नहीं छूटी। पूरी जिंदगी के अनुभव की, कर्म की कोई रेखा, कोई धब्बा, कोई दाग चादर पर नहीं छूटा। ज्यों की त्यों धरि दीन्हीं चदरिया।

ऐसा पुरुष सब करते हुए भी न करता है। वह चादर को ऐसा का ऐसा ही परमात्मा को सौंप देता है कि संभालो! जैसी दी थी, वैसी ही वापस लौटाता हूं।

यह जो कर्म के बीच अकर्म की स्थिति है, बड़ी जतन की है–बड़े होश की, बड़ी अवेयरनेस की, बड़े साक्षी-भाव की। जहां सध जाती है, वहां जीवन मिल जाता है। जहां नहीं सध पाती, वहां जीवन के नाम पर हम सिर्फ धोखे में होते हैं।

**निराशीर्यतचित्तात्मा त्यक्तसर्वपरिग्रहः।**
**शारीरं केवलं कर्म कुर्वन्नाप्नोति किल्बिषम्।।21।।**

और जीत लिया है अंतःकरण और शरीर जिसने, तथा त्याग दी है संपूर्ण भोगों की सामग्री जिसने, ऐसा आशारहित पुरुष केवल शरीर संबंधी कर्म को करता हुआ भी पाप को नहीं प्राप्त होता है।

जिसने छोड़ी आशा, आकांक्षा, भविष्य, फल की स्पृहा; जिसने छोड़ा अभिमान, जिसने छोड़ा दूसरे की आंखों में अपने प्रतिबिंब को इकट्ठा करने का मोह—ऐसा व्यक्ति कर्म की जो आवश्यकता है, या जो आवश्यक कर्म हैं शरीर के, उन्हें करता रहता है। भूख लगती है, भोजन कर लेता है। नींद आती है, सो जाता है। सर्दी लगती है, वस्त्र ओढ़ लेता है। गर्मी लगती है, वस्त्र अलग कर देता है। जो आवश्यक है शरीर के लिए, करता रहता है, लेकिन फिर कर्मबंध को उपलब्ध नहीं होता।

महावीर भी उठते और चलते हैं, वैसे ही जैसे कोई और उठता और चलता है। बुद्ध भी भोजन करते हैं, वैसे ही जैसे कोई और भी भोजन करता है। कृष्ण भी वस्त्र पहनते हैं, वैसे ही जैसे कोई और पहनता है। लेकिन बिलकुल वैसे ही नहीं; बुनियादी अंतर भी है। ठीक वैसे ही नहीं, गहरे में भेद है। और बड़ा भेद है। गहरे में जो भेद है, वह देख लेना चाहिए।

जब साधारणतः कोई आदमी भोजन करता है, तो सिर्फ भोजन नहीं करता। भोजन करते हुए और बहुत कुछ भी करता है।

आप खयाल करना, जब भोजन करते हों। सिर्फ भोजन नहीं करते, भोजन करते हुए और हज़ार काम भी आपका मन करता रहता है। हो सकता है, दुकान पर हों, दफ्तर में हों, बाजार में हों, मंदिर में हों; भोजन की थाली पर हों और साथ ही दुकान पर हों। होता ही है। फिर इससे उलटा भी होता है, होगा ही, कि दुकान पर होंगे और भोजन की थाली पर होंगे।

भोजन करते हुए, साधारणतः, हम भोजन ही नहीं करते और हजार काम भी करते हैं। कृष्ण जैसा या बुद्ध या महावीर जैसा व्यक्ति जब भोजन करता है,

तब भोजन ही करता है! फिर और कुछ नहीं करता। एक तो यह अंतर स्पष्ट समझ लें। यह अंतर गहरा है! ऊपर से दिखाई नहीं पड़ता है। भीतर से खोजेंगे, तो दिखाई पड़ेगा।

क्यों? हम भोजन करते हुए और पच्चीस काम मन में क्यों करते हैं? क्योंकि वासना है। भोजन का काम शरीर करता रहता है, वासना अपने जाल बुनती रहती है। भोजन का काम आटोमैटिक होता है, यंत्रवत होता है, मशीन की तरह होता है। होशपूर्वक नहीं होता, बेहोशी में होता है। आपकी कोई जरूरत ही नहीं होती। आप कहीं भी हों, दुकान पर बैठे रहें, दिमाग से, मन से; हाथ भोजन को मुंह में डालते रहेंगे; जीभ उसको भीतर सरकाती रहेगी; पेट उसको पचाता रहेगा—यंत्रवत। आपकी मौजूदगी नहीं होती।

कृष्ण या बुद्ध जैसे व्यक्ति जो करते हैं, वही करते हैं। पूरे मौजूद होते हैं। उनकी टोटल प्रेजेंस वहां होती है। यह अंतर गहरा है और इसके गहरे परिणाम हैं। क्या गहरे परिणाम होंगे?

जो व्यक्ति भोजन करते हुए पूरा भोजन करते समय मौजूद है, वह ज्यादा भोजन कभी न कर पाएगा। वह कम भोजन भी न करेगा, ज्यादा भी न करेगा। जो व्यक्ति भोजन करते हुए मौजूद नहीं है, बहुत कम संभावना है कि वह सम्यक आहार कर सके। वह या तो कम करेगा, या ज्यादा करेगा। अगर वासना बहुत तेजी से दौड़ रही है, जल्दी भागने को है, तो कम करेगा। या कम समय में ज्यादा करेगा, वह भी खतरनाक है। और ज्यादा तो करेगा ही। क्यों?

शरीर अंधा है, शरीर के पास अपनी आंख नहीं है। शरीर पर काम को छोड़ना, अंधे के हाथ में काम को छोड़ना है। शरीर मैकेनिकल है, हैबीचुअल है। ग्यारह बजे आप रोज खाना खाते हैं। भूख न भी लगी हो, तो भी शरीर कहता है, भूख लगी है। अगर घड़ी किसी ने आगे-पीछे कर दी हो और अभी दस ही बजे हों, घड़ी में ग्यारह बज जाएं; घड़ी देखी, शरीर फौरन कहता है, भूख लगी! अभी ग्यारह बजे नहीं हैं।

ग्यारह बजे भूख लगती है। एक घंटे खाना न खाएं, तो लोग कहते हैं, भूख मर जाती है। अगर भूख आथेंटिक हो, असली हो, तो बढ़नी चाहिए; मरनी

नहीं चाहिए। भूख थी ही नहीं, सिर्फ हैबीचुअल ट्रिक, शरीर की आदत कि रोज चौबीस घंटे भर बाद पेट में चीजें डाली जाती हैं। ठीक चौबीस घंटे बाद उसने कहा कि डालो, समय हो गया। अंधे की तरह, मशीन की तरह, यंत्र की तरह सूचना कर देता है। फिर कल जितनी डाली थीं, उतनी डालो।

कल की जरूरत और हो सकती थी, आज की जरूरत और। रोज जरूरत बदलती जाती है। बचपन में जरूरत और होती है, जवानी में और होती है, बुढ़ापे में और होती है।

जवानी की आदत खाने की, बुढ़ापे में भी नहीं छूटती। शरीर को जरूरत कम रह जाती है, लेकिन शरीर पुरानी आदत से उतना ही खाए चला जाता है। तो जवानी में जिस भोजन ने शरीर को फायदा पहुंचाया, वही भोजन बुढ़ापे में नुकसान पहुंचाने लगता है। क्योंकि भोजन कम होना चाहिए। उम्र के साथ कम होते जाना चाहिए।

लेकिन यह होश कौन रखे? यह होश रखने वाला तो मौजूद ही नहीं रहा कभी। वह तो कभी दुकान पर होता है, कभी बाजार में होता है। कभी दूसरे गांव में होता है। कभी कहीं होता है, कभी कहीं होता है। सिर्फ भोजन की थाली पर नहीं होता है।

कृष्ण जैसे, बुद्ध जैसे व्यक्ति जब भोजन करते हैं, तो सिर्फ भोजन करते हैं। इसलिए असम्यक आहार कभी नहीं हो पाता है। असम्यक बांधता है, सम्यक मुक्त करता है। जो भी चीज सम्यक है, वह कभी बंधन नहीं बनती। और जो भी चीज सम्यक से यहां-वहां डोली कि बंधन बन जाती है।

ऐसा जागा हुआ पुरुष शरीर के कर्मों को आवश्यक मान कर होशपूर्वक करता है; बंधता नहीं।

और भी एक बात, कि जब हम होशपूर्वक करते हैं, तो हम चीजों का उपयोग करते हैं। और जब हम बेहोशी से करते हैं, तो चीजें हमारा उपयोग कर लेती हैं।

खयाल करना, चीजों को आप खाते हैं या चीजें अपने आपको आपके भीतर पहुंचा देती हैं? पेट भर गया है और मिठाइयां सामने आ गई हैं। तो आप

इस भ्रम में होते हैं कि आप चीजों को भीतर डाल रहे हैं। अगर चीजों के पास जबान हो, तो वे कहें कि हम तुम्हें भीतर डालने के लिए मजबूर कर रहे हैं। हम तुम्हारे भीतर जा रहे हैं। और चूंकि हम तुम्हारे भीतर जाना चाहते हैं, इसलिए हम तुम्हारा उपयोग कर रहे हैं तुम्हारे भीतर जाने के लिए।

वे कर्म हमें बांध लेते हैं, जिनमें हम मजबूर होते हैं। वे कर्म हमें नहीं बांधते, जिनमें हम स्वेच्छया स्वतंत्र होते हैं। जिस भोजन को आपने किया है, वह आपको नहीं बांधता; लेकिन जिस भोजन ने आपको करने के लिए मजबूर किया है, वह आपको बांधता है। जो नींद आप सोए हैं, वह आपको नहीं बांधती; लेकिन जिस नींद में आप पड़े रहे हैं, वह नींद आपको बांध लेती है।

झेन फकीर हुआ, बोकोजू। और बोकोजू के पास किसी ने जाकर पूछा कि तुम्हारी साधना क्या है? तो बोकोजू ने कहा, मेरी साधना? मेरी कोई साधना नहीं है। जब नींद आती है, तब मैं सो जाता हूं। जब नींद टूटती है, तब मैं उठ आता हूं। जब भूख लगती है, तब मैं खा लेता हूं। जब भूख नहीं लगती है, तब मैं उपवासा रह जाता हूं। उस आदमी ने कहा, छोड़ो यह बकवास! यह कोई साधना हुई? यह तो हम भी करते हैं।

बोकोजू ने कहा, जिस दिन तुम यह कर पाओगे, उस दिन तुम्हें मेरे पास पूछने आने की जरूरत न रहेगी। जिस दिन तुम यह कर पाओगे, उस दिन मैं ही तुम्हारे पास पूछने चला आऊंगा। उस आदमी ने कहा, लेकिन नहीं, मानो; हम भी यही करते हैं।

बोकोजू की बात वह समझ नहीं पाया।

एक और फकीर के बाबत मैंने सुना है। एक दिन बोलता था एक मंदिर में, एक आदमी ने बीच में खड़े होकर पूछा कि बंद करो यह बातचीत! मेरा गुरु था, वह नदी के एक किनारे खड़ा होता और उसके शिष्य नदी के दूसरे किनारे खड़े होते। फर्लांग भर का फासला होता। उस तरफ शिष्य हाथ में कैनवस ले लेते, और इस तरफ से गुरु अपनी कलम से लिखता, और उस तरफ कैनवस पर लिखावट पहुंच जाती थी। ऐसा कोई चमत्कार तुम कर सकते हो? उस फकीर ने

कहा कि नहीं; ऐसे छोटे-मोटे चमत्कार हम नहीं करते। तो उस आदमी ने पूछा, तुम क्या चमत्कार कर सकते हो? उसने कहा, हम तो एक ही चमत्कार कर सकते हैं कि जब नींद आती है, तब सो जाते हैं; जब भूख लगती है, तब खाना खा लेते हैं। उस आदमी ने कहा, यह कोई चमत्कार है?

लेकिन कृष्ण इसी चमत्कार की बात कर रहे हैं। यह चमत्कार है, और बड़ा चमत्कार है। वह तो मदारी भी कर सकते हैं, जो पहले गुरु की बात बताई। मदारी ही करेंगे। लेकिन दूसरा बहुत बड़ा मिरेकल है।

शरीर के आवश्यक कर्मों को होशपूर्वक, साक्षी-भाव से, सम्यक रूप से जो निपटा देता है, वह कर्मों के बंधन में नहीं पड़ता है। वह करते हुए भी मुक्त है। उसे कुछ भी नहीं बांधता है।

ध्यान रहे, अति बांधती है, दि एक्सट्रीम इज़ दि बांडेज। अति बंधन है, मध्य मुक्ति है। लेकिन मध्य में वही हो सकता है, जो बहुत होश से भरा हुआ है—जतन। वह कबीर के शब्द जतन से भरा हुआ है। बड़े होश से भरा हुआ है, वही मध्य में रह सकता है। जरा चूके कि अति शुरू हो जाती है।

या तो आदमी ज्यादा खा लेता है, या उपवास कर देता है। ज्यादा खाने वाले अक्सर उपवास कर देते हैं। ज्यादा खाने वालों को करना पड़ता है उपवास। इसलिए जब भी जिस समाज में ज्यादा खाना हो जाता है, उसमें उपवास का कल्ट पैदा हो जाता है। गरीब समाजों में उपवास का सिद्धांत नहीं चलता। अमीर समाजों में उपवास का सिद्धांत जारी हो जाता है।

आज अमेरिका में उपवास का कल्ट जोर पर है। सब ओवर फीडिंग चलता है, तो उपवास चलेगा। ज्यादा आदमी खाए जा रहा है, पांच-पांच बार खा रहा है, तो फिर उपवास करना पड़ता है। फिर जो उपवास करता है, उपवास तोड़ कर फिर जोर से खाने में लगता है।

अति सदा अति पर परिवर्तित हो जाती है। इसलिए जो आदमी उपवास करता है, उपवास में करता क्या है? उपवास तोड़ कर क्या खाएगा, इसका विचार करता है। जितना भोजन का विचार कभी नहीं किया था, उतना उपवास में

करता है। उपवास में सभी पाकशास्त्री हो जाते हैं! एकदम भोजन का चिंतन करते हैं! सारा रस भोजन पर वर्तुल बना लेता है। एक अति से दूसरी अति! फिर जब ज्यादा भोजन कर लेते हैं, ज्यादा भोजन से परेशान होते हैं, तो उपवास का खयाल पकड़ता है। लेकिन मध्य में नहीं ठहरते।

कृष्ण जिस आदमी की बात कर रहे हैं, वह न अति भोजन करता है, न अल्प भोजन करता है। वह उतना ही करता है, जितना जरूरी है, नेसेसरी है। आवश्यक कभी नहीं बांधता, अनावश्यक बांध लेता है।

आवश्यक का कौन निर्धारण करे? कोई दूसरा नहीं कर सकता। मैं नहीं कह सकता, आपके लिए क्या आवश्यक है। एक आदमी के लिए तीन घंटे की नींद आवश्यक हो सकती है; एक आदमी के लिए छह घंटे की हो सकती है। तीन घंटे वाला छह घंटे वाले को कहेगा, तामसी हो। छह घंटे वाला अगर कमजोर हुआ, तो अपने को तामसी समझ कर तीन घंटे की नींद शुरू कर देगा। अगर ताकतवर हुआ, तो तीन घंटे वाले को कहेगा, तुमको इन्सोमेनिया है, अनिद्रा है। तुम इलाज करवाओ। अगर तीन घंटे वाला कमजोर हुआ, तो डाक्टर के पास ट्रैंक्वेंलाइजर के लिए पहुंच जाएगा। अगर ताकतवर हुआ, तो कहेगा कि हम साधक हैं; हम तीन घंटे सोते हैं। क्योंकि कृष्ण ने कहा है गीता में, या निशा सर्वभूतानां तस्यां जागर्ति संयमी, कि जब सब सोते हैं, तब संयमी जागते हैं; हम इसलिए जागते हैं रात में।

कोई नियम नहीं हो सकता। एक-एक व्यक्ति की जरूरत अलग-अलग है। इतनी अलग-अलग है जिसका कोई हिसाब नहीं। उम्र के साथ जरूरत बदलेगी। काम के साथ जरूरत बदलेगी। विश्राम के साथ जरूरत बदलेगी। भोजन के साथ जरूरत बदलेगी। प्रतिदिन के मन की अवस्था के साथ जरूरत बदलेगी। एक आदमी भी तय नहीं कर सकता कि मैं आज छह घंटे सोया, तो कल भी छह घंटे ही सोऊं।

कल की जरूरत कल तय होगी; क्योंकि आज जो भोजन किया, हो सकता है, कल वह भोजन न मिले। कल अगर भूखे रहे, तो नींद कम हो

जाएगी। क्योंकि भोजन पेट में हो, तो पचाने के लिए नींद को लंबा हो जाना पड़ता है। अगर ज्यादा देर में पचने वाला भोजन पेट में हो, तो नींद को और लंबा हो जाना पड़ता है। अगर जल्दी पच जाने वाला भोजन पेट में हो, तो नींद सिकुड़ जाती है, छोटी हो जाती है। कल अगर दिन भर मजदूरी की, गड्ढे खोदे, तो नींद लंबी हो जाती है। कल अगर दिनभर आरामकुर्सी पर बैठ कर विश्राम किया, तो नींद सिकुड़ जाती है, छोटी हो जाती है।

रोज, प्रतिपल, इसलिए जो होश से जीता है, वह रोज जो जरूरी है, उसमें जीता है। गैर-जरूरी को काटता चला जाता है। कट ही जाता है गैर-जरूरी। होशपूर्ण चित्त में गैर-जरूरी अपने आप गिर जाता है।

गैर-जरूरी बांधता है; आवश्यक कर्म बांधते नहीं। इसलिए कृष्ण ठीक कहते हैं, आवश्यक कर्म करता है ऐसा व्यक्ति। और आवश्यक कर्म शरीर के बांधते नहीं हैं। अनावश्यक गिर जाता है। अनावश्यक के साथ जंजीरें भी गिर जाती हैं।

प्रश्न : आपने अभी कहा कि शरीर अंधा है, यांत्रिक है। लेकिन अन्यत्र आप यह भी कहते हैं कि शरीर की अपनी प्रज्ञा है, बाडी विज़डम है। कृपया इसे स्पष्ट करें। और दूसरी चीज, इस श्लोक में कहा गया है, जीत लिया है अंतःकरण जिसने और त्याग दी है संपूर्ण भोगों की सुख-सामग्री। कृपया इसका भी अर्थ समझाएं।

निश्चय ही, शरीर की अपनी प्रज्ञा है। लेकिन वह प्रज्ञा वैसी है, जैसे अंधे आदमी की होती है। शरीर प्रज्ञाचक्षु है। शरीर की अपनी इंटेलिजेंस है, पर मेकेनिकल इंटेलिजेंस है, यांत्रिक प्रज्ञा है।

जैसे, शरीर की प्रज्ञा का, बाडी विजडम का क्या अर्थ है? शरीर की प्रज्ञा का यह अर्थ है कि आपको हृदय की धड़कन तो नहीं धड़कानी पड़ती, शरीर धड़काता रहता है। अगर आपको धड़कानी पड़े, तो सत्तर साल की उम्र तक

मुश्किल से कोई आदमी कभी पहुंचे। जरा चूके, कि गए! एकाध दिन भूल गए, एकाध दिन तो बहुत दूर है, पांच-सात सेकेंड भूल गए, गए!

शरीर हृदय को चलाता रहता है। खून आप नहीं चलाते, शरीर चलाता है। आपको चलाना पड़े, तो बड़ी मुश्किल हो जाए। सच तो यह है कि एक छोटे-से आदमी के शरीर में, एक पांच फीट के शरीर में इतना काम चलता है कि वैज्ञानिक कहते हैं कि अगर इतना पूरा काम हमें फैक्टरी में करना पड़े, तो दस वर्गमील की फैक्टरी बनानी पड़े। इतना काम आप नहीं चला रहे हैं, शरीर चला रहा है। लेकिन आटोमैटिक, यंत्र की तरह चला रहा है।

उसकी अपनी इंटेलिजेंस है। इंटेलिजेंस का मतलब है कि उसे भी फिकर करनी पड़ती है हजार तरह की, लेकिन वह है मेकेनिकल। जैसे आपके हाथ में घाव हो गया। दूसरे दिन मवाद इकट्ठी हो जाती है। यह आपने इकट्ठी नहीं की; यह शरीर ने भेजी है। आपको पता है, मवाद क्यों इकट्ठी हो जाती है! पता भी नहीं होगा कि क्यों इकट्ठी हो जाती है।

जिसे आप मवाद कहते हैं, वह खून के सफेद कण हैं, व्हाइट पार्टिकल्स हैं। खून में दो तरह के कण हैं, सफेद और लाल। लाल कण कमजोर कण हैं, डेलीकेट हैं। सफेद कण शक्तिशाली कण हैं, मजबूत हैं। शरीर में घाव हो गया; शरीर फौरन सफेद कणों को भेजता है घाव के आस-पास, सेफ्टी मेजर के लिए।

जैसे कि आपके गांव पर हमला हो जाए, तो आप मिलिट्री के दस्ते को खड़ा कर देते हैं गांव के बाहर। सैनिक भेज देते हैं। औरत-बच्चों को हटा लेते हैं फौरन पीछे, कि हटो। हट जाओ। दुकानें अलग कर लो। मिलिट्री के जवानों को खड़ा कर देते हैं। हमला हो गया!

जब शरीर पर घाव होता है, तो बाहर से हमला हो गया। शरीर अपने मिलिट्री के जवानों को फौरन वहां भेज देता है। वे सफेद कण जवान हैं उसके। जिसको आप मवाद कहते हैं, वह मवाद नहीं है; वह शरीर के सफेद कण हैं खून के, जिनकी पर्त को वह वहां भेज देता है। उनकी पर्त पूरे घाव को घेर लेती है। उस

पर्त को पार करके बाहर के कीटाणु अब शरीर में प्रवेश नहीं कर सकते। उस पर्त में घिर कर भीतर शरीर अपना काम शुरू कर देता है, नई चमड़ी को निर्माण करने का। जब तक चमड़ी निर्मित न हो जाए, तब तक मवाद की पतली पर्त बाहर के कीटाणुओं को शरीर के भीतर प्रवेश नहीं करने देगी। वे फाइटर्स हैं।

लेकिन यह सब है। शरीर की भी अपनी बुद्धिमत्ता है। यह कोई छोटा-मोटा काम नहीं है। लेकिन यह बुद्धिमत्ता है प्रज्ञाचक्षु वाली, अंधे आदमी वाली।

जिस अर्थ में मैंने कहा है कि शरीर की अपनी प्रज्ञा है, वह और अर्थ है--इस अर्थ में। और अभी जब मैं कह रहा हूं कि शरीर अंधा है, वह इस अर्थ में कि अगर आप शरीर की क्रियाओं के पास मौजूद नहीं हैं, तो शरीर आदतों से चलने लगता है।

एक आदमी सिगरेट पी रहा है। अक्सर सिगरेट पीने वाला आदत से पीता है। कब उसका हाथ भीतर चला जाता है खीसे में, कब पाकेट बाहर निकाल लेता है, इसका उसे कोई होश नहीं होता। कब उसके मुंह में सिगरेट लग जाती है, माचिस जल जाती है, सिगरेट जल जाती है, धुआं बाहर-भीतर होने लगता है, इसका उसे होश नहीं होता। यह बिलकुल यंत्रवत चलता है। होश आ जाए, तो धुआं बाहर-भीतर करने की स्टुपिडिटी करने वाला आदमी जरा मुश्किल से मिलेगा। क्योंकि कर क्या रहा है? कर इतना ही रहा है कि धुएं को बाहर ले जा रहा है, भीतर ले जा रहा है।

अब धुएं को बाहर-भीतर करना, पैसा खर्च करके खून को जहरीला करना, उम्र को कम करना बेहोशी में ही हो सकता है; होश में नहीं हो सकता। और या फिर आदमी स्युसाइडल हो, आत्मघाती हो, तो हो सकता है। लेकिन आत्मघात भी बेहोशी में ही हो सकता है; होश में नहीं हो सकता।

जरा कोशिश करें एक दिन सिगरेट होशपूर्वक पीने की। सिगरेट पीएं, आंख बंद करके मेडिटेट करें धुएं पर--कि यह भीतर गया; यह बाहर गया; यह भीतर गया। थोड़ी देर में लगेगा, कि मैं आदमी हूं कि पागल हूं! यह मैं कर क्या रहा हूं? बहुत मूढ़ता मालूम पड़ेगी, बहुत ईडियाटिक। लेकिन काफी मूढ़ हैं; इसलिए मूढ़ता पर भी धंधे चलते हैं।

अमेरिका की सीनेट ने पीछे, दो-तीन वर्ष पहले तय किया कि सब सिगरेट पर लाल अक्षरों में, बड़े अक्षरों में लिख दो कि स्वास्थ्य के लिए हानिप्रद है। दिस इज़ हार्मफुल टु हेल्थ, बड़े अक्षरों में लिख दो।

पहले सिगरेट के मालिकों ने बहुत विरोध किया कि इससे तो बहुत नुकसान हो जाएगा। मुकदमे चलाए। अदालत में ले गए मामले को कि इससे तो बहुत नुकसान हो जाएगा। क्योंकि आदमी अगर हर बार सिगरेट के डब्बे पर पढ़ेगा कि यह स्वास्थ्य के लिए हानिप्रद है, तो सिगरेट के धंधे का नुकसान हो जाएगा। लेकिन मनोवैज्ञानिकों ने कहा, घबड़ाओ मत। जो धुएं को बाहर-भीतर कर लेता है, वह लाल स्याही को भी भूल जाएगा। और यही हुआ।

तीन-चार महीने में करोड़ों रुपये का धंधा कम हो गया सिगरेट का; लेकिन फिर वापस अपनी जगह हो गया! जो आदमी धुएं को बाहर-भीतर करने में होश नहीं रख पाता, वह लाल स्याही को कितनी देर तक देखेगा? डब्बे पर लिखा है, लिखा रहे; अब कौन पढ़ता है? उसको कोई नहीं पढ़ता।

आदमी बेहोश है। और जब तक बेहोश है, तब तक शरीर यांत्रिक आदतें पकड़ लेता है। और यांत्रिक आदतें बंधन का कारण बन जाती हैं।

होशपूर्वक आदमी यांत्रिक आदतें नहीं पकड़ता है; पकड़ता ही नहीं यांत्रिक आदतें। होशपूर्वक आदमी अपना हाथ भी नहीं हिलाता व्यर्थ। हाथ भी हिलाता है, तो होशपूर्वक हिलाता है।

बुद्ध एक गांव से गुजर रहे हैं। बुद्ध होने के पहले की बात है। एक मक्खी कंधे पर आकर बैठ गई है। आनंद साथ में था। बुद्ध उससे बात कर रहे थे। बात जारी रखी और बेहोशी में—जैसा कि हम सब करते हैं—मक्खी को हाथ से उड़ा दिया। होशपूर्वक नहीं, जतनपूर्वक नहीं, कांशसली नहीं; बात जारी रही, धक्का मारा हाथ का और उड़ा दिया। फिर रुक गए, उदास हो गए। आनंद ने पूछा, क्या हुआ? बुद्ध थोड़ी देर खड़े रहे, फिर हाथ ले गए उस जगह, जहां मक्खी बैठी थी कभी, अब नहीं थी। फिर उड़ाया मक्खी को, जो कि अब थी ही नहीं। फिर हाथ नीचे लाए। आनंद ने कहा, क्या करते हैं आप? क्या उड़ाते हैं? कंधे पर कुछ नहीं है।

बुद्ध ने कहा, मैं उड़ाकर देख रहा हूं फिर से, जैसा कि मुझे उड़ाना चाहिए था—होशपूर्वक। उस बार मैंने बेहोशी में मक्खी को उड़ा दिया। अपना ही हाथ बेहोशी में काम करे, तो खतरनाक काम भी कर सकता है। आज मक्खी उड़ाता है, कल किसी की गर्दन दबा सकता है! अगर आज मक्खी को मैंने बिना जतन के उड़ा दिया, विदाउट माइंडफुलनेस—बुद्ध का शब्द है, स्मृतिपूर्वक, विद माइंडफुलनेस—अगर मैंने स्मृतिपूर्वक नहीं उड़ाया मक्खी को, तो कल क्या भरोसा है कि मेरे हाथ किसी की गर्दन न दबा दें! दबा सकते हैं। तो मैं खड़ा होकर उस तरह उड़ा रहा हूं, जैसे कि उड़ाना चाहिए था। और अगली बार स्मरण रखूंगा कि जतनपूर्वक, स्मृतिपूर्वक मक्खी को उड़ाऊं, अन्यथा कर्म का बंधन हो सकता है।

बेहोश कर्म बंधन है। होशपूर्वक कर्म बंधन से मुक्ति है।

दूसरी बात पूछी है कि कृष्ण कहते हैं, सुख-सामग्री को छोड़ कर—स्वयं को जीत कर, सुख-सामग्री को छोड़ कर—इसका क्या अर्थ?

सुख-सामग्री को छोड़ कर का अर्थ, सामग्री को छोड़ कर नहीं। सुख-सामग्री को छोड़ कर! सामग्री और सुख-सामग्री में फर्क है।

वस्तुएं, अगर सिर्फ आवश्यक हैं और उनसे आप सुख नहीं खींचते अपने भीतर, सिर्फ जरूरत पूरी करते हैं, तो वे सुख-सामग्री नहीं हैं। लेकिन अगर वस्तुएं आवश्यक नहीं हैं, अनावश्यक हैं, और सिर्फ सुख के स्रोत बनाते हैं आप उनको...।

जैसे कि एक स्त्री है, सेर भर सोना लटकाए हुए घूम रही है। पागलखाने में होना चाहिए! क्योंकि शरीर पर सेर भर सोना लटकाने की कोई भी जरूरत नहीं है। शरीर की तो कोई जरूरत नहीं है। नुकसान पहुंच रहा है। लेकिन सोने से शरीर की कोई जरूरत पूरी नहीं की जा रही है। सोना सुख-सामग्री है। सुख-सामग्री क्यों है सोना? क्योंकि जिन-जिन की आंखों में वह सोना चमकेगा, उन-उन की आंखें चौंधिया जाएंगी। वे मानेंगे कि हां, कोई है, समबडी। और कुछ मतलब नहीं है। पति भी प्रसन्न है अपनी स्त्री पर सोना लटकवाकर। उसकी पत्नी पर

सोना लटका हो, तो बाजार में उसकी क्रेडिट बढ़ जाती है। उसकी पत्नी पर सोना, उसका चलता-फिरता विज्ञापन है, कि यह आदमी भी कुछ है।

पुरुष होशियार है। सोना खुद नहीं लादते, पत्नियों पर लदवा दिया है! पहले खुद ही लादते थे; फिर धीरे-धीरे बुद्धिमत्ता आई। समझे कि यह काम तो औरत से ही लिया जा सकता है। इसके लिए नाहक हम क्यों परेशान हों! पहले लादते थे।

सुख-सामग्री को छोड़ कर! सामग्री को छोड़ कर, कृष्ण नहीं कह रहे हैं। सामग्री छोड़ी नहीं जा सकती। जीवन के लिए सामग्री की जरूरत है। जितनी जरूरत है, उतनी बिलकुल ठीक है। सबकी जरूरत भी भिन्न है। इसलिए प्रत्येक अपना निर्णय करे कि उसकी क्या जरूरत है। और निर्णय कठिन नहीं है।

कपड़े आपने शरीर को ढांकने के लिए पहने हैं? सर्दी बचाने के लिए पहने हैं? कि किसी की आंखों को तिलमिलाने के लिए पहने हैं? आप खुद पक्की तरह जान सकते हैं। जब आईने के सामने सुबह खड़े हों, तब आपको पक्का पता चल जाएगा कि यह कोट आप किसलिए पहन रहे हैं। यह सर्दी के लिए पहन रहे हैं? तन ढांकने के लिए पहन रहे हैं? कि किसी की आंखों में तिलमिलाहट पैदा करनी है? कि किसी को हीन दिखलाना है? कि इस आशा में पहन रहे हैं कि आज कोई जरूर छूकर पूछेगा कि किस भाव से लिया है!

सुख-सामग्री, तो होशपूर्ण व्यक्ति जो है, वह छोड़ देता है। सुख छोड़ देता है सामग्री से। ऐसी सामग्री व्यर्थ बोझ है, जो सिर्फ सुख के खयाल से है। और सुख कुछ मिलता नहीं, सिर्फ बोझ ही लगता है। कुछ मिलता नहीं है सुख। कई बार तो इतना बोझ भरता चला जाता है कि जिसका कोई हिसाब नहीं।

मैं एक बहुत बड़े आदमी के घर में कुछ दिन पहले मेहमान था। तो उनके बैठकखाने में बैठने की जगह भी नहीं है! चलना-फिरना भी मुश्किल है। इतनी सुख-सामग्री भर दी है बैठकखाने में कि बैठकखाने के बाहर खड़े होकर ही उसका सुख लिया जा सकता है, भीतर जाकर नहीं! बेकार हो गया बैठकखाना, बैठकखाना बैठने के लिए है। वह बैठने के लायक नहीं रहा है। वह

अजायबघर बना लिया है उन्होंने! उसमें चलते-फिरते डर भी रखना पड़ता है कि उनकी कोई मूर्ति न गिर जाए; कहीं कोई धक्का न लग जाए। महंगी चीजें हैं। वह खुद भी जरा सम्हल कर ही गुजरते हैं वहां से। बैठकखाना आराम के लिए है। लेकिन वह गया!

लेकिन वह बैठकखाना बैठने के लिए बनाया नहीं गया है। वह तो किन्हीं दूसरों की आंखों में भाव पैदा करने के लिए बनाया गया है। और जब दूसरे की आंख में भाव पैदा होता है, तो रस आता है, सुख आता है।

सुख दूसरे की आंख से आता है, बड़े मजे की बात है, भीतर से नहीं आता। कोई आदमी आकर कह देता है कि हां, आपका बंगला तो बहुत सुंदर बना है, तो सुख आता है।

कलकत्ते में मैं एक घर में ठहरता था। जब भी उनके घर जाता था– नया मकान बनाया था, कलकत्ते में सबसे अच्छा मकान था, स्वीमिंग पूल था, बगीचा था, सब था, बहुत अच्छा था–उसकी बात करते नहीं थकते थे वे। कहीं से भी बात शुरू करो, मकान पर पहुंच जाती! दो मिनट से ज्यादा कहीं न चलती। ब्रह्म से शुरू करो, मकान आ जाए! कहीं से शुरू करो। मैंने सब तरफ से बातचीत शुरू करके देख ली। लेकिन कोई उपाय नहीं। दो मिनट से ज्यादा आप चल नहीं सकते, ट्रैक वापस मकान पर आ जाए। मैंने मोक्ष से, ब्रह्म से बात शुरू करके देखी। मैंने उनसे मोक्ष की कुछ बातचीत शुरू की। मिनट डेढ़ मिनट में उन्होंने कहा, एक बात तो बताइए कि मोक्ष में मकान होते हैं कि नहीं? और उन्होंने कहा कि यह मकान बनाया...। बस, शुरू कर देते थे वे कहीं से भी!

फिर दो साल बाद उनके घर मेहमान हुआ, तो उन्होंने मकान की बात न की। मैं जरा चिंतित हुआ। मैंने कई बार मकान की बात छेड़ी, लेकिन कुछ भी करो, कहीं से भी छेड़ो, वे टाल जाते। स्वीमिंग पूल की कितनी ही तारीफ करो, वे टाल जाते। वे दूसरी बातें उठा लेते। मैंने पूछा, बात क्या है? गड़बड़ क्या हो गई? पहले मैं नहीं छेड़ता था, आप छेड़ते थे; अब मैं छेड़ता हूं, आप नहीं छेड़ते!

उन्होंने कहा, देखते नहीं हैं बगल में? बगल में एक बड़ा मकान बन गया, उनसे भी बड़ा। अब क्या खाक मकान की बात करनी है! जब तक उससे बड़ा न बना लें, तब तक अब ठीक है। निकलता नहीं हूं बगीचे में, उन्होंने कहा। क्योंकि निकलो बाहर, तो वह मकान दिखाई पड़ता है!

यह जो हमारा चित्त है, कृष्ण कहते हैं, सुख की सामग्री को छोड़ कर...।

सामग्री को छोड़ने की बात जरा भी नहीं है। सामग्री अपनी जगह है। पर उससे सुख को खींचना पागलपन है। सामान से सुख नहीं मिलता; ज्यादा से ज्यादा सुविधा मिल सकती है। सामग्री ज्यादा से ज्यादा कनवीनियंस हो सकती है, सुख नहीं। लोग सुविधा को सुख समझ कर भूल में पड़ते हैं। सुविधा बिलकुल ठीक है, ओ के। सुख पागलपन है। सुविधा जरूरत हो सकती है। सुख? सुख मिलता ही नहीं है बाहर से, सामग्री से; सुख मिलता है स्वयं से।

इसलिए कृष्ण दूसरी बात कहते हैं, स्वयं को जीत कर!

असल में दो तरह की जीत हैं इस जगत में। एक वे लोग हैं, जो वस्तुओं को जीतते रहते हैं। छोटी कार से बड़ी कार जीतते हैं। छोटे मकान से बड़ा मकान जीतते हैं। बस, वस्तुओं को जीतते रहते हैं। आखिर में पाते हैं, वस्तुएं तो जीत लीं, खुद को हार गए। मरते वक्त पता चलता है, जो जीता था, वह पड़ा रह गया और हम चले। तब कुछ सामान साथ ले जाना मुश्किल हो जाता है। पंछी जाए अकेला! वह सब जो जीता था, पड़ा रह जाता है।

कुछ वे लोग हैं, जिन्हें बुद्धिमान कहें, जो वस्तुओं को नहीं जीतते। क्योंकि जो जानते हैं, वस्तुएं हम नहीं थे, तब भी थीं; हम नहीं होंगे, तब भी होंगी। और वस्तुओं की जीत असली जीत नहीं है, अपनी जीत असली जीत है। स्वयं को जीतते हैं।

जो वस्तुओं को जीतता है, वह स्वयं को हारता चला जाता है। वस्तुओं पर दांव बढ़ता चला जाता है और स्वयं की हार गहरी होती चली जाती है। नजर वस्तुओं पर लग जाती है, स्वयं से चूक जाती है। फिर कोई स्वयं को जीतता है। कृष्ण उसकी बात कर रहे हैं कि ऐसा व्यक्ति स्वयं को जीत लेता—आत्म-विजय।

महावीर ने कहा है, तुम सब हार जाओ और स्वयं को जीत लो, तो तुम विजेता हो। और तुम सब जीत लो और स्वयं को हार जाओ, तो तुमसे ज्यादा पराजित और कोई भी नहीं है।

आपको पता हो या न हो, महावीर के लिए जिन जो नाम मिला, वह इसीलिए मिला। जिन का मतलब है, जीत लेने वाला, जिसने जीत लिया स्वयं को। जिन का अर्थ है, जिसने जीत लिया स्वयं को।

जो जिन बन जाता, जो स्वयं को जीत लेता, फिर इस जगत में उसे पाने योग्य कुछ भी नहीं रह जाता। इस जगत में क्या, कहीं भी पाने योग्य कुछ नहीं रह जाता। लोक में, अलोक में, कहीं भी उसे पाने योग्य कुछ नहीं रह जाता। जिसने स्वयं को पाया, उसने सब पा लिया। जिसने स्वयं को खोया, उसने सब खो दिया। बस, स्वयं के जीते जीत है।

ऐसा पुरुष स्वयं को जीतकर सुख की सामग्री के व्यर्थ बोझ से मुक्त हो जाता है। अभिमान से भरता नहीं। कर्म करते हुए अकर्म में जीता है। सब जरूरी करते हुए भी उसके ऊपर कोई रेखा नहीं छूटती। वह जतनपूर्वक चादर को परमात्मा के हाथ में सौंप देता है। उस पर कोई दाग, कोई धब्बा नहीं होता है।

आज सुबह इतना; फिर सांझ हम बात करेंगे। पांच मिनट आप सब रुकेंगे। और जिनमें थोड़ी भी हिम्मत हो, वे भी कीर्तन में भाग लें। पांच मिनट डूबें।

आठवां प्रवचन

# मैं मिटा, तो ब्रह्म

**यदृच्छालाभसंतुष्टो द्वन्द्वातीतो विमत्सरः।**
**समः सिद्धावसिद्धौ च कृत्वापि न निबध्यते।।22।।**

और अपने आप जो कुछ आ प्राप्त हो, उसमें ही संतुष्ट रहने वाला और द्वंद्वों से अतीत हुआ तथा मत्सरता अर्थात ईर्ष्या से रहित, सिद्धि और असिद्धि में समत्व भाव वाला पुरुष कर्मों को करके भी नहीं बंधता है।

जो प्राप्त हो उसमें संतुष्ट, द्वंद्वों के अतीत—इन दो बातों को ठीक से समझ लेना उपयोगी है।

जो मिले, उसमें संतुष्ट! जो मिले, उसमें संतुष्ट कौन हो सकता है? चित्त तो जो मिले, उसमें ही असंतुष्ट होता है। चित्त तो संतोष मानता है उसमें, जो नहीं मिला और मिल जाए। चित्त जीता है उसमें, जो नहीं मिला, उसके मिलने की आशा, आकांक्षा में। मिलते ही व्यर्थ हो जाता है। चित्त को जो मिलता है, वह व्यर्थ हो जाता है; जो नहीं मिलता है, वही सार्थक मालूम होता है।

चित्त सदा ही, सदा ही असंतुष्ट है। चित्त का होना ही असंतोष है। अगर ऐसा कहें तो ज्यादा ठीक होगा कि चित्त और असंतोष एक ही चीज के दो नाम हैं। ऐसा नहीं कि चित्त असंतुष्ट होता है, बल्कि ऐसा कि चित्त ही असंतोष है। क्योंकि जिस क्षण संतुष्टि आती है, उसी क्षण चित्त भी चला जाता है। असंतोष के साथ ही मन भी चला जाता है। जिनके भीतर असंतोष न रहा, उनके भीतर मन भी न रहा।

मन उसकी आकांक्षा में ही जीता है, जो नहीं मिला है। इसलिए मन के लिए जरूरी है कि जो मिला है, उससे असंतुष्ट हो; और जो नहीं मिला है, उसमें संतोष की कामना में जीए। जो नहीं मिला है, उसमें संतोष खोजे; और जो मिल जाए, उसमें असंतोष खोजे। यह हमारी चित्त-दशा है।

ऐसा भी नहीं है कि जो आज हमें नहीं मिला है और लगता है कि कल मिल जाए, तो संतोष मिलेगा; तो कल मिल जाने पर संतोष मिल जाएगा। ऐसा भी नहीं है। कल मिलते ही अचानक हम पाएंगे कि हमारा असंतोष आ गया उस पर, जो मिला; और हमारा संतोष हट गया उस पर, जो अभी नहीं मिला है।

करीब-करीब जैसे आकाश का क्षितिज है, हॅराइजन है। दिखता है थोड़ी ही दूर, आकाश जमीन से मिलता हुआ। चलें खोजने। जितना बढ़ेंगे, उतना ही वह आकाश भी आगे बढ़ता जाता है। वह कहीं पृथ्वी को छूता नहीं; सिर्फ छूता हुआ मालूम पड़ता है, प्रतीत होता है। एपियरेंस भर है स्पर्श का, पृथ्वी और आकाश का। कहीं छूता नहीं है। बढ़ते जाएं; पूरी पृथ्वी का पूरा चक्कर लगा लें, वह कहीं छूता हुआ मिलेगा नहीं। और फिर भी कहीं भी ऐसा न होगा कि आगे छूता हुआ न दिखाई पड़े। हमेशा आगे छूता हुआ दिखाई पड़ेगा। जब पहुंचेंगे उस जगह, तब तक वह आगे हट चुका होगा।

संतोष भी हमारे लिए क्षितिज-रेखा की भांति है, सदा आगे दिखाई पड़ता है—थोड़े और आगे चलें, वहां संतोष है! जहां हैं, वहां असंतोष है। जहां हैं, वहां आकाश छूता नहीं, दूर कहीं छूता है संतोष, आकाश, क्षितिज! बढ़ें; पहुंचें वहां; पाते हैं पहुंचकर कि आकाश आगे हट गया।

आपकी वजह से आकाश आगे नहीं हटता है। आपसे आकाश इतना नहीं डरता है। छूता होता, तो छूता ही रहता। नहीं, आप बढ़ गए, इसलिए आकाश भाग नहीं गया। आकाश कहीं भी छूता ही नहीं है; सिर्फ भ्रम होता है छूने का। आपके बढ़ने से आकाश हटता नहीं है। आकाश कभी छूता ही नहीं था; सिर्फ आपको भ्रम हुआ था छूने का। ऐसे ही चित्त सदा ही भविष्य में संतोष के भ्रम में जीता है।

कृष्ण उलटी बात कह रहे हैं। वे कहते हैं, जो पुरुष जो मिल जाए, उसमें संतुष्ट हो, तो फिर उसे कर्मबंध नहीं बांधते।

इन दोनों की प्रक्रियाओं को समझ लेना चाहिए। जैसी हमारी स्थिति है, उसमें जो मिलता है, वही असंतोष लाता है। रहस्य क्या है? कारण क्या है?

मैं एक घर में मेहमान था। बहुत चिंतित थे गृहपति! रात नींद खो गई थी। मैंने उनकी पत्नी को पूछा, बात क्या है? उनकी पत्नी ने कहा, आप न ही पूछें। पूछेंगे तो आप हंसेंगे, मजाक उड़ाएंगे। मैंने कहा, फिर भी! उसने कहा, ऐसा है कि इस साल मेरे पति को पांच लाख का लाभ हो गया है; इससे बड़े चिंतित हैं। मैंने कहा, इसमें चिंतित होने की क्या बात है? तो उसने कहा, आप उनसे पूछना; वे आपको बताएंगे कि पांच लाख की हानि हो गई। मैंने कहा, तुम पहेलियां बूझती हो? तुम कहती हो, पांच लाख का लाभ हुआ। उनसे पूछूंगा, तो वे बताएंगे, पांच लाख की हानि हुई!

उसने कहा, ऐसा ही हुआ है। लाभ पांच लाख का हुआ है। लेकिन उनको पहले खयाल था, दस लाख का होगा। इसलिए पांच लाख की हानि हो गई! वे बहुत परेशान हैं।

सच ही, रात मैंने उनसे पूछा, कुछ तकलीफ है? चिंतित दिखाई पड़ते हैं! उन्होंने कहा, तकलीफ कुछ नहीं, बहुत है। इस साल पांच लाख की हानि हो गई। मैंने कहा, लेकिन आपकी पत्नी कहती है, पांच लाख का लाभ हुआ है। उन्होंने कहा, वह कुछ भी नहीं; दस लाख बिलकुल पक्के थे!

असंतोष का राज है। असंतोष की भी अपनी कीमिया है, केमिस्ट्री है! वह केमिस्ट्री यह है, जितना बड़ा असंतोष पाना हो, उतनी बड़ी अपेक्षा चाहिए।

छोटी अपेक्षा से बड़ा असंतोष नहीं पाया जा सकता। अगर असंतोष कमाना हो, तो बड़ी अपेक्षाओं के आकाश फैलाने चाहिए। जितनी बड़ी अपेक्षा, उतना बड़ा असंतोष।

काश, इस आदमी की अपेक्षा, दस लाख की न होकर पांच लाख की होती, तो हानि बिलकुल न होती। अगर इस आदमी की अपेक्षा दो लाख की होती, तो तीन लाख अतिरिक्त लाभ होता। अगर इस आदमी की कोई भी अपेक्षा न होती, तो पांच लाख का शुद्ध लाभ था, हानि का कोई प्रश्न न था। अगर इसकी अपेक्षा बिलकुल न होती, तो पांच नये पैसे के लिए भी यह परमात्मा को धन्यवाद दे पाता। अपेक्षा दस लाख की थी; पांच लाख के लिए भी धन्यवाद नहीं दे पा रहा है। पांच लाख जो नहीं मिले, उनके लिए क्रोधित है।

अपेक्षा जितनी बड़ी, उतना बड़ा असंतोष। अपेक्षा जितनी छोटी, उतना कम असंतोष। अपेक्षा शून्य, असंतोष बिलकुल नहीं। ऐसा गणित है।

कृष्ण कहते हैं, जो पुरुष जो मिल जाए, उसमें संतुष्ट है...।

कौन-सा पुरुष संतुष्ट होगा? वही पुरुष, जो अपेक्षारहित जीता है, जिसका कोई एक्सपेक्टेशन नहीं है। जो ऐसे जीता है, जैसे जीने के लिए कोई अपेक्षा की जरूरत नहीं है। फिर जो भी मिल जाता है, वही धन्यभाग। उसके लिए ही वह प्रभु को धन्यवाद दे पाता है।

फकीर जुन्नैद एक रास्ते से गुजरता था। जोर का एक पत्थर रास्ते पर पैर से टकराया। लहूलुहान हो गया पैर। जुन्नैद नीचे झुक गया और हाथ जोड़कर परमात्मा की तरफ धन्यवाद देने लगा। साथ में मित्र थे, उन्होंने कहा, जुन्नैद पागल तो नहीं हो गए! हमने कभी सुना नहीं कि किसी के पैर में पत्थर लगे, लहू गिरे, और वह परमात्मा को धन्यवाद दे! जुन्नैद ने कहा, फांसी भी लग सकती थी। जुन्नैद ने कहा, फांसी भी लग सकती थी। धन्यवाद देते हैं परमात्मा को कि सिर्फ पैर में पत्थर लगा, और निपटे। फांसी भी लग सकती थी।

यह जुन्नैद, जिन मित्र की मैंने कहानी कही, उनसे ठीक उलटा है। यह कहता है, फांसी भी लग सकती थी। लेकिन जुन्नैद को अगर फांसी भी लग जाए, तो भी वह धन्यवाद दे पाता; क्योंकि फांसी से बड़े दुख भी हैं।

धन्यवाद का जो भाव है, वह उसी व्यक्ति में हो सकता है, जिसकी अपेक्षा कोई भी नहीं। जब अपेक्षा कोई भी नहीं, तो जो भी मिल जाता है, जो भी, उसमें भी वरदान खोजा जा सकता है। और जब अपेक्षा बहुत होती है, तो जो भी मिल जाता है, उसमें ही अभिशाप का आविष्कार हो जाता है; उसी में अभिशाप खोज लिया जाता है। खोज हम पर निर्भर है।

जो प्राप्त हो जाए, उसमें संतुष्ट कौन होगा? जिसने और ज्यादा प्राप्त नहीं करना चाहा। सच, जिसने प्राप्त ही कुछ नहीं करना चाहा। उसे जो भी मिल जाए, वही काफी है, जरूरत से ज्यादा है।

और एक बार किसी व्यक्ति को यह रहस्य पता चल जाए, तो संतोष के आनंद की कोई सीमा नहीं है। असंतोष के दुख की कोई सीमा नहीं है; संतोष के आनंद की कोई सीमा नहीं है। असंतोष के नरक का कोई अंत नहीं है; संतोष के स्वर्ग का भी कोई अंत नहीं है। लेकिन संतुष्ट...।

सुकरात सुबह बैठा है अपने घर के द्वार पर। कुछ बात चलती है। कोई प्रश्न पूछ रहा है सुकरात से, वह जवाब दे रहा है। उसकी पत्नी चाय बना कर लाई है; पीछे खड़ी है। वह क्रोध से भर गई है। सुकरात ने उस पर ध्यान नहीं दिया; वह अपनी बात में तल्लीन है। स्वभावतः, शायद पत्नियों की सबसे बड़ी आकांक्षा, पति उन पर ध्यान दे, इससे ज्यादा दूसरी नहीं है। क्रोध से भर गई। इतने क्रोध से भर गई कि उसने केतली भरी हुई गर्म पानी की सुकरात के ऊपर डाल दी। उसका आधा चेहरा जल गया।

जो प्रश्न पूछ रहा था, वह घबड़ा गया। उसने सुकरात से कहा कि यह क्या हो गया? सुकरात ने कहा, कुछ भी नहीं हुआ। आधा चेहरा बच गया है! प्रभु को धन्यवाद। पूरा चेहरा भी जल सकता था। सुकरात हंस रहा है, आधे जले चेहरे में। क्योंकि उसकी दृष्टि जले हुए चेहरे पर नहीं, उसकी दृष्टि बचे हुए चेहरे पर है।

पैर में जरा-सा काटा गड़ जाए हमें, तो ऐसा लगता है, सारी दुनिया व्यर्थ हुई। कोई परमात्मा नहीं है। सब बेकार है। अन्याय चल रहा है सारे जगत में। मेरे पैर में, और कांटा?

शरीर के हजार-हजार सुखों के लिए कभी परमात्मा को धन्यवाद न दिया; एक छोटे से कांटे के लिए शिकायत भारी है!

मैंने सुना है, एक फकीर बहुत दिनों तक एक बादशाह के साथ था। और बादशाह का बड़ा प्रेम उस फकीर पर हो गया। इतना प्रेम हो गया कि बादशाह सोता भी रात, तो फकीर को अपने कमरे में ही सुलाता। दोनों सदा साथ होते। एक दिन शिकार पर गए थे, भटक गए मार्ग। दिन भर के भूखे-प्यासे एक वृक्ष के नीचे पहुंचे। लेकिन एक ही फल वृक्ष में लगा था। बादशाह ने अपने घोड़े पर से हाथ बढ़ा कर फल तोड़ा। लेकिन जैसी उसकी आदत थी, पहले फकीर को खिलाता था कुछ भी—प्रेम से। फल की उसने फांकें काटीं, छह टुकड़े किए, एक फकीर को दिया।

फकीर ने खाया और उसने कहा कि बहुत स्वादिष्ट, अदभुत! ऐसा फल कभी खाया नहीं। एक फांक और दे दें। दूसरी फांक भी फकीर खा गया। कहा, बहुत अदभुत! सम्राट से कहा, एक फांक और दे दें। सम्राट को थोड़ी ज्यादती तो मालूम पड़ी। फल था एक, भूखे थे दोनों। लेकिन तीसरी फांक भी दे दी। फकीर ने कहा, बहुत खूब, एक फांक और! सम्राट को जरा कठिन मालूम पड़ा, लेकिन फिर भी एक फांक और दे दी। फिर आखिर में तो एक ही फांक बची। फकीर ने कहा, बस, एक और! सम्राट ने कहा, ज्यादती कर रहे हो। मैं भी भूखा हूं! फकीर ने हाथ से फांक छीन ली। सम्राट ने कहा, रुक जाओ। फांक वापस लौटा दो। यह सीमा के बाहर हो गया। मेरा तुम पर प्रेम है, इसका क्या मतलब, तुम्हारा मुझ पर जरा भी प्रेम नहीं?

सम्राट ने हाथ से फांक वापस छीन ली; मुंह में रखी। कड़वी जहर थी। थूक दी। कहा, पागल तो नहीं हो! तुम पांच फांकें खा क्यों गए? और शिकायत क्यों न की? उस फकीर ने कहा कि जिन हाथों से बहुत मीठे फल खाने को मिले, उनकी एक छोटे-से कड़वे फल की शिकायत? और इसीलिए सब फांकें लेता गया कि कहीं पता न चल जाए, अन्यथा शिकायत पहुंच ही गई। जिन हाथों से इतने मीठे फल खाने को मिले, उन हाथ से एक छोटी-सी कड़वी फांक की शिकायत!

ऐसा व्यक्ति संतुष्ट हो सकता है। संतोष की भी अपनी केमिस्ट्री है, अपनी कीमिया है, अपना गणित है।

जो है, उसे ठीक से देखें, तो संतोष के लिए बहुत है। जो नहीं है, उसके प्रति आंखों को दौड़ाते रहें, तो जो है, वह कभी दिखाई नहीं पड़ता; और जो नहीं है, उसके सपने मन को घेर लेते हैं और असंतोष को पैदा कर जाते हैं।

सत्य संतोष के लिए काफी है। असंतोष के लिए सपने चाहिए। यथार्थ संतोष के लिए काफी है, असंतोष के लिए कल्पना चाहिए। सारे जगत में लोग कल्पना के कारण असंतुष्ट हैं, यथार्थ के कारण नहीं। यथार्थ पर्याप्त संतोष दे सकता है। लेकिन कल्पना? कल्पना सीमा के बाहर पीड़ा देती है।

कृष्ण कहते हैं कि जो मिल जाए, उसमें जो संतुष्ट है—जो मिल जाए, जो प्राप्त हो जाए, उसमें जो राजी है; आभार से भरा, अनुगृहीत—और द्वंद्व के पार...। दूसरी बात वे कहते हैं, द्वंद्व के पार, द्वंद्वातीत, बियांड दि डुअलिटी। दो के बाहर।

संतुष्ट हो जाना भी बहुत कठिन है, फिर भी उतना कठिन नहीं, जितना द्वंद्व के बाहर हो जाना है। द्वंद्व क्या है?

सारा जीवन ही द्वंद्व है हमारा। हम दो में ही जीते हैं। प्रेम करते हैं किसी को; लेकिन जिसे प्रेम करते हैं, उसे ही घृणा भी करते हैं। कहेंगे, कैसी बात कहता हूं मैं! लेकिन सारी मनुष्य-जाति का अनुभव यह है। और अब तो मनसशास्त्री इस अनुभव को बहुत प्रगाढ़ रूप से स्वीकार कर लिए हैं कि जिसे हम प्रेम करते हैं, उसे ही घृणा करते हैं।

द्वंद्व है हमारा मन। जिसे हम चाहते हैं, उसे ही हम नहीं भी चाहते हैं। जिससे हम आकर्षित होते हैं, उसी से हम विकर्षित भी होते हैं। जिससे हम मित्रता बनाते हैं, उससे हम शत्रुता भी पालते हैं। ये दोनों हम एक साथ करते हैं। थोड़ा किसी एकाध घटना में उतरकर देखेंगे, तो खयाल में आ जाएगा।

जिससे आप प्रेम करते हैं, उससे आप चौबीस घंटे प्रेम कर पाते हैं? नहीं कर पाते। घंटे भर प्रेम करते हैं, तो घंटेभर घृणा करते हैं। सुबह प्रेम करते हैं, तो

सांझ घृणा करते हैं। सांझ लड़ते हैं, तो सुबह फिर दोस्ती कायम करते हैं। पूरे समय घृणा और प्रेम का धूप-छांव की तरह खेल चलता है।

जिसको आदर करते हैं, उसके ही प्रति मन में अनादर भी पालते हैं। मौके की तलाश में होते हैं, कब अनादर निकाल सकें। जिसको फूलमाला पहनाते हैं, किसी दिन उस पर पत्थर फेंकने की इच्छा भी मन में रहती है। वह इच्छा दबी हुई प्रतीक्षा करती है। फिर किसी दिन बहाना खोज कर वह इच्छा बाहर आती है। पत्थर भी फेंक लेते हैं।

हमारा मन प्रतिपल दोहरा है, डबल-बाइंड। इसलिए जो बुद्धिमान हैं, जैसे कि चाणक्य ने—जो कि चालाकों में, अधिकतम बुद्धिमान आदमियों में एक है—चाणक्य ने कहा है, राजाओं को सलाह दी है कि अपने मित्र को भी वह बात मत बताना, जो तुम शत्रु को नहीं बताना चाहते हो। क्यों? क्योंकि चाणक्य ने कहा, भरोसा कुछ भी नहीं है; जो आज मित्र है, वह कल शत्रु हो सकता है।

पश्चिम में चाणक्य का समानांतर एक आदमी हुआ, मैक्यावेली। वह भी चालाकों में इतना ही बुद्धिमान है। उसने कहा है, ध्यान रखना, जिस बात को तुम गुप्त नहीं रख सकते, तुम्हारा मित्र भी नहीं रख सकेगा। इसलिए मित्र को भूल कर मत बताना। क्योंकि जब तुम खुद ही गुप्त नहीं रख सके और मित्र को बताना पड़ा, तो तुम इस भ्रांति में मत पड़ना कि तुम जिस बात को गुप्त नहीं रख सके, उसको तुम्हारा मित्र रख सकेगा। वह भी किसी को बता देगा। और फिर, जो आज मित्र है, वह कल शत्रु हो सकता है।

मैक्यावेली ने एक बात और कही; उसने यह कहा कि शत्रु के प्रति भी इस तरह की बातें मत कहना, जिन्हें कि कल लौटाना मुश्किल हो जाए। क्योंकि जो आज शत्रु है, वह कल मित्र हो सकता है। फिर कठिन होगा। फिर लौटाना मुश्किल होगा।

असल में शत्रु और मित्र दो चीजें नहीं हैं, एक ही साथ घटित होती हैं। आप किसी आदमी को बिना मित्र बनाए शत्रु बना सकते हैं? बहुत मुश्किल है। अब तक तो नहीं हो सका पृथ्वी पर यह। बिना मित्र बनाए किसी

को शत्रु बनाया जा सकता है? असंभव है। शत्रु बनाने के लिए भी मित्र की सीढ़ी से गुजरना ही पड़ता है। शत्रु बनाने के लिए भी पहले मित्र ही बनाना पड़ता है। तो ऐसा भी समझ सकते हैं कि जिसको मित्र बनाया, अब उसके शत्रु बनने की संभावना घनीभूत हो गई।

जब कृष्ण कहते हैं, द्वंद्वातीत...।

मन तो जीता है द्वंद्व में, सदा द्वंद्व में। मन तो जीता है सदा विकल्प में। सदा ही दो विकल्प खड़े रहते हैं। जो आप करते हैं, उसके खिलाफ भी आपका मन पूरे वक्त भीतर कहता रहता है। एक पैर भी आप उठाते हैं, तो मन का दूसरा हिस्सा कहता है, मत उठाओ। मन कभी भी सौ प्रतिशत, हंड्रेड परसेंट नहीं होता। एक हिस्सा निरंतर ही विरोध करता रहता है। जिस आदमी का मन ऐसी हालत से भरा है, वह आदमी द्वंद्व में घिरा है। वह सदा ही द्वंद्व में घिरा रहेगा। यह द्वंद्व अगर बहुत तीव्र हो जाए, तो वह आदमी दो खंडों में टूट जाएगा, जिसको मनोवैज्ञानिक सीजोफ्रेनिया कहते हैं। वह आदमी दो खंडों में टूट जाएगा। वह एक ही आदमी दो आदमियों की तरह हो जाएगा।

लेकिन हम इतने ज्यादा नहीं टूटते। हमारी टूट तरल होती है, लिक्विड होती है। हम बिलकुल नहीं टूट जाते दो खंडों में। लेकिन हमारे दो खंड जारी रहते हैं। लेकिन फिर भी हैं तो सीजोफ्रेनिक, हैं तो दोहरे।

जो आपकी प्रशंसा करता है, कल आपको एकदम हैरानी होती है कि उसने आपकी निंदा की। आप गलती में हैं। आपको मनोवैज्ञानिक सत्य का पता नहीं है। जिसने प्रशंसा की, वह बदला चुकाएगा। वह आज नहीं कल, कहीं निंदा करेगा, तब कंपनसेशन हो पाएगा। उसने एक काम कर दिया, अब उससे उलटा काम नहीं करेगा, तो संतुलन नहीं हो पाएगा। जिसने एक तरफ प्रशंसा की, वह कल कहीं न कहीं जाकर निंदा करेगा। जब प्रशंसा करे, तभी समझ लेना। निंदा की प्रतीक्षा मत करना, वह कहीं करेगा।

फ्रायड ने लिखा है अपने संस्मरणों में, अगर घने से घने मित्र भी एक-दूसरे के संबंध में यहां-वहां जो कहते हैं, वह अगर उन्हें पता चल जाए, तो इस

पृथ्वी पर एक भी मित्रता टिक नहीं सकती। घने से घने, इंटीमेट से इंटीमेट, निकट से निकट मित्र भी एक-दूसरे के खिलाफ यहां-वहां जो कहते हैं, अगर वह सबको पता चल जाए, तो इस पृथ्वी पर एक भी मित्रता नहीं टिक सकती।

कारण है उसका। मन सदा ही परिपूर्ति खोजता है। उसका दूसरा हिस्सा भी है, वह मांग करता है कि मुझे भी पूरा करो।

स्कूल में शिक्षक पढ़ाता है बच्चों को। कैसे डरे हुए बैठे रहते हैं बच्चे! सिर नहीं हिलाते। श्वास लेते नहीं मालूम पड़ते। और शिक्षक ने पीठ फेरी ब्लैक-बोर्ड पर लिखने को, कि देखें, उनके चेहरे बदल गए! जितना शिक्षक ने उनको डराया था सामने से, पीठ के पीछे अगर उसको पता चल जाए—अगर शिक्षक के दो आंखें खोपड़ी के पीछे भी हों—तो उसे पता चले कि ये बच्चे जो इतने सीधे बैठे थे, ये पीछे क्या-क्या कर लेते हैं! वे कंपनसेशन कर रहे हैं, कुछ और नहीं कर रहे।

वे इतना ही कर रहे हैं कि इतनी देर तक जो आदर मांगा, उसका बदला चुका देते हैं। फिर वे हलके हो जाते हैं। न चुका पाएं, तो बहुत कठिनाई है। इसलिए बहुत होशियार लोगों ने ही तख्ता उलटा रखा हुआ है। शिक्षक को बीच-बीच में घूमना पड़े, नहीं तो ये बच्चे मुश्किल में पड़ जाएंगे। अगर पांच-छह घंटे इनको इकट्ठा ही दबाव करना पड़े एक हिस्से का, तो ज्यादा खतरनाक है। इनका बीच-बीच में निकास होता रहे, कैथार्सिस होती रहे। शिक्षक जब भी मुड़ता है तख्ते पर लिखने को, तब वे मुंह भी बना लेते हैं, टोपियां भी उछाल देते हैं, एक-दूसरे की तरफ इशारा भी कर देते हैं। तब तक हलके हो जाते हैं। शिक्षक लौटा, तब तक वे फिर राजी हो जाते हैं आदर देने को।

ऐसी हम सबकी चित्त की दशा है। डबल-बाइंड है।

यह जो द्वंद्व है, यह बहुत ऊपर भी है, बहुत गहरे भी है। सतह पर भी है, गहराइयों में भी है। गहराइयों में भी सदा द्वैत चलता रहता है। दिन में आदमी ने उपवास किया है, रात भोजन के सपने देखेगा। कंपनसेशन है। दिन में आदमी भला है, ईमानदार है, रात सपने में चोरी करेगा। वह चोर वाला हिस्सा भी भीतर

है। ईमानदार के साथ बेईमान भी भीतर है। वह बेईमान क्या करेगा? अगर आपने दिन भर उसे बेईमानी न करने दी, तो रात बेईमानी करके अपनी तृप्ति कर लेगा।

मैंने सुना है, एकनाथ तीर्थयात्रा को गए। तो गांव के लोगों ने कहा कि हम भी चलें; बहुत लोग साथ हो लिए। गांव में एक चोर भी था। उस चोर ने भी एकनाथ को कहा, मैं भी चलूं? एकनाथ ने कहा, भाई तू जाहिर आदमी है। फिर बहुत यात्री साथ होंगे, कोई गड़बड़ हो, परेशानी हो! तो तू एक कसम खा ले कि चोरी नहीं करेगा, तो हम साथ ले लें। तो उस आदमी ने कहा, कसम खा लेता हूं कि चोरी नहीं करूंगा। कसम खा ली, तो एकनाथ ने साथ ले लिया।

एक-दो रातें तो ठीक बीतीं, लेकिन तीसरी-चौथी रात से मुश्किल शुरू हो गई। पर मुश्किल बड़ी अजीब थी। अजीब यह थी, चीज किसी की चोरी नहीं जाती थी, लेकिन एक के बिस्तर की चीज दूसरे के बिस्तर में चली जाती थी। एक की पेटी की चीज दूसरे की पेटी में चली जाती थी। मिल जातीं सब चीजें सुबह, लेकिन बड़ी हैरानी होती कि रात कौन मेहनत लेता है? और किसलिए मेहनत लेता है?

एकनाथ को खयाल आया कि वह चोर तो कुछ नहीं कर रहा है! रात जागते रहे। देखा, कोई बारह बजे रात वह उठा। इस बिस्तर की चीज दूसरे बिस्तर में कर दी, उस पेटी की इसमें कर दी। किसी का तकिया खींचकर किसी के नीचे रख आया।

एकनाथ ने कहा, तू यह क्या करता है? उस चोर ने कहा, मैंने कसम चोरी न करने की खाई थी, लेकिन कम से कम अदल-बदल तो करने दें! क्योंकि दिन भर किसी तरह अपने को रोक लेता हूं, लेकिन रात बहुत मुश्किल हो जाती है। फिर उस चोर ने कहा, फिर लौट कर मुझे अपना धंधा भी तो करना है! अगर अभ्यास बिलकुल टूट गया, तो आप ही कहिए, क्या हालत होगी? ऐसे अभ्यास भी रहेगा। फिर मैं किसी का नुकसान भी नहीं कर रहा हूं। सुबह सब चीजें मिल जाती हैं। अक्सर तो मैं ही बता देता हूं कि जरा उसके बिस्तर में देख लो। कहीं हो!

हम भी अपनी रात में यही कर रहे हैं। दिन में जो-जो चूक गया, रात कंपनसेशन कर रहे हैं। अगर भले आदमियों के सपने देखे जाएं, तो बड़ी हैरानी होती है। अगर बुरे आदमियों के सपने देखे जाएं, तो भी बड़ी हैरानी होती है।

भले आदमियों के सपने अनिवार्यतया बुरे आदमी जैसे होते हैं। और बुरे आदमी के सपने अनिवार्यतया भले आदमी जैसे होते हैं। डबल-बाइंड है माइंड। अच्छे आदमी बुरे सपने देखते हैं; बुरे आदमी अच्छे सपने देखते हैं। चोर और बेईमान सपने में साधु-संन्यासी होने की बातें सोचते हैं। साधु और संन्यासी सपने में चोर और बेईमान हो जाते हैं! वह दूसरा हिस्सा है मन का। वह भीतर प्रतीक्षा करता है। वह प्रतीक्षा करता है कि कब? अगर कहीं मौका नहीं मिला, तो सपने में मौका खोज लेता है।

यह जो चित्त है, यह अनिवार्यतया द्वंद्वात्मक है, डायलेक्टिकल है। मन के काम करने का ढंग द्वंद्वात्मक है। इसलिए अगर कोई विश्वासी आदमी है, आस्थावान, श्रद्धालु—तो बहुत हैरानी होगी—अगर विश्वासी आदमी है, तो उसके भीतर गहरे में संदेह छिपा रहेगा। अगर बहुत संदेह करने वाला आदमी है, तो उसके भीतर गहरे में विश्वास छिपा रहेगा।

इसलिए अक्सर ऐसा होता है कि जो लोग जिंदगी भर आस्तिक होते हैं, मरने के करीब-करीब नास्तिक होने लगते हैं। क्यों? क्योंकि जिंदगी भर तो उन्होंने ऊपर विश्वास को सम्हाला; वह संदेह का हिस्सा भीतर दबा रहा। फिर वह धीरे-धीरे उभरना शुरू होता है। वह कहता है, जिंदगी भर तो विश्वास कर लिया, क्या मिल गया? वह भीतर का संदेह ऊपर आना शुरू होता है। अक्सर ऐसा होता है कि जिंदगी भर के अविश्वासी मरते समय विश्वासी हो जाते हैं। भीतर का विश्वास का पहलू ऊपर उभर आता है।

मन द्वंद्वात्मक है, दोहरा है। मन का काम ठीक वैसा ही है, जैसे इस जगत में सारी चीजें द्वंद्वात्मक हैं, पोलर हैं। यहां सारी चीजें द्वंद्व से जीती हैं। अगर हम प्रकाश को मिटा दें, तो अंधेरा मिट जाएगा। आप कहेंगे, कैसी बात कह रहा हूं? प्रकाश को बुझा देते हैं, तो अंधेरा तो और बढ़ता है; मिटता नहीं। लेकिन प्रकाश

का बुझाना, प्रकाश का मिटाना नहीं है। अगर पृथ्वी पर प्रकाश बिलकुल न रह जाए, तो अंधेरा बिलकुल नहीं रहेगा। नहीं रहेगा इसलिए भी, कि अंधेरे का पता ही तब तक चलता है, जब तक हमें प्रकाश का पता है। अन्यथा पता भी नहीं चल सकता। रहे तो भी पता नहीं चल सकता।

अगर हम जन्म को बंद कर दें, तो मृत्यु मिट जाएगी; क्योंकि जन्म ही नहीं होगा, तो मरने को कोई खोजना मुश्किल हो जाएगा। अगर हम मृत्यु को रोक दें, तो जन्म को रोकना पड़ेगा।

यही तो दिक्कत हुई है सारी दुनिया में। पिछले दो सौ वर्षों के चिकित्सा के विकास ने मृत्यु की दर कम कर दी। इसलिए अब संतति निरोध और बर्थ कंट्रोल के लिए हमें कोशिश करनी पड़ती है। उधर मृत्यु की दर कम हुई, इधर जन्म की दर कम करनी पड़ेगी।

जिंदगी विरोधों के बीच संतुलन है। और जिंदगी विरोध से चलती है। सारी जिंदगी द्वंद्व है। और सारी जिंदगी के आधार में मन है, माइंड है।

इसलिए जो लोग, जैसे मार्क्स, एंजिल्स और लेनिन और माओ, जो लोग मन के ऊपर आत्मा में भरोसा नहीं करते, वे लोग डायलेक्टिकल मैटीरियलिज्म, द्वंद्वात्मक भौतिकवाद की बात करते हैं। वे कहते हैं, पदार्थ द्वंद्व से चलता है। इसलिए वे वर्ग-संघर्ष की बात करते हैं, कि समाज भी द्वंद्व से चलेगा। गरीब को अमीर के खिलाफ लड़ाना पड़ेगा, तब समाज चलेगा। सब समाज द्वंद्व है। अगर मन ही सब कुछ है, तो जिंदगी में संघर्ष के अलावा और कुछ भी नहीं है।

लेकिन कृष्ण कहते हैं, द्वंद्वातीत, द्वंद्व के बाहर, द्वंद्व के पार, बियांड डायलेक्टिक्स, दो के बाहर होता है अर्जुन जो, वही केवल कर्म के बंधन से मुक्त होता है।

लेकिन दो के बाहर कौन हो सकता है? मन तो नहीं हो सकता। मन तो जब भी रहेगा, दो के भीतर ही रहेगा। दो के बाहर, मन को भी जो जानता है, वही हो सकता है; मन को भी जो पहचानता है, वही हो सकता है। घृणा द्वंद्व के बाहर नहीं हो सकती। प्रेम द्वंद्व के बाहर नहीं हो सकता। लेकिन जो प्रेम और घृणा को जानने वाला ज्ञाता है, नोअर है, वह बाहर हो सकता है।

मैं बैठा हूं। सुबह हो गई, सूरज निकला। देखा कि रोशनी भर गई चारों तरफ। फिर सांझ आई, सूरज डूबा। देखा कि अंधेरा छा गया चारों तरफ। फिर सुबह हुई, फिर सूरज निकला, फिर प्रकाश फैल गया। मैंने देखा चारों तरफ अंधेरे को आते, मैंने देखा चारों तरफ प्रकाश को आते। मैंने देखा जाते प्रकाश को; मैंने देखा जाते अंधेरे को। लेकिन मैं—जिसने प्रकाश को भी देखा और अंधेरे को भी देखा—न तो प्रकाश हूं और न अंधेरा हूं। मैं दोनों से अलग तीसरा हूं, दि थर्ड।

यह जो तीसरा है, अगर इसका मुझे स्मरण आ जाए, तो मैं दो के बाहर हो जाऊं। तीसरे की याद आ जाए, तो दो के बाहर हुआ जा सकता है। यदि तीसरे का स्मरण आ जाए, तो दो के बाहर हुआ जा सकता है।

मन के द्वंद्व के बाहर वही हो सकेगा, जिसे तीसरे का स्मरण आ जाए।

जब सुख आए, तो भीतर मैं जानूं कि यह सुख आया, लेकिन मैं सुख नहीं हूं। क्योंकि अगर मैं सुख हूं, तो दुख फिर कभी नहीं आ सकता। लेकिन थोड़ी देर में दुख आ जाता है। जब दुख आए, तो मैं जानूं कि यह दुख आया, लेकिन मैं दुख नहीं हूं! क्योंकि अगर मैं दुख हूं, तो फिर सुख कभी नहीं आ सकता। लेकिन अभी सुख था और फिर सुख आ जाएगा।

सुख आता है, दुख आता है; घृणा आती, प्रेम आता; मित्रता आती, शत्रुता आती; हार होती, जीत होती; सम्मान मिलता, अपमान मिलता—सब द्वंद्व हैं। इनके पार अगर मैं तीसरे को पकड़कर स्मरण से भर जाऊं कि मैं इन दोनों से भिन्न, दोनों से अन्य, दोनों से अलग जानने वाला हूं, देखने वाला हूं, विटनेस हूं, साक्षी हूं, तो मैं द्वंद्व के पार हो जाता हूं।

कृष्ण कहते हैं, जो द्वंद्व के पार हो जाता है अर्जुन, वह समस्त कर्मों के बंधन से छूट जाता है।

असल में बंधन मात्र द्वंद्व के हैं। निर्द्वंद्व स्वतंत्र है। द्वंद्व में घिरा, बंधन में है। घृणा के भी बंधन हैं, प्रेम के भी बंधन हैं। सम्मान के भी बंधन हैं, अपमान के भी बंधन हैं। और प्रशंसा के भी बंधन हैं, और निंदा के भी। मित्र भी

बांध लेते हैं, और शत्रु भी। अपने भी बांधते हैं, और पराए भी। सब बांध लेता है। हार भी बांध लेती है, और जीत भी।

लेकिन जो दोनों को जानता है और दोनों के पार अपने को देख पाता है, वह बंधन के पार हो जाता है। उसे फिर कोई भी नहीं बांध पाता। बांध भी लो, तो भी नहीं बांध पाते। बंधे हुए भी वह बंधन के बाहर ही होता है, क्योंकि वह जानता है, मैं अलग, मैं भिन्न, मैं पृथक।

यह जो पृथकता का बोध है, यह जो साक्षी का भाव है, वह द्वंद्वातीत ले जाता है।

जो मिल जाए, जो प्राप्त हो, उसमें तृप्त, चित्त के द्वंद्वों के पार जो व्यक्ति है, वह कर्म करते हुए भी कर्म के बंधन में नहीं पड़ता है—ऐसा कृष्ण, अत्यंत ही वैज्ञानिक बात, अर्जुन से कहते हैं।

**गतसङ्गस्य मुक्तस्य ज्ञानावस्थितचेतसः।**
**यज्ञायाचरतः कर्म समग्रं प्रविलीयते।।23।।**

क्योंकि आसक्ति से रहित ज्ञान में स्थित हुए चित्त वाले, यज्ञ के लिए आचरण करते हुए मुक्त पुरुष के संपूर्ण कर्म नष्ट हो जाते हैं।

आसक्तिरहित, ज्ञानपूर्वक कर्म करते हुए पुरुष के समस्त कर्मबंधन क्षीण हो जाते हैं; सब बंधन, सब परतंत्रताएं गिर जाती हैं। आसक्तिरहित, अनअटैच्ड, अनआइडेंटिफाइड, तादात्म्य-मुक्त! इस सूत्र में आसक्तिरहित का क्या अर्थ है? थोड़ा आसक्ति में उतरें, तो खयाल में आ जाए!

सुना है मैंने, एक घर में आग लग गई है। स्वभावतः, गृहपति छाती पीटता है और रो रहा है। भीड़ लग गई है। आग बुझाई जा रही है, बुझती नहीं। आंखें आंसुओं से भरी हैं। वह आदमी होश खो दिया है। तभी पास-पड़ोस के लोगों में से कोई भागा हुआ आया और उसने कहा, रोओ मत। घबड़ाओ मत। जल जाने दो। बेफिकर रहो। क्योंकि तुम्हारे लड़के ने, मुझे पक्का पता है, कल ही यह मकान बेच दिया। सौदा हो चुका है।

आंख से आंसू ऐसे तिरोहित हो गए, जैसे थे ही नहीं। रोना खो गया। संयत हो गया वह आदमी। जैसे और सब लोग खड़े थे, ऐसे वह भी खड़ा हो गया। उसने कहा, मुझे कुछ पता ही नहीं था। उसके ओंठों पर मुस्कुराहट आ गई। मकान अब भी जल रहा है, वैसा ही, थोड़ा ज्यादा ही। लपटें और बढ़ गई हैं। लेकिन इसके भीतर की लपटें एकदम खो गईं! वहां अब भी आग है, लेकिन यहां भीतर हृदय में कोई आग न रही, कोई जलन न रही।

और तभी उसका बेटा दौड़ा हुआ आया और उसने कहा कि क्या खड़े देखते हैं आप? क्योंकि उस आदमी से बात तो हुई थी, लेकिन उसने आदमी भेजकर खबर भेज दी कि जले हुए मकान को मैं खरीदने वाला नहीं हूं। बयाना नहीं हो पाया था। सौदा टूट गया है।

आंसू फिर वापस आ गए हैं! आदमी फिर छाती पीट कर चिल्लाने लगा। मकान अब भी जल रहा है! वैसा ही जल रहा है। भीतर फिर आग आ गई।

इस बीच क्या फर्क पड़ा? मकान को कुछ पता भी नहीं चला होगा बेचारे को, कि इस बीच बड़ा नाटक हो गया है। लेकिन हुआ क्या?

बीच में थोड़ी देर के लिए अनअटैच्ड हो गया वह आदमी। थोड़ी देर के लिए आसक्तिरहित हो गया। जो अपना नहीं है, बात समाप्त हो गई। अपना है, तो बात समाप्त नहीं होती। मेरा था मकान, तो आग भीतर तक पहुंचती थी। मेरा नहीं है, तो आग अब भीतर नहीं पहुंचती। आग अब भी जल रही है। तो मेरे से ही आग भीतर तक पहुंचती थी, मेरे के मार्ग से। मेरे को ही हिला कर आग भीतर आती थी। मेरे के द्वार से ही आग भीतर प्रवेश करती थी। बीच में पता चला, मेरा नहीं है; द्वार बंद हो गया। मकान जलता रहा; भीतर लपट पहुंचनी बंद हो गई। थोड़ी देर को, इस नाटकीय घटना में, आसक्ति टूट गई। मेरा न रहा।

काश, वह आदमी बुद्धिमान होता! काश, इस घटना को देख पाता! तो फिर जिंदगी भर के लिए लपटों के बाहर हो सकता था। लेकिन वह नहीं होगा। क्योंकि वह फिर रो रहा है। वह वहीं फिर उन्हीं लपटों में घिर गया; वही दरवाजा उसने फिर खोल दिया।

आसक्तिरहित का अर्थ है, इस जगत में मेरा कुछ भी नहीं है। मेरे का भाव, मेरे का भाव ही मेरी आसक्ति है। ममत्व ही आसक्ति है।

लेकिन मेरे के बड़े विस्तार हैं। मेरा बेटा भी मेरी आसक्ति है। मेरा मकान भी मेरी आसक्ति है। मेरा धर्म भी मेरी आसक्ति है। मेरा शास्त्र भी मेरी आसक्ति है। मेरा परमात्मा तक मेरी आसक्ति है। जहां-जहां मेरा जुड़ेगा, वहां-वहां आसक्ति जुड़ जाएगी। जहां-जहां से मेरा विदा हो जाएगा, वहां-वहां से आसक्ति विदा हो जाएगी।

लेकिन मेरा कब विदा होगा? जब तक मैं है, तब तक मेरा विदा नहीं होगा। एक जगह से हटेगा, दूसरी जगह लग जाएगा।

मैंने कहा कि इस ड्रैमेटिक घटना में, इस नाटकीय घटना में थोड़ी देर के लिए वह आदमी आसक्तिरहित हो गया, तो आप गलत मत समझ लेना। थोड़ी देर के लिए वह आदमी इस मकान के प्रति आसक्तिरहित हो गया। लेकिन उसकी आसक्ति दूसरी तरफ चली गई, उस धन में, जो इस मकान से मिलने वाला है। मकान बिक चुका; अपना नहीं रहा। बिकने से जो मिल गया धन, वह अपना हो गया। मेरा, हटा मकान से, जुड़ गया कहीं और।

इससे कोई अंतर नहीं पड़ता कि मेरा कहीं भी जुड़ जाए। कहीं भी जुड़ जाए, उतना ही काम शुरू हो जाता है। घर छोड़ कर कोई चला जाए, तो फिर मेरा आश्रम हो जाता है। मेरा मंदिर, मेरी मस्जिद!

आश्चर्यजनक है आदमी! मेरे के बिना मानता ही नहीं है। मेरे को लेकर ही चलता है साथ। मंदिर भी जाए, तो मेरा बना लेता है। परमात्मा का कोई मंदिर नहीं है पृथ्वी पर। कोई इसका मेरा मंदिर है, कोई उसका मेरा मंदिर है। इसलिए तो फिर दो मेरों में कभी-कभी टक्कर हो जाती है। तो मंदिरों-मस्जिदों में आग लग जाती है; खून-खराबा हो जाता है।

अभी तक हम पृथ्वी को ऐसा नहीं बना पाए, जहां कि हम वह मंदिर बना सकें, जो कि मेरा न हो, तेरा हो—उसका हो, परमात्मा का हो। कोई मंदिर नहीं बना पाए। सब आशाएं की थीं मंदिर बनाने की इसी तरह कि परमात्मा का बन जाए, लेकिन सब मंदिर आखिर में किसी के मेरे मंदिर सिद्ध होते हैं।

यह जो मेरा है, यह बदल सकता है। मिटता तब तक नहीं, जब तक मैं भीतर केंद्र पर है।

ऐसा समझें कि एक दीया जल रहा है। और दीये की रोशनी चारों तरफ दीवाल पर पड़ रही है। वह जो दीवाल पर रोशनी पड़ रही है, वह मेरा है। और वह जो दीये की ज्योति जल रही है, वह मैं है। जब तक मैं की ज्योति जलती रहेगी, तब तक मेरे की रोशनी कहीं न कहीं पड़ती रहेगी। दीवाल से हटाइएगा, तो कहीं और पड़ेगी; कहीं और से हटाइएगा, तो कहीं और पड़ेगी। जब तक कि ज्योति न बुझ जाए, मैं की फ्लेम, वह जो मैं का, अहंकार का बीच में जलता हुआ दीया है, वह न बुझ जाए, तब तक मेरा बनता ही रहेगा।

इस दीये को उठाओ मकान से और मंदिर में रख दो। कोई फर्क नहीं पड़ता, मंदिर मेरा हो जाएगा। मंदिर की दीवालों पर यह रोशनी फैल जाएगी। इस दीये को उठाओ और जंगल के झाड़ के नीचे रख दो; जंगल के झाड़ों पर इसकी रोशनी फैल जाएगी। वे मेरे हो जाएंगे। इस दीये को जहां ले जाओ, वहीं मेरा पहुंच जाएगा। यह दीये की जो ज्योति है मैं की, यह मेरे का स्रोत है, उसका मूल उदगम है।

आसक्तिरहित केवल वही हो सकता है, जो अहंकाररहित है।

आसक्ति अहंकार के जुड़ने का परिणाम है। आसक्ति अहंकार का विकीरण है, रेडिएशन है। जैसे दीये से किरणें दौड़ती हैं, ऐसा मैं से मेरा दौड़ता है। और जहां भी पड़ जाता है, वहीं पकड़ जाता है।

और भी एक मजे की बात है कि जिसे हम मेरा समझ लेते हैं, वह हमारे मैं से आइडेंटिफाइड हो जाता है; उसका तादात्म्य हो जाता है।

समझें, एक व्यक्ति की पत्नी चल बसती है। जब पत्नी मरती है, वह छाती पीटता है, रोता है। तो आप इतना ही मत सोचना कि पत्नी मर गई है, इसलिए रोता है। इसलिए तो रोता ही है, बहुत गहरे में उसके मैं का भी एक खंड मर गया। यह मेरी पत्नी सिर्फ मेरी पत्नी ही न थी; मेरे मैं का भी एक हिस्सा थी। मेरे भीतर के मैं का एक खंड टूट गया, बिखर गया। अब मैं अधूरा हूं कुछ।

अब मैं आधा-आधा हूं। इसलिए पत्नी को अगर अर्द्धांगिनी या पति को अगर अर्द्धांग कहने का खयाल रहा है, तो गहरा है।

जब भी मेरा कुछ मिटता है, टूटता है, तभी मैं भी कुछ टूटता और बिखर जाता हूं। थोड़ा एक क्षण को सोचें, आपके पास जो-जो चीज ऐसी है, जिसको आप मेरा कहते हैं, अगर वह छीन ली जाए, तो आपके पास कितना मैं बचेगा? अगर सब छीन ली जाए, तो आपके मैं की ज्योति बहुत स्टार्व्ड, भूखी हो जाएगी, जैसे दीये का सब तेल निकाल लिया। ज्योति रह गई बुझी-बुझी। जलती भी है, तो ऐसा लगता है कि अब गई, अब गई! तेल तो सब निकल गया। जब भी हमारा कुछ मेरा टूटता है, तो भीतर मैं भी टूटता है। क्योंकि वह मेरा सिर्फ रोशनी ही नहीं है, वह मेरा तेल भी बनता है।

इसलिए आदमी मेरे को बढ़ाता रहता है, ताकि मैं को मजबूत कर ले। जितना बड़ा मकान हो, उतना बड़ा मैं हो जाता है। जितना बड़ा राज्य हो, उतना बड़ा मैं हो जाता है। जितना बड़ा धन हो, उतना बड़ा मैं हो जाता है। जब धन चला जाता है, तो भीतर मैं भी सिकुड़ जाता है। तेल खो गया; बाती बुझने लगी। बाती कष्ट में पड़ जाती है। कभी-कभी तो इतने कष्ट में पड़ जाती है कि आदमी जी नहीं सकता, आत्महत्या कर लेता है। तेल बिलकुल नहीं बचता; मरने के सिवाय उपाय नहीं बचता। मर ही जाता है। मेरा गया कि मैं भी मरने की तैयारी जुटा लेता है।

यह जो कृष्ण का कहना है, आसक्तिरहित कर्म करता हुआ...।

तब जब कोई आसक्तिरहित कर्म करता है, तो उसका कर्म कैसा है? उसका कर्म कहीं भी मेरे को निर्माण नहीं करता। उसका जीवन कहीं भी किसी से तादात्म्य स्थापित नहीं करता। वह किसी को नहीं कहता, मेरा। कहीं भी गहरे में उसके भाव मेरे का उठता नहीं। जीता है, मेरे से रहित होकर जीता है। तब जीवन यज्ञ हो जाता है। तब ऐसा कर्म आसक्तिरहित, जीवन को यज्ञ बना देता है। तब पूरा जीवन एक पवित्र हवन हो जाता है।

ऐसा पुरुष, अर्जुन से कृष्ण कहते हैं, फिर सारे बंधन उसके क्षीण हो जाते हैं।

फिर कोई बंधन का उपाय नहीं रह जाता। क्योंकि बंधन पैदा ही होते हैं मेरे से। बंधन पैदा ही होते हैं मैं से। मैं से ही जन्मते हैं अंकुर और बनते हैं जंजीरें। मैं के ही आधार पर ढालते हैं हम अपने कारागृह। मैं से ही हम सजा लेते हैं अपने कारागृहों की दीवालों को। लेकिन इससे फर्क नहीं पड़ता। अगर हमने कारागृह की जंजीरों को सोने की भी बना लिया, और अगर हमने कारागृह की दीवालों को सुंदर चित्रों से भी सजा लिया, तो भी कारागृह कारागृह है और हम कैदी हैं।

हम सब अपनी कैद को अपने साथ लेकर चलते हैं। वह मेरे की कैद हमारे साथ चलती रहती है। इसलिए अगर आपको अकेला जंगल में छोड़ दिया जाए, तो आप थोड़े इम्पावरिश्ड हो जाते हैं, दरिद्र हो जाते हैं, दीन हो जाते हैं।

मैंने सुना है, एक सम्राट ने अपने बेटे को घर से निकाल दिया। किसी बात पर नाराज हुआ और घर से निकालने की आज्ञा दे दी। फिर बारह वर्ष बाद; बूढ़ा बाप, एक ही था बेटा; फिर याद लौटने लगी। फिर मन के दूसरे हिस्से ने बहुत बार कहा होगा, बहुत बुरा किया। इतना क्या बड़ा अपराध था? इतनी भी क्या बात थी? माफ किया जा सकता था। फिर दूसरा हिस्सा मन का लौट आया। वजीरों को भेजा खोजने, कि खोज लाओ।

बारह साल, वह राजा का लड़का, कुछ जानता तो नहीं था। राजा का लड़का था, जानने का कोई सवाल भी न था। न ठीक से कभी पढ़ा-लिखा था, न कभी कुछ सीखा था। बस, थोड़ा नाच-गाने का जरूर उसे शौक था। तो गांवों में भीख मांगने लगा नाच-गाकर। और कुछ कर नहीं सकता था।

बारह साल बाद, भरी दोपहर में, सूरज जल रहा है, तेज धूप बरसती है आग जैसी, वह नंगे पैर एक साधारण-सी होटल के सामने अपने टीन के कटोरे को बजा कर गा रहा है और लोगों से पैसे मांग रहा है। पैसे मांग रहा है कि पैरों में फफोले पड़ गए हैं। जूते की सब नीचे की तली टूट गई है, उखड़ गई है। मुझे कुछ पैसे दे दो, तो इस गरमी में...। दस-पांच पैसे उसके कटोरे में

पड़े हैं। कपड़े वही पुराने हैं, जो बारह साल पहले पहने हुए घर से निकला था। पहचानना बहुत मुश्किल है।

लेकिन एक वजीर का रथ वहां से गुजरा। रोका उसने रथ को। चेहरा पहचाना मालूम पड़ा। कपड़े पुराने थे, लेकिन शाही थे। फट गए थे, चीथड़े हो गए थे, लेकिन कहीं-कहीं से जरी भी दिखाई पड़ती थी। उतरा, पास जाकर देखा, चेहरा तो वही था। वजीर पैरों पर गिर पड़ा। कहा, क्षमा करें। पिता ने माफी मांगी है। आपको वापस बुलाया है।

एक क्षण, और वह राजकुमार जैसे मेटामार्फोसिस से गुजर गया। सब ट्रांसफार्मेशन हो गया। सब रूपांतरण हो गया। हाथ से उसने फेंक दी वह कटोरी, जिसमें पैसे थे। पैसे सड़क पर बिखर गए। उसकी आंखों की रोशनी बदल गई। उसके हाथ-पैर का ढंग बदल गया। उसकी रीढ़ सीधी हो गई। उसने वजीर से कहा कि जाओ, पहले स्नान का इंतजाम करो। अच्छे वस्त्र लाओ। जूते खरीदो। सारा इंतजाम करो।

वह रथ पर जाकर बैठ गया। चारों तरफ भीड़ लग गई। जो उसे एक पैसा देने में भी इधर-उधर मुंह कर रहे थे, वे सब आस-पास खड़े हो गए और कहने लगे कि धन्यभाग हमारे कि आपके दर्शन हुए। लेकिन अब वह देख भी नहीं रहा है। अब वह आदमी वह नहीं है, जो था एक क्षण पहले। सब बदल गया! क्या हो गया?

मेरा वापस लौट आया—राज्य, साम्राज्य, सम्राट! अब उसकी आंखें जमीन की तरफ नहीं देखती हैं। अब जिनके सामने वह हाथ जोड़ कर खड़ा था और जो उसकी तरफ देख नहीं रहे थे, वे उससे कह रहे हैं, महाराज! कोई उसके पैर दबा रहा है। लेकिन वह बैठा है। उसकी आंखें आकाश की तरफ देख रही हैं। अब ये कीड़े-मकोड़े हैं। अब ये आदमी नहीं हैं, आस-पास जो खड़े हैं। थोड़ी देर पहले इनके सामने वह कीड़ा-मकोड़ा था; आदमी नहीं था। अगर इन्होंने एकाध पैसा उसके कटोरे में डाला था, तो सिर्फ इसलिए कि हटो भी, जाओ भी। कोई दया करके नहीं, सिर्फ परेशानी हटाने को। क्या, हो क्या गया?

अभी मैं बिलकुल बुझा-बुझा था! अब मैं बिलकुल सजग होकर, अब पूरी शक्ति से जल रहा है। मेरे की दुनिया वापस लौट आई। रथ, राज्य, साम्राज्य--सब वापस आ गया। अब दीये को तेल मिल गया। अब लपट जोर से जल रही है। अब मैं कोई साधारण ज्योति न रही; मशाल हो गई।

कृष्ण कहते हैं, आसक्तिरहित होकर पुरुष जब बर्तता है कर्मों में, तो उसका जीवन यज्ञ हो जाता है—पवित्र। उससे, मैं का जो पागलपन है, वह विदा हो जाता है। मेरे का विस्तार गिर जाता है। आसक्ति का जाल टूट जाता है। तादात्म्य का भाव खो जाता है। फिर वह व्यक्ति जैसा भी जीए, वह व्यक्ति जैसा भी चले, फिर वह व्यक्ति जो भी करे, उस करने, उस जीने, उस होने से कोई बंधन निर्मित नहीं होते हैं। क्यों?

क्योंकि मैं की टकसाल के अतिरिक्त मनुष्य के बंधन निर्माण का कहीं कोई कारखाना नहीं है। क्योंकि ईगो के, अहंकार के अतिरिक्त जंजीरों को ढालने के लिए कोई और फौलाद नहीं है। क्योंकि मैं के अतिरिक्त मनुष्य को अंधा करने के लिए, गड्ढों में गिराने के लिए और कोई जहर नहीं है। इसलिए आसक्तिरहित!

लेकिन आसक्तिरहित वही होगा, जिसका मेरा खो जाए। मेरा उसका खोएगा, जिसका मैं खो जाए।

शून्य की तरह ऐसा पुरुष जीता है। शून्य की तरह जीना यज्ञरूपी जीवन को उपलब्ध कर लेना है। फिर कोई बंधन निर्मित नहीं होते हैं।

**ब्रह्मार्पणं ब्रह्म हविर्ब्रह्माग्नौ ब्रह्मणा हुतम्।**
**ब्रह्मैव तेन गन्तव्यं ब्रह्मकर्मसमाधिना।।24।।**

अर्पण अर्थात स्त्रुवादिक भी ब्रह्म है, और हवि अर्थात हवन करने योग्य द्रव्य भी ब्रह्म है, और ब्रह्मरूप अग्नि में ब्रह्मरूप कर्ता के द्वारा जो हवन किया गया है, वह भी ब्रह्म ही है, इसलिए ब्रह्मरूप कर्म में समाधिस्थ हुए उस पुरुष द्वारा जो प्राप्त होने योग्य है, वह भी ब्रह्म ही है।

सब, सर्व, जो भी है—कर्म, कर्ता, किया गया; बोला गया, सुना गया; देखा गया, दिखाया गया—इस जगत में जो भी है, इस अस्तित्व में जो भी है, कृष्ण इस सूत्र में कहते हैं, वह सभी ब्रह्म है। लेकिन ऐसा कब दिखाई पड़ता है?

जब तक मैं दिखाई पड़ता है, तब तक ऐसा दिखाई नहीं पड़ता कि सभी ब्रह्म है। ऐसा तभी दिखाई पड़ता है, जब मैं दिखाई नहीं पड़ता; तभी दिखाई पड़ता है कि सब ब्रह्म है।

दो ही तरह के अनुभव हैं। जिनका अनुभव मैं का अनुभव है, उन्हें कृष्ण का यह वचन सरासर व्यर्थ मालूम पड़ेगा। है भी फिर। फिर है भी।

जिनका एक ही अनुभव है, मैं का, और जिनका जगत मैं के इर्द-गिर्द बना हुआ एक परकोटा है; जिन्होंने सदा ही मैं को केंद्र पर रख कर जीवन को देखा है—ऐसा हम सभी ने देखा है—जो ईगोसेंट्रिक हैं, जो अहं-केंद्रित होकर जीए और अनुभव किए हैं, उनके लिए कृष्ण का यह वचन सरासर व्यर्थ मालूम पड़ेगा। क्योंकि कहां है ब्रह्म? कहीं कोई ब्रह्म दिखाई नहीं पड़ता! दिखाई भी नहीं पड़ेगा। ऐसा व्यक्ति ब्रह्म को देखने के लिए अंधा है। और जिस चीज के प्रति हम अंधे हैं, उस चीज को हम वापस आंख पाए बिना देख नहीं सकते।

अहंकार अंधापन है ब्रह्म को देखने में।

ऐसा कब दिखाई पड़ेगा, सभी कुछ-यज्ञ भी ब्रह्म, हवन की विधि भी ब्रह्म, हवन में जलती अग्नि भी ब्रह्म, हवन में चढ़ाई गई आहुति भी ब्रह्म, हवन में चढ़ाने वाला भी ब्रह्म, हवन में मंत्र उदघोष करने वाला भी ब्रह्म-ऐसा कब दिखाई पड़ेगा कि सब ब्रह्म है?

यह तब दिखाई पड़ेगा, जब एक अंधापन मैं का टूट जाता है। उसके पहले यह नहीं दिखाई पड़ेगा। उसके पहले तो यही दिखाई पड़ेगा कि मैं ही हूं; और बाकी शेष सब मेरा साधन है। मैं ही हूं सब कुछ। चांद-तारे मेरे लिए घूमते हैं। अस्तित्व मेरे इर्द-गिर्द चक्कर काटता है। मैं ही हूं सब कुछ, धुरी सारे अस्तित्व की। और सब मेरा साधन है।

जब तक ऐसा दिखाई पड़ता है, जब तक ऐसा ईगोसेंट्रिक विजन है, जब तक ऐसी दृष्टि है अहं-केंद्रित, तब तक यह ब्रह्म की बात नितांत व्यर्थ मालूम पड़ेगी। यह सिर्फ शब्दों का जाल मालूम पड़ेगी। सभी ब्रह्म? नहीं; ऐसा नहीं मालूम पड़ सकता है। यह कब मालूम पड़ेगा?

पहले सूत्र को ध्यान में रखें, तो यह दूसरा सूत्र खुल सकेगा। पहले सूत्र को ध्यान में रखें, आसक्तिरहित हुआ जो व्यक्ति है, उसे बहुत शीघ्र दिखाई पड़ने लगेगा। उसके डोर्स आफ परसेप्शन, उसके देखने के नए द्वार खुल जाएंगे। उसे दिखाई पड़ेगा कि सभी में वही है—सभी में, चारों ओर।

अभी तो हम इसे थोड़ा समझने की कोशिश करें। देखने की कोशिश तो दुरूह है, समझें। लेकिन समझने को जानना न समझ लें। समझ लें, पर इतना भी समझ लें कि यह हमने समझा है, जाना नहीं। जानना तो बहुत दुरूह, बहुत आर्डुअस है। लेकिन समझ लेना भी बड़ा सौभाग्य है। क्योंकि समझ लें, तो शायद कल जानने की यात्रा पर भी निकल पाएं। लेकिन हम बहुत होशियार हैं। हम समझने को ही ज्ञान समझ लेते हैं। हम समझकर मान लेते हैं कि बिलकुल ठीक है।

मेरे पास एक सूफी फकीर को लाया गया। जो लाए थे, उन्होंने कहा, इन्हें सब तरफ परमात्मा ही परमात्मा दिखाई पड़ता है। इन्हें कण-कण में परमात्मा दिखाई पड़ता है। वृक्ष में, पत्थर में, पौधों में, चांद-तारों में, मकानों में—सब तरफ इन्हें परमात्मा ही दिखाई पड़ता है। मैंने कहा, बहुत शुभ है। इससे ज्यादा शुभ और क्या हो सकता है! मैंने उन फकीर से पूछा कि आपने यह देखने का अभ्यास किया, कि आपको बस दिखाई पड़ता है? उन्होंने कहा, नहीं, मैंने अभ्यास किया है, वर्षों अभ्यास किया है। वर्षों तक देखने की कोशिश की, तब दिखाई पड़ा। मैंने कहा, कैसे कोशिश की? तो उन्होंने कहा कि बस, मैंने इस तरह का भाव करना शुरू किया। वृक्ष के पास खड़ा होता, तो मन में सोचता, ब्रह्म है, परमात्मा है, प्रभु है। वृक्ष नहीं है, ईश्वर है। सोचता-सोचता, तीस वर्ष मैंने ऐसे सोचते-सोचते बिताए। तब मुझे अब

सब में ब्रह्म दिखाई पड़ता है। मैंने कहा, एक तीन दिन यह सोचना बंद कर दें। उन्होंने कहा, उससे क्या होगा? मैंने कहा, आप तीन दिन बंद करें, फिर हम बात करेंगे।

लेकिन दूसरे दिन सुबह वे मुझसे बहुत नाराज हो गए। और उन्होंने कहा कि आपने मेरी बड़ी हानि कर दी। मैंने रात में ही सोचना छोड़ा कि मुझे दीवालें दीवालें दिखाई पड़ने लगीं! ब्रह्म दिखाई नहीं पड़ा। यह प्रोजेक्शन, मैंने उनसे कहा, यह प्रोजेक्शन हुआ।

अहंकार अभ्यास कर सकता है देखने का कि सबमें ब्रह्म है। लेकिन वह अभ्यास सिर्फ एक सपना होगा। अहंकार के रहते हुए—मैं भी हूं और सब में ब्रह्म है, यह नहीं हो सकता। हां, इतना हो सकता है कि मैं अपने को धोखे में डाल लूं। आटोहिप्नोटाइज कर लूं, सम्मोहित कर लूं कि हां, सब ब्रह्म है। ऐसा मानकर चलने लगूं कि सब ब्रह्म है। मानता रहूं, मानता रहूं; अपने को धोखा देता रहूं, धोखा देता रहूं, तो एक दिन ऐसी घड़ी आ जाएगी कि मेरे मन का ही जाल चारों तरफ फैल जाएगा और मुझे दिखाई पड़ेगा, सब ब्रह्म है। लेकिन वह मन का ही जाल होगा। वह ब्रह्म का अनुभव न होगा। वह अहंकार का ही धोखा और डिसेप्शन होगा। वह ब्रह्म का अनुभव न होगा।

ब्रह्म का अनुभव अभ्यास से नहीं मिलता है। ब्रह्म का अनुभव अहंकार के विसर्जन से मिलता है। इस बात को ठीक से खयाल में ले लेंगे। ब्रह्म का अनुभव अहंकार के अभ्यास से नहीं मिलता, ब्रह्म का अनुभव अहंकार के विसर्जन के अभ्यास से मिलता है। अहंकार खो जाए, मैं न रह जाऊं, तो जो रह जाएगा, वह ब्रह्म मालूम पड़ेगा। मैं रहूं, और जो दिखाई पड़ता है, उस पर ब्रह्म को आरोपित करूं, इम्पोज करूं, तो धीरे-धीरे ऐसा हो जाएगा कि मुझे ब्रह्म दिखाई पड़ने लगे। लेकिन वह ब्रह्म, ब्रह्म नहीं, मेरा ही भ्रम है। वह ब्रह्म, ब्रह्म का अनुभव नहीं, मेरी ही कल्पना का फैलाव है। वह फैलाया जा सकता है।

इस सूत्र में ध्यान रख लेना जरूरी है कि जब कृष्ण कहते हैं, सभी कुछ ब्रह्म हो जाता है, ऐसे व्यक्ति को, ऐसे पुरुष को, ऐसी चेतना को सभी कुछ ब्रह्म

हो जाता है। कब ? जब उस मैं की ज्योति बुझ जाती है, जब उस मैं का दीया टूट जाता है। तब उपाय नहीं रहता कुछ और का, वही बच रहता है।

ठीक वैसे ही, जैसे एक घड़ा है। पानी से भरा है, नदी में चल रहा है। नदी में तैर रहा है, पानी से भरा हुआ घड़ा। उस पानी से भरे हुए घड़े को भी ऐसा नहीं मालूम पड़ता कि जो पानी भीतर है, वही बाहर है। घड़ा कहता है, यह मेरा पानी है। बाहर जो नदी का पानी है, वह दूसरा है, अन्य है।

मिट्टी की एक पतली दीवाल घड़े के भीतर के पानी को और नदी के पानी को अलग-अलग करती है। टूट जाए घड़ा, फूट जाए घड़ा, पानी बाहर का और भीतर का एक हो जाता है।

अहंकार की झीनी-सी दीवाल मुझे और ब्रह्म को अलग-अलग करती है। टूट जाए दीवाल, फूट जाए अहंकार का घड़ा, मैं और ब्रह्म एक हो जाते हैं। और तब ही दिखाई पड़ता है कि सभी कुछ—तब ऐसा भी दिखाई नहीं पड़ता है कि ब्रह्म कण-कण में है—तब ऐसा दिखाई पड़ता है कि ब्रह्म ही कण-कण है, में भी नहीं। क्योंकि जब हम कहते हैं, कण में ब्रह्म है, तो ऐसा लगता है, कण भी अलग है और उसके भीतर ब्रह्म भी कहीं है।

नहीं, जब घड़ा टूटता है मैं का, तो ऐसा नहीं दिखाई पड़ता कि कण-कण में ब्रह्म है। ऐसा दिखाई पड़ता है कि कण-कण और ब्रह्म एक ही चीज के दो नाम हैं। अस्तित्व और ब्रह्म एक ही चीज के दो नाम हैं। फिर ऐसा कहना भी अच्छा नहीं मालूम पड़ता है कि ईश्वर है। फिर तो ऐसा ही कहना अच्छा मालूम पड़ता है कि है और ईश्वर, एक ही बात है। जो है, वह ईश्वर ही है। अस्तित्व ही ब्रह्म है, अस्तित्व ही!

ऐसी प्रतीति के लिए भीतर से मैं की दीवाल का टूट जाना जरूरी है। बहुत बारीक है दीवाल, ट्रांसपैरेंट भी है, पारदर्शी है, इसलिए पता भी नहीं चलता। यह बहुत मजे की बात है।

अगर पत्थर की दीवाल हो, ट्रांसपैरेंट न हो, आर-पार दिखाई न पड़ता हो, तो दीवाल का पता चलता है। अगर आप कांच की दीवाल बनाएं, ट्रांसपैरेंट हो, तो पता भी नहीं चलता है कि दीवाल है; क्योंकि आर-पार दिखाई पड़ता है।

इसलिए मैं की दीवाल अगर पत्थर जैसी सख्त होती, तब तो हमें आर-पार दिखाई ही न पड़ता; हम अपने मैं के भीतर बंद हो जाते और सारी दुनिया बाहर बंद हो जाती, आर-पार कोई संबंध ही न रहता। लेकिन मैं की दीवाल ट्रांसपैरेंट है, पारदर्शी है; कांच की दीवाल है। आर-पार साफ दिखाई पड़ता है। इसलिए खयाल ही नहीं आता कि बीच में कोई दीवाल है।

कांच के पास खड़े हैं। बाहर का सब दिख़ाई पड़ रहा है। सूरज दिखाई पड़ता है। चांद-तारे दिखाई पड़ते हैं। कांच की दीवाल दिखाई नहीं पड़ती। ऐसी कांच की दीवाल है। लेकिन है। प्रमाण क्या है कि है? प्रमाण यही है कि मैं आपसे अलग मालूम पड़ता हूं। जहां अलगपन का बोध हो रहा है, वहां बीच में कोई दीवाल है, कोई फासला है, कोई डिस्टेंस है, वह दिखाई पड़े या न दिखाई पड़े।

कृष्ण के इस सूत्र में डिस्टेंसलेस, दूरीरहित हो जाने का खयाल है। कोई दूसरा नहीं है, वही है। जिस क्षण ऐसा दिखाई पड़ता है कि वही है, एक ही है, उस क्षण कैसा बंधन? फिर जंजीर भी वही है। उस क्षण कैसा शत्रु? फिर शत्रु भी वही है। उस क्षण कैसा दुख? फिर दुख भी वही है। उस क्षण कैसी बीमारी? फिर बीमारी भी वही है।

सुना है मैंने, एक सूफी फकीर के हृदय में नासूर हो गया। गहरा घाव। उसमें कीड़े पड़ गए। जिंदगीभर वह नमाज पढ़ने मस्जिद में जाता रहा; लेकिन जब से उसके इस घाव में कीड़े पड़े, उसने नमाज पढ़नी बंद कर दी। पास-पड़ोस के लोगों ने कहा, क्या काफिर हुए जा रहे हो? क्या आखिरी वक्त में अपनी जिंदगी खराब करनी है? दोजख में जाना है? नरक में पड़ना है? जिंदगी भर पुकारा परमात्मा को, अव नमाज क्यों नहीं पढ़ते हो?

उस फकीर ने कहा, पढ़ता हूं अब भी। लेकिन अब झुक नहीं सकता हूं, इसलिए मस्जिद नहीं आता। क्योंकि नमाज में झुकना पड़ेगा। उन्होंने कहा, पागल! नमाज बिना झुके होगी कैसे? और झुकने में एतराज क्या है? उस फकीर ने कहा, झुकता हूं, तो ये जो मेरे घाव में कीड़े पड़ गए हैं, ये नीचे गिर जाते हैं। फिर इनको उठा कर रखना पड़ता है। कभी-कभी किसी को चोट भी लग जाती है।

और कभी-कभी कोई मर जाए! उन्होंने कहा, तुम कैसे पागल हो! इन कीड़ों के लिए इतने परेशान क्यों हो? उस फकीर ने कहा, कीड़ों के लिए नहीं, अपने लिए ही परेशान हूं। वे भी मैं ही हूं। जिसकी नमाज पढ़ रहा हूं, जो नमाज पढ़ रहा है, नमाज में जो कीड़े गिर जाएं और मर जाएं, वे तीनों अलग-अलग नहीं हैं।

ऐसी प्रतीति हो, तो ही खयाल आ सकता है इस सूत्र का, कि इस सूत्र का क्या अर्थ है। इस सूत्र का अर्थ है कि एक ही का विस्तार है। दो की भ्रांति है; एक का विस्तार है।

इस सूत्र को कृष्ण ने द्वंद्व के अतीत होने के बाद क्यों कहा है? इसीलिए कहा है कि जब तक भीतर का द्वंद्व न मिटे, तब तक बाहर का द्वंद्व भी नहीं मिट सकता। इसलिए पहले कहा कि द्वंद्वातीत हो जाता है जो पुरुष; फिर कहते हैं, सब ब्रह्म हो जाता है।

भीतर का द्वंद्व टूट जाए, भीतर के मन के दो खंड मिट जाएं, एक हो जाए भीतर, तो बाहर भी ज्यादा दिन दो नहीं रहेंगे। भीतर का एक बाहर के एक को खोज लेगा। भीतर के दो बाहर भी दो को निर्मित कर देते हैं।

हम बाहर वही देखते हैं, जो हमारे भीतर है। हम बाहर वही खोजते हैं, जो हमारे भीतर है। चोर चोर को खोज लेता है। बेईमान बेईमान को खोज लेता है। साधु साधु को खोज लेता है। एक ही गांव में आज रात कई यात्री उतरेंगे। कोई वेश्यालय को खोज लेगा, कोई मंदिर को खोज लेगा—उसी गांव में! हम वही खोज लेते हैं, जो हम हैं।

सुना है मैंने, एक रात एक फकीर के घर में एक चोर घुस गया। आधी रात थी। सोचा, सो गया होगा फकीर। भीतर गया, तो हैरान हुआ। मिट्टी का छोटा-सा दीया जला कर फकीर कुछ चिट्ठी-पत्री लिखता था। घबड़ा गया चोर। छुरा बाहर निकाल लिया। फकीर ने ऊपर देखा और कहा कि छुरा भीतर रखो। शायद ही कोई जरूरत पड़े। फिर कहा कि थोड़ा बैठ जाओ, मैं चिट्ठी पूरी कर लूं, फिर तुम्हारा क्या काम है, उस पर ध्यान दूं। ऐसी बात, कि चोर भी घबड़ा कर बैठ गया!

चिट्ठी पूरी की। फकीर ने पूछा, कैसे आए? सच-सच बता दो। ज्यादा बातचीत में समय खराब मत करना; अब मेरे सोने का वक्त हुआ। उस चोर ने कहा, अजीब हैं आदमी आप! देखते नहीं, छुरा हाथ में लिए हूं। आधी रात आया हूं। काले पकड़े पहने हूं। चोरी करने आया हूं! फकीर ने कहा, ठीक। लेकिन गलत जगह चुनी। और अगर यहां चोरी करने आना था, तो भलेमानस, पहले खबर भी तो कर देते; हम कुछ इंतजाम करते। यहां चुराओगे क्या? मुश्किल में डाल दिया मुझे आधी रात आकर। और इतनी दूर आ गए, खाली हाथ जाओगे, यह भी तो बदनामी होगी। और पहला ही मौका है कि मेरे घर भी किसी चोर ने ध्यान दिया। आज हमको भी लगा कि हम भी कुछ हैं। कभी कोई आता ही नहीं इस तरफ। तो ठहरो, मैं जरा खोजूं। कभी-कभी कोई-कोई कुछ भेंट कर जाता है। कहीं कुछ पड़ा हो, तो मिल जाए।

दस रुपये कहीं मिल गए। उस फकीर ने उसको दिए और कहा कि यह तुम ले जाओ। रात बाहर बहुत सर्द है। अपने शरीर पर जो कंबल था, वह भी उसे दे दिया। वह चोर बहुत घबड़ाया! उसने कहा, आप बिलकुल नग्न हो गए! रात सर्द है। फकीर ने कहा, मैं तो झोपड़े के भीतर हूं। लेकिन तुझे तो दो मील रास्ता भी पार करना पड़ेगा। और रुपयों से तो कपड़े अभी मिल नहीं सकते। रुपयों से तन ढंक नहीं सकता। तो यह कंबल ले जा! फिर मैं तो भीतर हूं। और फिर कब! इस गरीब की झोपड़ी पर कोई कभी चोरी करने आया नहीं। तूने हमें अमीर होने का सौभाग्य दिया। अब हम भी कह सकते हैं किसी से कि हमारे घर भी चोरों का ध्यान है! तू जा। मजे से जा। हम बड़े खुश हैं!

चोर चला गया। फकीर अपनी खिड़की पर बैठा हुआ उसे देखता रहा। ऊपर आकाश में चांद निकला है पूर्णिमा का। आधी रात। चारों तरफ चांदनी बरस रही है। उस रात उस फकीर ने एक गीत लिखा और उस गीत की पंक्तियां बड़ी अदभुत हैं। उस गीत में उसने लिखा कि चांद बहुत प्यारा है! बेचारा गरीब चोर! अगर मैं यह चांद भी उसे भेंट कर सकता! लेकिन अपनी सामर्थ्य के

बाहर है। यह चांद भी काश, मैं उस चोर को भेंट कर सकता! बेचारा गरीब चोर! लेकिन अपनी सामर्थ्य के बाहर है।

फिर वह चोर पकड़ा गया—कभी, कुछ महीनों बाद। अदालत ने इस फकीर को भी पूछा बुलाकर कि इसने चोरी की? फकीर ने कहा कि नहीं। क्योंकि जब मैंने इसे दस रुपये भेंट किए, तो इसने धन्यवाद दिया। और जब मैंने इसे कंबल दिया, तो इसने मुझे बहुत मनाया कि आप ही रखिए; रात बहुत सर्द है। यह आदमी बहुत भला है। वह तो मैंने ही इसे मजबूर किया, तब बामुश्किल, बड़े संकोच में यह कंबल ले गया था।

फिर उसको दो साल की सजा हो गई। कुछ और चोरियां भी थीं। फिर सजा के बाद छूटा, तो सीधा भागा हुआ उस फकीर के चरणों में आया। उसके चरणों में गिर पड़ा कि तुम पहले आदमी हो, जिसने मुझसे आदमी की तरह व्यवहार किया। अब मैं तुम्हारे चरणों में हूं। अब तुम मुझे आदमी बनाओ। तुमने व्यवहार मुझसे पहले कर दिया आदमी जैसा, अब मुझे आदमी बनाओ भी। उस फकीर ने कहा, और मैं कर भी क्या सकता था?

जो हमारे भीतर होता है, वही दिखाई पड़ता है।

अगर फकीर के भीतर जरा भी चोर होता, तो वह पुलिस वाले को चिल्लाता। पास-पड़ोस में चिल्लाहट मचा देता कि चोर घुस गया। लेकिन फकीर के भीतर अब कोई चोर नहीं है। तो मकान में चोर भी आ जाए, तो भी चोर नहीं मालूम पड़ता, दुश्मन नहीं मालूम पड़ता; मित्र ही मालूम पड़ता है।

हमारे भीतर जो है, वही हमें बाहर दिखाई पड़ने लगता है। भीतर अगर द्वंद्व है, तो बाहर भी द्वंद्व दिखाई पड़ने लगता है।

सिमन वेल ने—पश्चिम की एक बहुत विचारशील महिला, अभी-अभी कुछ वर्षों पहले मरी; कम उम्र में मर गई। पर उस छोटी उम्र में भी उसने बहुत कीमत की बातें लिखीं। उनमें उसने एक कीमती बात लिखी कि मेरी तीस साल की उम्र तक मेरे सिर में दर्द रहा सदा। और जब तक मेरे सिर में दर्द रहा, मैं नास्तिक थी। मुझे ईश्वर पर भरोसा न आया। पर यह कभी खयाल न आया कि

सिरदर्द भी मेरी नास्तिकता का कारण हो सकता है। यह तो जब मेरा सिरदर्द ठीक हो गया और मैं स्वस्थ हुई, तब धीरे-धीरे मैंने पाया कि मेरी नास्तिकता चली गई और मैं आस्तिक हो गई! तब मुझे खयाल में आया कि वह सिरदर्द ही मेरी नास्तिकता का कारण था।

भीतर सिर में दर्द बना रहे चौबीस घंटे, तो बाहर परमात्मा दिखाई पड़ना मुश्किल हो जाता है। जब भीतर पीड़ा हो, तो बाहर पीड़ा दिखाई पड़ने लगती है। जब भीतर असंतोष हो, तो बाहर असंतोष दिखाई पड़ने लगता है।

भीतर जो है, वही बाहर प्रतिफलित होकर फैल जाता है। संसार हमारा ही बड़ा फैलाव है; हम ही जैसे बड़े मैग्नीफाइंग ग्लास से देखे गए हों। जैसे हमको ही बहुत बड़ा करके देखा गया हो। संसार हमारा ही बड़ा फैलाव है।

जब तक भीतर द्वंद्व है, डुएलिटी है, तब तक संसार में भी द्वंद्व है। तब तक पदार्थ भी अलग दिखाई पड़ेगा, आत्मा भी अलग दिखाई पड़ेगी। तब तक सब चीजों में द्वंद्व दिखाई पड़ेगा। तब तक ब्रह्म दिखाई नहीं पड़ सकता। क्योंकि ब्रह्म अद्वंद्व, अद्वैत, दुई-मुक्त अनुभव है।

भीतर द्वंद्व मिट जाए...। इसलिए कृष्ण ने पहले सूत्र में कहा, द्वंद्वातीत होता जो पुरुष, और अब इस सूत्र में कहते हैं, सब कुछ ब्रह्म हो जाता है। और जब सब ब्रह्म हो जाता है, तो जीवन की जो परम निधि है, वह उपलब्ध हो जाती है।

एक अंतिम श्लोक और।

प्रश्न : पिछले श्लोक के काव्य, ब्रह्मरूपी कर्म में समाधिस्थ व्यक्ति का क्या अर्थ है?

यह आखिरी बात ले लें, श्लोक कल सुबह लेंगे।

ब्रह्मरूपी कर्म में समाधिस्थ व्यक्ति!

जब सब ओर ब्रह्म ही रह जाता है, कर्ता भी ब्रह्म हो जाता है फिर, फिर

कर्म भी ब्रह्म हो जाता है। जब सब ओर ब्रह्म ही है, तो मैं श्वास लेता हूं, तो भी ब्रह्म ही भीतर जाता है; श्वास छोड़ता हूं, तो ब्रह्म ही बाहर जाता है। जन्मता हूं, तो ब्रह्म ही जन्मता; विदा होता हूं जीवन से, तो ब्रह्म ही विदा होता। लहर का उठना भी वही, लहर का गिरना भी वही। जागता हूं, तो ब्रह्म जागता है; सोता हूं, तो ब्रह्म सोता है। खाता हूं, तो ब्रह्म खाता, और ब्रह्म को ही। भजता हूं, तो ब्रह्म भजता, और ब्रह्म को ही। जब ब्रह्म ही सब कुछ है, एक ही अस्तित्व सब कुछ है, तो सभी कर्म ब्रह्म की ही तरंगें हो जाते हैं।

ब्रह्मरूपी कर्म में समाधिस्थ!

फिर ऐसे व्यक्ति को, जो इतने कर्म में भी लगा रहे, फिर भी भीतर समाधिस्थ रहता है; क्योंकि कर्म अब ब्रह्मरूपी हुए। अब वह श्वास भी लेता है, तो उसी की। भोजन भी करता है तो उसी का। उठता, तो वही। बैठता, तो वही। अब जब सभी ब्रह्मरूपी हो जाता, तो समाधि नहीं तो और क्या होगा? बीच में समाधि खड़ी हो जाती है।

जब सभी ब्रह्म है, तो चिंता तो मिट जाती। जब सभी ब्रह्म है, तो असुरक्षा तो मिट जाती। जब सभी ब्रह्म है, तो भय तो मिट जाता। जब सभी ब्रह्म है, तो सारा तनाव खो जाता। तब सारे काम होते, जैसे हवाएं बहतीं—ऐसे; जैसे पानी बहता—ऐसे; जैसे आकाश में बादल चलते—ऐसे। जैसे वृक्षों में फूल खिलते—ऐसे, सब कर्म सहज होते हैं। करने नहीं पड़ते; ब्रह्म ही कराता है। और इसके बीच में, वह जो पुरुष ऐसे अनुभव में होता है, समाधिस्थ हो जाता है। समाधिस्थ का अर्थ?

समाधि शब्द बड़ा कीमती है। बना है वह उसी से, जिससे बनता है समाधान। ऐसा पुरुष समाधिस्थ हो जाता है अर्थात समाधान को उपलब्ध हो जाता है। उसके जीवन में कोई समस्या नहीं रह जाती, कोई प्राब्लम नहीं रह जाता। उसके जीवन में कोई प्रश्न नहीं रह जाता। उसके जीवन में कोई उलझन नहीं रह जाती। सुलझ जाता है।

समाधिस्थ हो जाता है अर्थात समाधान को उपलब्ध हो जाता है, सुलझ

जाता है। उसके जीवन में कुछ भी पूछने योग्य, खोजने योग्य, जानने योग्य, पाने योग्य, कोई भी प्रश्न नहीं रह जाता है। निष्प्रश्न हो जाता है।

ब्रह्म को सब ओर जो अनुभव करता है, वह ब्रह्म के साथ एक हो जाता है। और ब्रह्म जैसी गहरी समाधि में है, ऐसी ही गहरी समाधि में वह भी खो जाता है।

कभी छोटे-छोटे प्रयोग करें, तो खयाल में आ जाए। कभी जमीन पर लेट जाएं किसी बगीचे के एकांत में जाकर। आंखें न झपकें। पलकें खुली रखें, अपलक। आकाश को देखते रहें एकटक। बिना आंख झपके, सिर्फ विराट आकाश को देखते रहें थोड़ी देर। और आप एक अदभुत अनुभव से गुजरेंगे। जब बिना आंखें झपके आकाश को देखते रहेंगे, देखते रहेंगे, थोड़ी देर में आप पाएंगे, आपके भीतर भी आकाश है; बाहर भी आकाश है। और थोड़े गहरे देखते रहेंगे, तो पाएंगे कि भीतर और बाहर एक ही, आकाश ही आकाश है। और तब परम विश्राम और परम समाधान का अनुभव होगा।

यह छोटा-सा मैं कह रहा हूं। आकाश उतना बड़ा नहीं है, जितना ब्रह्म।

जब कोई व्यक्ति अपने बाहर सब तरफ ब्रह्म को ही देखता है; जैसे आपने थोड़ी देर आकाश को देखा, ऐसा जब कोई प्रतिपल चारों ओर ब्रह्म को ही देखता है, तो बाहर भी ब्रह्म और भीतर भी ब्रह्म; और दोनों के बीच बड़ा सुर-संगीत निर्मित हो जाता है। दोनों के बीच बड़ा तालमेल है, दोनों के बीच बड़ी टयूनिंग है।

आर.डब्लू.टाइन ने एक छोटी-सी किताब लिखी है। उसका नाम है, इन टयून विद दि इनफिनिट—अनंत के साथ एकरस, एकतान-बद्ध।

कभी आकाश के साथ प्रयोग करें; छोटा प्रयोग है। परमात्मा, ब्रह्म बड़ा आकाश है, विराट आकाश है। लेकिन एक बड़ा विराट आकाश—हमारे अनुभव के लिए तो बहुत विराट—हमारे ऊपर छाया हुआ है, छत की भांति। कभी उसके नीचे लेट जाएं सीधे। सब भूल जाएं। आकाश को देखते रहें। आंख बंद न करें, अपलक देखते रहें। आंसू बहें, बहने दें। आकाश को देखते रहें। थोड़ी ही देर में पाएंगे, भीतर भी आकाश समा गया। और जब

दोनों तरफ आकाश होंगे, तो दोनों आकाश की वार्ता शुरू हो जाएगी, डायलाग शुरू हो जाएगा। इन ट्यून विद दि इनफिनिट। और तब एक सुर-संगम बजने लगेगा। दोनों के बीच एक संगीत का आदान-प्रदान शुरू हो जाएगा। और एक समाधान की झलक मिलेगी।

वह झलक बड़ी छोटी है—तिनके जैसी है, एक बूंद जैसी है। कृष्ण जिस झलक की बात कह रहे हैं, वह विराट सागर जैसी है। लेकिन इससे भी रस का पता चलेगा कि जब किसी व्यक्ति को सारा जगत ब्रह्म हो जाता है, तो उसके भीतर भी ब्रह्म पूरा का पूरा खड़ा हो जाता है। फिर इन दोनों, बाहर और भीतर के बीच, सुर-तान एक हो जाती है। फिर दोनों मिट जाते हैं। बाहर-भीतर का बोध मिट जाता है। फिर एक ही रह जाता है। उस एक के अनुभव का नाम समाधि है।

शेष कल सुबह। अभी पांच मिनट कीर्तन और नृत्य संन्यासी करेंगे। साथ हों उनके; नाचें भी। ताली बजाएं। उनको प्रोत्साहन भी दें। और उसके बाद, पांच मिनट के बाद फिर हम यहां से विदा हो जाएंगे।

नौवां प्रवचन

# यज्ञ का रहस्य

**दैवमेवापरे यज्ञं योगिनः पर्युपासते।**
**ब्रह्माग्नावपरे यज्ञं यज्ञेनैवोपजुह्वति।। 25।।**

और दूसरे योगीजन देवताओं के पूजनरूप यज्ञ को ही अच्छी प्रकार उपासते हैं अर्थात करते हैं और दूसरे ज्ञानीजन परब्रह्म परमात्मा रूप अग्नि में यज्ञ के द्वारा ही यज्ञ को हवन करते हैं।

यज्ञ के संबंध में थोड़ा-सा समझ लेना आवश्यक है।

धर्म अदृश्य से संबंधित है। धर्म आत्यंतिक से संबंधित है। पाल टिलिक ने कहा है, दि अल्टिमेट कंसर्न। आत्यंतिक, जो अंतिम है जीवन में—गहरे से गहरा, ऊंचे से ऊंचा—उससे संबंधित है। जीवन के अनुभव के जो शिखर हैं, अब्राहिम मैसलो जिन्हें पीक एक्सपीरिएंस कहता है, शिखर अनुभव, धर्म उनसे संबंधित है।

स्वभावतः, गहन अनुभव जब अभिव्यक्त किया जाए, तो कठिनाई होती है। उस अनुभव के लिए हमारी जिंदगी में न तो कोई शब्द होते हैं। उस अनुभव

के लिए हमारे व्यवहार में प्रतीक खोजने भी कठिन हो जाते हैं। ठीक-ठीक समानांतर शब्दों की कोई संभावना नहीं है। इसलिए धर्म मेटाफोरिक हो जाता है; इसलिए धर्म प्रतीकात्मक, संकेतात्मक, सिंबालिक हो जाता है। वह जो आत्यंतिक अनुभव है, उसे पृथ्वी की भाषा में प्रकट करने के लिए रूपक, प्रतीक और संकेत चुनने पड़ते हैं, निर्मित करने पड़ते हैं।

वे ही संकेत अभिव्यक्ति भी लाते हैं, वे ही संकेत अंत में अवरोध भी बन जाते हैं। अभिव्यक्ति उनके लिए बनते हैं वे संकेत, जो उन संकेतों पर रुकते नहीं; इशारों को पकड़ते नहीं, पार निकल जाते हैं। और जो उन इशारों को पकड़ कर रुक जाते हैं, उनके लिए अवरोध हो जाते हैं।

मील का पत्थर लगा है। तीर का निशान बना है। जो उस मील के पत्थर के पास ही मंजिल को समझ कर रुक जाता है, वह मील का पत्थर उसके लिए अवरोध हो गया। इससे तो अच्छा होता कि रास्ते पर कोई मील के पत्थर न होते। उसे रुकने की कोई जगह न मिलती। वह मंजिल तक पहुंच जाता। लेकिन मील के पत्थर लगाने वाले ने चलने के सहारे के लिए मील के पत्थर लगाए। और वह जो तीर का निशान है, वह कहता है कि आगे, और आगे। यहां नहीं रुक जाना है।

जो गहरे देख पाता है, उसे मील का पत्थर रोकता नहीं, बढ़ाता है। जो गहरे नहीं देख पाता, वह मील के पत्थर पर रुक जाता है और बैठ जाता है।

मील का पत्थर बोल नहीं सकता। प्रतीक गूंगे हैं, बोल नहीं सकते। जो समझ पाए, समझ पाए। न समझ पाए, न समझ पाए।

धर्म को बहुत-से प्रतीक खोजने पड़े, उस अनुभव को बताने के लिए, जो पारलौकिक है। दो-चार प्रतीक मैं आपको खयाल में दूं, तो यज्ञ का प्रतीक भी समझ में आ सके। और तब यह भी समझ में आ सके कि यज्ञ के साथ भी मील के पत्थर का प्रयोग हो गया है। कुछ लोग प्रतीक को पकड़ कर मील के पत्थर पर ही बैठ गए हैं। वे आग जला रहे हैं, घी डाल रहे हैं, गेहूं फेंक रहे हैं—और सोच रहे हैं, काम का अंत हुआ! सोच रहे हैं, बात पूरी हुई। यज्ञ के प्रतीक का यह अवरोध की तरह उपयोग हुआ। यह प्रतीक गतिमान भी हो सकता है, डायनेमिक

हो सकता है, गत्यात्मक हो सकता है, आगे ले जा सकता है; लेकिन उन्हीं को, जो इस प्रतीक में गहरे समझने के लिए चेष्टा करें।

मनुष्य के अनुभव में अग्नि गहरा प्रतीक बन सकती है। क्योंकि अग्नि में कुछ खूबियां हैं। पहली खूबी तो यह है कि अग्नि की लपट सदा ही ऊपर की तरफ दौड़ती है। सदा ही। अग्नि की लपट सदा ही ऊपर की तरफ दौड़ती है, ऊर्ध्वगामी है। जैसे ही मनुष्य की चेतना धार्मिक होनी शुरू होती है, ऊर्ध्वगामी हो जाती है, ऊपर की तरफ दौड़ने लगती है। इसलिए बहुत प्रारंभ में ही यह खयाल आ गया कि अग्नि प्रतीक बन सकती है भीतर की चेतना के ऊर्ध्वगमन का, ऊपर उठने का।

दूसरी खूबी अग्नि की यह है कि अग्नि में कुछ भी अशुद्ध हो, तो जल जाता है। सोने को डाल दें, अशुद्ध जल जाता है, शुद्ध निखर कर बाहर आ जाता है। जिन्होंने धर्म की चेतना की ज्योति का अनुभव किया, उनको भी पता लगा कि उस ज्योति में, जो भी अशुद्ध है, वह जल जाता है; और जो शुद्ध है, वह निखर आता है। अग्नि और भी गहरा प्रतीक बन गई धर्म का।

फिर तीसरी अग्नि की खूबी है कि लपट थोड़ी दूर तक ही दिखाई पड़ती है, फिर अदृश्य में खो जाती है। जरा दिखी, और खोई। जिनको भी चेतन के ऊर्ध्वगमन का अनुभव हुआ है, वे जानते हैं कि थोड़ी दूर तक ही पता चलता कि मैं हूं, फिर मैं होने का पता नहीं चलता; फिर तो ब्रह्म में लीन हो जाता सब। जरा-सी झलक अपने होने की, और फिर सर्व के होने में खो जाता है। इसलिए अग्नि और भी गहरा प्रतीक बन गई। लपट झलकी भी नहीं, और खोई। ऊपर उठी भी नहीं, और ब्रह्म के साथ एक हुई।

सागर में गिर जाए बूंद, खोजनी बहुत कठिन है, लेकिन फिर भी कंसीवेबल है कि हम खोज लें। आखिर बूंद कहीं तो है ही। सागर में गिर जाए बूंद, खोजनी कठिन है कि हम उस बूंद को फिर से पा लें, लेकिन फिर भी अकल्पनीय नहीं है। सोच तो सकते ही हैं कि बूंद कहीं तो होगी ही। कोई न कोई उपाय खोजा जा सकता है कि वापस खोज लें। लेकिन अग्नि की लपट खो जाए आकाश में, तो कंसीवेबल भी नहीं है कि हम उसे वापस पा लें।

जो खो गया ब्रह्म में, वह प्वाइंट आफ नो रिटर्न पर पहुंच जाता है। वह वापस नहीं लौट सकता। वहां से वापसी नहीं है। इसलिए अग्नि का प्रतीक गहरा प्रतीक बन गया। और जब पहली बार अग्नि यज्ञ बनी, तो मेटाफर थी, सूचक थी। ऋषियों के आश्रम में जलती ही रहती सदा। यज्ञ की ज्योति बढ़ती ही रहती सदा आकाश की तरफ। आस-पास से निकलते हुए साधक निरंतर स्मरण कर पाते उस लपट से, रिमेंबर कर पाते, भीतर की लपट को निरंतर ऊपर उठाने का।

उस अग्नि में जो भी आहुति डाली जाती, उस अग्नि में जो भी डाला जाता, वह सब प्रतीक था अपने को डालने का, स्वयं को डालने का। अपने को निरंतर डालते रहना है यज्ञरूपी अग्नि में। वे सब प्रतीक थे। उन प्रतीकों को निरंतर उपस्थित रखना अर्थपूर्ण था।

अर्थपूर्ण ऐसे ही, जैसे एक आदमी बाजार जाए; कुछ लाना है खरीद कर। भूल न जाए, तो कुर्ते के छोर में गांठ लगा लेता है। बाजार में दिन में दस बार गांठ पर नजर जाती है, खयाल आ जाता है, कुछ लाना है। गांठ से कोई संबंध नहीं है लाने का। बिना गांठ के भी लाया जा सकता है। लेकिन गांठ स्मरण के लिए आधार बन सकती है। चुभती रहेगी; खयाल बनाए रखेगी, कुछ लाना है। स्मृति को जगाए रखेगी। दिन में पच्चीस बार, हजार काम में डूबे हुए जब भी नजर जाएगी कुर्ते की गांठ पर, खयाल आएगा, कुछ लाना है। सांझ होते तक भूलना मुश्किल होगा। सांझ होते-होते तक भूलना मुश्किल होगा। सांझ घर जो लाना है, लेकर आदमी लौट आएगा। गांठ के बिना भूलना हो सकता था। गांठ के साथ भूलना मुश्किल है।

लेकिन कोई गांठ की पूजा करने लग जाए, तो भी भूल जाएगा। क्योंकि तब गांठ स्मरण नहीं कराएगी, पूजा करवाएगी।

सारे प्रतीक गांठ की तरह हैं। गुरुकुल में जलती हुई अग्नि, यज्ञ की उठती हुई लपटें, रोज सुबह दी गई आहुति, पढ़े गए मंत्र—रिमेंबरिंग हैं, गांठ हैं। और जिनको उन प्रतीकों का अर्थ पता था, उनके लिए वह सिर्फ अग्नि न थी,

वह चेतना की लपट थी। जिन्हें प्रतीकों का अर्थ पता था, उनके लिए डाली गई आहुति गेहूं नहीं था, घी नहीं था, जीवन था। वे प्रतीक थे; गांठ की तरह प्रतीक थे।

फिर खो जाते हैं सब प्रतीक। जड़ चीजें हाथ में रह जाती हैं। फिर पागलों की तरह अग्नि जलती रहती, उसमें लोग गेहूं और घी और कुछ-कुछ डालते रहते। और कंठस्थ किए हुए सूत्रों को दोहराए जाते! जो दोहराने वाले होते हैं, वे भी खरीदे गए होते हैं। हर यज्ञ के पीछे झगड़ा होता है, किस ब्राह्मण को ज्यादा मिल गया, किसको कम मिल गया; क्या हुआ, क्या नहीं हुआ! किसकी फीस कितनी!

फीस के लिए कहीं यज्ञ किए जा सकते हैं? शुल्क लेकर कहीं धर्म की तरफ इशारे किए जा सकते हैं? धंधा बनाया जा सकता है धर्म को? जब धर्म धंधा बन जाता है, तब धर्म नहीं रह जाता। धंधे को तो धर्म बनाया जा सकता है; धर्म को धंधा नहीं बनाया जा सकता। लेकिन हुआ उलटा है। धंधे को तो धर्म कोई नहीं बनाता; धर्म को बहुत लोग धंधा बना लेते हैं।

यह कृष्ण जिस यज्ञ की बात कर रहे हैं, वह प्रतीकात्मक है। तब पूरा जीवन ही यज्ञ है। तब पूरा जीवन ही यज्ञ है। और यह स्मरण आ जाए, तो समस्त कर्म यज्ञ है। तब समस्त जीवन आहुति है। तब स्वयं को बना लेना है हवन का कुंड; सब समर्पित कर देना है उस कुंड में। डाल देना है स्वयं को; जला देना है स्वयं को। जल जाए अहंकार।

पूछ सकेंगे, पूछने का मन होगा कि गेहूं जैसी चीज क्यों डाली गई?

वह भी वैसा ही प्रतीक है, जैसी अग्नि। गेहूं है बीज। छिपा है सब उसमें, अभी प्रकट नहीं हुआ। अब इस बीज को जमीन में बो दें, तो प्रकट होगा; अंकुर निकलेगा; वृक्ष बनेगा। और एक बीज करोड़ बीज बन जाएगा।

जब गेहूं को डालते हैं यज्ञ में, तो प्रतीक है इस बात का कि अहंकार जब बीजरूप हो, तभी डाल देना। उसको बो मत देना जमीन में। अन्यथा अहंकार में अंकुर आ जाएंगे। हर अंकुर में सैकड़ों बीज लग जाएंगे। हर बीज में

फिर सैकड़ों अंकुर लगने की संभावना पैदा हो जाएगी। और अहंकार विराट वृक्ष की तरह बढ़ता चला जाएगा। बीज की तरह डाल देना उसे। जब बीज हो, तभी डाल देना। अंकुरित मत करना। सींचना मत। खाद मत डालना। बढ़ाना मत। उसको स्ट्रेंथन मत करना, मजबूत मत करना, पोषण मत करना। जब बीजरूप ही हो, तभी डाल देना।

स्वभावतः, बीज के लिए उन पुराने दिनों में गेहूं से निकट और कोई चीज न थी! निकटतम, अधिकतम प्रभावी, जीवन जिस पर निर्भर था, उस गेहूं को दग्ध कर देना, राख। ऐसे ही अहंकार को दग्ध कर देना, राख। निर्बीज हो जाना अहंकार की दृष्टि से।

अब बीज के साथ दो काम किए जा सकते हैं। जमीन में गड़ाएं, तो बीज अंकुरित होगा; करोड़ों बीज पैदा कर जाएगा। आग में डाल दें, तो बीज अंकुरित नहीं होगा, सिर्फ राख हो जाएगा। उसके पीछे कोई रेखा नहीं छूट जाएगी यात्रा की।

अग्नि में डाले गए बीज, बीजरूपी अहंकार को डालने के प्रतीक थे।

घी भी फेंका गया है यज्ञ में। क्यों फेंका गया होगा? किस प्रतीक, किस मेटाफर के खयाल से?

देखा होगा, घी को डालें अग्नि में, तो अग्नि की लपटें बढ़ती हैं। घी के डालने से अग्नि की लपट बढ़ती है, तीव्र होती है, उज्ज्वल होती है, प्रखर होती है, तेज होती है। घी के डालते ही अग्नि में त्वरा आती है। गेहूं को डालिएगा, तो अग्नि की त्वरा कम होगी। गति क्षीण होगी, क्योंकि अग्नि की ताकत गेहूं को जलाने में लगेगी। तो जो लपट बनने की शक्ति थी, वह बंटेगी। लेकिन घी को डालिए, तो अग्नि की ताकत घी को जलाने में नहीं लगती, घी की ताकत ही अग्नि को बढ़ाने में लगती है।

जीवन की जो ज्योति है, उसमें दो काम करने हैं। उसमें बुराई को डाल कर दग्ध करना है और भलाई को डाल कर उस ज्योति को बढ़ाना है। घी भलाई का निकटतम प्रतीक हो सकता था, जिन दिनों वह प्रतीक खोजा गया। घी भलाई का निकटतम प्रतीक हो सकता था। कई कारणों से।

एक तो स्निग्ध है, इसलिए उसका दूसरा नाम स्नेह भी है, प्रेम भी है। और भी कई कारणों से। घी प्रकृति में सीधा पैदा नहीं होता। गेहूं प्रकृति में सीधे पैदा होता है। अहंकार प्रकृति में सीधा पैदा होता है, बुराई सीधी पैदा होती है। भलाई को पैदा करने के लिए बड़ा श्रम उठाना पड़ता है। वह सीधी पैदा नहीं होती; उसकी डायरेक्ट बर्थ नहीं होती।

घी सीधा पैदा नहीं होता। दूध बनेगा, दही बनेगा, मथा जाएगा, फिर घी निकलेगा। बहुत होगा दूध, बहुत होगा दही, थोड़ा-सा घी निकलेगा। बड़ा होगा श्रम, छोटी-सी भलाई निकलेगी। श्रम होगा पीछे; रूपांतरण होगा पीछे। सीधे घी पैदा नहीं होता—इसे खयाल रखें—पैदा होने की प्रक्रिया है, प्रोसेस है। पैदा करेंगे, तो ही पैदा होगा। अगर आदमी न हो पृथ्वी पर, तो घी पैदा नहीं होगा। दूध पैदा होगा, घी पैदा नहीं होगा। मनुष्य की चेतना ने घी को जन्म दिया।

अगर मनुष्य न हो पृथ्वी पर, तो भलाई पैदा नहीं होगी। भलाई को मनुष्य की चेतना ने जन्म दिया। इसलिए अगर घी का प्रतीक खयाल में आ गया हो, तो बहुत आश्चर्यजनक नहीं है। सहज है। जिनके पास थोड़ी-सी भी काव्य की दृष्टि है, वे उघाड़ सकते हैं बात को कि क्यों यह प्रतीक खयाल में आ गया होगा।

मथना पड़ता है, मंथन करना पड़ता है। घी को जन्माना पड़ता है। भलाई मनुष्य के श्रम का फल है। ऐसे ही नहीं मिलती। गेहूं बिना आदमी के भी होता रहेगा। बीज गिरते रहेंगे। अंकुर निकलते रहेंगे। आदमी नहीं होगा, तो भी पौधे होंगे, बीज होंगे; चलती रहेगी यात्रा। लेकिन घी नहीं होगा पृथ्वी पर। आदमी नहीं होगा, तो भलाई नहीं होगी पृथ्वी पर। शुभ नहीं होगा।

तो जिन दिनों, जिस कृषि के जगत में गीता जन्मी, जिस कृषि के जगत में वेद जन्मा, जिस कृषि के प्रतीकों की दुनिया के बीच यज्ञ की धारणा जन्मी, घी निकटतम प्रतीक था शुभ का।

अब यह मजे की बात है, अशुभ को डालें जीवन की चेतना में, तो अशुभ जल जाएगा, लेकिन जीवन की चेतना को क्षीण करेगा। अशुभ जलेगा, तो भी जीवन की चेतना को क्षीण करेगा। शुभ को भी डालें जीवन की चेतना में, तो शुभ जीवन की चेतना को क्षीण नहीं करेगा, बढ़ाएगा।

दूसरी बात भी खयाल रख लें कि अंततः शुभ को भी जला देना है। शुभ जलेगा और ज्योति बढ़ेगी। लेकिन जला देना है उसे भी। उसे भी बचा नहीं लेना है। अन्यथा वह भी बंधन बन जाएगा।

घी रहस्यपूर्ण है इन अर्थों में। जल भी जाता है, मिट भी जाता है, जीवन की धारा को ऊपर की तरफ गतिमान भी कर जाता है। लपटों को प्राण दे जाता है, आकाश की तरफ दौड़ने का बल दे जाता है; और जल भी जाता है, खो भी जाता है, विदा भी हो जाता है। कहीं कोई रूप-रेखा नहीं छूट जाती। कहीं कोई रूपरेखा नहीं छूट जाती। यज्ञ में फेंका गया घृत आस-पास सिर्फ एक सुवास छोड़ जाता है, सिर्फ एक सुगंध छोड़ जाता है। शुभ जब जलता है, तो सुगंध छोड़ जाता है। वह सुवास व्याप्त हो जाती है चारों ओर।

साधु के पास शुभ होता है। संत के पास शुभ की सिर्फ सुवास होती है, शुभ नहीं होता। साधु अग्नि में जलता हुआ घृत है, संत जल गया घृत है। शुभ भी जल गया है; सिर्फ सुवास रह गई है। जिनके पास बहुत तीव्र नासारंध्र हैं, वे ही केवल उस सुवास को पकड़ सकेंगे।

इसलिए साधु को पहचानना बहुत आसान; संत को पहचानना बहुत कठिन। साधु को कोई भी पहचान लेता है, क्योंकि शुभ दिखाई पड़ता है। संत को पहचानना कठिन हो जाता है, क्योंकि शुभ दिखाई नहीं पड़ता। शुभ अब पारदर्शी भी नहीं रह जाता। शुभ अब चारों तरफ स्पर्श नहीं किया जा सकता। अब शुभ खो जाता है सुवास में।

ऐसा यह यज्ञ का प्रतीक। कृष्ण कहते हैं, जीवन ही जिसका यज्ञ हो जाए; यज्ञ को ही जो यज्ञ में समर्पित कर दे, ऐसा व्यक्ति, ऐसा व्यक्ति ही जीवन का चरम अनुभव है; ऐसी चेतना ही परात्परब्रह्म को जान पाती है; अल्टिमेट को, आत्यंतिक को जान पाती है।

ये प्रतीक सड़ जाते हैं। सब प्रतीक सड़ जाते हैं; अपने कारण नहीं, हमारे कारण। क्योंकि हमारी जो प्रतीकों की पकड़ है, वह नीचे के छोर से होती है। और जो प्रतीकों को जन्म देता है, वह ऊपर के छोर से जन्म देता है। जो प्रतीक को

जन्म देता है, वह आकाश की तरफ से प्रतीक को निर्मित करता है। और हम जब प्रतीक को पकड़ते हैं, तब जमीन की तरफ से पकड़ते हैं।

जो अग्नि के प्रतीक को देता है, वह चेतना के लिए प्रतीक खोजता है। और हम जब अग्नि को पकड़ते हैं, तो अग्नि को ही पकड़ते हैं। फिर अग्नि की पूजा चलती है। फिर हम गेहूं को जलाते रहते हैं। फिर हम घी को जलाते रहते हैं। फिर हम सब भूल जाते हैं कि घी क्या है, अग्नि क्या है, यज्ञ क्या है। सब भूल जाते हैं। एक थोथा, मरा हुआ, डेड सिंबल हाथ में रह जाता है। फिर उसके आस-पास हम घूमते रहते हैं, भटकते रहते हैं—सदियों तक।

और बड़ी कठिनाई तो तब पैदा होती है कि जब कोई व्यक्ति इस भटकाव का विरोध करे, तो धर्म का दुश्मन मालूम पड़ता है। कोई कहे कि यह पागलपन है, तो निश्चित ही धर्म का दुश्मन मालूम पड़ेगा। क्योंकि हम कहेंगे, कृष्ण तो गीता में कहते हैं, और आप पागलपन कहते हैं! लेकिन जिसे कृष्ण गीता में कहते हैं और जिसे आप पकड़े हैं, उसमें आकाश और जमीन का फासला हो गया। अगर कृष्ण भी वापस लौट आएं, तो आपको पागल कहेंगे।

प्रतीक पकड़ने के लिए नहीं, पार हो जाने के लिए हैं, टु बी ट्रांसेंडेड। हर प्रतीक पार हो जाने के लिए है। और जब प्रतीक पार नहीं होते, तो संप्रदाय खड़े होते हैं।

मेरे जैसे आदमी की कठिनाई भारी है। भारी इसलिए है कि मैं देखता हूं कि प्रतीक के पीछे प्राण हैं। और भारी इसलिए है कि मैं देखता हूं कि आपके हाथ में लाश है। तब मेरी कठिनाई भारी है। तब एक दिन मैं कहता हूं, पागल हैं आप; और फिर भी मैं जानता हूं कि प्रतीक सार्थक है। दूसरे दिन कहता हूं, सार्थक है प्रतीक। तब आप पाते हैं कि असंगत है यह आदमी। क्योंकि कल कहा था कि गलत है; आज कहते हैं, सही है। कल तुम्हें गलत कहा था, प्रतीक को नहीं। आज प्रतीक को सही कह रहा हूं, तुम्हें नहीं। दोनों ही करना पड़ेंगे।

प्रतीक के भीतर गहरा छिपा हुआ राज है, उसे बचाना जरूरी है। लेकिन

आपके हाथ में जो प्रतीक है, वह मुर्दा है, उसे मिटाना भी जरूरी है। और ये दोनों बातें हो पाएं, तो धर्म का रहस्य समझ में आता है, अन्यथा नहीं आता।

प्रश्न : इसमें दो प्रकार के यज्ञों की बात बताई गई है। पहला है, योगीजन देवताओं के पूजनरूप यज्ञ की ही अच्छी तरह उपासना करते हैं, लेकिन दूसरे ज्ञानीजन परमात्मा रूप अग्नि में यज्ञ के द्वारा ही यज्ञ को हवन करते हैं। योगियों का यज्ञ और ज्ञानियों का यज्ञ, कृपया इनका अर्थ स्पष्ट करिए।

जैसा मैंने पहले कहा, दो तरह की निष्ठाएं हैं, सांख्य की और योग की। इसलिए इन दो निष्ठाओं के कारण धर्म के सदा ही दो रूप हो जाते हैं। बस, दो ही; इससे ज्यादा नहीं होते।

सांख्य की निष्ठा है कि ज्ञान ही काफी है। सौ में से एक आदमी कभी सांख्य को समझ पाता है। योग की निष्ठा है कि ज्ञान काफी नहीं है; कुछ करेंगे, कुछ कर्म होगा—साधना, अभ्यास—तो ही ज्ञान फलित होगा। सौ में से निन्यानबे आदमी योग को ही समझ पाते हैं।

दो तरह के लोग हैं, इसलिए दो तरह की निष्ठाएं हैं। कर्माभिमुख, कर्म की तरफ अभिमुख, एक्शन ओरिएंटेड लोग हैं। और ज्ञानाभिमुख, ज्ञान की ओर उन्मुख, नालेज ओरिएंटेड लोग हैं। मोटा विभाजन दो का है। इसलिए कृष्ण जगह-जगह दो की बात करते हैं। वे जगह-जगह कहते हैं, योगीजन, ज्ञानीजन। वे दोनों ही निष्ठाओं को स्वीकार करते हैं।

दोनों ही निष्ठाएं सही हैं, क्योंकि दो तरह के लोग हैं। अगर एक ही निष्ठा सही है, अगर सांख्य ही सही है, ऐसा किसी का आग्रह हो, तो बाकी निन्यानबे प्रतिशत लोगों को परमात्मा तक पहुंचने का कोई मार्ग नहीं है। अगर योग ही सही है, तो वह एक प्रतिशत लोगों को परमात्मा तक पहुंचने का कोई मार्ग नहीं है। नहीं; जितने तरह के लोग हैं, उतने तरह के मार्ग हैं। मोटा विभाजन दो का है।

इसलिए वे इस यज्ञ की चर्चा में भी दो की बात करते हैं। वे कहते हैं, योगीजन पूजन से...। पूजन क्रिया है। पूजन पद्धति है। उस पद्धति से यज्ञ कर रहे हैं। ज्ञानीजन ज्ञान से ही; उनके लिए ज्ञान ही यज्ञ है, जानना ही उनके लिए करना है। योगी के लिए करना ही जानना है। ज्ञानी के लिए जानना ही करना है। दोनों एक ही सिक्के के दो पहलू हैं। कृष्ण जैसे व्यक्ति को, जो ज्ञानी और योगी साथ-साथ हैं, जो दोनों को जानते हैं, जो दोनों मार्गों को पहचानते हैं, उनके लिए कोई भेद नहीं है।

अभी रामकृष्ण ने अपने जीवन में एक अनूठा प्रयोग किया, सदियों बाद। एक अर्थ में शायद अनूठा। रामकृष्ण को अनुभव हुआ। तो आमतौर से अनुभव हो जाए, तो बात समाप्त हो जाती है। एक मार्ग से भी आप मंजिल पर पहुंच जाएं, तो आप फिर इस चिंता में नहीं पड़ते कि दूसरे मार्गों से भी पहुंच कर देखें। क्या जरूरत है? बात समाप्त हो जाती है।

लेकिन रामकृष्ण को अनुभव के बाद दूसरे मार्गों से भी पहुंचने का खयाल आया। तो उन्होंने इस्लाम की भी साधना की। उन्होंने ईसाइयत की भी साधना की। उन्होंने सांख्य के मार्ग को भी खोजा। उन्होंने योग के मार्ग को भी खोजा। उन्होंने भक्तों की, वैष्णवजनों की यात्रा भी की। उन्होंने सब तरफ से देखा। आखिर में पाया कि सभी रास्ते वहीं पहुंच जाते हैं; सभी मार्ग वहीं पहुंच जाते हैं। तो रामकृष्ण ने बाद में कहा कि जैसे पहाड़ पर चढ़ने वाले बहुत-से रास्ते अंततः शिखर पर पहुंच जाते हैं, ऐसे ही...।

जब वे एक तरह की साधना करते थे, तब ठीक निष्ठा से पूरा उसी में डूब जाते। जब वे इस्लाम की साधना कर रहे थे, सूफी साधना से गुजर रहे थे, तो उन्होंने मंदिर जाना बंद कर दिया। वे एक लुंगी बांध लिए और मस्जिद में ही पड़े रहने लगे; छह महीने। फिर एक दिन आकर दक्षिणेश्वर उन्होंने कहा, पहुंच गया वहीं। जहां यह मंदिर ले गया, वहीं मस्जिद भी ले गई।

जब वे साधना करते थे राधा संप्रदाय की; तो राधा संप्रदाय की मान्यता है, कृष्ण ही पुरुष हैं। और जब कोई उस साधना में जाता है, तो अपने को राधा

मान कर ही, चाहे पुरुष हो तो भी, अपने को स्त्री मानकर ही जाता है। रामकृष्ण जब छह महीने तक अपने को कृष्ण की राधा मान कर साधना करते थे, तो बड़े अदभुत अनुभव हुए। साधारण अनुभव नहीं, जो भीतर घटते हैं; असाधारण, जो बाहर तक पहुंच जाते हैं।

रामकृष्ण की चाल बदल गई, स्त्रियों जैसी हो गई। उनके स्तन उभर आए। उनकी आवाज स्त्रैण हो गई। और एक बहुत बड़ा चमत्कार घटित हुआ कि वे मासिक धर्म से होने लगे।

यह अगर दो-चार हजार साल पहले घटी हुई घटना होती, तो हम कहते, कहानी होगी। अभी-अभी तक इसके आंखों देखे गवाह भी मौजूद थे। इतने भाव से भर गए वे राधा के, कि स्त्रैण हो गए। इतना आत्मसात कर लिया इस बात को कि राधा हूं, कि भूल गए कि पुरुष हूं। और जब मन भूल जाए, तो शरीर उसके पीछे चला जाता है। शरीर सदा अनुगामी है।

अगर ठीक से समझें, तो जो भी शरीर में प्रकट होता है, वह उसके बहुत पहले बीजरूप में मन में प्रकट होता है, अन्यथा शरीर में प्रकट नहीं होता। अगर कोई स्त्री है, तो वह भी उसके पिछले जन्म के मन का बीजरूप अंकुर आज आया है। और आज अगर कोई पुरुष है, तो वह भी उसके पिछले जन्म का बीजरूप अंकुर आज आया है। पिछले जन्म की यात्रा जहां छूट जाती है, मन में जो बीज रह जाते हैं, वे ही फिर सक्रिय हो जाते हैं, गतिमान हो जाते हैं।

रामकृष्ण का अनेक-अनेक मार्गों से वहीं पहुंच जाना। कृष्ण ऐसी ही बात कहते हैं पूरी गीता में। इसलिए गीता कई अर्थों में असाधारण है। कुरान एक निष्ठा का शास्त्र है; दूसरी निष्ठा की बात नहीं है। बाइबिल एक निष्ठा का शास्त्र है; दूसरी निष्ठा की बात नहीं है। महावीर के वचन एक निष्ठा के वचन हैं; दूसरी निष्ठा की बात नहीं है। बुद्ध के वचन एक निष्ठा के वचन हैं; दूसरी निष्ठा की बात नहीं है। गीता असाधारण है। मनुष्य के अनुभव में जितनी निष्ठाएं हैं, उन सारी निष्ठाओं का निचोड़ है।

इसलिए अगर मुसलमान कहें कि कुरान हमारा है, तो एक अर्थ में सही कहते हैं। लेकिन हिंदू अगर कहें कि गीता हमारी है, तो उस अर्थ में सही नहीं कहते। इसलिए सही नहीं कहते कि गीता सबकी हो सकती है।

ऐसी कोई निष्ठा नहीं है जो मनुष्य-जाति में प्रकट हुई हो, जिसके सूत्र, बीज-सूत्र गीता में नहीं हैं। सब मार्गों की, सब द्वारों की इकट्ठी। यह हो इसलिए सका, यह नहीं होता, अगर अर्जुन-कृष्ण ने पहले सांख्य की बात कही, अगर अर्जुन राजी हो जाए, तो गीता आगे न बढ़ती। लेकिन अर्जुन समझ न पाया सांख्य की बात। इसलिए फिर दूसरी बात कृष्ण को करनी पड़ी। अर्जुन वह भी न समझ पाया; फिर तीसरी बात करनी पड़ी। अर्जुन वह भी न समझ पाया; चौथी बात करनी पड़ी!

यह गीता का श्रेय अर्जुन को है। यह अर्जुन समझ ही नहीं पाया। वह सवाल उठता ही चला गया। जब एक मार्ग लगा कृष्ण को कि नहीं उसकी पकड़ में आता, नहीं उसके साथ बैठता तालमेल, तब उन्होंने दूसरी बात की; तब तीसरी बात की; तब चौथी बात की।

मोहम्मद को भी अर्जुन मिल जाता, तो कुरान ऐसी ही बन सकती थी; नहीं मिला। महावीर को भी मिल जाता, तो उनके वचन भी ऐसे हो सकते थे; नहीं मिला। अर्जुन जैसा पूछने वाला कभी-कभी मिलता है। कृष्ण जैसे उत्तर देने वाले बहुत बार मिलते हैं।

यह ध्यान रखना, जो जानता है उसे उत्तर देना बहुत आसान है; जो नहीं जानता है, उसे प्रश्न भी ठीक से पूछना बहुत कठिन है। इसलिए अर्जुन एक अर्थों में, पूरी मनुष्य-जाति ने जितने सवाल उठाए हैं, उन सबका सारभूत है। पूरी मनुष्य-जाति में मनुष्य के मन ने जितने सवाल उठाए हैं, उन सारे सवालों को वह उठाता चला गया। वह पूरी मनुष्य-जाति के रिप्रेजेंटेटिव की तरह कृष्ण के सामने अड़ कर खड़ा हो गया। कृष्ण को उसके उत्तर देने पड़े। एक-एक वह पूछता चला गया, एक-एक उन्हें उत्तर देने पड़े। वह एक-एक उत्तर को नकारता गया; भुलाता गया; दूसरे की खोज करता चला गया।

इसलिए कृष्ण बार-बार दो मूल निष्ठाओं की बात निरंतर करेंगे। वे कहेंगे, योगीजन; वे कहेंगे, ज्ञानीजन। दोनों एक ही जगह पहुंच जाते हैं। लेकिन दोनों के पहुंचने के मार्ग बड़े भिन्न हैं। योगी कर्म, क्रिया, अभ्यास से पहुंचते हैं। ज्ञानी अकर्म, अक्रिया, अनभ्यास से।

अगर इस सदी में हम पकड़ना चाहें, तो पश्चिम में एक आदमी हुआ, गुरजिएफ। वह योगीजन का ठीक-ठीक प्रतीक है। आप कहेंगे कि भारत से कोई नाम नहीं लेता! दुर्भाग्य है; कोई नाम है नहीं ऐसा। ठीक-ठीक प्रतीक योगी का था जार्ज गुरजिएफ। अभी कुछ वर्ष पहले मरा। सांख्य का अगर ठीक-ठीक प्रतीक खोजना हो, तो कृष्णमूर्ति। सौभाग्य कि भारत उनका नाम ले सकता है।

अगर गुरजिएफ और कृष्णमूर्ति को आमने-सामने खड़ा कर दें, तो दुश्मन मालूम पड़ेंगे—बिलकुल दुश्मन! क्योंकि गुरजिएफ कहेगा, बिना किए कुछ भी नहीं हो सकता। और कृष्णमूर्ति कहेंगे, कुछ भी करने से कुछ नहीं होगा। करने का कोई सवाल ही नहीं है। किया, कि फंसे। किया, कि कभी नहीं पहुंचोगे। और गुरजिएफ कहेगा कि नहीं किया, तो डूबे; नहीं किया, तो तुम नहीं ही कर रहे हो, कहां पहुंच गए हो?

लेकिन कृष्णमूर्ति भी एक निष्ठा की बात कर रहे हैं, सांख्य की। नई कोई बात नहीं है। नई लगती है, क्योंकि सांख्य इतना परम विज्ञान है कि जब भी प्रकट होता है, तभी नया लगता है; उसकी परंपरा नहीं बन पाती। वह इतना गहन और सूक्ष्म है कि उसकी धारा बार-बार टूट जाती है। एक प्रतिशत लोग तो मुश्किल से उसको समझ पाते हैं। तो उसकी धारा कैसे बने?

योग की धारा बन जाती है। क्योंकि योग को निन्यानबे प्रतिशत लोग समझ सकते हैं, चाहें तो। कोई कठिनाई नहीं है। इसलिए योग की परंपरा बन जाती है, ट्रेडीशन बन जाती है। सांख्य की कोई परंपरा नहीं बनती। इसलिए नहीं बनती कि कभी-कभी कोई एकाध आदमी ठीक से समझ पाता है कि न करने से भी हो सकता है।

इसलिए जब भी सांख्य प्रकट होता है, तो नया मालूम पड़ता है। और जब भी योग प्रकट होता है, तो परंपरा मालूम पड़ती है। और सांख्य का चिंतक कहेगा, परंपरा से कुछ भी न होगा। और योग का चिंतक कहेगा, परंपरा के बिना कुछ भी न होगा।

लेकिन कृष्णमूर्ति को सुविधा है। जो लोग भी एक निष्ठा की बात करते हैं, वे बहुत कंसिस्टेंट हो सकते हैं, संगत हो सकते हैं। जिंदगी भर एक ही बात कहनी है! तो कृष्णमूर्ति तीस-चालीस साल से एक ही बात कहे चले जाते हैं। एक ही स्वर! बिलकुल संगत हैं। उनमें असंगति नहीं खोजी जा सकती। गुरजिएफ में भी असंगति नहीं खोजी जा सकती। बिलकुल संगत हैं। पूरी जिंदगी एक ही बात कहता है।

मेरे जैसे आदमी में असंगति खोजी जा सकती है। मैं दोनों निष्ठाओं की बात कह रहा हूं। मेरे सामने जैसा आदमी होता है, वैसी बात कहता हूं। अगर मुझे लगता है, यह आदमी योग से पहुंच सकता, तो मैं कहता हूं, क्रिया से। अगर मुझे लगता है, यह आदमी योग से नहीं पहुंच सकता, तो मैं कहता हूं, अक्रिया से। तब कठिनाई खड़ी हो जाती है। अगर वे दोनों आदमी मिल जाते हैं, तो बहुत कठिनाई खड़ी हो जाती है। और अक्सर तो मुझे दोनों बातें एक ही साथ कहनी पड़ती हैं।

इसलिए कृष्ण की गीता भी समझनी मुश्किल है। अगर गुरजिएफ कृष्ण की गीता पढ़ेगा, तो भी उसमें गलतियां निकाल लेगा। वे गलतियां निकाल लेगा, जो सांख्य के वचन हैं। अगर कृष्णमूर्ति गीता पढ़ेंगे, तो वे भी गलतियां निकाल लेंगे। वे गलतियां निकाल लेंगे, जो योग के वचन हैं। लेकिन दोनों हालत में कृष्ण के साथ अन्याय हो जाएगा।

मार्ग हैं अलग, मंजिल है एक। और हर मार्ग पर अलग घटनाएं घटती हैं। अगर मैं बाएं तरफ के रास्ते से पहाड़ चढ़ता हूं, तो हो सकता है, मुझे फूलों से लदे हुए वृक्ष मिलें। और आप अगर दाएं रास्ते से पहाड़ चढ़ते हों, तो हो सकता है, आपको सिवाय चट्टानों, पथरीली चट्टानों के कुछ भी न मिले।

और हो सकता है, जब हम दोनों मिलें, तो हम कहें कि हमारे दोनों रास्ते बिलकुल अलग हैं, मंजिल भी अलग होगी। क्योंकि मेरे रास्ते पर तो फूल ही फूल हैं, और तुम्हारे रास्ते पर पत्थर ही पत्थर हैं। अब कहां फूल! कहां पत्थर! दोनों का कोई मेल हो नहीं सकता। हम दुश्मन हैं। और जो रास्ता फूलों से गुजरता है, वह वहीं कैसे पहुंचेगा, जहां वह रास्ता पहुंचता है, जो पत्थरों से गुजरता है! ऐसी हमारी बुद्धि है।

लेकिन पहाड़ को कोई तकलीफ नहीं आती। वह फूलों वाले रास्ते को भी शिखर पर पहुंचा देता है; और पत्थरों वाले रास्ते को भी शिखर पर पहुंचा देता है। पहाड़ को इसमें कोई इनकंसिस्टेंसी दिखाई नहीं पड़ती। कोई अड़चन ही नहीं मालूम होती। वह कहता है कि इस रास्ते से आओ, तो भी शिखर पर आ जाओगे। उस रास्ते से आओ, तो भी। तुम्हारे रास्ते पर लाल फूल खिलते हों, तो कोई हर्ज नहीं; और तुम्हारे रास्ते पर सफेद फूल खिलते हों, तो कोई हर्ज नहीं; और तुम्हारे रास्ते पर फूल खिलते ही न हों, तो कोई हर्ज नहीं; और तुम्हारे रास्ते पर कांटे ही कांटे खिलते हों, तो भी कोई हर्ज नहीं। ध्यान एक ही रखना जरूरी है कि तुम ऊपर की तरफ उठ रहे हो कि नहीं उठ रहे हो। अगर ऊपर की तरफ उठ रहे हो, तो शिखर पर आ जाओगे।

इसलिए कृष्ण यज्ञ की बात करते हैं। वह ऊपर की तरफ उठने का प्रतीक है। चाहे योगी करते हों—भजन से, पूजन से, आसन से, प्राणायाम से—किसी भी तरह। और चाहे ज्ञानीजन करते हों—ध्यान से, निदिध्यासन से, समाधि से, न कुछ करने में, न कुछ करने से—वे भी पहुंच जाते हैं। इसलिए दोनों का उन्होंने अलग उल्लेख किया है।

**श्रोत्रादीनीन्द्रियाण्यन्ये संयमाग्निषु जुह्वति।**
**शब्दादीन्विषयानन्य इन्द्रियाग्निषु जुह्वति।।26।।**

और अन्य योगीजन श्रोत्रादिक सब इंद्रियों को संयमरूप अग्नि में हवन करते हैं अर्थात इंद्रियों को विषयों से रोक कर अपने वश में कर लेते हैं और दूसरे योगी लोग शब्दादिक विषयों को इंद्रियरूप अग्नि में हवन करते हैं

अर्थात राग-द्वेष रहित इंद्रियों द्वारा विषयों को ग्रहण करते हुए भी भस्मरूप करते हैं।

फिर कृष्ण ने दो निष्ठाओं की बात कही।

एक वे, जो इंद्रियों का संयम कर लेते हैं। जो इंद्रियों को विषयों की तरफ–विषयों की तरफ इंद्रियों की जो यात्रा है, उसे विदा कर देते हैं; यात्रा ही समाप्त कर देते हैं। जिनकी इंद्रियां विषयों की तरफ दौड़ती ही नहीं हैं। संयम का अर्थ समझेंगे, तो खयाल में आए। दूसरे वे, जो विषयों को भोगते रहते हैं, फिर भी लिप्त नहीं होते। ये दोनों भी यज्ञ में ही रत हैं।

एक वे, जो इंद्रियों को विषयों तक जाने ही नहीं देते–उसकी अलग साधना है–इंद्रियों और विषयों के बीच में जो सेतु है, ब्रिज है, उसे ही तोड़ देते हैं। दूसरे वे, जो इंद्रियों को विषयों तक जाने देते हैं, लेकिन इंद्रियों और लिप्त हो जाने में जो सेतु है, उसे तोड़ देते हैं।

अब यह दो सेतुओं का जो तोड़ना है, वह खयाल में ले लेना जरूरी है। दोनों ही स्थितियों से एक ही परम अवस्था उपलब्ध होती है।

पहले, पहले को खयाल में लें, इंद्रियों को विषयों तक नहीं जाने देते!

इंद्रियां विषयों की तरफ भागती ही रहती हैं। रास्ते पर गुजरे हैं आप। सुंदर भवन दिखाई पड़ गया, कि सुंदर चेहरा दिखाई पड़ गया, कि सुंदर काया दिखाई पड़ गई, कि सुंदर कार दिखाई पड़ गई–आपको पता ही नहीं चलता कि जब आपने कहा, सुंदर है, तभी इंद्रियां दौड़ चुकीं। ऐसा नहीं कि सुंदर है, ऐसा जानने के बाद इंद्रियां दौड़ना शुरू करती हैं। इंद्रियां दौड़ चुकी होती हैं। उनका कनक्लूजन है यह, सुंदर है, यह निष्कर्ष है। दौड़ गई इंद्रियों का, पहुंची इंद्रियों का निष्कर्ष है यह कि सुंदर है।

ऐसा मत सोचना आप कि आप सुंदर चेहरा देख कर आकर्षित होते हैं; आप आकर्षित होते हैं, इसलिए चेहरा सुंदर दिखाई पड़ता है। आकर्षण की घटना सूक्ष्म है और बड़े अदृश्य में घट जाती है। सौंदर्य की घटना सूक्ष्म नहीं है और विचार में पता चलती है।

लेकिन आमतौर से हम उलटी बातें करते हैं। सूक्ष्म का हमें पता नहीं चलता। हम कहते हैं, यह चेहरा आकर्षक मालूम पड़ता है, क्योंकि सुंदर है। सचाई उलटी है। यह चेहरा सुंदर मालूम पड़ता है, क्योंकि आकर्षित कर चुका है। क्योंकि यही चेहरा दूसरे को सुंदर नहीं मालूम पड़ता; तीसरे को सुंदर नहीं मालूम पड़ता। अगर उनको आकर्षित नहीं कर पाया है, तो सुंदर नहीं है। सुंदर हमारी निष्पत्ति है, कारण नहीं। सुंदर की वजह से कोई आकर्षित नहीं होता; आकर्षित होने की वजह से सुंदर का निष्कर्ष लेता है। यह हमारा बौद्धिक निष्कर्ष है। इंद्रियों ने तो अनुभव किया है आकर्षण का; बुद्धि ने निर्णय लिया है सुंदर का। इंद्रियां पहुंच चुकीं; इंद्रियों ने स्पर्श कर लिया।

इंद्रियों की गति सूक्ष्म है। ऐसा नहीं कि जब आप किसी के शरीर को छूते हैं, तभी इंद्रियां छूती हैं। इंद्रियों के छूने के अलग-अलग मार्ग हैं। आंख देखती है, और छू लेती है। देखना आंख के छूने का ढंग है। सुनना कान के छूने का ढंग है। स्पर्श हाथ के छूने का ढंग है। ये सब छूने के ढंग हैं। सब इंद्रियां छूती हैं। एक लिहाज से हाथ का रेंज उतना ज्यादा नहीं है छूने में, जितना आंख का है, जितना कान का है। आंख बहुत दूर स्पर्श कर लेती है। लेकिन आंख भी स्पर्श करती है।

जब आप किसी के चेहरे को अब दुबारा देखें, तो आप खयाल करना कि आपकी आंख ने उसके चेहरे को स्पर्श किया या नहीं! लेकिन हमारा खयाल यह है कि हाथ से ही छुआ जाता है; इसलिए हम भूल में पड़ते हैं। आंख से भी छुआ जाता है। कान से भी छुआ जाता है। गंध से भी छुआ जाता है। ये सब हमारे छूने के ढंग हैं।

इंद्रिय का अर्थ है, स्पर्श की व्यवस्था, उपकरण। सब इंद्रियां स्पर्श करती हैं।

सूक्ष्म स्पर्श दूर से हो जाते हैं। स्थूल स्पर्श पास से करने पड़ते हैं। हाथ सबसे स्थूल है; बहुत निकट न आ जाए, तो छू नहीं सकता। इसलिए जिसे हमारी इंद्रियां छूना चाहती हों, हाथ सबसे आखिर में छूता है। पहले आंख

छुएगी, फिर नाक छुएगी, कान छुएंगे। और जब दूसरा व्यक्ति आंख से छूने के लिए राजी हो जाएगा, कान से छुए जाने को राजी हो जाएगा, नाक से छुए जाने को राजी हो जाएगा, तब हाथ छुएंगे।

इससे विपरीत काम भी चलता है पूरे समय। अगर स्त्रियां परफ्यूम डाल कर निकलती हैं या पुरुष, तो वे छूने का दूसरा काम कर रहे हैं। वे छुए जाने का काम कर रहे हैं। शरीर से सबको नहीं छुआ जा सकता। लेकिन एक परफ्यूम डाल कर बड़े सूक्ष्म तल पर, गंध से, सबको छुआ जा सकता है। सभ्यता हाथ से छूने की तो आज्ञा सबको नहीं देती। नियंत्रण है, लाइसेंस है। लेकिन गंध से तो सबको छुआ जा सकता है!

आवाज, गंध, ध्वनि, दृश्य, दर्शन—वे सब छूते हैं। जब आप सज-संवर कर घर से निकलते हैं, तो आप दूसरों की आंख से छुए जाने का निमंत्रण लेकर निकल रहे हैं। और अगर कोई आंख से न छुए, तो आप बड़े उदास लौटेंगे।

दूसरों की आंख का स्पर्श भी लोरी का काम करता है, थपकी का काम करता है। जब आप निकलते हैं और कई आंखें आपको छूती हैं, तब आपके भीतर कोई गुदगुदी छूट जाती है।

यह दोहरा काम चल रहा है, छूने का, छुए जाने का। इंद्रियां प्रतिपल इस काम में संलग्न हैं। आपको पता भी नहीं चलता कि यह हो रहा है। यह खयाल में भी नहीं आता।

बर्न ने एक किताब लिखी है, गेम्स दैट पीपुल प्ले। उसमें स्पर्श के भी एक खेल की उसने चर्चा की है, और ठीक चर्चा की है।

आप रास्ते पर निकलते हैं; और एक आदमी कहता है, हलो! उसने आपको छुआ। यू हैव बीन टच्ड, आवाज से। उसने एक थपकी दी, अच्छे तो हो! गदगद हुए। रीढ़ ऊंची हुई। अच्छा लगा। लेकिन वही आदमी एक दिन पास से निकला और उसने हलो नहीं कहा। आप छुए नहीं गए। भीतर कुछ उदास हुआ; फ्रस्ट्रेशन हुआ। क्या बात है? इस आदमी ने आज हलो नहीं कहा!

अगर तीस दिन के लिए आप गांव के बाहर चले गए और तीस दिन बाद आए, और जो आदमी आपको रास्ते पर मिल कर सिर्फ हलो कहता था, उसने अगर आज भी सिर्फ हलो कहा, तो भी आप डिप्राइव्ड अनुभव करेंगे, क्योंकि तीस हलो उसके ऊपर ऋण हैं! आपको लगेगा कि यह आदमी, उनतीस हलो का क्या हुआ? नहीं तो तीस दिन के बाद अगर वह मिलेगा, तो वह कहेगा, हलो। कहिए, कैसे हैं! तबियत तो ठीक! बहुत दिन से दिखाई नहीं पड़े।

वह स्ट्रोक दे रहा है। वह तीस स्ट्रोक पूरे करे, तो तृप्ति मिलेगी। अगर नहीं पूरे किए, और सिर्फ हलो कह कर निकल गया, तो आपको लगेगा, कुछ कमी है। तीस दिन बाद दिखाई पड़ा हूं, तो तीस स्ट्रोक उधार हो गए। तीस स्पर्श! वह पूरे करने चाहिए। तो वह करेगा पूरा। वह खड़े होकर कहेगा, कैसा है; मौसम कैसा है? कहां गए थे? अच्छे रहे? कुछ मतलब की बातें नहीं हैं, लेकिन स्पर्श। स्पर्श मिल जाएंगे; आप तृप्त होकर अपने रास्ते पर बढ़ जाएंगे। उसको भी स्पर्श मिल जाएंगे, वह भी अपने रास्ते पर बढ़ जाएगा। दोनों खुश हैं! छू लिया एक-दूसरे को।

इंद्रियां पूरे समय स्पर्श को लालायित और स्पर्श देने को और लेने को आतुर हैं। ले रही हैं।

तो जिस व्यक्ति को इंद्रियों को विषयों तक जाने से रोकना है, उसे इंद्रियों की इस सूक्ष्म स्पर्श-व्यवस्था के प्रति जागरूक होना पड़ेगा। अत्यंत सूक्ष्म व्यवस्था है। आपको पता चलने के पहले घटित हो जाता है। इतना शीघ्रता से घटित होता है इंद्रिय का स्पर्श, कि आपको पता ही तब चलता है, जब घटित हो जाता है। इसके प्रति जागना पड़े। इसे देखना पड़े। इसको स्मरण रखना पड़े।

गुरजिएफ कहेगा, रिमेंबरिंग। मैंने कहा कि वह इस युग के योगीजन में से एक कीमती व्यक्ति! वह कहेगा, रिमेंबर रखो; पूरे वक्त स्मरण रखो कि क्या हो रहा है।

तुम्हारी आंख सिर्फ देख रही है या स्पर्श भी कर रही है, इन दोनों में फर्क है। एक साधारण-सी स्त्री चली आ रही है, तो आंख सिर्फ देखती है, स्पर्श नहीं

करती। सुंदर स्त्री चली आ रही है, आंख देखती ही नहीं, स्पर्श भी करती है। साधारण-सा पुरुष चला आ रहा है, तो आंख सिर्फ देखती है, जस्ट सीइंग। सुंदर पुरुष चला आ रहा है, तब देखती ही नहीं, स्पर्श भी करती है।

फर्क कैसे पता चलेगा? अगर सिर्फ देखा हो, तो पीछे कोई लकीर नहीं छूटेगी। और अगर स्पर्श भी किया हो, तो पीछे लकीर छूटेगी। अगर सिर्फ देखा हो, तो लौट कर नहीं देखना पड़ेगा; अगर स्पर्श भी किया हो, तो लौट कर भी देखना पड़ेगा। अगर सिर्फ देखा हो, तो स्मृति नहीं बनेगी; अगर स्पर्श भी किया हो, तो स्मृति बनेगी। अगर सिर्फ देखा हो, तो कल भी देखूं, ऐसी आकांक्षा नहीं जगेगी; अगर स्पर्श किया हो, तो फिर-फिर देखूं, ऐसी आकांक्षा जगेगी।

आंख से सिर्फ देखने का काम लें, स्पर्श करने का नहीं, तो कृष्ण जो कह रहे हैं, पहली घटना घट सकती है। हाथ से सिर्फ छूने का काम लें, स्पर्श करने का नहीं। अब आप कहेंगे, छूना और स्पर्श करना तो बिलकुल एक ही बात है। वही फर्क जो मैंने आंख के लिए कहा, सिर्फ देखने का काम आंख से, स्पर्श करने का नहीं। कान से काम सुनने का, स्पर्श करने का नहीं। कोई आवाज कान सुनता है, ठीक। लेकिन मीठी लग गई, तो छू ली गई। फिर आकांक्षा जगेगी, डिजायर पैदा होगी—और, और, और सुनूं। और सुनाई पड़े, तो स्पर्श हो गया। इंद्रिय ने रस लेना शुरू कर दिया। इंद्रिय सिर्फ उपकरण न रही, मालिक हो गई। इंद्रिय ने सिर्फ देखा नहीं, इंद्रिय ने पकड़ भी लिया।

जो योगी इंद्रिय को विषय से तोड़ता है, वह विषय और इंद्रिय के बीच स्पर्श को, संस्पर्श को तोड़ता है। देखना तो नहीं तोड़ा जा सकता। देखने से तोड़ने से कुछ फर्क नहीं पड़ता। अगर आपने आंखें फोड़ लीं, तो आप बहुत हैरान होंगे। अगर आपने आंखें फोड़ लीं, तो जो काम आंख से आप करते थे, वह ट्रांसफर हो जाएगा कान के पास। इसलिए अंधों के कान तेज हो जाएंगे। आंख से स्पर्श करने का जो काम था, वह काम भी कान को मिल जाएगा।

इसलिए अंधों के कान तेज हो जाएंगे। अंधे कान से दोहरा काम लेने लगेंगे। सुनने का स्पर्श भी उसी से करेंगे; देखने का स्पर्श भी उसी से

करेंगे। इसलिए अंधे आपके पैर की आवाज भी पहचानने लगेंगे, कौन आदमी आता है! आंख वाला कभी नहीं पहचान सकता। आंख वाले को कभी पता ही नहीं चलता कि पैर में आवाज भी होती है। लेकिन अंधे को बिलकुल पता होता है। कमरे में कौन आ रहा है, अंधा आदमी उसके पैर के पदचाप से जानता है—कौन आ रहा है। उसको आंख का काम भी कान से ही लेना पड़ता है। कान को दोहरे स्पर्श करने पड़ते हैं।

आंख फोड़ लेने से कुछ न होगा। आंख से स्पर्श विदा होना चाहिए। लेकिन कब होगा? जब आप जागेंगे, तो स्पर्श विदा हो जाएगा। क्या करेंगे?

जब भी देखें, तब होश से यह भी देखें कि स्पर्श हो रहा है कि नहीं! सिर्फ देख रहे हैं? धीरे, धीरे, धीरे, फासला साफ दिखाई पड़ने लगेगा। जैसे अक्सर होता है, रात आप बिजली बुझाते हैं, तो कमरे में अंधेरा मालूम पड़ता है। फिर थोड़ी देर देखते रहें, देखते रहें, देखते रहें, तो अंधेरा फीका होने लगता है। थोड़ी रोशनी मालूम पड़ने लगती है। ठीक ऐसे ही; देखें, देखते-देखते फासला दिखाई पड़ने लगता है। और साफ दिखाई पड़ने लगता है कि मैंने स्पर्श किया, कि देखा। और जब आप पाएंगे कि दिखाई पड़ने लगा स्पर्श किया, तभी आपको अनुभव हो जाएगा कि इंद्रियां जहां-जहां स्पर्श करती हैं, वहीं-वहीं बंधन को निर्मित करती हैं। जहां-जहां स्पर्श नहीं करतीं, वहां-वहां बंधन निर्मित नहीं होता।

संयमी का अर्थ है, जो इंद्रियों से उपकरण का काम लेता, भोग का नहीं। संयमी का अर्थ है, जो इंद्रियों से भोगता नहीं, केवल उपयोग लेता है। असंयमी का अर्थ है, जो इंद्रियों से उपयोग कम लेता, भोग ज्यादा लेता। आंख से देखना उपयोग है। आंख से भोगना, स्पर्श करना, उपयोग नहीं है; भोग है। भोग बंधन है, उपयोग बंधन नहीं है।

इस स्पर्श की सूक्ष्म व्यवस्था को स्मरणपूर्वक देखने से व्यवस्था क्रमशः टूटती चली जाती है।

लेकिन आपने शायद ही सोचा होगा कि संयम का यह अर्थ है! संयम का तो यह अर्थ है, स्त्री दिखाई पड़े, तो आंख बंद कर लो। संयम का तो यह

अर्थ है कि जहां स्त्रियां हों, वहां रहो ही मत। संयम का तो यह अर्थ है, देखो मत, सुनो मत, छुओ मत। ऐसा हमने संयम का अर्थ लिया हुआ है। यह संयम का अर्थ नहीं है। इससे संयम फलित नहीं होता, सिर्फ दमन, सप्रेशन फलित होता है। और दमन संयम नहीं है। दमन भीतर उबलता हुआ असंयम है। बाहर नहीं जा पाता, भीतर उबलता है।

और ध्यान रहे, केटली से भाप बाहर चली जाए, यही उचित है, बजाय भीतर रहे। क्योंकि तब केटली फूटेगी और एक्सप्लोजन होगा। दो-चार की जान भी लेगी। इसलिए साधारण असंयमी आदमी इतना खतरनाक नहीं होता, जितना दमित असंयमी आदमी खतरनाक होता है। क्योंकि उसके भीतर बहुत जहर इकट्ठा हो जाता है। जब भी फूटता है, तो ज्यादा दूर तक नुकसान पहुंचाता है। और जब भी फूटता है, तो फिर पूरी तरह फूटता है।

सप्रेशन संयम नहीं है; दमन संयम नहीं है।

संयम जागरण है—होश, रिमेंबरिंग, स्मृति। इसको प्रयोग करके देखें।

प्रियजन है आपका कोई। हाथ हाथ में ले लेते हैं उसका प्रेम से। तब हाथ हाथ में रखें, आंख बंद कर लें, स्मरण करें, स्पर्श हो रहा है कि सिर्फ छू रहे हैं। बारीक है फासला, पर खयाल में आ जाएगा; दिखाई पड़ जाएगा। कभी लगेगा, स्पर्श कर रहे हैं। कभी लगेगा, छू रहे हैं। कभी लगेगा, दोनों काम एक साथ चल रहे हैं। और ध्यान रहे, अगर सिर्फ छू रहे हैं, तो थोड़ी ही देर में पसीने के सिवाय अनुभव में और कुछ भी नहीं आएगा। अगर स्पर्श कर रहे हैं, तो कविता अनुभव में आएगी; पसीने का पता ही नहीं चलेगा।

अगर प्रियजन का हाथ हाथ में लेकर बैठे हैं और अगर सिर्फ छू रहे हैं, तो थोड़ी ही देर में ऊब जाएंगे। और मन होगा कि कब हाथ से हाथ छूटे अब। लेकिन अगर स्पर्श भी कर रहे हैं, तो ऐसा होगा कि कोई हाथ न छुड़ा दे। अब यह हाथ हाथ में ही रहा आए। अब यह हाथ हाथ से जुड़ ही जाए। कविता पैदा होगी, स्वप्न पैदा होगा, रोमांटिक, रोमांच का जगत शुरू होगा।

इसे देखते रहें और प्रयोग करते रहें, तो पहली घटना घट सकती है संयम की, अर्थात विषयों तक इंद्रियों का रस तिरोहित हो जाता है। विषय तक इंद्रियां जाती हैं उपयोग के लिए, भोग के लिए नहीं। सेतु टूट गया। तब जो व्यक्ति है, वह संयमी है। ऐसा संयमी व्यक्ति, कृष्ण कहते हैं, उपलब्ध हो जाता है।

दूसरा, कृष्ण कह रहे हैं, भोग करते हुए भी, भोग में होते हुए भी इंद्रियों को विषयों से बिना तोड़े हुए, छूना ही नहीं, स्पर्श करते हुए भी, ज्ञानीजन बाहर हो जाते हैं। उसकी प्रक्रिया और भी सूक्ष्म होगी, क्योंकि वह एक प्रतिशत के लिए है। यह अभी जो मैंने कहा, निन्यानबे प्रतिशत के लिए है। यह भी कठिन है। वह और भी कठिनतर है। स्पर्श करते हुए, इंद्रियों का उपयोग ही नहीं, भोग करते हुए। फिर क्या करें? फिर कैसे सेतु टूटेगा? भोग करते हुए भी, पूरा भोग करते हुए भी, जो भोग के क्षण में जाग सकता है; भोग के क्षण में...!

भोजन कर रहे हैं। स्वाद की तरंगें बह रही हैं। स्वाद में उतरा रहे, डूब रहे। ठीक उस क्षण में स्वाद के प्रति जो जाग जाए, देखे कि डूब रहा, उतरा रहा; भागता नहीं, तोड़ता नहीं; डूब रहा, उतरा रहा, स्वाद ले रहा, पूरी तरह ले रहा। पूरी तरह लूं और होश से भर जाऊं, तो अचानक दिखाई पड़ेगा, मैं भोक्ता नहीं हूं; भोग है; मैं द्रष्टा हूं। भोग है; मैं द्रष्टा हूं, भोक्ता नहीं हूं।

द्रष्टा का भोक्ता-भाव गिर जाता है। तो वह भोगता रहे! संगीत को सुनेगा; कान गदगद होंगे, आनंदातिरेक में नाचने लगेंगे। कान के भीतर तरंगें उठ कर सुख देने लगेंगी। कान पूरी तरह रसमग्न हो जाएगा। स्पर्श करेगा ध्वनि को, संगीत को। लेकिन भीतर जो चेतना है, वह जाग कर देखेगी : ऐसा हो रहा है; दिस इज़ हैपनिंग। और ऐसे स्मरण से कि ऐसा हो रहा है, तत्काल कोई गहरा सेतु टूट जाता है; जहां से भीतर की चेतना भोक्ता नहीं रह जाती, सिर्फ द्रष्टा रह जाती है।

इस मार्ग से भी ज्ञानीजन उस परात्पर सत्य को उपलब्ध हो जाते हैं। कृष्ण ने फिर ये दो बातें कहीं। ये अलग-अलग जरा भी नहीं हैं। व्यक्ति की बात है, उसे क्या निकटतम सुलभ मालूम पड़ सकता है।

दूसरा कठिन सिर्फ इसलिए है कि डर यही है कि हम अपने को धोखा दे लें। वही उसकी कठिनाई है। डिसेप्शन का डर है। आत्मवंचना का डर है। दूसरे की असली कठिनाई आत्मवंचना है। एक आदमी कह सकता है कि ठीक है। हम तो वेश्या के घर नृत्य देखते हैं, साक्षी रहते हैं। रस लेते हैं पूरा, लेकिन ज्ञानीजन की तरह लेते हैं! परीक्षा बहुत कठिन है।

लेकिन परीक्षाएं भी निकाली गई हैं। तंत्र ने बहुत-सी परीक्षाएं निकालीं। एक अदभुत परीक्षा तंत्र ने निकाली है, वह मैं आपसे कहूं। क्योंकि विश्व में वैसा प्रयोग और कहीं हुआ नहीं।

वह परीक्षा यह थी कि जो व्यक्ति कहता है कि मैं भोगते हुए भी तटस्थ होता हूं, द्रष्टा होता हूं; तंत्र ने कहा कि तुम शराब पीओ और शराब पीते हुए तुम होश में रहो; और हम शराब पिलाए चले जाएंगे, तुम होश में रहना। अगर घटना घट गई है साक्षी की, द्रष्टा की—भोगते हुए—तो शराब में भी होश कायम रहना चाहिए। क्योंकि नशा करेंगी इंद्रियां; तुम जागे रहना; तुम मत सो जाना।

तो तंत्र ने एक अदभुत प्रक्रिया निकाली नशे की—शराब, गांजा, अफीम। और आखिर तक बात वहां पहुंची कि जब अफीम, गांजा, इस सबका भी कोई असर नहीं हुआ साधक पर और वह जागा ही रहा, उतने ही होश में, जितने होश में वह बिना नशे का था, तब सांप से भी जीभ पर कटाने के प्रयोग किए गए और उसमें भी जागा रहा। सांप जीभ पर काट लिया है, जहर हो गया। आदमी मर जाए! और वह भीतर की चेतना की ज्योति जागी हुई है।

यह आमतौर से हमको कठिन मालूम पड़ता है कि साधु-संन्यासी गांजा पीएं, शराब पीएं। वह कभी परीक्षा थी। कभी वह परीक्षा थी, अब वह रोज का उपक्रम है। रोज सांझ को गांजा पी रहे हैं! कभी वह एक बहुत गहरी परीक्षा थी। लेकिन दूसरे वर्ग की ही परीक्षा है, पहले वर्ग की परीक्षा वह नहीं है।

योगी उस परीक्षा में नहीं खरा उतरेगा; वह परीक्षा ही उसकी नहीं है। उसने तो स्पर्श को ही तोड़ दिया है। उसने इंद्रिय और विषय के बीच संबंध ही तोड़ दिया है। दूसरे की परीक्षा है; जो कहता है, संबंध मैंने कायम रखा है, लेकिन मैं संबंध

के रहते हुए असंबंधित और असंग हो गया हूं। वह उसकी परीक्षा है। और अगर बेहोशी रासायनिक सारे शरीर में पहुंच गई, फिर भी चेतना होश में जागी हुई है; उस बिंदु पर कोई अंतर नहीं पड़ा है...।

यह परीक्षा क्यों निकाली गई? क्योंकि आत्मप्रवंचना का डर है, धोखे का डर है। एक आदमी कह सकता है कि हम तो अच्छे कपड़े पहनते हैं, लेकिन कोई रस नहीं है। हम तो साक्षी-भाव से पहनते हैं। दूसरे को कोई नुकसान नहीं है; नुकसान उसी को है। इसलिए अक्सर पहली साधना में आत्मवंचना की संभावना न होने से सुगम है। दूसरी साधना में आत्मवंचना की संभावना होने से दुर्गम है। लेकिन दोनों बातें कृष्ण ने कहीं, कि ऐसा भी और ऐसा भी हो सकता है।

महावीर और बुद्ध पहली साधना के व्यक्ति हैं, संयम के। कृष्ण खुद दूसरी साधना के व्यक्ति हैं। इसीलिए तो कृष्ण और महावीर के व्यक्तित्व बिलकुल उलटे मालूम पड़ सकते हैं। तो जैनियों ने कृष्ण को तो नरक में डाल दिया है। स्वाभाविक है, लाजिकल है। जैन-चिंतन से कृष्ण को नरक में डालना बिलकुल उचित है। क्योंकि वह जो पहली निष्ठा है, वह सोच ही नहीं पा सकती कि यह स्त्रियों के साथ नाचता हुआ आदमी, यह सैकड़ों स्त्रियों के प्रेम में मग्न आदमी, यह युद्ध में खड़ा हुआ आदमी, यह हिंसा के लिए अर्जुन को प्रेरणा देता हुआ आदमी मुक्त कैसे हो सकता है? वह निष्ठा सोच ही नहीं सकती। इसलिए नरक में डाल दिया।

लेकिन कृष्ण आदमी तो कीमती थे। तर्क ने तो कह दिया कि नरक में डाल दो, लेकिन हृदय भी तो है। तो जैनों ने कृष्ण को नरक में भी डाला, लेकिन फिर हृदय ने बगावत भी की। क्योंकि आखिर कृष्ण को देखा भी है, जाना भी है, पहचाना भी है। नाचा हो स्त्रियों के साथ, लेकिन इस आदमी की आंख में कोई नाच नहीं था। लड़ा हो युद्ध में, लेकिन इस आदमी के हृदय में कोई क्रोध नहीं था।

तो तर्क ने तो कहा कि हमारी निष्ठा के बिलकुल प्रतिकूल है, असंयमी है, इसलिए नरक में तो जाना ही चाहिए। लेकिन हृदय ने कहा, आंखें भी तो देखी हैं;

आदमी भी तो देखा है। इसलिए जैनियों ने आने वाले कल्प में पहला तीर्थंकर कृष्ण को बनाया। नरक में डाला अभी, लेकिन आने वाले कल्प में पहले तीर्थंकर कृष्ण ही होंगे। कंपनसेशन है।

बुद्धि ने कहा कि डालो नरक में, क्योंकि असंयमी मालूम पड़ता है। हृदय ने कहा, लेकिन आंख भी तो देखो! इस आदमी की चाल और ढंग भी तो देखो। रहा है स्त्रियों के बीच, लेकिन गंध जरा भी नहीं आती स्त्रियों की। नाचता रहा, लेकिन थिर है, वैसा ही जैसा बुद्ध अपने सिद्धासन पर थिर होते हैं। युद्ध में खड़ा रहा, लेकिन हिंसा इस आदमी के मन में कहीं भी दिखाई नहीं पड़ती। इसकी आंखों में वे रेशे नहीं हैं, जो क्रोध के और हिंसा के रेशे होते हैं।

मोर-मुकुट बांध कर खड़ा रहा, लेकिन कोई गौर से देखे, तो कृष्ण के मोर-मुकुट के पीछे महावीर की नग्नता, दिगंबरत्व साफ-साफ है। मगर मोर-मुकुट भी तो दिखाई पड़ते हैं। मोर-मुकुट की वजह से नरक में डाला; लेकिन पीछे जो नग्नता दिखाई पड़ती है कि मोर-मुकुट के पीछे भी यह आदमी ऐसा ही है, जैसे दिगंबर हो, नग्न खड़ा हो; उसकी वजह से पहला तीर्थंकर भी बनाया!

यह दूसरी निष्ठा के व्यक्ति हैं कृष्ण। और ध्यान रहे, यह बड़े मजे की बात है, दूसरी निष्ठा का व्यक्ति पहली निष्ठा के व्यक्ति को बिलकुल विपरीत मालूम पड़ेगा, स्वाभाविक। पहली निष्ठा के व्यक्ति को दूसरी निष्ठा का व्यक्ति विपरीत मालूम पड़ेगा, वैसे ही दूसरी निष्ठा के व्यक्ति को पहली निष्ठा का व्यक्ति विपरीत मालूम पड़ेगा।

लेकिन कृष्ण दोनों निष्ठाओं को समान भाव से गीता में कहे चले जाते हैं। दोनों निष्ठाओं का अनुभव, दोनों निष्ठाओं की यात्रा, दोनों निष्ठाओं को आकाश से देखने की क्षमता; दोनों निष्ठाएं एक जगह पहुंचा देती हैं, इसकी प्रतीति उनकी प्रगाढ़ है। पूरी गीता में जगह-जगह समन्वय का यह स्वर, यह सिंथेटिक भाव मिलेगा। वही खूबी भी है।

अब शेष सांझ लेंगे। अभी पांच-दस मिनट संन्यासी कीर्तन में डूबते हैं, आप भी सम्मिलित हों, अन्यथा देखें।

# ओशो—एक परिचय

सत्य की व्यक्तिगत खोज से लेकर ज्वलंत सामाजिक व राजनैतिक प्रश्नों पर ओशो की दृष्टि उनको हर श्रेणी से अलग अपनी कोटि आप बना देती है। वे आंतरिक रूपांतरण के विज्ञान में क्रांतिकारी देशना के पर्याय हैं और ध्यान की ऐसी विधियों के प्रस्तोता हैं जो आज के गतिशील जीवन को ध्यान में रख कर बनाई गई हैं।

अनूठे ओशो सक्रिय ध्यान इस तरह बनाए गए हैं कि शरीर और मन में इकट्ठे तनावों का रेचन हो सके, जिससे सहज स्थिरता आए व ध्यान की विचार रहित दशा का अनुभव हो।

ओशो की देशना एक नये मनुष्य के जन्म के लिए है, जिसे उन्होंने 'ज़ोरबा दि बुद्धा' कहा है—जिसके पैर जमीन पर हों, मगर जिसके हाथ सितारों को छू सकें। ओशो के हर आयाम में एक धारा की तरह बहता हुआ वह जीवन-दर्शन है जो पूर्व की समयातीत प्रज्ञा और पश्चिम के विज्ञान और तकनीक की उच्चतम संभावनाओं को समाहित करता है। ओशो के दर्शन को यदि समझा जाए और अपने जीवन में उतारा जाए तो मनुष्य-जाति में एक क्रांति की संभावना है।

ओशो की पुस्तकें लिखी हुई नहीं हैं बल्कि पैंतीस साल से भी अधिक समय तक उनके द्वारा दिए गए तात्कालिक प्रवचनों की रिकार्डिंग से अभिलिखित हैं।

लंदन के 'संडे टाइम्स' ने ओशो को 'बीसवीं सदी के एक हजार निर्माताओं' में से एक बताया है और भारत के 'संडे मिड-डे' ने उन्हें गांधी, नेहरू और बुद्ध के साथ उन दस लोगों में रखा है, जिन्होंने भारत का भाग्य बदल दिया।

# ओशो इंटरनेशनल मेडिटेशन रिजॉर्ट

ओशो मेडिटेशन रिजॉर्ट का निर्माण इसलिए किया गया ताकि लोग जीने की नई कला का सीधा अनुभव ले सकें—अधिक होशपूर्वक होकर, हास्य और आराम के साथ। यह भारत के मुंबई शहर से सौ मील दक्षिण पूर्व में पूना के कोरेगांव पार्क में वृक्षों से परिपूर्ण चालीस एकड़ आवासीय क्षेत्र में स्थित है। रिजॉर्ट सौ से अधिक देशों से हर साल आने वाले हजारों लोगों के लिए अलग-अलग तरह के कार्यक्रम प्रस्तुत करता है। नवनिर्मित ओशो गेस्ट हाउस परिसर में लोगों के लिए आवास की सुविधा उपलब्ध है।

मेडिटेशन रिजॉर्ट में मल्टीवर्सिटी कार्यक्रम प्रसिद्ध झेन उद्यान, ओशो तीर्थ से सटे पिरामिड परिसर में संचालित होते हैं। ये कार्यक्रम व्यक्तिगत रूपांतरण के लिए व लोगों को जीने की एक नई कला सिखाने के उद्देश्य से तैयार किए गए हैं—एक जाग्रत अवस्था जिसे वे दैनिक जीवन में उतार सकते हैं। आत्म-खोज सत्र, सैशन, कोर्स और अन्य ध्यान प्रक्रियाएं पूरे साल चलती हैं। शरीर को स्वस्थ रखने के लिए एक खूबसूरत व्यवस्था का प्रावधान है जिसमें झेन प्रक्रिया के साथ खेल और मनोरंजन का अनुभव लिया जा सकता है।

मुख्य ध्यान सभागार में सुबह छह बजे से रात ग्यारह बजे तक प्रतिदिन सक्रिय व अक्रिय ध्यान विधियां होती हैं, जिसमें रोज संध्या-सभा ध्यान भी शामिल है। रात को रिजॉर्ट का बहुसांस्कृतिक जीवन खिल उठता है-मित्रों के संग खुले आकाश के नीचे भोजन-स्थल और अक्सर संगीत व नृत्य के साथ। रिजॉर्ट की साफ व शुद्ध पीने

के पानी की अपनी व्यवस्था है और यहां परोसे गए भोजन में रिजॉर्ट के अपने फार्म हाउस में उगाई गई सब्जियों का प्रयोग होता है।

मेडिटेशन रिजॉर्ट का ऑन लाइन टूर, साथ ही यात्रा और कार्यक्रमों की जानकारी www.osho.com से प्राप्त की जा सकती है। यह अलग-अलग भाषाओं में विस्तार में दी गई वेबसाइट है, जिसमें हैं—ऑन लाइन ओशो टाइम्स पत्रिका, ऑडियो व वीडियो वेबकास्टिंग, ऑडियो बुक क्लब, ओशो प्रवचनों के संपूर्ण अंग्रेजी व हिंदी अभिलेख और ओशो के वीडियो, ऑडियो व पुस्तकों की संपूर्ण सूची। साथ ही हैं ओशो द्वारा विकसित किए गए सक्रिय ध्यानों की जानकारी जो ज्यादातर वीडियो प्रदर्शन के साथ हैं।

मेडिटेशन रिजॉर्ट में सहभागी होने व अधिक विस्तृत जानकारी के लिए संपर्क करें:


ओशो इंटरनेशनल मेडिटेशन रिजॉर्ट

17 कोरेगांव पार्क, पुणे-411001, महाराष्ट्र

फोन: 020-56019999 फैक्स: 020-56019990

e-mail - resortinfo@osho.net

Website - www.osho.com

# ओशो का हिंदी साहित्य

**उपनिषद**

सर्वसार उपनिषद

कैवल्य उपनिषद

अध्यात्म उपनिषद

कठोपनिषद

ईशावास्य उपनिषद

निर्वाण उपनिषद

आत्म-पूजा उपनिषद

केनोपनिषद

मेरा स्वर्णिम भारत (विविध उपनिषद-सूत्र)

**कृष्ण**

गीता-दर्शन (आठ भागों में अठारह अध्याय)

कृष्ण-स्मृति

**महावीर**

महावीर-वाणी (दो भागों में)

जिन-सूत्र (दो भागों में)

महावीर या महाविनाश

महावीर : मेरी दृष्टि में

ज्यों की त्यों धरि दीन्हीं चदरिया

**बुद्ध**

एस धम्मो सनतनो (बारह भागों में)

**अष्टावक्र**

अष्टावक्र महागीता (नौ भागों में)

**लाओत्से**

ताओ उपनिषद (छह भागों में)

**कबीर**

सुनो भई साधो

कहै कबीर दीवाना

कहै कबीर मैं पूरा पाया

न कानों सुना न आंखों देखा

(कबीर व फरीद)

**शांडिल्य**

अथातो भक्ति जिज्ञासा (दो भागों में)

**अन्य रहस्यदर्शी**

नाम सुमिर मन बावरे (जगजीवन)

अरी, मैं तो नाम के रंग छकी (जगजीवन)

कानों सुनी सो झूठ सब (दरिया)

अमी झरत बिगसत कंवल (दरिया)

हरि बोलौ हरि बोल (सुंदरदास)

ज्योति से ज्योति जले (सुंदरदास)

अजहूं चेत गंवार (पलटू)

सपना यह संसार (पलटू)

काहे होत अधीर (पलटू)

जस पनिहार धरे सिर गागर (धरमदास)

का सोवै दिन रैन (धरमदास)

सबै सयाने एक मत (दादू)

पिव पिव लागी प्यास (दादू)

कन थोरे कांकर घने (मलूकदास)

रामदुवारे जो मरे (मलूकदास)

भक्ति-सूत्र (नारद)

शिव-सूत्र (शिव)

भजगोविन्दम् मूढ़मते (आदिशंकराचार्य)

एक ओंकार सतनाम (नानक)

जगत तरैया भोर की (दयाबाई)

बिन घन परत फुहार (सहजोबाई)

पद घुंघरू बांध (मीरा)

नहीं सांझ नहीं भोर (चरणदास)

संतो, मगन भया मन मेरा (रज्जब)

कहै वाजिद पुकार (वाजिद)

मरौ हे जोगी मरौ (गोरख)

सहज-योग (सरहपा-तिलोपा)

बिरहिनी मंदिर दियना बार (यारी)

प्रेम-रंग-रस ओढ़ चदरिया (दूलन)
दरिया कहै सब्द निरबाना
(दरियादास बिहारवाले)
हंसा तो मोती चुगैं (लाल)
गुरु-परताप साध की संगति (भीखा)
मन ही पूजा मन ही धूप (रैदास)
झरत दसहुं दिस मोती (गुलाल)
जरथुस्त्र : नाचता-गाता मसीहा (जरथुस्त्र)

**प्रश्नोत्तर**

नहिं राम बिन ठांव
प्रेम-पंथ ऐसो कठिन
उत्सव आमार जाति, आनंद आमार गोत्र
मृत्योर्मा अमृतं गमय
प्रीतम छवि नैनन बसी
रहिमन धागा प्रेम का
उड़ियो पंख पसार
सुमिरन मेरा हरि करैं
पिय को खोजन मैं चली
साहेब मिल साहेब भये
जो बोलै तो हरिकथा
बहुरि न ऐसा दांव
ज्यूं था त्यूं ठहराया
ज्यूं मछली बिन नीर
दीपक बारा नाम का
अनहद में बिसराम
लगन महूरत झूठ सब
सहज आसिकी नाहिं
पीवत रामरस लगी खुमारी
रामनाम जान्यो नहीं
सांच सांच सो सांच
आपुई गई हिराय
बहुतेरे हैं घाट
कोंपलें फिर फूट आईं
फिर पत्तों की पांजेब बजी
फिर अमरित की बूंद पड़ी
क्या सोवै तू बावरी
चल हंसा उस देस
कहा कहूं उस देस की
पंथ प्रेम को अटपटो
माटी कहै कुम्हार सूं
मैं धार्मिकता सिखाता हूं, धर्म नहीं

**झेन, सूफी और उपनिषद की कहानियां**

बिन बाती बिन तेल
सहज समाधि भली
दीया तले अंधेरा

**तंत्र**

संभोग से समाधि की ओर
तंत्र-सूत्र (पांच भागों में)

**योग**

पतंजलिः योग-सूत्र (पांच भागों में)
योगः नये आयाम

**विचार पत्र**

क्रांति-बीज
पथ के प्रदीप

**पत्र-संकलन**

अंतर्वीणा
प्रेम की झील में अनुग्रह के फूल
पाथेय

**बोध-कथा**

मिट्टी के दीये

**ध्यान, साधना**

ध्यानयोग : प्रथम और अंतिम मुक्ति
नेति-नेति
चेति सकै तो चेति
हसिबा, खेलिबा, धरिबा ध्यानम्
समाधि कमल
साक्षी की साधना
धर्म साधना के सूत्र
मैं कौन हूं
समाधि के द्वार पर
अपने माहिं टटोल
ध्यान दर्शन
तृषा गई एक बूंद से
ध्यान के कमल

जीवन संगीत
जो घर बारे आपना
प्रेम दर्शन

**साधना-शिविर**

साधना-पथ
मैं मृत्यु सिखाता हूं
समाधि के सप्त द्वार (ब्लावट्स्की)
साधना-सूत्र (मेबिल कॉलिन्स)
ध्यान-सूत्र
जीवन ही है प्रभु
रोम-रोम रस पीजिए

**राष्ट्रीय और सामाजिक समस्याएं**

देख कबीरा रोया
स्वर्ण पाखी था जो कभी और अब है भिखारी जगत का
शिक्षा में क्रांति
नये समाज की खोज
नये भारत की खोज
नारी और क्रांति
शिक्षा और धर्म
भारत का भविष्य

**विविध**

अमृत-कण
मैं कहता आंखन देखी
एक एक कदम
जीवन क्रांति के सूत्र
जीवन रहस्य
करुणा और क्रांति
विज्ञान, धर्म और कला
शून्य के पार
प्रभु मंदिर के द्वार पर
तमसो मा ज्योतिर्गमय
प्रेम है द्वार प्रभु का
अंतर की खोज
अमृत की दिशा
अमृत वर्षा
अमृत द्वार
चित चकमक लागे नाहिं
एक नया द्वार
प्रेम गंगा
समुंद समाना बूंद में
सत्य की प्यास
शून्य समाधि
व्यस्त जीवन में ईश्वर की खोज
अज्ञात की ओर
धर्म और आनंद
जीवन-दर्शन
जीवन की खोज
क्या ईश्वर मर गया है
नये मनुष्य का धर्म
धर्म की यात्रा
स्वयं की सत्ता
सुख और शांति
अनंत की पुकार

---

**ओशो के ऑडियो-वीडियो, प्रवचन एवं साहित्य के संबंध में समस्त जानकारी हेतु संपर्क सूत्रः**


## साधना फाउंडेशन

17, कोरेगांव पार्क, पुणे-411001
फोन : 020-6136655, फैक्स : 020-6139955
E-mail: distrib@osho.net, Website: www.osho.com

www.ingramcontent.com/pod-product-compliance
Lightning Source LLC
LaVergne TN
LVHW040001051026
849558LV00001B/6
* 9 7 8 9 3 7 6 9 6 1 7 8 8 *